JN215802

経験から学ぶ経営学入門

〔第2版〕

上林憲雄・奥林康司・團 泰雄・開本浩矢・森田雅也・竹林 明　著

有斐閣ブックス

第 2 版へのはしがき

　本書の初版が 2007 年に刊行されてから 11 年の歳月が経過し，日本企業を取り巻くさまざまな環境も大きな変貌を遂げつつあります。グローバリゼーションがますます進展し，情報通信技術や AI などの技術革新も新たな段階に入っています。会社法や雇用法制をはじめとする種々の法改正も重ねられ，私たちの生活スタイルや経営実践の現場も，初版が刊行された頃からは大きく様変わりしています。こうした時代の変化を踏まえ，このたび全面的に改訂し，新たに第 2 版として上梓することにいたしました。

　初版は幸いにもわれわれの当初の予想を大きく超えて好評を博し，18 回もの増刷を重ね，多くの読者を獲得してまいりました。その間，読者各位からは「わかりやすい」とか「この部分の説明が不足している」など，率直で大変貴重なご感想のほか，数々の励ましのお言葉もいただきました。また，本書をテキストブックとして採択いただいている先生方からは，折に触れ，新しい時代環境に合った改訂版のご要望をインフォーマルにいただく機会が，ここのところ増えてきております。

　この第 2 版では，主に図表に用いられているデータや資料，事例などを最新のものへと更新したのと同時に，本文の記述も，今日の状況に合ったものへと改変しています。また，各章末に掲載している「さらに進んだ学修のために」で取り上げている文献も，初学者が入手しやすく，本書の次のステップに読めば理解を深めやすいと思われる書籍 5 冊（和書）を新たに厳選し直しています。

　ただし，初版における章別編成の大きな流れは変更していません。初版での説明の流れが「経営学」の学問体系や経営実践を説明する上で今日的にもなお有効で，初学者にとっては最適であると判断したためです。

　第 2 版の作製にあたり，有斐閣書籍編集第二部の得地道代さんには，度重なる編集会議にご参加いただき，種々のアドバイスを頂戴したほか，細部の記述にまでお目通し下さり，著者が気付いていない点まで多数の貴重なコメントをいただきました。記して深謝の意を申し上げます。

　また，文献の収集や一部図表のデータの更新にあたっては，公立鳥取環境大学経営学部講師の島田善道さん，および神戸大学大学院経営学研究科博士課程後期課程の浅井希和子さんにも一方ならぬお世話になりました。この場をお借りし，心からの御礼を申し上げる次第です。ありがとうございました。

　本書が，初版と同様，多くの読者にご活用いただけるよう，著者一同，願ってやみません。読者各位からの忌憚のないご批判をお待ちしております。

　　2018 年 7 月吉日

著　者　一　同

初版はしがき

　本書は，大学1回生・2回生で，経営学を初めて学ぶ学生，あるいはこれから経営学を専門的に勉強してみようとする初心者を念頭において書かれています。同時に，経営学は経済学や商学とどう違うのかと考え始めている高校生にもわかるようにやさしい言葉で書かれています。

　経営学を勉強してみようとしたとき，大学生や高校生の場合は会社や大きな組織で働いた経験もなく，何を勉強することが重要であるかを実感しにくい状況にあると思います。経営学は企業経営に関する先人の知恵を集大成した学問ですが，会社の中で働いた経験のない若者にとってその知識はまるでバーチャルな世界の出来事になります。

　言葉や知識は現実を明確に表現する道具ですから，経営学を学ぶ場合も，企業経営の現実や事例と結びつけて言葉や知識を身につけることが重要です。本書では，企業の実情や経営の事例をできる限り多く説明し，企業経営の現実を基本的な用語を使って理論的に解説しようとしています。それが，本書のタイトルに「経験から学ぶ」とつけた理由です。

　本書の特徴は，第1に，企業経営の仕組みや理論を説明する際に，できる限り具体的な事例や実際に行われた調査を利用し，日常的に経験できる事実と関連させて説明していることです。18歳，19歳の社会経験を前提に企業経営の論理を説明しています。日常生活の中で何気なく見たり聞いたりしている現実を経営学の観点から整理し直し，その意義や仕組みを明らかにしています。

　第2の特徴は，経営学や会社の中で常識としてよく使われている言葉や基本概念を日常生活の中で体験している具体的な現実と結びつけてわかりやすく説明している点です。化学の世界では，水はH_2Oと表現されます。経営学においても企業の行動や社員の行動を説明するにあたって専門の用語（これを概念といいます）を多く使っています。経営学の歴史はまさにこの基礎概念を開発してきた歴史でもあります。経営学を学ぶことは，先人が開発した基礎概念を正確に理解し，現実の企業経営を客観的に，また正確に理解することでもあり

ます。

　第3の特徴は，経営学の入門書として，企業経営の全体像を明らかにしている点です。会社は巨大な組織である場合が多く，社員として自分の仕事に没頭している限り，会社全体の中で自分の位置や役割が見通せないことがよくあります。本書では自分の位置がわかるように，社会全体の中での会社の役割から始まって，会社を動かす仕組み，会社と会社の関係，製造過程の管理，社員の行動，人材育成の仕組み，製品販売のやり方，海外での経営のやり方，会計制度による利益の確定まで，企業経営の流れ全体を明らかにしています。

　第4の特徴は，第1章から読み始めると，日常的に目に触れる会社の現実から出発しながら，章を進むにつれて企業経営の実態がより深く理解できるように編成している点です。一般に，学問は知識の体系ですから，単純で具体的な知識から始まり，より複雑で専門的な知識に進んでいきます。これが学問として経営学を学ぶ大学らしい勉強の仕方でもあります。読者の皆さんは，できる限り第1章から読み始め，順次章を追って読み進み，最後の補章でもう一度，経営学とはどんな学問かを考えていただきたいと思います。そうすると自分が興味をもてる研究の分野が必ず浮かび上がるはずです。

　第5の特徴は，経営学は社会科学の一分野ですから，企業経営の現実を客観的に，また理論的に説明することに重点を置いて説明している点です。「経営学を勉強しています」というと，よく，「お金が儲かっていいですね」といわれることがあります。しかし学問として経営学を研究している人でお金儲けの上手な人はあまりいません。学問は「なぜか」という人間の素朴な疑問に答えるのが本来の役目ですから，経営学においても，企業はなぜそのような経営を行っているのか，なぜそのような行動をしているのかを明らかにすることが第1の課題になります。そのような客観的な知識に基づいて各人がどのような行動をするかは個人の価値判断に任されています。

　本書は経営学の入門書であり，教科書として書かれています。そのため，引用の典拠も示しておらず，また論理展開も簡単にしています。より詳しく厳密な説明を求める読者は各章末の文献や巻末の文献を参照してください。

　本書は共著として出版しています。われわれは事前によく話し合い，書き方においても一定の了解のもとに執筆しています。しかし各章によって執筆者の

個性が随所に現れており，それも本書の特徴になっている点をご了解いただきたいと思います。

　本書の作製に当たり多くの方々より温かなご支援を賜りました。何人かの学生諸君には最初の原稿を読んでもらい，貴重な改善点を指摘していただきました。また，有斐閣編集部の秋山講二郎氏には度重なる編集会議に忍耐強く出席していただき，写真掲載などにもご協力を賜りました。有斐閣の伊東晋常務取締役にはわれわれの企画に賛同していただき，編集の紆余曲折を温かく見守っていただきました。リスクの大きな企画にご協力賜った皆さんに改めて深謝の意を表したいと思います。

　本書が，経営学に関心をもつ多くの学生や実務家に愛読され，長い期間にわたり改善され，進化していくことを期待しています。読者の忌憚のないご批判を期待しております。

　2007 年 1 月吉日

著者を代表して

奥　林　康　司

本書の利用にあたって

1. 各章の冒頭に，◆この章のねらいとして，その章で学修する概要と到達目標を提示しています。また●この章で学ぶキーワードには，その章で学修する最も重要な概念を6〜10厳選し，提示しています。

2. いずれの章も，章を構成する各節の終わりに，⚬ーキーポイントとして，その節で学修した内容を簡潔に要約しています。このキーポイントの箇所のみを追って読んでいくだけで，その章全体の大まかな流れと概要が理解できるように工夫されています。

3. 本文中でゴチック体表記にしてある用語は，経営学を学修する上で正確な理解が必要となるキーワードです。

4. 本文中に挿入されている ☕ コーヒーブレイクでは，その章で取り上げた領域の背景や関連する時事トピックス等について説明しています。このコーヒーブレイクを読むことで，多面的な知識や最先端の情報が得られるように工夫されています。

5. 各章とも，本文のあとに演習問題を3問ずつ設けています。正解やヒントは提示していませんが，各問とも本文やコーヒーブレイクを読んで学修すれば解答できる問いになっています。

6. 各章末のさらに進んだ学修のためにでは，各章で取り上げたテーマをさらに深く学修したいと考える皆さんに一読をお薦めしたい文献を，日本語で書かれた平易な書物に限定し5冊だけ提示しています。また，古典的文献や本文中で引用された文献，より高度な学修に際して必要となる文献等については，本書385〜395ページの引用・参考文献一覧にまとめて掲載しています。

7. 本書巻末の索引は，事項索引と人名・企業名等索引とから構成されています。事項索引は，掲載用語のすべてを本文中から網羅的に拾って提示しているわけではなく，その用語が定義的に現れている箇所や，横断的に参照すれば理解が深まる箇所のみを限定的にピックアップしています。また，本文やコーヒーブレイクで引用・参照した企業名や人名については，事項索引ではなく人名・企業名等索引のセクションにまとめて掲載しています。

8. このテキストでは，横断的な学修ができるように，関連事項について書かれた箇所を（☞第○章）や（☞○ページ）といった形で随所に提示するようにしています。余力のある皆さんは，これらの項目についてもできる限り参照し，重層的に学修を深めるようにしてください。

9. このテキストは，最初から順に通読することで経営学の全体像を知ることができる
ように構成されていますが，経営学のそれぞれの領域（授業科目）を限定的に学修
したい皆さんの場合には，いくつかの章を拾い読みすることで各領域の理解を深め
られるように工夫されています。代表的な経営学の領域と各章との対応関係は次に
示す表の通りです。第1章は経営学の各領域すべてに先行する基礎になっています。
経営学の学問的特徴について学修したい皆さんには補章が参考になります。

領　域	主に解説されている章
経営学入門	第1章，補章
企業論	第2章
企業形態論・企業統治論	第3章
経営戦略論	第4章
経営管理論・経営組織論	第5章，第8章
企業間関係論	第6章
生産管理論・技術管理論	第7章
組織行動論	第9章
人的資源管理論	第10章，第11章，第12章
マーケティング論	第13章
国際経営論	第14章
財務管理論・会計学	第15章

■ 著者紹介と執筆分担

上 林　憲 雄（かんばやし・のりお）

1965 年生まれ
神戸大学経営学部卒業，英国ウォーリック大学経営大学院ドクタープログラム修了
現在，神戸大学大学院経営学研究科教授・日本学術会議第一部会員。Ph. D.・博士（経営学）
主要著作　『経験から学ぶ人的資源管理（新版）』（有斐閣，2018 年，共著），『ケーススタディ優
良・成長企業の人事戦略』（税務経理協会，2015 年，共編著），*Japanese Management in Change*（Springer，2015 年，編著）など
執筆分担　第 1 章，第 8 章，補章

奥 林　康 司（おくばやし・こうじ）

1944 年生まれ
神戸大学経営学部卒業，神戸大学大学院経営学研究科修士課程修了
現在，神戸大学名誉教授・大阪国際大学名誉教授・日本学術会議連携会員。経営学博士
主要著作　『旧ソ連邦の労働』（中央経済社，2005 年），『経営学入門』（放送大学教育振興会，
2007 年，共編著），『入門人的資源管理（第 2 版）』（中央経済社，2010 年，共編著）
など
執筆分担　第 2 章，第 3 章，第 4 章，第 7 章，第 14 章

團　　泰 雄（だん・やすお）

1969 年生まれ
滋賀大学経済学部卒業，神戸大学大学院経営学研究科博士課程後期課程修了
現在，近畿大学経営学部教授。博士（経営学）
主要著作　『現代人的資源管理』（中央経済社，2014 年，分担執筆），『入門組織行動論（第 2 版）』
（中央経済社，2014 年，分担執筆），「日本企業の新規事業進出と準企業内労働市場」
（『日本労働研究雑誌』第 641 号，2013 年）など
執筆分担　第 5 章，第 6 章

開 本　浩 矢（ひらきもと・ひろや）

1969 年生まれ
大阪大学経済学部卒業，神戸大学大学院経営学研究科博士課程前期課程修了
現在，大阪大学大学院経済学研究科教授・兵庫県立大学名誉教授・日本学術会議連携会員。博士
（経営学）
主要著作　『クリエイティビティ・マネジメント』（白桃書房，2012 年，共著），『研究開発の組
織行動』（中央経済社，2006 年），『入門組織行動論（第 2 版）』（中央経済社，2014 年，
編著）など
執筆分担　第 9 章

森 田　雅 也（もりた・まさや）

　　1964 年生まれ

　　神戸大学経営学部卒業，神戸大学大学院経営学研究科博士課程後期課程修了

　　現在，関西大学社会学部教授・日本学術会議連携会員。博士（経営学）

　　主要著作　『チーム作業方式の展開』（千倉書房，2008 年），『現代人的資源管理』（中央経済社，
　　　　　　　2014 年，共編著）など

　　執筆分担　第 10 章，第 11 章，第 12 章

竹 林　　明（たけばやし・はじめ）

　　1962 年生まれ

　　和歌山大学経済学部卒業，神戸大学大学院経営学研究科博士課程後期課程単位取得退学

　　現在，和歌山大学観光学部教授・奈良女子大学大学院客員教授。経営学修士

　　主要著作　『ここからはじめる観光学』（ナカニシヤ出版，2016 年，分担執筆），『現代人的資源
　　　　　　　管理』（中央経済社，2014 年，分担執筆），『現代の観光とブランド』（同文舘出版，
　　　　　　　2013 年，分担執筆）など

　　執筆分担　第 13 章，第 15 章

目　　次

第4章　会社はどのような方針で動いているのか　　79
経営理念と戦略

第5章　会社はどんな仕組みで動いているのか　　101
組織形態

第6章　会社は他の会社とどのように協力しているのか　　121
組織間関係

第15章　会社の利益はどのようにして測定するのか　　345

会計制度

第1章
会社の経営とはどんなことか

企業経営入門

◆この章のねらい

　皆さんが大学に入って初めて講義を受ける「経営学」という授業科目では，「会社を経営すること」について学びます。では，会社を経営することとは，どのようなことを意味するのでしょうか。そもそも会社とはどういうものであり，会社を経営するとは具体的にはいったいどういったことを指すのでしょうか。

　多くの皆さんは，会社の経営の仕方は大学卒業後，会社に入ってから役立つのだから今はまだ知らなくていいじゃないかと考えているかもしれません。では，私たちの日ごろの生活は，会社とまったく関係がないのでしょうか。もし会社が私たちと関係しているとすれば，いったいどのように私たちの暮らしと関わり合っているのでしょう？　会社を経営するためには何が必要で，どのような仕組みで会社は動いているのでしょうか。会社にはどのような種類があり，どのように成り立っているのでしょう？

　これらの点は経営学を学ぶ上での基本です。この章ではこういった「会社の経営」のいちばん基礎の部分について学修することにしましょう。

◆この章で学ぶキーワード
　　◎企業　◎経営　◎管理　◎経営資源　◎ゴーイング・コンサーン　◎株式会社

1 私たちの暮らしと会社

　経営学では，通常皆さんが会社と呼んでいるところを，「何らかの業（仕事）を企てるところ」という意味で，**企業**という用語にして呼ぶことが一般的です。ただ，以下では，話をわかりやすくするために会社という呼び方のままで進めることにします。

　多くの皆さんにとって，会社は縁遠い存在であるかもしれません。なぜなら，皆さんは日常生活において，あまり会社という存在を意識することなく暮らしているからです。せいぜい，大学を卒業した後に入って暮らしていくための給料をもらうところが会社である——こういう印象に過ぎないのではないでしょうか。実は，このように働いた人々に対し給料を支払うのも会社の重要な役割の1つです。このような会社に対するイメージは，人々が働いておカネを得るためのところとして会社を見ていることから，会社＝**労働**の場としてとらえていることになります。

　ただし，ちょっと気をつけて皆さんの日常生活を振り返ってみてください。朝起きてから夜寝るまで，一日中皆さんは会社との関わり合いなしには生活が成り立たないことに気づくでしょう。例えば，皆さんが朝食で食べるパンや牛乳，パンに塗るバターやジャムも会社が作った製品です。大学に通学する際に利用した電車も会社が提供しているサービスですし，大学の教室で皆さんが使っている机やいすも会社によって作られた製品です。友人と連絡を取り合うのに皆さんがよく使っている携帯電話やスマートフォンも，実は会社が皆さんに使ってもらえる状態になるように作りあげたものです。

　このような視点で会社を見た場合，製品やサービスを提供する場として会社を見ているわけですから，会社＝モノやサービスを産出する場としてとらえていることになります。つまり，会社を**生産**の場としてとらえ，皆さんはそれを**消費**する立場であると考えると，会社は皆さんにとって縁遠いどころか，非常に身近な存在として浮かび上がってくることになるはずです。もしこの世の中に会社がなければ，皆さんの日常生活そのものが成り立たないといっても過言

ではないでしょう。それほど会社は皆さんにとって身近な存在なのです。

> ⚷ キーポイント
> *私たちの生活は会社なくしてはまったく成り立たない！*

2　会社とは，経営とは

2-1　人々が働いて何かを成し遂げる場

　前節で，会社とはみんなが働いたり，社会に役立つモノやサービスを生み出したりしている場であると述べましたが，ここではもう少しその話を続けることにしましょう。会社とはいったい何で，より具体的にはどういったことをしているところなのでしょうか。また会社を経営するということは具体的にはどういうこと指しているのでしょう？

　会社ではあなた以外にも多くの人たちが一緒に働いています。個々人として見ればバラバラの仕事をしているようでも，会社全体としては何か1つの統一のとれた仕事，社会にとって何らかの役立つ仕事がなされていなければならないはずです。こういった人々どうしがともに働いて（このことを**協働**と呼びます）1つの共通目的を成し遂げるところ，という点に着眼する場合，会社のことを**組織**という用語で，あるいは会社組織・企業組織という用語で呼ぶこともあります（☞第8章，172ページ）。

　そして，会社組織がやり遂げたいと考えている共通目的へ向けて，それをきっちりと成し遂げられるように運営する会社組織の主体的な行為のことを**経営**という用語で呼びます。経営学とは，簡単にいうとこの会社組織の経営について学ぶ学問領域であるといえます（学問としての経営学の特徴については，この本の補章で詳しく検討します。ここではひとまず，経営学の授業では会社のような組織の経営について学ぶんだという点のみ押さえておくようにしてください）。

■表1-1　パナソニックの会社概要

会社名	パナソニック株式会社（Panasonic Corporation）
本社所在地	〒571-8501　大阪府門真市大字門真1006番地 （1006, Oaza Kadoma, Kadoma-shi, Osaka 571-8501, Japan） 電話番号：06-6908-1121（大代表）
代表取締役社長	津賀　一宏（Kazuhiro Tsuga）
設　立	1935（昭和10）年12月15日
創　業	1918（大正7）年3月7日 　※　当社創業者 故松下幸之助（当時23歳）が，自身で考案したア 　　タッチメントプラグを幸之助，妻，義弟の3名で製造販売を開 　　始した時を創業としています。
事業内容	部品から家庭用電子機器，電化製品，FA機器，情報通信機器，および 住宅関連機器等に至るまでの生産，販売，サービスを行う総合エレクト ロニクスメーカー
資本金	2587億円（2017年3月31日現在）
連結売上高	7兆3437億円（2017年3月31日現在） 　※　売上高には消費税は含まれていません。
従業員数（連結）	25万7533人（2017年3月31日現在）
連結対象会社数 （親会社および 連結子会社）	496社（2017年3月31日現在）

注：表中の「連結」の意味については第6章3-1項（☞131ページ）を参照。
出所：パナソニックのホームページ（会社概要）などを参考に筆者作成。

2-2　パナソニックの事例

　例えば表1-1を見てください。この表は，皆さんもよく知っている「パナソニック」という会社の概要を，同社のホームページなどを参考に一覧にしたものです。

　この表1-1を見ることで，皆さんにはパナソニックがどのような会社なのか，大まかなイメージがわいてくるはずです。聞いたこともないような用語がたくさん出ているとは思いますが，例えば，パナソニックの社長は名前を津賀一宏さんといって，売上高が7兆3437億円で，従業員は25万7533人いて（子会社や関連会社を含んだ数値です。☞第6章，130ページ），もともとは松下幸之助さんが家族で起こした小さな会社だったんだな，ということがわかるはずです。「事業内容」の項を見れば，「部品から家庭用電子機器，電化製品，FA機器，

情報通信機器、および住宅関連機器等に至るまでの生産、販売、サービスを行う総合エレクトロニクスメーカー」とあり、いろいろな製品を作っているけれども、テレビやステレオコンポなどの電化製品や、パソコン・携帯電話などの電子機器関連の製品を作っている会社なんだな、ということもわかるはずです。ですから、パナソニックでは、こういった電化製品・電子機器製品のモノ造りを通じて社会に貢献するのが会社の目的であり、そのために社長の津賀さんが多数の従業員を組織して会社を経営しているんだな、ということがわかります。

いうまでもなく、こういったモノ造りは、1人の人間だけで成し遂げられるような簡単なことではありません。多くの人々が、この目的達成へ向けて一緒に協働することによって初めて成立するのです。そのために、社長である津賀さんは、部下にいろいろな指示や命令を出さなくてはいけません。そして、津賀社長の命令を受けた部下たちが、また彼ら彼女らの部下たちに対してよりかみ砕いた細かな指示を出すわけです。

会社ではこういった指示や命令の仕方（誰が誰に伝達するか）はあらかじめきっちりと決められています。会社のこのような指示・命令のシステムのことを、指揮命令系統といいます。

また、実際に会社でいろいろな作業を行うためには、どこで誰がどのように働くか（これを分業といいます）も決めなくてはなりません。また、どこで働くかについて（これを分業といいます）も決めなくてはなりません。また、それぞれの分業に携わっている従業員がきちんと働いてくれているかどうかチェックしなければなりませんし、分割してなされた仕事を会社全体のあるものにするのに寄与するために統合すること（これを調整といいます）が必要です。社長は、会社の目的達成のためにはどのように部下に働いてもらえばいいかというアイデアをきっちりもっています。つまり、社長は自らの意思に基づいて会社組織全体を調整しようとするわけです（この分業と調整の仕組みについては第8章第2〜3節, 178-190ページで詳しく学修します）。

また、社長である津賀さんは、社内で働く従業員に対して命令を下して働かせるだけでなく、作業するために必要なおカネを調達しなければなりません。例えば、本社オフィス以外に工場用の土地を借り受けたり、モノを造るための設備備品を購入したりしなければなりません。このような会社を動かすために必要なおカネをどうやって調達するのか、社長である津賀さんは考えなければなりません。こういった会社にとっての資金調達は、ファイナンスとか企業財

務とかいう名称で呼ばれます（☞第15章1-1項）。津賀社長ひとりが自分のおカネを出していたのでは到底足りないでしょう。

　また後ほど第5節で出てきますが，会社が株式を証券市場で公開して株券を一般の人々や他の会社に買ってもらったり（こういう会社の形態を株式会社といいます），あるいは銀行からおカネを借り入れたりといったことをしないといけません。会社を経営するには，こういう資金調達の側面でも，自分ひとりの力だけで何とかなるのではなく，他の多くの人々の助けを借りないといけないのです（なお，こうした株式会社の仕組みについては，このテキストでは第3章で詳しく学修します）。

2-3　経営のエッセンス

　このように考えてくると，会社という組織は，決してヒトひとりだけでは運営していくことができず，他の多くのヒトのヘルプが必要であるということがわかるでしょう。このようにして，ヒトひとりだけでは決して成し遂げることができないような会社の多様で複雑な作業・業務を，他の多くの人々を使いながら成し遂げるための仕組みを考え実行に移すこと，これが**経営**するということにほかなりません。言い換えるなら，社長が他者の助けを借りながら会社が目的達成へ向けてうまく回るように動かしていくこと……これぞ経営の本質なのです。

　注目すべきは，ここには歴（れっき）とした会社社長の意思が作用しているということ，会社の目的達成のための具体的な調整の仕組みに，社長の考えたアイデアがたくさん凝らされているということです。このような会社社長の意思が貫徹された組織の調整活動のことを，経営学では特に**管理**（あるいは経営管理）という用語で表現することもあります。裏返して表現すると「意思のない管理はありえない」ということにもなるはずです。

> 🔑 キーポイント
> *経営とは，会社社長が他の人々を使いながら会社をうまく回していくことである！*

☕ **コーヒーブレイク**　　管理のサイクル

　　1930 年にファヨール（H. Fayol）が考案し，1950 年代以降アメリカでさまざま
に展開された管理プロセスの研究によると，管理という仕事は，その構成要素を順
繰りに繰り返し行うものである，というように考えられました。管理することとは，
計画を立て（プラン，plan），その計画通りに実行し（ドゥー，do），計画通りでき
ているかどうかを確認し統制する（シー，see）といった一連のサイクルを繰り返
し行うことにほかならない，と考えられたのです。この一連のサイクルのことを，
プラン・ドゥー・シーのサイクル，ないしは**マネジメント・サイクル**（manage-
ment cycle）と呼びます。

　　プランとは，社長が経営目標に沿って経営戦略を提示し，それに沿った計画を策
定して部下に具体的な仕事のやり方を指示することです。ドゥーとは，実際に従業
員に仕事を割り当て（組織化），指揮・命令を行うことです。シーとは，当初の計
画と実際に施行された結果とを照らし合わせ，その差異を次の計画策定の際に参考
にすることです。

（H. ファヨール 著，佐々木恒男 訳［1972］『産業ならびに一般の管理』未来社）

3　会社の経営には何が必要か[1)]

3-1　絶対に欠かせないもの

　第 2 節の説明で，会社の経営には他の多くの人々の助けが必要なことがわか
ってもらえたと思います。前節でも少し触れましたが，実は会社の経営には，
ヒト以外にもさまざまな要素が必要となります。例えば，資金調達の話をしま
したが，資金（おカネ）も会社の経営にとっては必要欠くべからざる要素の 1
つです。このような，会社の経営にとって必要な要素のことを**経営資源**と呼び
ます。ここでは，経営資源にどういった種類のものがあるか，まとめておくこ
とにしましょう。

　一般に，大雑把に分けると 3 種類の基礎的な経営資源があります。その 3 つ

とは，俗によくいうヒト，モノ，カネの３つです。それぞれ，人的資源，物的資源，貨幣的資源，という言い方をする場合もあります。この３つの要素は，どのような会社を経営するにあたっても絶対に欠かすことのできないエッセンシャルな経営資源です。

ひとくちに「ヒト」といっても，ヒトは実に多様な種類に分類できます。例えば，工場で働いている現場作業員もいれば，現場作業員を管理監督する監督者と呼ばれる人たちもいます。また，工場のような作業現場ではなくオフィスのデスクワークに従事しているような従業員もいますし，部下を管理監督する立場のマネジャーと呼ばれる人たちもいます。あるいは，会社に毎日は来ないで，例えば週に３日しか働かないパートタイマーと呼ばれる人たちもいます。あるいは，多くの皆さんはアルバイトをしていると思いますが，皆さんのようなアルバイト学生も，会社にとっては経営資源であるヒト資源の一翼を担う重要な存在です。

「モノ」には工場やオフィスが立地している土地・建物，工場に導入されている機械設備，机やいす，パソコンなどの備品，器具などがあげられるでしょう。あるいは，製造業（モノ造り）の会社では，製品を作り上げるために必要な原材料，機械にかけて作り出されたところの半製品，ようやくできあがったところの最終製品などももちろん，このモノ資源の範疇に含めることが可能です。

同様に，「カネ」も種々雑多に分類できます。自分の会社のおカネ（自己資本と呼びます）の代表格は資本金です。あと，会社が発行した株式（☞写真 1-3，11 ページ）や，会社が得た利益を一定額積み立てておく利益準備金も自己資本に含まれます。また自分の会社以外から調達したおカネ（他人資本と呼びます）の代表格としては，銀行からの借入や，他社から借りた社債などをあげることができます。また，未払い金である買掛金や，おカネを借りていずれは返却することを約束しているときに発行する支払手形も他人資本の一種です（☞第15章第1節，346 ページ）。

社長がこれら多種多様なヒト・モノ・カネを適当に組み合わせながら会社を経営しているということがここでのポイントです。

3-2　その他必要なもの

　上記のヒト・モノ・カネの基本経営資源以外にも，会社が活動を営んでいく上で必要となる要素があります。そのうちの重要ないくつかを以下で簡単に説明しておきましょう。

　まずヒト・モノ・カネに加えるべき最も重要な第 4 の経営資源として，情報をあげることができます。例えば，会社が営業活動をする上で，顧客がどのようなニーズを有しているかを精確につかみ，それを商品開発で活かさなければなりません。売れないものを作っても仕方がないからです。このように，顧客ニーズは非常に重要な情報という経営資源の一側面であるといえます。

　あるいは，最近，皆さんは「エコ製品」ということばを耳にする機会がよくあるはずです。この「エコ製品」の「エコ」とは環境のことで，地球環境に配慮して作られた製品のことをエコ製品と呼ぶのです。例えば，限りある森林資源を伐採（ばっさい）しすぎないよう，真っ白ではない，少し茶色みがかった再生紙を皆さんも目にすることがあると思いますが，こういった再生紙はエコ製品の代表例です。ではなぜ，会社はそのような地球環境に配慮する必要があるのでしょうか。この問いに対する端的な回答は，「地球環境に配慮した製品でないと会社イメージが悪くなり，当社の製品を消費者が買わなくなってきたため」であるといえます。こういった世間や市場の動向を摑（つか）んでおくことも会社が活動する上で重要であり（☞第 2 章第 5 節，40 ページ），したがってこれらの社会動向についての情報も会社にとっては重要な経営資源の 1 つであるといえるわけです。

　また，社風（経営学では**企業文化**ともいいます）も重要な経営資源の 1 つです。ここでいう社風とは，わかりやすい言葉でいえばその会社が独自にもっている個性のことです。皆さん一人ひとりがそれぞれ個性をもっているのと同様に，会社もそれぞれの会社で異なった個性を有しています。例えば，一昔前には大学の講義で「どこの会社の車に乗りたいか？」と尋ねると，半数以上の学生が「ホンダの車に乗りたい」と回答したものです。これは，ホンダという会社が，皆さんのような若者に受け入れられやすい社風で，そのイメージから若者に受ける自動車を開発していたからといえます。

　同様に，同じ総合エレクトロニクスメーカーでも，前出のパナソニックとソニー，あるいはシャープとではそれぞれ一般に受け取られるイメージが異なっ

ており，皆さんが各社に対して抱いている印象も３社でそれぞれ異なるでしょう。会社としては，経営していく上でこういう一般的な会社イメージも活かさない手はありません。

　さらに，「技術」も，とりわけ昨今では重要な経営資源として会社に認識されつつあります。ここでいう技術とは，モノ資源に含まれるような機械設備，備品，器具などの形のある技術ではなく，むしろ目には見えない情報技術（IT：Information Technology）やナノテク（超微細技術），あるいはバイオテクノロジーなどの新技術を指しています。情報技術については，20世紀末から今世紀初頭にかけて「IT革命」という流行語を生み出すほど話題になりましたし，最近では私たちの身の回りのありとあらゆるモノがインターネットで繋がるIoT（Internet of Things）が大きな脚光を浴びています。人間の知的活動をコンピュータに行わせる人工知能（AI：Artificial Inteligence）の発達も世間を賑わせています。バイオテクノロジーについては，遺伝子組み換えや細胞融合などの技術革新を有効に活用することにより，例えば医薬品会社における薬の開発に役立っています。したがって，こういった新技術をいかにタイミングよく自社に取り入れ，役に立つようにしていくかが，会社にとってはきわめて重要になってくるのです。

　これらさまざまな経営資源の一端は，次ページに掲げた写真1-1，写真1-2，写真1-3で確認することができます。写真1-1はパナソニックの宇都宮工場で働く人たち（ヒト資源）を撮影した写真です。写真1-2はトルコにあるトヨタ自動車の工場の生産ライン（モノ資源）を撮ったものです。そして写真1-3は，株式（カネ資源）の売買をする東京証券取引所（東証）の写真です。なお，株式は，以前は株券と呼ばれ，本当に紙幣のような紙切れでしたが，2009年以降は電子化されています。

🔑 キーポイント
会社の経営にはヒト・モノ・カネほかの経営資源が必要である！

■ 写真 1-1　工場で働く人たち

4K テレビを生産するパナソニック宇都
宮工場で働く従業員
（写真提供：AFP＝時事）

■ 写真 1-2　自動車工場の生産ライン

トヨタ自動車トルコ工場での新型クロス
オーバー車 C-HR の生産ライン
（写真提供：AA/時事通信フォト）

■ 写真 1-3　株式売買が行われる東京証券取引所

上場会社の現時点の株価とその変動が
わかる電光掲示システム
（写真提供：SPUTNIK/時事通信フォト）

☕ コーヒーブレイク	どの経営資源がいちばん大切か

　会社が必要とする経営資源には多種多様な要素を挙げることができますが，ここでおもしろいポイントは，時代時代に応じて，どの経営資源が重要であるかということが移り変わってきたという点です。その流れを非常に大雑把に歴史的に見てみることにしましょう。

　封建時代には農業生産が中心で，いちばん重要な経営資源は土地でした。土地さえもっていれば，そこで農作物を大量に作ることができたのです。やがて産業革命の時代を迎え，機械が発明されます。機械で多くの工業生産が行われるようになると，土地に代わって多くのおカネをもっている資本家が優位に立ちます。カネにものをいわせてどんどんモノを生産するようになり，資本家はますます裕福になっていきます。こうして資本主義の時代が到来するのです。つまり，経営資源としては，資本主義の生成期から初期あたりには，カネやモノが非常に重要な役割を担っていたのです。カネさえあれば，労働力としてのヒトは簡単に雇うことができたのです。

　その後，資本主義が進展し，経済社会にモノやカネが溢れ出す事態が生まれ，今度はモノやカネを動かすヒトこそが決定的に重要な役割を担うことになります。ここでは，ヒトは単なる労働力としてではなく，各自の能力を活かした多様な役割を果たすことが期待されています。さらに時代が下り，ヒトに加えて，新たな経営資源である情報や知識，企業文化，さらに技術といったよりソフトな要素が重視されてきたのです。こうして見ると，経営資源の重点は，時代を経るごとにハードからソフトへと移行してきたとまとめることができるでしょう。

(J. K. ガルブレイス 著，都留重人 監訳 [1972]『新しい産業国家』河出書房新社)

4　会社経営の仕組み

4-1　経営資源を使ってどうするか

　会社を経営するには，ヒト・モノ・カネといった基本的経営資源のほか，情報・知識や企業文化，技術などの要素が必要で，それらを適度に組み合わせながら会社は経営されていることがわかってもらえたと思いますが，では会社で

■ 図1-1　会社のシステム

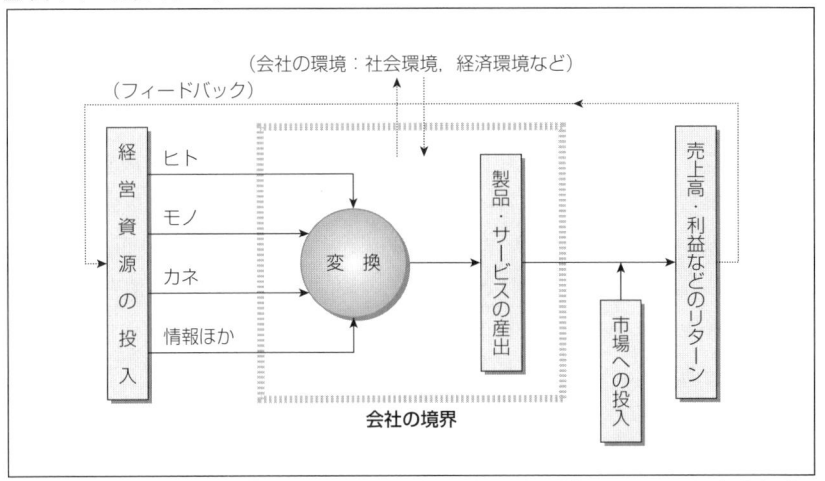

出所：齋藤毅憲 編著［2012］『経営学を楽しく学ぶ（第3版）』中央経済社，24ページより（一部変更）。

は，このような多様な経営資源を投入したあとはどうなっているのでしょうか。会社は経営資源をいろいろと使ったからには，その事業活動を通じて何らかの新しいモノやサービスを作り出しているはずです。そして，それらを消費者に売って，社会の役に立てようとしているはずです。このような会社の一連の活動の仕組みを模式的に表現したのが図1-1です。

　この図1-1の，いちばん左の「ヒト・モノ・カネ・情報ほか」が，第3節で説明した経営資源の投入にあたる箇所です。ここから順に右方向へとこの図を矢印に沿って見ていってください。会社は，この投入された経営資源を適当に組み合わせながら，原材料を最終製品の製作へ向けていろいろと変換する活動に従事します（中央の円で囲った部分）。この変換活動に，機械設備や技術などが用いられるわけです。そして，変換活動の結果として出てくるのが，その会社の最終製品です。なお，この最終製品のことは**財**とも呼びます。非製造業の場合には財ではなく**サービス**と呼ばれます。

　経営資源の投入をインプット（input）と呼ぶとすれば，この最終製品はアウトプット（output）という呼び方をする場合もあります（実は，冒頭で会社のことを企業とも呼びますと説明しましたが，このように，会社が各種の経営資源を駆使し

ながら生産・サービスを生み出していく主体であるという側面に着目した場合に，会社のことを特に「企業」という用語にして呼ぶことが多いのです）。

4-2　製品ができあがったらどうするか

　会社はこのアウトプットを産出しただけで活動をやめるのではありません。その最終製品を消費者の手に届けないといけないのです。図 1-1 では，このことを「市場への投入」という言葉で表現しています。ここでいう市場（market，マーケット）とは，わかりやすくいうとこの製品を買ってくれる消費者のことです。消費者には皆さん個々人のような一般消費者ももちろん含まれますし，他の会社がこの会社の製品を使うとすれば，その会社もまた消費者ということになります。そして，このように，会社が自社の作った製品を消費者に届けるために「市場へ投入」することを，経営学の用語では market という単語の後ろに 'ing' をつけて**マーケティング**と呼びます（☞第 13 章）。マーケティングとは，簡単にいうと，会社が自社の製品・サービスを消費者の手元まで届けるために「市場に出そう」とする活動のことなのです。

　図 1-1 の点線「会社の境界」で示したように，このマーケティング活動までが，会社が社長の意思に基づき会社内部で行うことがらで，したがって狭い意味での経営学という授業科目で学ぶ学修内容はここまでです。このマーケティング活動から先は，実は，会社の社長の手からは切り離された会社外部での話ということになります。この先は，市場メカニズムの中でこの会社の作った製品がいかにして消費者に行き渡るかについての話ということになるのです。

　この市場メカニズムには，もはや社長の意思が介入する余地はありません。なぜなら，市場での需要・供給の関係に基づいて決定される価格によって調整がなされるため，社長の影響力がここまで及びえないからです。このように，市場では社長の意思が介入できないという現象を指して，市場による調整のことを神の**見えざる手**（invisible hand）による調整という表現がなされる場合があります（"見えざる"というのは「見えない」という意味の日本語の古い表現法です）。これに対し，会社組織の調整では，社長の意思が介入していることが至るところに現れていますから，**見える手**（visible hand）による調整，と表現されることもあります。ここで「見える」とか「見えない」とかいうのは，実際

に皆さんの目で見ることができるという意味ではなくて，あくまで社長という人間の意思が介在しているかどうか，ということを表している表現です。意思が介在している場合を「見える」という語で表現しているわけです。何はともあれ，このような会社社長の手から離れて製品が流通する仕組みについては，皆さんは経営学とは別の，商学という別の授業科目系列の中で詳しく学修することになるはずです（☞補章第3節，374ページ）。

　消費者は，最終製品を自分のものにする代わりに，おカネ（代金）を支払わないといけません。ここに取引，売買が成立するわけです（先ほど，市場とは消費者のことだと説明しましたが，市場という用語は本来的にはこの取引をする場のことを指しています）。そして，会社がその製品を売り払った結果を金銭的に表示したのが売上高であり，そこからこの製品を造る過程で必要になった額（これを原価といいます）を差し引いた差額を利益といいます（これらの企業経営の金銭的側面の流れについては第15章で詳しく学修します）。このような売上高や利益のことを，「返ってくるもの」「見返り」という意味でリターン（return）という言葉で表現することもあります。

　重要なことは，会社はこのリターンを得てしまったらそれで活動を休止してしまうのではない，ということです。おカネが儲かったからそれをみんなで山分けしてそれでおしまい，とはならないのです。ではいったい，会社はそのリターンを具体的にどうするのでしょうか。

4-3 儲かったらそれで終わりか

　会社はまた引き続き同じような事業運営をやっていけるよう，足りなくなった経営資源を補充しなければなりません。実は，得られたリターンは，会社の次の経営資源を購入する際に用いられることになるのです。もちろん得られたリターンを全部使ってしまうわけではありませんが，少なからぬ額を再び経営資源の投入のために充当するのです。このように，会社は，決して製品・サービスを1回限り作ってしまえばそれで終わりということではなく，長期にわたって永続的にこういった活動を続けようとする存在であることがわかりますが，会社がこのように半永久的に事業を継続させようとする側面を指して，「会社は継続的事業体（ゴーイング・コンサーン）である」という言い方をする

場合もあります。ここでゴーイング（going）とは「ずっと続く」という意味であり，コンサーン（concern）は「事業体」（何らかの事業活動をする主体）という意味です。

第2章で詳しく学修しますが，日本やアメリカはもとより世界中ほとんどの国々では，実は会社は，このように利益の獲得をめざして永続的に事業を続けようとするゴーイング・コンサーンなのです。なぜなら，それらの国々では，その国の経済を根本から支えるための仕組み（これを経済体制といいます）として，資本主義と呼ばれる経済体制をとっているからにほかなりません。資本主義とは，簡単にいってしまえば，おカネ（＝資本）で回る世の中の仕組みのことです。この資本主義経済体制のもとでの会社の行動や仕組みについては，皆さんはこのテキストでは第2章第2節（☞29ページ）の中で学ぶことになります。

4-4　共通して見られる仕組み

ところで，図1-1を学修するにあたって皆さんに注目してもらいたい，きわめて興味深い点は，この模式図で表現されたシステムは，先に例として挙げたパナソニックやトヨタ自動車のような規模の大きな会社でも，個人商店のような小さな零細会社でも，その会社の規模に関係なく共通して見られる仕組みであるという点です。

さらに，電気機器製品を作っている会社でも，自動車を作っている会社でも，医薬品を作っている会社でも，あるいは流通や運輸など製品ではなくサービスを提供している非製造業の会社でも，業種のいかんに関わりなくこの仕組みを共通に観察することができるのです。日本でもアメリカでもヨーロッパでも，洋の東西を問わずこの仕組みは共通です。さらにいえば，昔も今もこの仕組みそれ自体は変わっていません。この意味で，この会社というシステムは，時空を超えて普遍的に通用する原理原則であるといえます。

例えば，会社ではありませんが，大学もこの模式図を用いて説明することが可能です。大学は何を"生産"しているのでしょうか？　それは「知識」です。新たな知識を生産し（研究），その新たな知識を皆さんに伝達しようとする，これが大学というシステムです。あるいは，見方を変えれば，知識をきっちり

身につけた学生を輩出するのが大学の機能であるともいえるでしょう。

　大学では，経営資源としての「ヒト」は皆さんが教えてもらっている先生方，教務係で働く職員の人々，掃除をしているおじさんおばさんたち，等々です。では，「モノ」は何でしょう？　皆さんが座っているいすや机，あるいは大学が皆さんに提供しているパソコンなどがとりあえずは具体的なモノ資源として挙げられるでしょう。カネ資源については，大学にとっていちばん重要な資金源は，実は皆さんが大学に払っている授業料です。こうして，ヒト・モノ・カネその他の経営資源を組み合わせながら「変換活動」に従事するのですが，大学におけるこの変換活動は皆さんが受講している授業がそれにあたるはずです。そうして生み出される「最終製品」（大学は業種でいうとサービス業ですから製品と呼ぶのは不適切ですが）が皆さん自身，つまり大学生自身にあたるわけです。大学入学当初にはまっさらの状態だった皆さんにさまざまな「知識」を与え，一個の人間として成長を遂げてもらうための場，それが大学です。会社と違って大学はこの最終製品である「学生」を販売して市場取引するわけではありませんので，図 1-1 の右側の最後の部分（「市場への投入」以降）は若干事情が異なりますが，このように，そこで示した模式図を用いることで，何らかの事業を営んでいるところのありとあらゆる事業体の活動を説明することができる，というところがこの図のミソなのです。

　実は，大学で経営学を学ぶ楽しさは，「どうやって会社を経営したらよいか」といったようなノウハウやハウツーを超え，こういったある種どこでも通用するような普遍的な原理原則を知り，その普遍性について深く掘り下げて学修することにあります（☞補章第 4 節，378 ページ）。そのような深いレベルでの学修は，必ずや皆さんの世界観を拡げ，社会に出てからも大いに役立つこと，請け合いです。

> **o┅ キーポイント**
> *会社は経営資源を活用して事業が末永く続けられるようやりくりしている！*

5 さまざまな会社の形

5-1 誰がおカネを出すか

これまでの説明では，会社とは「社長が意思をもって調整するところ」という，かなり漠然としたイメージで話を進めてきましたが，ひとくちに会社といっても，そこには多種多様な形態が存在し，いくつかの種類に分類することができます。

まず，すべての会社は，大雑把にいうと，誰が会社運営のためのおカネを出しているか（このことを出資といいます）によって，私企業と公企業の2つに分類できます。

まず**私企業**とは，この章で取り上げたパナソニックやトヨタ自動車などのように，出資者が民間人（一般の人々）であるか，あるいは他の民間会社である企業のことを指します。私企業と公企業という分け方でいえば，世界中の大半の企業はこの私企業ということになります。これまで経営学では，その研究対象として伝統的にはこの私企業を主として取り扱ってきました。したがってこのテキストの以下の各章でも，特に断りのない限りは私企業という会社形態を念頭に置きながら説明することにします。

私企業に対し，**公企業**という会社の形態は，出資者が国（政府）や地方公共団体（都道府県，市町村など）である会社のことを一般に指します。例えば，JRの前身の国鉄（日本国有鉄道），NTTの前身の電電公社（日本電信電話公社），日本たばこ産業（JT）の前身の日本専売公社がその典型です（これら3つの会社は，かつて「公社」と呼ばれていました）。これらの公社は民営化されてしまったことからもわかるように，現在では純粋な意味での公企業は非常に少なくなってきています。最近の世の中の大きな流れが，「国民から集めた税金を無駄なく有意義に使うためには，国がわざわざ手をさしのべなくても民間で独自にできることはなるべく民間に任せてしまおう」という方向へと変化してきているためです。

そこで近年では，出資者は民間であるけれども何らかの形で国や地方公共団

体の公的規制を受ける**公益企業**をも，この公企業の概念の中に含めて議論することが多くなってきています。例えば，大阪ガスや関西電力，NTT 西日本，JR 西日本などの会社がここでいう公益企業にあたります。あるいは，国や地方公共団体と民間とが共同で出資した**第三セクター**と呼ばれるタイプの会社も，この公企業という範疇に含めて議論される場合がよくあります。国・政府を第一セクター，民間の私企業を第二セクターと見ると，その第1と第2の形態が混合しているため3番目の設置形態という意味で，こう呼ばれるのです（なお第2章4-2項では，社会での活動分野〔セクター〕という点に着眼し，公企業のことを公的セクター，私企業のことを私的セクターというように呼んでいます。☞図2-2，38ページ）。

　ではなぜ，私企業以外にわざわざ公企業（公益企業や第三セクターも含めて考えてください）というような特殊な会社形態が存在しているのでしょうか？　私企業だけではどうしていけないのでしょうか？　実は，公企業で産出されている財・サービスには，ある特徴的な共通項が含まれています。それは，一般の人々（公衆）が日常生活を営んでいく上で，ないと困るような財やサービスを提供している，ということです。公企業では，鉄道，バス，電話，郵便，電気，ガス，水道などの事業を営んでいる会社が多いのが特徴です。電気や水道，ガスがなければお茶をわかすこともできませんし，電車やバスがなければ移動するのにも苦労します。このように，公にとって必要不可欠な財・サービスを生み出すという意味において，公企業は必要なのです。公共性の高い財・サービスの提供を民間の私企業だけに任せておくと，民間人は概して自己の利益のみを追求するおそれがありますから，社会全体としてはバランスがとれなくなってしまいかねません。だから，公企業というような，私利私欲からは解き放たれた会社形態が存在する意義があるというわけなのです。

　公企業では，社会の誰しもが必要不可欠なサービスを提供することがそもそもの目的ですから，営利追求（オカネ儲け）それ自体が会社の目的とはなりません。とはいえ，利益が出ないとその事業そのものを継続させることができなくなりますから，利益を出すことは必要です。したがって，営利追求が最大目的とはならないような公企業であっても「経営」することは必要なのです。このことは，第2節で学んだ「経営」という概念の定義，すなわち，「社長が他

の人々を使いながら会社をうまく回るように動かしていくことが経営現象の本質である」という点を今一度思い出してもらえれば合点がいくはずです。

5-2 どこまで責任をもつか

なお，公企業・私企業という分類のように，出資者が誰かという点に着眼した会社の分け方以外に，出資に関してどの程度の責任を負うかという点に着眼した分類の仕方もあります。ここでいう「責任」とは，会社が利益を出せなくなって倒産してしまった場合，出資者がそれを負担しなければならないのかどうか，ということだと，ひとまずは考えてみてください。

(1) 大金を調達する仕組み

例えば，Ａさんが，自宅の庭の一部を使って月極駐車場の経営を始めようと考えたとしましょう。Ａさんは庭を駐車場に変えるのに必要な舗装や地面のライン引き等の工事代を自分自身で準備しなくてはなりません。そして，この駐車場の人気が高くてよく儲かった場合には問題ないのですが，利用者が少なく儲からないので駐車場経営はやっぱり止めておこうと決断しなければならない場合には，舗装等にかかった代金は，無駄な投資だったということになります。つまり，Ａさんはこの損失分をすべて自腹で負担しなくてはならない——全責任（無限責任）をＡさん自身で負わなければならない，ということになります。

逆に，Ａさんの経営する駐車場は人気が高く，Ａさんがこれまで蓄積したノウハウをもとに，自宅の庭以外のもっと別の場所でも同じような駐車場ビジネスを展開しようと考えたというように仮定してみてください。利用者の多い駅前でも駐車場を経営しよう，そしてそれをさらに広く，全国的規模に拡げて展開していこうというように考えたとしましょう。この場合，自宅の庭で個人的に展開していたレベルとは違い，はるかに多くのおカネが必要になります。Ａさんは，その必要なおカネをどうやって集めたらいいのでしょう？

実は，このような大金を集めるのにきわめて便利な制度的仕組みが準備されています。それは株式市場を利用するという方法です。単純化していうと，Ａさんは株式という証券を発行し，その株券を不特定多数の人々に買ってもらうことによっておカネを調達すればよい，ということです。Ａさんは，自らの経営する駐車場ビジネスの業績を公表し，「この会社は儲かっていて素晴らしい」

と賛同する多くの人々からおカネを集めるのです。賛同してもらった人々には，Aさんは利益の一部を取り分として渡すことになります（これを配当といいます）。賛同者たちは，このような形で，いわばAさんの駐車場ビジネスに一緒に参画（さんかく）することになるのです。

　株券を買った人たち（株主）は，この会社への賛同をやめたい場合には，株式市場というマーケットで株券を売却することを通じていつでもすぐに撤退することができます。株券は，市場を通じて取引されますから，その需給関係に応じて価格（株価）が決まってきます（神の「見えざる手」による調整です。☞14ページ）。一般に，業績のよい会社は，多くの人たちがその株券を買いたいと思いますから（需要が高いですから）株価が上昇し，逆に業績の悪い会社の株価は下がることになります。投資家の中には，その会社のビジネスの中身そのものへの賛同よりも，むしろこの株価の変動に着目し，株価の低いときに市場でその株券を買い，高いときに売って，その差額（利ざや）を稼（かせ）ごうという動機から株式を購入する人もたくさんいます。うまくいけば，株主はわずかな出資から巨額の見返りを得られるかもしれません。

　ここで非常に重要なポイントは，このAさんへの"賛同者たち"が必ずしもAさんの知り合いや友人というわけではなく，先にも述べたように不特定多数の一般の人たちであるということです。Aさんの知り合いに限定されるのであれば，資金の調達は限られた額に留まってしまいますが，どこの誰かもわからない第三者もが——実際にはAさんに賛同していないかもしれない，単に利ざやを稼ぎたいだけの人たちもが——株式市場を通じて自由に参加できるからこそ，Aさんは大金を集めることができるのです。そして，このように株券を発行し，不特定多数の人たちからおカネを集めている会社のことを**株式会社**と呼ぶのです（☞第3章1-2項，53ページ）。

　このような株式会社という会社の形態をとる場合，万一この会社が倒産してしまった場合でも，出資者としては自分の出資した金額（すなわち株券を購入した金額）の分だけ損をする（責任をとればいい）のであって，責任の度合いは限定的です。このように，限定的な責任しか負わなくてよい仕組みのことを**有限責任**と呼びます。株式会社は有限責任制であるからこそ大量の資金を調達できる，非常に便利な制度的仕組みなのです（ちなみに，会社はおカネが必要な際には，

株式発行以外の手段をとることもできます。それは銀行からおカネを借りたり，社債という証券を発行して他社に買ってもらったりするという手段です。これらのおカネは，株式と違って借金ですから利子をつけて貸し主に返さないといけません。つまり，会社が資金を調達する手段には，株式発行と借入という，基本的には2つの手段があるということになります）。

経営学が分析の対象としている会社とは，通常はこの株式会社という会社形態のことを暗黙に前提しているといっていいでしょう。この章で出てきたパナソニックやホンダ，トヨタ自動車といった会社も，各社のホームページを開いて見てもらえばわかりますが，その正式名称はそれぞれ「パナソニック株式会社」「本田技研工業株式会社」「トヨタ自動車株式会社」なのです。

(2) 会社を実際に動かす人たち

株式会社の最大の特徴は，株式市場を通じて不特定多数の人たちから巨額の資本調達を可能とする仕組みを備えていることです。会社は大量の資金を集めることができますから，株式会社は大規模な事業の経営に適した会社形態であるといえます。(1)で説明したように，出資者である株主は責任（有限責任）を負わなければなりませんが，株主は実際に毎日会社に出勤して会社の経営の実際に関与するのではありません。株主はあくまでおカネを出しているという意味で会社の経営に参画していますが，会社の実質的な経営は**取締役**（とりしまりやく）と呼ばれる人たちに委ねることになります。このように，おカネを出した出資者と実際の経営者が異なっている現象を指して**所有と経営の分離**と呼ぶことがあります。第3章第3節で詳しく学びますが，大規模な会社ほど「所有と経営の分離」が進行していることが多く，逆に小規模な会社では，家族で事業を経営することを思い浮かべてもらえばわかるように，所有と経営とは一致している（未分離である）ことが多いのです。

株主は，なにがしかのおカネを会社に拠出している以上，会社の経営に口出しする権利があって当然ですから，1年に1回行われるその会社の株主の集まり（株主総会といいます）に出席することができます。そして，株主総会において経営方針が株主に承認されないことには，取締役は会社の経営にあたれないことに法律上はなっています（☞第3章2-1項，55ページ）。ここで敢えて「法律上は」とことわったのは，実質的には，特に日本の会社ではこの株主総会の

果たす役割が形骸化しており，株主の意向がなくても会社の経営が事実上成り立っているケースが多いためです。

　ちなみに，アメリカの会社では，日本とは違い，社長は株主の意向をかなり重視した経営をする必要に迫られています。アメリカと日本とでは，同じ株式会社といってもその経営の実態が異なっているのです。最近になって，日本の会社もアメリカ型の株主重視の経営へとスタイルを変更すべきだという議論がよくなされています（☞第3章4-2項，63ページ）。

　ではなぜ，同じ株式会社なのに日本とアメリカでは異なった経営が志向されるのでしょうか。そのような日米間の相違に影響を与える要因は何なのでしょうか。ここまでの説明を読んだ皆さんは，すぐこのような疑問に直面するはずです。このあたりの事情は，このテキストでは次の第2章において詳しく説明されます。

> **⌨ キーポイント**
> 大規模事業の経営には，不特定多数から大金を調達できる株式会社が適している！

■ 注
1)　この第3節の記述は，片岡ほか［2015］，第6章を参考にしています。

■ 演習問題
1　あなたのある1日の生活を振り返り，朝起きてから夜寝るまでの間に，どのような会社と具体的に関わりをもったか，リストアップしてみましょう。あなたのお父さんやお母さんが関わりをもった会社リストも作ってみましょう。そして，それらの会社がいかにあなたやあなたの両親の生活を豊かにしたのか，（もしそれらの会社がなかったときのことを想定し比べながら）考えてみましょう。

2　13ページに掲載の図1-1「会社のシステム」を見ながら，あなた自身のアルバイト先の会社の状況をイメージし，ヒト・モノ・カネ，その他の経営資源として具体的にどのようなものがあり，それらをもとにどのような変換活動が行われているか，メモをとってみましょう。

3　あなたの身近にある公企業と私企業を3社ずつ挙げ，各社でそれぞれどのような事

業が営まれているか，インターネットのホームページを閲覧するなどして具体的に調べてみましょう。そして，公企業では公共性の高い事業が営まれていることを確認してみましょう。

■ さらに進んだ学修のために

〔1〕 加護野忠男・吉村典久 編著［2012］『1からの経営学（第2版）』碩学社。

〔2〕 片岡信之・齋藤毅憲・佐々木恒男・高橋由明・渡辺　峻［2015］『はじめて学ぶ人のための経営学（ver. 3）』文眞堂。

〔3〕 齋藤毅憲 編著［2012］『経営学を楽しく学ぶ（第3版）』中央経済社。

〔4〕 坂下昭宣［2014］『経営学への招待（新装版）』白桃書房。

〔5〕 藤田　誠［2015］『経営学入門』中央経済社。

第2章
会社はどのようにして社会に役立っているのか

企　業

◆この章のねらい

　会社は私たちの生活に必要な商品やサービスを提供してくれる組織であり，同時に，そこでは多くの人々が協働している場でもあることが明らかになりました。しかし，会社はそれらの財やサービスの生産を，利益を上げるために行っています。いわば，儲からないとそのような生産や販売活動を続けることはできません。

　では，会社の経営の中で，財やサービスを提供することと利潤を追求することはどのように結びついているのでしょうか。利潤を得るために欠陥商品を販売したり，偽の広告を行ったりする会社もあります。利潤をめざして会社を経営することは社会的に正当な行為なのでしょうか。利潤をめざした会社の活動自身が社会に反する行動なのでしょうか。

　会社は社会に対していろいろな役割を果たしているはずです。社会全体の動きから見て，会社には何が期待されているのでしょうか。会社は，利益を出して継続的に事業を続けられれば，それだけで社会の期待に十分応えたことになるのでしょうか。社会全体の中で会社がどのような形で社会に貢献し，存在意義を認められているかをこの章では考えてみましょう。

◆この章で学ぶキーワード
　◎企業の３機能　◎市場経済体制　◎市場メカニズム　◎NPO　◎私的セクター
　◎共的セクター　◎企業の社会的責任

1 社会に対する会社の役割

1-1 経営学から見た会社

会社は私たちの生活にはなくてはならない存在になっていることはすでに第1章で学びました。会社は私たちの生活に必要な製品を生産・販売し，生活を便利で快適なものにしています。例えば，電話を使った連絡にしても，それぞれの家には固定式の電話がありますが，外出するときには携帯電話やスマートフォンをもち，いつでもどこからでも電話がかけられるようになりました。これは携帯電話が発明され，それが安く生産されるようになり，その使用料も安くなったお陰です。その背景には，携帯電話の製造会社や通信会社のたゆみない努力があったことは容易に推測できます。

他方，会社は多くの人々が集まり，組織の共通の目標に向かって共に働く場でもあります。社長の指揮のもとで，その時々の目標に向かって各人が努力すると同時に，その目標に向けて活動が調整されます。そこにしっかりとした組織が形成され，効率的に組織目標が達成できる仕組みが作られています。

人々が集まり，相互に活動を始めると，そこに社会が生まれます（☞補章2-1項，366ページ）。したがって，会社を地域社会と同じような1つの社会として捉え直すこともできます。会社を舞台にして人生のドラマが展開されます。そこで本章では，会社を，経済学のように単に財やサービスを生み出す主体と見るだけではなく，より全体的・具体的にその役割を検討してみましょう。

1-2 経済的機能

会社は財やサービスを生産する場であり，それらの供給主体でもあります。経済学では，これらの財が，社会の生産性の向上に伴って，いかに安く供給されるか，さらには製品が消費者を経ていかに繰り返し生産されているかを明らかにします。財・サービスの再生産過程において，生産性が上がると，社会全体とすれば，財やサービスがより安く供給され，私たちの生活水準が向上する結果になります。いわば，経済の発達により物質的に豊かな社会が創られるの

です。

　社会全体から見ると，会社はこれらの財・サービスを提供している経済主体の1つであり，行政や消費者と並ぶ社会構成体の1つになります。しかし，個々の会社の視点からすると，市場競争の中で勝ち残るために，常に自社の生産性を向上させ，より安い商品を，より早く市場に出さねばなりません。会社は，市場で売れる製品を開発し，それをより安く生産し，より多くの消費者に買ってもらえるように最大限の努力をします。そのことによって，消費者はより多くの製品をより安く購入し，生活水準を向上させ，より快適な生活が送れることになります。

　会社は人々の生活をより豊かに，より快適にすることをめざして，事業活動を行うことになります。顧客の要望に応えて財・サービスを提供するお客様第一主義の経営は経営者の意識において社会に対する会社の役割を表現したものです。社会に必要な財・サービスを経済的に提供することを，企業の**経済的機能**と呼んでいます。

1-3　組織的機能

　経営学では会社を単に経済主体としてのみならず，ある目的に向かって活動が調整された組織として捉えます。この組織としての会社の特徴や仕組みを解明するのが経済学と異なる経営学の視点です。

　組織は分業に基づく協業によって成り立っており，人々が目的をより効率的に達成する仕組みでもあります。そのために組織の課題をより小さな具体的課題に分割し，組織のメンバーが小さな課題を達成しやすくした上で，個々の課題を調整し，全体の課題を達成するようになっています。

　分割した課題を達成し，またそれらの課題を調整するための仕組みやルールを明確に決め，各職務の担当者が効率的に行動できるようにしています。例えば，野球ではピッチャー，キャッチャー，ファースト，セカンドというように役割が明確に分かれ，それぞれの果たすべき役割が明確に意識されています。同時にチームとしてボールをうまく処理するためには，チームプレーでお互いの行動を調整しています。ですから，野球チームに参加しても，ピッチャーを割り当てられると，ピッチャーの役割を知っている限り，期待された行動がと

れ，チームとしてうまく調整することができます。強い野球チームは，それぞれの役割を上手にこなす優秀な選手を揃え，さらにはこれら優秀な選手をチームとしてうまくまとめ上げ，敵に勝つという目的を効率的に達成しています。

会社で働いている人は，このような組織的行動に慣れており，会社は常に組織として効率的に行動できるようになっています。会社は市場競争において，あたかも野球のチームのごとく効率的に動かなくてはなりません。そのために，組織として効率的に動く訓練を無意識的に行っているともいえます。さもないと市場競争で負けてしまい，存続できなくなるからです。

会社で働いている人は，したがって，組織としていかに効率的に行動するかを無意識に身につけています。2005年に尼崎で大きな鉄道事故が起こり，多数の死傷者が出ました。そのとき，事故現場に隣接していた日本スピンドル製造株式会社は，会社の操業を中断し，死傷者の救出に当たりました。その会社は事故への対応を専門にする会社ではありませんが，その組織力を生かし，事故への対応を適切に処理し，多くの人命を助けることができました。このような活動は会社が組織としてその目的を効率的に達成する仕組みであることの副産物かもしれません。

会社が組織として共通の目的を効率的に達成する人々の集まりであることから，企業のこの側面を企業の**組織的機能**と呼んでいます。

1-4 社会的機能

会社は，組織であり，多くの人々が集まっています。そこでは，人々が集まっていることから生じる人間の社会的関係が見られます。例えば，職場の同僚や先輩との関係においては，学校での友達関係と変わらない人間関係が形成されます。仕事上の悩みを聞いてくれる親しい友達ができます。また，転勤や引っ越しの際，送別会をしてくれる友達ができます。このような友達関係は，単に会社の仕事だけの関係ではなく，苦楽を共にして気持ちの通じ合える関係です。親子関係以上に話し合える友達もできるでしょう。

会社のステータス（status）が社員の人柄まで評価する基準になることもあります。例えば「よい会社にお勤めですね」などといわれることがあります。これは，会社のブランドがよいことを直接的には意味していますが，暗に，そ

こに勤めている社員の人柄や人格までも評価する言葉として使われることもあります。どのような会社で働くかによって，人生での出会いが異なり，その人の人生を大きく変える場合もあります。実際，個人の目からすれば，会社での生活はまさにその人の人生であり，生きる活動の場でもあります。そして1日の中で，主要な活動時間を過ごす場が会社であり，個人の生き方が現れる舞台でもあります。これを企業の**社会的機能**と呼んでいます。したがって，経営学では，会社の中で仕事をすることを単に賃金を得るために働いていると見るのではなく，人間の活動としての労働はいかにあるべきかを考えています。

　会社は経済的機能，組織的機能，社会的機能を担うとしても，基本的に，儲からないと存続できません。存続できないと，3つの機能を果たすこともできません。では，会社が収益を得て存続することは，社会全体からすればどのように考えられているのでしょうか。

> 🔑 **キーポイント**
>
> *会社は単にお金を儲けるために製品やサービスを提供しているのみではなく，組織的機能や社会的機能も果たしている！*

2 市場経済体制と会社の行動

2-1 市場経済体制の意味するもの

　私たちが何気なく住んでいる現在の社会は**市場経済体制**とか**資本主義社会**と呼ばれています。市場経済体制というのは，生産と消費のバランスが市場メカニズムによって調整されていることに注目した命名です。資本主義社会というのは，社会の仕組みが資本（投資により増大していく貨幣）という考え方に基づいて組み立てられていることに注目した命名です。

　市場経済体制と対になった言葉は**計画経済体制**です。また，資本主義社会と対になった言葉は**社会主義社会**です。現在の中国は社会体制としては社会主義ですが，市場メカニズムをかなり利用していますので，市場社会主義体制とも

呼ばれています。本章では，市場経済体制と資本主義社会をあまり区別せずに使います。

市場経済体制では社会全体の生産と消費が**市場メカニズム**によって調整されています。社会全体で見ると，商品の需要と供給によって価格が決まり，その価格によって逆に生産量と消費量が調整されます。会社が商品を作ったときには価格をつけますが，市場において実際にその商品が売れるときには，その価格通りではなく，顧客との交渉や商品の売れ方によって価格を変動させています。売値の割引などは価格が変動している具体的な事例です。

第1章で述べたように，実際の価格は社長の意思通りに動かせないものであり，神の「見えざる手」により決定されます。社会全体では生産と消費は市場メカニズムによりうまく調整されると信じられています。**市場の価格**はその商品の需要と供給によって決まりますから，生産者にとっても消費者にとっても，価格は与えられたものとして行動せざるを得ません。

生産者からすれば，与えられた市場価格で利益が出せると思えば，それをたくさん生産して利益を得ようとします。同じような考え方で他の生産者も同じ製品を造り市場に出せば，全体として供給が多くなります。需要に対して供給が多くなれば価格は自然に下がります。下がった価格のもとでは利益が見込めないと生産者が考えれば，その商品の生産は差し控えられます。このような価格の変動を通じて，社会全体からすれば，生産量が調整され，需要と供給が一致するようになります。これが市場メカニズムを利用した市場経済体制の基本的な仕組みです。

2-2　営利原則

商品の生産量は市場メカニズムで調整されるとしても，そこでは生産者は何をめざして生産をしているのでしょうか。前述したように，生産者はこの商品を造って儲かるか儲からないかを基準に生産量や製品の種類を決めています。儲かることをめざして生産することを**営利原則**といいます。市場経済体制は，生産者が営利原則に基づいて製品の種類や数量を決定することを基本としています。市場では自由な競争が前提とされていますから，市場の競争と**契約の自由**は，営利原則と並んで，市場経済体制の基本原則となります。

　営利原則は利潤を求めて生産することですから，市場経済体制のもとでは，利潤を求めて会社を設立することは社会的に正当な行為となります。営利行為を行う人間は利己的な人間といわれますが，**利己心**（self-interest）に基づいてモノを生産し，商品を増やすことが一国の富を増やし，国民の生活を豊かにすると主張したのが，アダム・スミス（A. Smith）の『国富論』であったわけです。市場経済体制は生産者の利己心に基づく行動を社会発展の原動力として認めた社会体制です。

　利己心に基づいて商品を生産しても，市場のもとでは，その商品が期待した価格で売れるか否かはまったく不確実です。計画経済のもとでは，政府の指示に従って一定量の製品を造るわけですから，造れば政府がすべて購入してくれます。しかし，市場経済体制のもとでは，造っても売れないかもしれないというリスクはすべて生産者の負担になります。したがって，利己心に基づいて生産する企業家は，売れなかったときの損失も負担しなければなりません。

　市場経済体制は，市場のリスクを含めて，社会に必要な製品の種類や数量の決定を企業家に任せているわけです。「業を企てる」ことを意味する企業は大きなリスクを含んでいます。**市場のリスク**（risk）を負担する経済主体を**企業**と呼びます。これが厳密な企業という意味ですが，本書では，日常的に散見される企業として，会社と企業をあまり厳密に区別せずに使うことにします。

2-3　経済性原理

　市場経済体制は企業家の利己心を前提として社会に必要な製品を生産し，同時に，市場競争によってその生産をより効率的に行うことをめざしています。一般に投入と産出の比率を**効率**と呼びます。例えば 1 リットルのガソリンで何キロメートル走れるかを示したのが自動車の燃費効率という概念です。この考え方を社会全体の投入と産出に当てはめ，それを貨幣という共通の尺度で計算したものが**経済性**と呼ばれます。さらにこれを会社に当てはめてみると，第 1 章で示したように，経営資源を投入と見て，生産された財・サービスを産出と見做して，**経営効率**を考えることもできます。

　市場競争は，社会全体でもあるいは個々の会社においても，経済性や経営効率を高める効果があると考えられています。会社間の市場競争においては製品

の価格が安い方が競争に勝ち残ります。したがって，会社は，少しでも安い製品を造り，無駄な費用を節約しようと必死の努力をします。この**競争原理**が，製品の価格を引き下げ，より安い商品を社会に提供し，より豊富な商品を消費者に提供することになると考えられています。鉄道事業や郵便事業の民営化はこの市場の原理を社会発展にも利用しようと意図したものです。

経済性の高い社会は，製品の価格が安く，より豊かで便利な社会であると考えられています。したがって，社会全体の経済性を高めることは一国の経済政策として重要な課題になります。この経済活動を支えているのが経済的機能を発揮している会社ですから，会社の経済性を高め，それを通じて社会全体の経済性を高めることが社会の発展に貢献する結果となります。社会全体の視点からすると，経済的機能を果たしている会社に，経済性を向上させ，より豊かで便利な社会を形成する主要な役割が期待されているといえます。

> ⚷ キーポイント
> *市場経済体制のもとでは，営利原則に基づき生産が行われ，市場競争により経済性が促進される！*

3 経済体制とモノを所有するということ

3-1 市場と意思決定

市場経済体制のもとでは，営利原則に基づいて，生産者が製品の種類や数量を決定するのが原則です。これは，今日の日常生活の中ではごく当たり前のことになっており，当たり前すぎてそれを問題にすること自体がおかしいといわれるかもれません。

しかし，わが国においてもわずか百数十年前の江戸時代を思い起こしてください。封建社会での主要な生産者は農民です。農民は果たして自分が作る作物の種類を自由に選び，またそれをどれだけ作付けするかを自由に自分たちで決めることができたでしょうか。それらは領主の許可なく決めることはできなか

ったはずです。したがって，生産に関する決定権を誰がもっているかはその社会の仕組みを決める基本的な要素です。

　市場経済体制では，誰が，何を（財・サービスの種類），どれだけ（生産量），どこで（工場立地），どのような方法で（生産方法）生産するのかを決めるのは会社の経営者です。経営者自身が，市場のリスクを考慮し，利益が出るか出ないかを自分で計算し，決定します。同時にその決定の結果，利益が出ても損失が出ても，結果についてはすべて自分で責任を負わねばなりません。これが市場活動の自由と表裏一体となった経営者の**自己責任原則**です。

　会社の経営者が利己心に基づき各人勝手に意思決定しておきながら，社会全体として見れば，市場メカニズムによって，生産と消費が調和してくると考えられているのです。これを**予定調和**といいます。しかし，本当に調和するのか否か不安が残ります。現実には景気変動があり，銀行における不良債権処理のように，政府が介入することがあります。時として政府の介入があったとしても，市場メカニズムでは神による「見えざる手」により需要と供給の調和に至ると信じられています。

3-2　モノ造りの決定と所有の関係

　では，経営者はなぜモノ造りの意思決定をすることができるのでしょうか。生産と消費の調和は神の「見えざる手」に委ねざるを得ないほどの事態ですから，需要を正確に予測できるから経営者が決定権をもつとはいえません。

　市場経済体制あるいは資本主義社会では生産手段の所有者がその生産手段の利用について決定権をもつことを大前提にしています。資本主義社会では**生産手段の私的所有**が大前提になります。封建制社会では主要な生産手段である土地は領主のものでした。その土地に農民が縛り付けられて生産が行われたわけです。社会主義社会では生産手段は国家が所有していますから，国家の計画に従って，各工場の責任者は生産を行うことになります。市場経済体制では，生産手段の所有者，より具体的には資本の提供者が生産に関する決定権をもっています。

　第1章で示されたように，月極駐車場の経営を始めたAさんは，駐車場利用地が自分の所有する庭であったから，自己責任で，市場のリスクを計算しな

がら，その事業を計画することができたわけです。

　一般に，**所有権**には**占有権，利用権，処分権**が含まれています。占有権は他人が所有物について口を挟めないようにする権利です。利用権は，自己の所有物をどのように利用するかを自分で決められる権利です。処分権は自己の所有物を他人に売ることができる権利です。ですから，資金の提供者あるいは所有者である経営者は，どのような商品を，どれだけ，どこで，どのような方法で生産するかを決定する権利があります。それが法律により保障されています。市場のメカニズムを機能させるルールが法律によって保障されていることになります。

　既述のＡさんは，駐車場の人気が高いことを知り，株式市場で資金を調達し，駐車場の事業を全国展開することを考えました。このように自分の資金を利用しながら，その資金を拡大していくことを**資本投資**と呼びます。資本の所有者がそれをどのように投資するかを決める権利は正当な行為として認められているのです。

3-3　古典的な企業像

　資本主義社会が形成されはじめた当初は，資産をもっている所有者がそれを利己心に基づいて活用することにより，自己の資産を増大させると同時に，社会全体の資産を増やすことになると考えられました。

　例えば，明治時代における住友家や三井家のような財閥家族を考えてみてください。それらの家族は自分たちの財産を活用し，より多くの財産を作ってきました。社会の発展に対応していろいろな企業を起こし，いわゆる財閥といわれる巨大な企業連合体を作りました。財閥の中心には資金の提供者として財閥家族が存在していたわけです。財閥家族による資金の提供により，それぞれの地域において会社が発展し，多くの商品が生産され，生活は便利になっていきました。まさに会社の発展が地域やさらには日本の発展と同一の次元で受け止められたのです。財産の所有と会社の経営が一体として考えられていたわけです。

　一般に産業資本主義段階では，財産の所有者が利己心に基づき事業を計画し，その投資から利益を得ることは，社会の発展を促進すると考えられていました。

企業家は，多くの場合，資産の所有者であり，その所有に基づいて意思決定を行っていました。いわゆる所有と経営は一致しており，企業の発展と社会の発展が同一視されたわけです（☞第 3 章 3-2 項，59 ページ）。

　もちろん，多くの資産をもついわゆる「**持てる者**」と資産をもたず働いて生活費を得るしかほかに生活の手段がない「**持たざる者**」の生活格差も拡大し，大きな社会問題をもたらしました。しかし，会社はその経済的機能を発展させることにより，社会的に有用な存在として認められました。これが，市場経済体制を前提として会社が社会に貢献した基本的な形であったのです。

> **⚏ キーポイント**
> *市場経済体制のもとでは，企業家は利己心に基づいて営利活動が認められ，資本の所有に基づいて自由に意思決定できる！*

4　企業と NPO の違い

4-1　NPO（非営利組織）の意味するもの

　今日の状況を見ると，古典的な企業の時代とはかなり前提条件が変わっています。市場経済体制の基本原理は変わっていませんが，20 世紀に見られた資本主義体制と社会主義体制の体制間競争はほとんど消滅しています。企業の活動も世界市場を相手に競争する時代になっています。

　国内を見ても，従来では企業と国家が主要な経済主体でしたが，今日では NPO（Non-profit Organization，非営利組織）が社会の重要な構成要素となっています。そこで，企業とはその行動原理を異にする NPO と企業を比較することによって，企業の特徴をより深く理解してみましょう。

　NPO は，その命名からして，企業に対して，利潤をめざさない組織であることを主張しています。しかし，政府の行政組織や公企業は本来的に利潤をめざさない組織ですから，NPO に含まれる可能性があります。そこで，広義の NPO と狭義の NPO を区別しておく必要があります。

■ 図2-1 非営利法人のマッピング

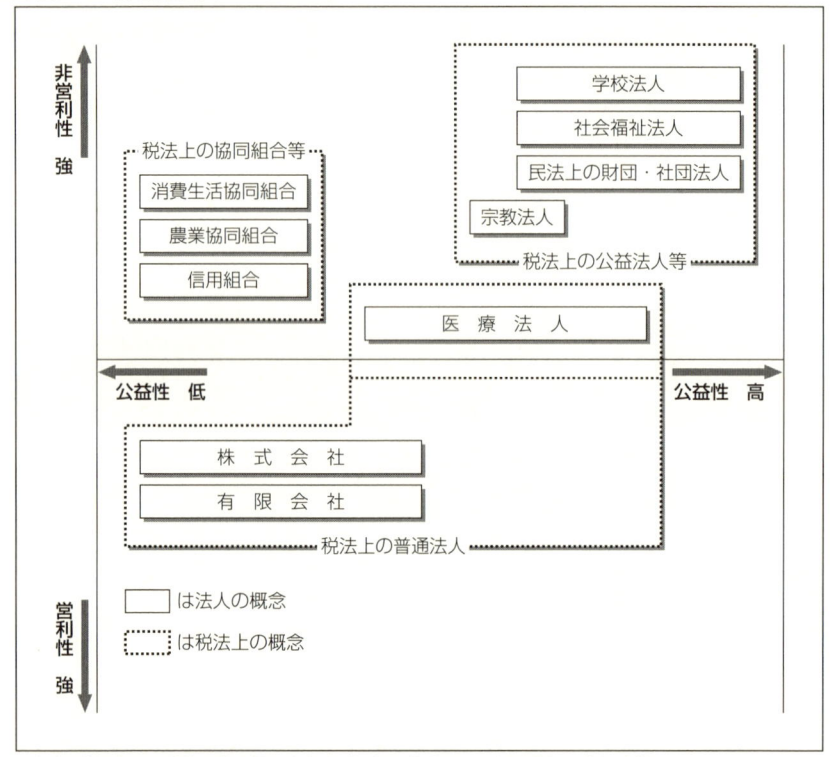

出所：奥林康司・稲葉元吉・貫　隆夫　編著［2002］『NPOと経営学』中央経済社，97ページをもとに
　　　一部変更。

　図2-1は行政組織や公企業などを除いて，多様な組織を営利性が高いか低い
か，公益性が高いか低いかによって分類し直したものです。営利性が低い組織
として，図の上位にある学校，社会福祉施設，財団や社団法人，消費生活組合，
農業協同組合，信用組合，さらには医療法人（病院）などが挙げられます。協
同組合をNPOに含めて研究すべきか否かについては研究者によって議論の余
地がありますが，NPOというのは，大きく見て，このような組織であること
がわかります。営利性の高い株式会社や有限会社とは対極に位置づけられてい
ます。

　他方，狭義のNPOとは，わが国において1998年12月より施行された「**特**

定非営利活動促進法」により法人格（☞第3章1-1項，50ページ）を認められた組織をいいます。阪神・淡路大震災を契機としてボランティア活動が活発になりましたが，それらの人々の集まりは法人格（法律で認められた人格）が認められなかったため，組織として活動するうえで多くの障害に直面しました。そこから，ボランティア活動にも一定の条件を満たせば法人格を認め，活動しやすくしたわけです。本章で取り扱うNPOは，私企業と比較するための例であり，狭義のNPOを含めた広義のNPOを念頭に置いています。

　これらNPOの特徴としては，他者を助ける組織，ボランティアなどが参加する組織，免税される組織，寄付控除のある組織，利益配分のない組織などといわれています。ヨーロッパでは，他者を助ける組織としてのNPOと自分たちの組織としての協同組合を含めて，社会目的を達成するための経済組織として位置づけられています。NPOは，私企業と異なり，社会的に有意義な活動を行いながら，営利をめざしていない組織となります。

4-2　経済の各セクター

　NPOの活動が社会活動全体の中で大きな比重を占めるまでに発達すると，新しいセクター（社会の活動分野）として位置づけられるようになります。社会活動全体の分野を，大きく，政府や地方公共団体からなる**公的セクター**，私企業からなる**私的セクター**，広義のNPOからなる**共的セクター**の3つのセクターに分けることができます。

　図2-2はこれら3つのセクターの相互関係を示したものです。例えば，私的セクターの民間営利企業は公的セクターの国や地方公共団体に税金を納めます。それに対し，国や地方自治体は，公共財，例えば道路や鉄道など多くの人が共通に使う施設を提供します。

　NPOと企業との関係は，例えば企業がNPOに寄付やボランティア休暇などで貢献するのに対し，NPOは企業とパートナーシップを組み，専門的知識による助言や改善提案を行います。例えば，NPOと企業が協力して，廃棄物のリサイクルに取り組むことなどはその一例です。

　NPOは県や市とも協力し，社会が直面している問題の解決に協力します。例えば，介護を必要とする高齢者に対し，介護を事業とするNPOに県や市が

38

■ 図2-2 NPOセクターと社会システム

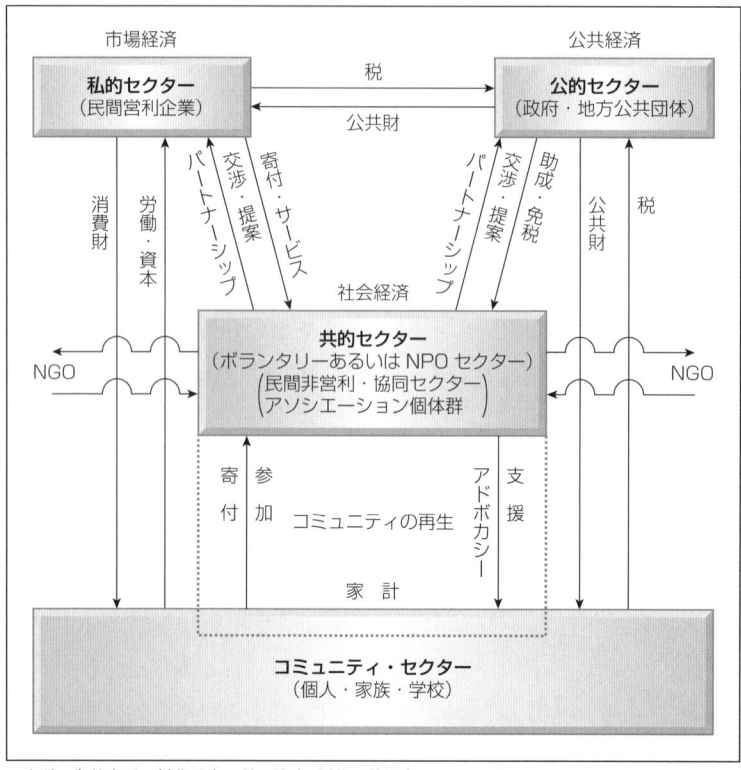

出所:奥林康司・稲葉元吉・貫 隆夫 編著,前掲書,10ページ。

補助金を出すことによって,地方自治体としては比較的安い費用で高齢者の介護が可能になり,また,NPOに参加している人たちは,ボランティアも含めて,社会的に有意義な活動に自分の能力を発揮することができます。

　これらの活動を私企業で行おうとすると,採算がとれないため,私企業は積極的に進出しようとはしません。しかし,これらの活動は社会的には大変意義のある活動であり,誰かが担当しなければなりません。私企業も国や地方自治体も本来の仕事として積極的に参加できない活動分野をNPOがカバーすることになります。

　簡単にいえば,社会的には必要な活動でありながら,それを私企業の営利原則では運営できない分野が存在し,かつその部分が拡大しているということで

す。それを担っていくのが NPO（共的セクター）です。

4-3　政府・企業・NPO の行動原理

　では，共的セクターと比べて私的セクターの行動原理はどう違っているのでしょうか。表 2-1 は各セクターの組織上の特性を比較したものです。特に，私的セクターと共的セクター，すなわち私企業と NPO の行動原理や考え方の相違を見てみましょう。

　まず，組織形態を見ると私企業では企業官僚制といわれています。すなわち，行政における官僚制組織のように階層構造をとり，上意下達の指揮命令系統で組織が動いています（☞第 8 章コーヒーブレイク，189 ページ）。それに対して，NPO では，アソシエーション（association），すなわち，組織メンバーが自主的に集まり，お互い対等な関係で組織の活動に貢献しています。

　主体相互の関係について見ると，私的セクターでは貨幣となっています。すなわち，企業が生産を行うか否かは，儲かるか儲からないか，貨幣があるかないか，その額が大きいか小さいかなど，すべて貨幣に換算して意思決定が行われます。これに対して，共的セクターでの制御媒体は対話となっています。すなわち，組織に参加するメンバーは，自発的な自分の意思で参加しているので，相手の行動を変更させるのは，おカネや権力ではなく，対話を通じて相手を説得するしかありません。

　社会関係について見ると，私的セクターでは交換となっています。すなわち，企業が他の企業と関係をもつのは商品の取引であり，それは貨幣で決済されます。商品の取引においては，等価交換が前提になります。どちらかがおカネで損をするようであれば取引は成立しません。他方，共的セクターであれば，社会関係は互酬とされています。NPO で，例えばボランティアで活動している人は金銭的な等価交換を当てにしていません。労働を提供したとしても，その報酬は賃金ではなく，世話をしたお年寄りのお礼の言葉であるかもしれません。あるいは世話をした相手の喜んだ顔であるかもしれません。そこではお互いに得るものがあるのであり，それは貨幣に換算できないものかもしれません。

　このように，現代の社会においては，私的セクターのみではなく共的セクターが社会の重要な構成要素になっています。逆に見れば，市場経済体制におい

■ 表2-1 経済社会セクターの3種類

セクター＼組織特性	私的セクター	公的セクター	共的セクター
組織形態	企業官僚制	国家官僚制	アソシエーション
組織化原理	利害・競争	統制・集権	参加・分権
制御媒体	貨幣	法権力	対話（言葉）
社会関係	交換	贈与	互酬
基本的価値	自由	平等	連帯
利益形態	利益	公益	共益
経済・経営主体	私企業	公共団体	民間非営利協同組織
経済形態	市場経済	公共経済	社会経済
合理性	目的合理性	目的合理性	対話的合理性
問題点	市場の失敗	政府の失敗	ボランタリーの失敗

出所：奥林康司・稲葉元吉・貫　隆夫 編著，前掲書，13ページ。

ても，私的セクターの企業が唯一の経済主体ではなく，公的セクターや共的セクターの影響を受けながら，その社会的役割を果たさねばならないことを意味しています。

> 🔑 キーポイント
>
> *今日では NPO が拡大しており，私企業が社会の発展を担う唯一の組織ではなくなった！*

5 現代の企業像

5-1 企業と社会の新しい関係

21世紀において，先進的企業は世界市場を相手として活躍し，ますます巨大化してきています。私企業としてその活動に関する意思決定は個々の企業に任されてはいますが，その決定の影響は地域経済の盛衰を左右し，あるいは国際間の政治問題に発展するほどになっています。したがって，私的企業の行動

であっても，それを私的な出来事として放置しておけないのです。

　古典的な企業像（☞本章3-3項，34ページ）に立てば，企業の発展は地域社会の発展であり，企業が事業を拡大することが，住民に生活の糧を提供し，地域経済の発展や市民生活の向上に直接的に貢献すると考えられました。しかし企業の量的拡大が必ずしも一般市民の生活を質的にも向上させるとは考えられなくなったのです。あるいは，企業活動それ自体がその存在基盤である社会の持続的発展それ自体を危うくするかもしれないと認識されるに至ったのです。その典型は地球温暖化や**環境問題**です。

　例えば自動車の生産が増大すれば，自動車メーカーは収益を上げ，同時に消費者は安い車により生活を便利にすることができます。しかし，自動車から排出される炭酸ガスは大気汚染をもたらすと同時に地球温暖化をもたらします。自動車により生活は便利になりましたが，同時に地球の**持続的発展**（sustainable development）を危うくするに至ったのです。社会全体の利益からすれば，私企業の決定であっても，それに何らかの影響を及ぼし，社会の持続的発展を維持する方向を考えざるを得なくなったのです。

5-2　企業とステイクホルダー

　企業に何らかの利害関係をもつ組織や集団を**ステイクホルダー**（stakeholder）と呼んでいます。図2-3に示されるように，企業のステイクホルダーには，従業員，株主，消費者／顧客，取引先，NPO／NGO，地域社会，政府・行政などが含まれます。これら企業を取り巻くステイクホルダーが，私的な活動として，営利原則のもとで市場の意思決定を行っていた企業に影響力を行使し始めたのです。

　企業と社会の相互関係を示したものが図2-4です。企業が巨大化し，一企業であっても社会に大きな影響力をもつようになりました。同時にそれに対応して，ステイクホルダーも企業に新しい役割を期待し，また圧力をかけるようになりました。それに応えるために，企業はステイクホルダーに積極的に関与するようになっています。このようなステイクホルダーへの積極的関与が**企業の社会的責任**（Corporate Social Responsibility：CSR）と呼ばれています。

　企業の社会的責任という言葉は，1960〜70年代に公害問題を契機として企

■ 図2-3　企業とステイクホルダー

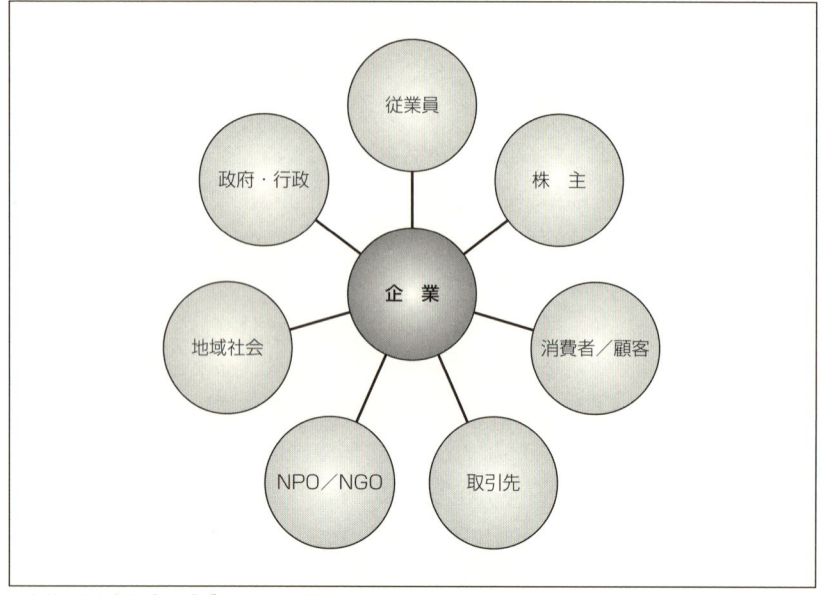

出所：谷本寛治［2006］『CSR——企業と社会を考える』NTT 出版，23ページ。

■ 図2-4　企業と社会の相互関係

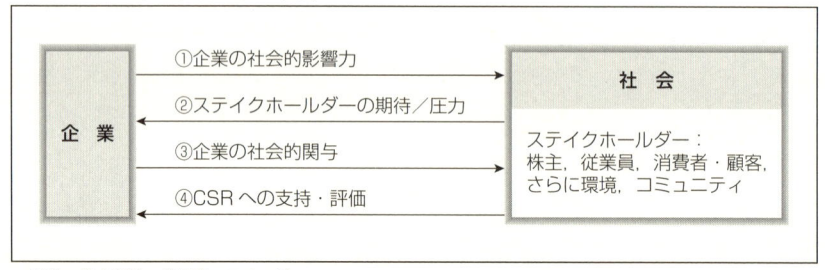

出所：谷本寛治，前掲書，7ページ。

業の反社会的行為を批判する言葉として使われたことがあります。しかし今日
使われている企業の社会的責任はその考え方において大きく異なっています。
公害問題に対する企業の社会的責任は，誰が原因を作ったか不明確な公害に対
して企業として責任のあることを認めさせることに意義がありました。しかし
今日の社会的責任は，責任を認めることのみではなく，企業の新しい在り方を

意味しています。

　企業市民（Corporate Citizenship）という言葉も同時に新しく使われています。企業も，他の市民と同じく，市民としての行動が要求されることを示しています。隣近所に埃を出したり，家庭ごみを放置したりすると，近所からすぐに苦情が来ます。これと同じように，企業も隣人の一人として，市民が果たすべき役割を確実に果たすことが要求されています。すなわち，企業は単に財やサービスを生産し，生活の糧を得る場だけではなく，それ以上の社会的役割があることを示しています。工場の安全を確保し，地域住民に不安を与えないことは，市民生活レベルで考えれば，当然の行動であるはずです。原発事故による放射能漏れへの対応はまさにこのような事態を示しています。

5-3　企業の社会的責任

　21世紀における企業の社会的責任は，公害問題に現れたような企業の一側面だけではなく，ステイクホールダー全員への責任が意識されています。その具体的内容を示した事例として，2001年に欧州連合（European Union）が発表したいわゆる「グリーン・ペーパー」（正式名称「企業の社会的責任に関する欧州枠組みの促進」）があります。そこでは，CSRの問題を，内部的問題，外部的問題，全体的問題に分けて検討しています。

　表2-2は企業の社会的責任の内部的側面を具体的に示しています。内部的側面とは，企業内部で行うべき社会的責任です。ステイクホールダーとの関係でいえば，従業員，消費者，さらには地域社会への責任を明示しています。例えば，従業員への責任を見れば，マイノリティー（少数民族），年配者，女性などの採用，職場における健康・安全，リストラや企業合併に関する情報公開などが挙げられています。

　表2-3は，同じグリーン・ペーパーにおける企業の社会的責任の外部的側面を示しています。そこでは，地域社会への責任として研修や保育サービスの提供が示されています。また，グローバル環境への責任として，社会の持続可能な発展が挙げられています。

　この欧州連合が発表したグリーン・ペーパーは，新しい次元で企業の社会的責任を求める具体的内容の一例に過ぎません。社会的責任の具体的内容は，そ

▓ 表 2-2　CSR の内部的側面

1. 人的資源管理
- 業務および昇進機会の男女平等
- 採用時の差別の撤廃
- マイノリティ，年配者，女性などの採用
- エンプロイアビリティ（市場性のある職業能力）──研修・教育は EU の大きな問題である

2. 職場における健康・安全管理
- 法制定とその施行による取組みという現在の手法を越える
- アウトソーシングにより新たな安全・健康対策が必要になっている
- 商品に「安全で衛生的な」製造工程で製造されたと表示する
- 認証を受けた安全で衛生的な供給者から政府が調達する──デンマークの公的機関購入者連盟（IKA）やオランダの安全契約業者のチェックリクト（SCC）

3. 変化（リストラ）への対応
社会的に責任のあるリストラと合併買収の手順
1. 情報公開
2. 協議
3. 官民の連携
4. 職員のエンプロイアビリティと免職者の職業相談

4. 資源および環境インパクト管理
- 資源消費量の削減＝廃棄物と費用の削減
- 「ウィン・ウィン（環境負担の低減と収益性を両立させる）」環境に関する決定
- 製品がライフサイクルを通して環境に与える影響を考慮した統合的製品政策（IPP）の立案[注]

注：グリーン・ペーパーでは特にこの点について曖昧であるため，欧州委員会は，環境問題に関する現時点の進捗に満足していると述べる評者もいれば，環境面では健全で，かつ社会的に責任あるイニシアチブの実例を挙げるように強い圧力を受けていると述べる評者もいる。
出所：高　厳ほか［2003］『企業の社会的責任──求められる新たな経営観』日本規格協会，71 ページ。

の社会の価値観を色濃く反映しており，地域や時代によっても異なります。

わが国では，2005 年 7 月に社会経済生産性本部が発表した「企業の社会的責任指標化に関する調査報告書」において，ステイクホルダーに対する企業の責任として六大領域の具体的内容が示されています。

①株主・債権者・投資家に対する責任：収益性，安全性，成長性，株主への成果配分，ガバナンス，IR（株主関係）部門，株主説明会，株主総会

②従業員に対する責任：高齢者雇用，労働時間，有給休暇，育児休暇，介護休暇，メンタル・ヘルス，人材育成，業績評価，女性，障害者，離職率，労使協議制，差別・ハラスメント

■ 表2-3　CSR の外部的側面

1. 地域社会
・地域社会の研修
・社会パートナーと共同で保育サービスを提供
・地域社会との関係は特に国際的企業にとって重要

2. ビジネス・パートナー，サプライヤー，消費者
・現地調達
・コーポレート・ベンチャー──大企業が小規模なスタートアップ企業に出資し事業確立を支援すること

3. 人権
・腐敗撲滅
・贈収賄禁止
・児童労働──第三世界の国々の労働基準
・従業員の行動規範
・地域社会への情報開示
・重要問題に対処するための研修
・社内外の検証システム

4. グローバル環境
・持続可能な発展

出所：髙　巖ほか，前掲書，73ページ。

③顧客に対する責任：顧客満足，負の側面対応，消費者啓発，顧客情報保護，外部認証

④供給者に対する責任：公正・互恵(ごけい)取引，透明性，コミュニケーション，報償

⑤地域社会・NPO・その他のステイクホルダーに対する責任：地域関係，フィランソロピー，NPO関係，国際行動規範，国際交流，海外活動ルール，インターンシップ，倫理綱領

⑥地球環境に対する責任：有害化学物質，廃棄物，環境管理認証，環境情報開示，グリーン調達，エコデザイン，温室効果ガス，エネルギー効率

　ここでは，実に多様な内容が企業の社会的責任の中に含まれ，焦点が不明確になる危険もはらんでいます。しかし，明確な点は，企業の責任として，単に株主への責任が唯一最高のものではなくなったことです。企業の機能のうち，経済的機能のみが評価されるのではなく，組織的機能も社会的機能も評価の対象に強く含まれてきたことです。

■ 表2-4　総合企業ランキング「NICES（ナイセス）」（2015年度版）

総合順位	社　名	総合得点	投資家得点	消費者・社会得点	従業員得点	潜在力得点
1	セブン＆アイ・ホールディングス	719	161	200	170	188
2	味の素	687	154	167	167	199
3	村田製作所	682	182	171	147	182
4	東レ	679	152	173	154	200
5	ファーストリテイリング	677	184	197	107	189
6	NTTドコモ	671	139	182	200	150
7	KDDI	664	175	173	158	158
8	花王	657	158	177	165	157
9	TOTO	649	167	146	168	168
9	三菱商事	649	136	170	177	166
11	トヨタ自動車	643	164	180	117	182

出所：『日本経済新聞（電子版）』（2015年11月27日）より筆者作成。

5-4　優良企業の評価尺度

　日本経済新聞社は2015年11月27日付の新聞で，優良企業を評価する目的の総合企業ランキング **NICES**（ナイセス）を発表しています。表2-4は，このうちトップ10を示したものです。

　この NICES は，会社の業績や成長性，働きやすさなどを総合して上場会社を評価しようとするものです。会社の時価総額（株価に株式数を掛けた数値で企業価値を評価する指標）の増減などを見る「投資家」得点，その会社の認知度などを見る「消費者・社会」得点，多様な人材活用などを見る「従業員」得点，会社の成長性を見る「潜在力」得点の4項目で点数をつけ，合計して優良企業の総合順位を決めようとするものです。

　ここで，投資家の視点だけではなく，消費者や社会からの視点，従業員の視点なども加味されて総合評価ランキングが作成されていることが重要なポイントです。「消費者・社会」の項目の内訳には会社の認知度，好感度，雇用の拡大や維持，社会貢献や環境などが，また「従業員」の内訳にはワーク・ライフ・バランス（☞第11章コーヒーブレイク，267ページ）や育児・介護支援，女性の登用などの指標が含まれており，会社の利益や成長のみで指標が決められているわけではないことがうかがえるでしょう。優れた会社を選ぶ基準となる指標に，会社の経済的機能だけではなく組織的機能や社会的機能をも満たしてい

るか否かが組み込まれている点が，ここでの重要なポイントです。このような会社の評価基準の変化の中にも現代社会において企業を見る目が古典的な企業像とは異なってきていることが読み取れます。

> ⌘ キーポイント
> *現代の企業は，単に経済的機能のみで評価されるのではなく，その社会的責任や組織的機能，社会的機能でも評価されるようになってきた！*

▨ 演習問題

1. 会社は日常生活の中で社会にどのように役立っているか，身近な会社を選んで観察し，まとめてみよう。
2. 会社は，モノを造ろうとしたときに，なぜ，自分たちのことを中心に考えて決定できるかを考えてみよう。そのとき，地域社会に迷惑がかかるとすれば，それにどのような対応をしているかを，具体的な事例を取り上げて，検討してみよう。
3. 企業の社会的責任として，今日ではどのようなことが取り上げられているか，インターネットや新聞の記事を参考にしながら，検討してみよう。

▨ さらに進んだ学修のために

〔1〕　奥林康司・稲葉元吉・貫　隆夫 編著［2002］『NPO と経営学』中央経済社。

〔2〕　高　巌・辻　義信・S. T. デイヴィス・瀬尾隆史・久保田政一［2003］『企業の社会的責任——求められる新たな経営観』日本規格協会。

〔3〕　谷本寛治［2014］『日本企業の CSR 経営』千倉書房。

〔4〕　T. L. ビーチャム・N. E. ボウイ 編，小林俊治 監訳［2017］『企業倫理学〈4〉国際ビジネスの倫理的課題——社会的正義と経済的正義』晃洋書房。

〔5〕　三戸　浩・池内秀己・勝部伸夫［2018］『企業論（第4版）』有斐閣。

第3章
会社は誰が動かしているのか

コーポレート・ガバナンス

◆この章のねらい

　会社は生産手段の所有者あるいは資本の提供者によって経営に関する決定がなされ，それが市場経済体制のもとでの基本原理であることがわかりました。しかし，株式会社においては，株式の所有者が必ずしも会社経営に直接携わっているとは限りません。大企業では，大株主と経営者は別の人格であることが多いのです。

　では，なぜ，市場経済体制のもとでは，資本の提供者と現実の経営者が分離するのでしょうか。資本提供者から独立した経営者は，資本提供者の思う通りに会社を運営してくれるでしょうか。むしろ現実に経営の意思決定を行っている経営者の方が会社の運営に株主より大きな影響力をもっているのではないでしょうか。

　株主よりも経営者が大きな力をもつとすれば，経営者は現実に会社の社会的役割を十分に果たすように行動するでしょうか。不祥事件を起こしている経営者を社会的にコントロールする仕組みは株式会社制度の中に組み入れられているのでしょうか。大きな社会的影響力をもつに至った大会社が社会に十分に役立つ存在として活動するには，どのような条件が必要でしょうか。会社の統治機構（ガバナンス）について，その変革の方向性を考えてみましょう。

◆この章で学ぶキーワード
　◎株式会社　◎所有と経営の分離　◎物言う株主　◎執行役員制　◎社外取締役
　◎コーポレート・ガバナンス・コード　◎指名委員会等設置会社

1 株式会社という会社形態

1-1 法人格と自然人

　市場経済体制のもとでは，生産手段の所有者，資本の所有者がそれをどのように活用するかについて決定権をもっています。第1章の事例で，自分の庭を月極駐車場に変えたAさんの事業展開を考えてみましょう。

　Aさんは自分の所有権に基づいて庭を駐車場に変えて，営利事業を立ち上げました。しかし，事業が好調で，同じアイデアを生かし全国展開を考えたとき，その事業を会社形態にするでしょう。なぜなら，○○会社の方が社会的信用があると考えられるからです。また，税金対策上もその方が有利だからです。しかし，個人の名前で事業を行うのと会社にするのとでは事業展開の上では根本的な違いがあります。

　会社は，法律的には，**法人格**をもつ組織体です。登記所に会社として登録すれば，普通の人と同じような人格が認められ，誰とでも契約を結ぶことができます。これを法律用語では，「法人成り」といっています。これに対して自由に契約を結ぶことができる普通の人を，「**自然人**」と呼びます。会社とは，法律用語としては，法人格をもった団体であることを意味しています。

　法人と自然人の根本的な相違は，自然人には寿命がありますが，法人は社長の寿命に関係なく存続できることです。Aさんの場合も，月極駐車場の事業が全国的に展開され，ゴーイング・コンサーンとして長く続くことを期待すれば，個人の事業から会社組織に変えることになります。子供たちが会社を継承してくれることを期待しているかもしれません。

1-2　会社形態の種類

　会社にするといってもいろいろなやり方があります。第2章で述べたNPO
も法人格をもつ組織体です。駐車場そのものは，公営の駐車場もあり，それら
は一般に公企業と呼ばれています。それは，事業を運営する資本が地方公共団
体から出ているからです。営利をめざす限り，Aさんは会社形態を私企業の中
で選ばざるを得ません。

　事業の形態には，公的セクターで行う公企業，私的セクターで行う私企業，
地方公共団体と私企業が共に資金を出し合う第三セクター方式，共的セクター
におけるNPOなどがあります。

　私企業の場合には，大きく分けて，表3-1に示されるように，合名会社，合
資会社，合同会社，非公開の株式会社，公開の株式会社があります。出資者は，
合名会社，合資会社，合同会社の場合には，社員（普通に使う従業員としての会
社員とは意味が異なる），株式会社の場合には株主といいます。これら会社形態
の相違は，出資者が債権者に対してどこまで責任を負うか，さらには，株式会
社の場合には，株式を自由に売れるか否かの違いによって区別されています。

　合名会社は，出資者である社員が会社の債権者に対して無限の責任を負い，
個人の財産を処分してでも負債を返さねばなりません。出資者は共同経営者で
もあり，社員の名前を連ねたことから，合名会社という名称がつけられました。
その代表的な事例は，現在の三井グループの前身である三井合名会社です。

　合資会社は，無限責任社員と有限責任社員とから形成され，**有限責任社員**は
その出資比率に応じて事業利益の配当を受けることができます。ただ，有限責
任社員も債権者に対して直接責任を負い，社員相互で連帯責任を負っています。
有限責任社員を設けることにより出資者の数を増やすことができ，より大きな
資金を集めることができます。この代表的な事例は三菱グループの前身である
三菱合資会社です。合資会社も合名会社も，社員に**無限責任社員**を含み，個人
あるいは家族の財産を運用し，それを増大させようとする古典的な会社である
ことを示しています。

　合同会社は，2006年の会社法改正により新たに設けられた会社制度です。
合名会社では全員，合資会社では一部が無限責任社員ですが，合同会社では全
社員が有限責任社員となっています。合同会社は，形の上では出資者全員が有

■ 表 3-1　会社の種類別特色

		株式会社		合同会社	合資会社	合名会社
		公　開	非公開			
出資者	名称	○株主	○株主	○社員	○社員	○社員
	責任	○出資の義務にとどまり会社の債権者に対しては責任を負わない	○出資の義務にとどまり会社の債権者に対しては責任を負わない	○出資額を限度として責任を負う（有限責任社員）	無限責任社員——会社の債権者に直接無限の責任を負う ○有限責任社員——出資額を限度として直接責任を負う	○会社の債権者に直接無限の責任を負う（無限責任社員）
	員数	○1名以上	○1名以上	○1名以上	無限責任社員と有限責任社員各1名以上	○1名以上
	譲渡制限	○原則譲渡自由	○譲渡につき会社の承認が必要	○他の社員全員の承諾が必要	無限責任社員——他の社員全員の承諾が必要 ○有限責任社員——無限責任社員全員の承諾が必要	○他の社員全員の承諾が必要

出所：岸田雅雄［2012］『ゼミナール会社法入門（第7版）』日本経済新聞出版社，38 ページより筆者作成。

限責任社員となっていますが，内部関係については社員全員の一致で意思決定が行われ，各社員が自ら会社業務の執行にあたるなどの点で，次に見る株式会社とは異なっています。

　株式会社は，非公開の株式会社と公開の株式会社から構成されます。まず，**非公開の株式会社**は有限責任社員から構成され，**有限会社**という名称で活動している場合があります。従来の有限会社は，2006 年から施行された会社法では，非公開の株式会社として分類されています。中小企業のための会社形態と

もいわれ，株式会社に比べ機関の規定が緩和され，運営が簡便になっています。非公開というのは，株式の譲渡が制限され，譲渡には会社の承認が必要であることを意味しています。この非公開の株式会社は，従来では，資本金1,000万円以下で，出資者が50人未満の企業に多く，会社形態の中では過半数を占めています。お互いに信頼できる出資者が多く集まり，連帯責任を負いながら会社を経営するのに適しています。

　株式会社は，第1に，その出資者（株主）のすべてが有限責任である点に特徴があります。株主はその出資した額の範囲内で責任を負えばよく，それ以上の連帯責任などは負わなくてもよいのです。

　第2に，株式は証券市場で自由に売買できるため，会社が倒産しそうであれば，株主はいつでも株を売り，危険を回避することができます。

　したがって，株主の観点からすれば，投資した金額についてのみリスクを考えればよく，また，自由に販売できるので，危険を回避しやすい形態です（☞第1章5-2項(1)，21ページ）。反対に経営者の立場からすれば，多くの小額資金を集めることができるので，資金を集めやすい会社形態です。したがって，第1章で出てきたAさんは資金を集める会社形態として株式会社を選んだのです。ただ，株式を公開にするか非公開にするかは慎重に考える必要があります。

1-3　会社形態の分布

　以上のように，会社形態には，大きく，合名会社，合資会社，合同会社，株式会社がありますが，その分布を示したのが図3-1です。

　これによると，2015年時点において，会社総数264万1848社の中で，合名会社は0.1％，合資会社は0.7％，合同会社は1.9％であり，会社形態の中で占める割合は非常に少ないのが実態です。

　これに対し，株式会社は94.3％（249万479社）であり，事実上，会社の圧倒的多数は株式会社という会社形態をとっていることがうかがえます。日常的に経験する会社の中では株式会社が最も私たちの目に触れるものです。

　株式会社の規模もさまざまです。資本金規模で1000万円以下の比較的小規模の株式会社もあれば，10億円を超える巨大企業まで，幅広く分布しています。巨大企業の場合は，その数は少ないものの，その経済的影響力や社会的影

■ **図 3-1　会社形態別の法人数**（2015 年）

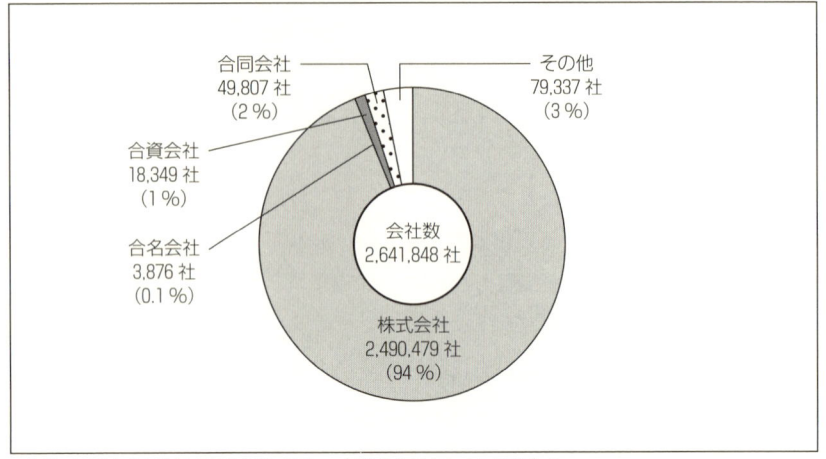

合同会社
49,807 社
（2 ％）

その他
79,337 社
（3 ％）

合資会社
18,349 社
（1 ％）

合名会社
3,876 社
（0.1 ％）

会社数
2,641,848 社

株式会社
2,490,479 社
（94 ％）

出所：国税庁「会社標本調査結果 平成 27 年度分統計表」より筆者作成。

響力は計り知れないものがあり，「**社会の公器**」として，社会的責任の実践や
コーポレート・ガバナンスの改革が社会から求められているのです。

> ⚷ **キーポイント**
>
> *会社形態の中では，株式会社が圧倒的多数であり，非公開の株式*
> *会社は中小企業を中心としており，公開の株式会社は大企業を中*
> *心としている！*

2 株式会社の諸機関

2-1　法律で定められた諸機関

　株式会社は法律の要件を満たすことにより，法人格を得て，自由に契約を結
ぶ権利ができます。株式会社が法律の要件として設置しなければならない機関
としては，図 3-2 に示されるように，株主総会，取締役会，監査役会がありま
す。

■ 図3-2　大企業の管理機構の法律上の規定

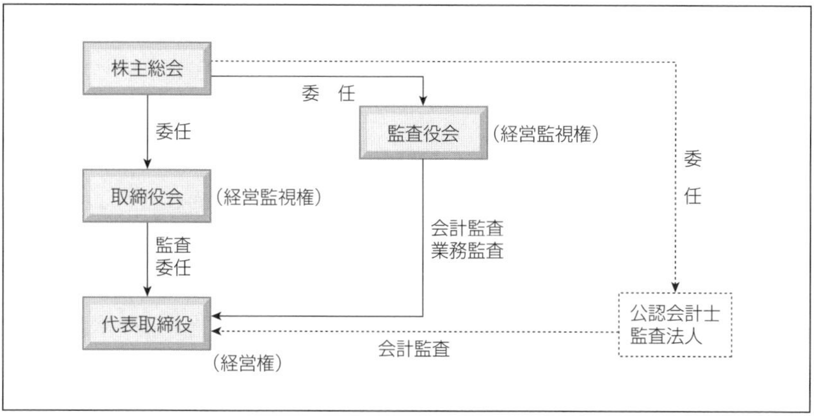

出所：菊池敏夫・平田光弘, 編著［2000］『企業統治の国際比較』文眞堂, 174ページ。

　株主総会は, 法律的には, 会社の出資者である株主が集まり, 会社運営の基本方針を決定する会社の最高の意思決定機関です。国の組織でいえば, 国会に相当する機関です。したがって, 会社の組織図では最上位に書かれています。

　株主総会における最も重要な決議事項は, ①決算書類の承認, ②取締役の選任です。しかし, 株主総会は, 会社の運営をめぐり株主が発言できる場でもあり, 決議案件をめぐり, 株主が発言し, いわゆる「荒れた株主総会」になる場合もあります。

　制度的には会社の最高の意思決定機関ですが, 開催されるのは会計年度内で1回であり, 通常は, 各会社とも6月末の特定の日に集中させています。また, 総会の時間も20～30分と短い場合が多く, 議題をめぐり参加した株主が大きな影響を与える場合は非常に少ないのが実態です。むしろ「荒れた株主総会」にならないように総会を運営することが取締役の手腕のように受け止められています。その点で, 株主総会は形骸化しているという意見もあります。

　取締役会は, 株主総会で取締役が選任され, 株主総会の基本方針を執行する機関です。国の組織でいえば内閣に相当します。したがって, 取締役は株主に対して会社経営に対するすべての責任を負うことになります。取締役会の中で担当が分かれていたとしても, 株主総会に対しては共通の責任を負わねばなりません。

　この取締役会において**代表取締役**が選出され，会社の代表権をもつ取締役が選出されます。代表権をもつ取締役には，社長，副社長，会長，副会長などが選ばれる場合があり，常に社長のみとは限りません。図3-2においては，代表取締役が経営権をもち，取締役から委任されることが図示されています。

　この取締役の中にも階層があり，取締役会長，取締役副会長，取締役社長，取締役副社長，専務取締役，常務取締役，取締役などに分かれています。また，取締役の中にも，技術担当，財務担当などの機能別の担当や，例えば半導体事業担当，自動車部門担当などの事業部別の担当に分かれている場合があります。しかし，役割の分担があったとしても，取締役としては，会社経営全体に責任があり，経営監視権をもっています。この章の末尾にパナソニックの取締役のリストが出ていますので，参考にしてください。

　監査役会は，制度的には，株主総会で選任され，株主総会の基本方針が忠実に実行されているか否かを監視する役割を負います。国の組織でいえば，検察庁や裁判所に相当する機関です。

　監査役会が監視をする対象は，会計手続きと業務のやり方であり，前者を会計監査，後者を業務監査といいます。会計監査は高度に専門的知識が必要であり，会社から独立した監査法人や公認会計士事務所に委託する場合がほとんどです。

2-2　法的制度と経済体制の対応

　株式会社では，法律から見ると，株主総会が会社の最高の意思決定機関となり，株主の意思が会社運営に反映される仕組みになっています。その意思通りの政策を取締役会が実行し，その意思通りの実行を担保するために監査役会を任命しています。仕組みとして見れば資本の所有者の意思が会社の経営に反映されるように作られています。市場経済体制における資本の所有者が市場の意思決定を行える原則が確保されています。この仕組みが法律で決められており，したがって，法的にも所有者の権利が保障されていることになります。

　特に，非公開の株式会社（有限会社）においては，株主である資本の所有者の意思が具体的な経営においても実現しやすくなっています。中小企業では**オーナー経営者**が多く，そのオーナー（所有者）の意思に従って日々の経営も行

われやすいのです。いわゆる古典的な企業像が実現しやすくなっています。

　株式の所有に基づく決定権の行使は，株式会社の制度的な仕組みの基本です。したがって，第6章で説明されるグループ経営における子会社の株式所有や純粋持株会社における株式の所有においては，株式の所有を通じて経営を支配する原則が貫徹しています（☞131ページ）。また，同じく第6章で説明している企業集団は，今日では集団としての結束力は弱くなっていますが，かつては株式の相互持ち合いを通じて，集団の結束を維持する方法をとっていました（☞127ページ）。所有権が法律によって保証されている限り，最後の手段として株式の所有により意思決定に影響を与える道を残しておくことは安全策の1つでもあります。このように市場経済体制の原理は，日常的には実感しにくいとしても，私たちの生活をその深い次元で規定しているのです。

2-3　法的制度と現実の違い

　株式会社の法律に基づく仕組みを明らかにしましたが，しかしそれは日常的な会社運営の実感とはかなり異なるように感じられます。株主は株主総会において会社の基本方針を決定できるとしても，現実に少数の株式しかもっていない株主が会社を経営していると実感しているとは思えません。株主の主要な関心は，株価が上がるかあるいは配当がいくらになるかであり，日々の経営にはあまり関心がないのが現実です（☞第1章5-2項(1)，21ページ）。

　取締役社長は取締役会から選ばれるとしても，取締役が現実に選挙をして社長を選んでいるわけではありません。取締役は，むしろ社長から取締役に任命されているのが現実です。監査役にしても，株主から委託され，取締役の行動を監査することになりますが，現実には，社長から監査役が指名されている場合が多いのです。

　図3-3は日本の大企業における統治機構の現実の姿を示しています。図の左半分の部分は法的な制度から見た各機関の関係を示しています。しかし，右側は現実の機構相互の関係を示しています。そこでは，代表取締役の会長・社長が取締役や監査役を選任しています。取締役や監査役の実質的な人事権は会長・社長が把握しており，株主総会はその承認を受ける儀式になっている場合が多いのです。これを，法律家は「**制度と現実の乖離**」と呼び，制度の限界も

■ 図3-3 大会社の管理機構モデル

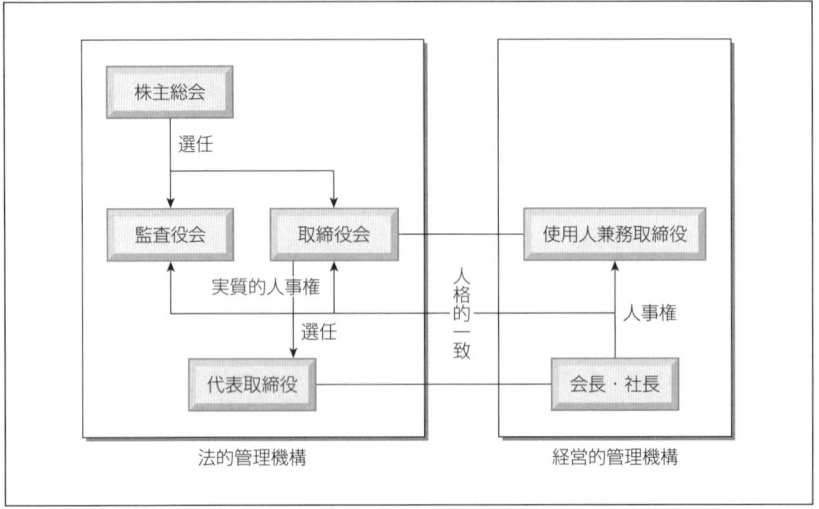

出所：菊池敏夫・平田光弘 編著，前掲書，175 ページ。

十分に認識しています。そこで，経営学の視点からは，なぜこのような現実が出てきたかを明らかにしてみましょう。

> **キーポイント**
> *株式会社は，法律的制度としては，株主総会，取締役会，監査役会の機関をもち，会社の所有者としての株主の意思が経営に反映される仕組みになっている！*

3 所有と経営の分離

3-1 株式の大衆化現象

　第1章では，Aさんが庭を月極駐車場に変え，その全国展開のために資金を集める手段として株式を発行する例を示しました。歴史的に見ると，大規模な

事業に対し，従来では資産家や公共団体が資金を提供していました。しかし株式を公開し，誰でも買えるようにすると，少額の株式を多くの人々が所有し，巨額の資金が集まるようになったのです。株式が証券取引所で自由に売買できるようになると，一般市民は，株価の変動で少額の資金で巨額の富を手に入れることも可能になり，投機的な目的から，多くの市民が株式の売買を行うようになりました。これを「**株式の大衆化**」あるいは「**株式の分散化**」と呼ぶ研究者もいます。アメリカでは 1920 年代に経済の急速な発展に伴って，株式の大衆化も同時に進行しました。

　株式の大衆化により，株主にとって株式をもつことの意味が変化してきました。株式を株価の変動で収益を得る手段としてもつ株主にとっては，会社の経営自体への関心は薄くなります。株式の売買によって収益をめざす投資家にとっては，経営の内容よりも，株式市場における株価の変動の方が重要になります。反対に，経営者にとっては，市場の平均的な配当を維持しておけば，利益の配分をさらに次の投資にまわしても，株価は維持できることになります。株主の経営方針をあまり気にせずに，自分たちの経営を進めることができます。株主と経営者の関係が変わり，経営者の自由が増大したのです。

3-2　所有と経営の分離

　1920 年代のアメリカにおいて株式所有が大衆化したことを受けて，株式の所有と経営の関係を実証的に調査したのが経済学者バーリ（A. A. Berle, Jr.）とミーンズ（G. C. Means）です。株式所有が大衆化すれば，経営権を維持するために株式をもっていた大株主の所有比率も小さくなるはずです。そうすると，大株主は会社の運営にどのような影響を与えるかが問題になります。

　彼らの 1932 年の調査と，その後 1963 年に同じような調査を行ったラーナー（R. J. Larner）の調査結果が表 3-2 に示されています。バーリとミーンズは会社支配のタイプを，大株主の持株比率に従って分類しました。大株主が株式の 100〜80 ％を所有している会社を完全所有支配，80〜50 ％を所有している会社を過半数所有支配，50〜20 ％を所有している会社を少数所有支配，大株主の持株比率が 20 ％以下の会社を，大株主であっても所有に基づく支配が行われない会社として**経営者支配**の会社と呼んだのです。このように，株式の所有に

■ 表 3-2　バーリ＝ミーンズ調査とラーナー調査

支配区分	バーリ＝ミーンズ調査（1932年）		ラーナー調査（1963年）	
	社　数	比　率	社　数	比　率
完全所有支配	12	6	0	0
過半数所有支配	10	5	5	2.5
少数所有支配	46	23	18	9
法的手段による支配	41	21	8	4
経営者支配	88	44	169	84.5
管財人の手中にあるもの	2	1		

出所：三戸　浩・池内秀己・勝部伸夫［2018］『企業論（第4版）』有斐閣，120ページより筆者作成。

基づいて経営が行われるのではなく，株式の所有に基づかずに経営を行う現象を**所有と経営の分離**と呼んでいます。市場経済体制の基本原則からすれば大きな変化です（☞第2章3-3項，34ページ）。

　1932年の調査では，調査した大会社200社のうち88社，44％が経営者支配の会社であり，所有と経営の分離が進んでいることが明らかになりました。さらに1963年のラーナーの調査は，経営者支配の会社が84％であることを確認しました。株式会社形態が普及し，株式が大衆化すると，会社の経営は株式の所有者によってではなく，株式を所有しない**非所有経営者**によって担当されることになります。したがって，株式会社のもとでは，非所有者が経営を行うというのが現代的な企業像の前提となっています。

3-3　経営者革命論

　所有と経営が分離すると，経営者は所有権に基づいて経営を行うのではなく，むしろ経営の専門的能力に基づいて会社を動かすことになります。所有者と経営者が人格としても相互に独立し，それぞれの社会階層を造るようになると，それぞれの価値観も異なってきます。価値観が異なれば，所有者と経営者は同じ行動原理に従い，常に同じように行動するとは限らなくなります。株主の期待通りに経営者が行動してくれるという保障がなくなってしまうのです。

　1950年代のアメリカにおいて，**バーナム**（J. Burnham）は，新しい社会階層としての**専門経営者**が会社を支配するようになると，資本主義社会はもはや資

本主義でも社会主義でもない，「経営者社会」(Managerial Society) に移行していると主張しました。これを「**経営者革命**」と呼びます。経営者は生産手段の実際の指揮管理を行い，また，その成果の配分に関しても大きな決定力をもっており，専門経営者の価値観が会社の行動を決めることになると考えます。現代の企業像の前提となる考え方です。

3-4　法人資本主義

　株式会社制度がさらに発展すると会社が他の会社の株式をもち，個人による株式所有とそれに基づく経営という考え方を修正することになります。日本でも 1950 年頃は株式の 60 ％は個人その他が所有していました。しかし，その後は金融機関や事業法人などの持株比率が急速に増大していきます。1960 年代後半には，金融機関と事業法人の持株比率を合わせると，個人の持株比率を上回るまでになりました。図 3-4 は，日本において 1970 年以降の株式所有の比率を株式の所有主体別に示したものです。とりわけ 2000 年以降は外国法人の持株比率が急速に大きくなっていることがうかがえます。

　具体的には，会社が株式の募集をしても，その額が巨大であるので，それを引き受けるのは個人ではなく銀行・保険会社・証券会社・他の関連会社などになってくるのです。これらは個人に対して法人といわれているので，法人が株式をもつ「**法人資本主義**」あるいは「**株式の機関所有**」と呼ばれています。

　法人が株式を所有することにより，会社の株主の意味が異なってくると考える研究者もいます。機関所有により安定株主が増え，経営者は意思決定が容易になったと考える見解もあります。いずれにしても，株式の所有者が個人から法人に移っており，所有という観点からすると，市場経済体制内での大きな社会変化を示しているといえます。

　所有と経営の分離のもとでは，専門経営者が経営の意思決定に決定的な影響力をもつに至っています。株式会社の仕組みを利用すれば，非所有経営者は現実的に絶大な権力を会社内で振るうことができます。会社内ではもはや経営者の巨大な権力を抑制しえず，反社会的な行動を放置するまでに至ることがあります。これが経営者の不祥事件として，ニュースで報道される事件です。

　では，巨大化した経営者の意思決定権限をどのようにすればコントロールで

■ 図3-4　所有者別持株比率の推移

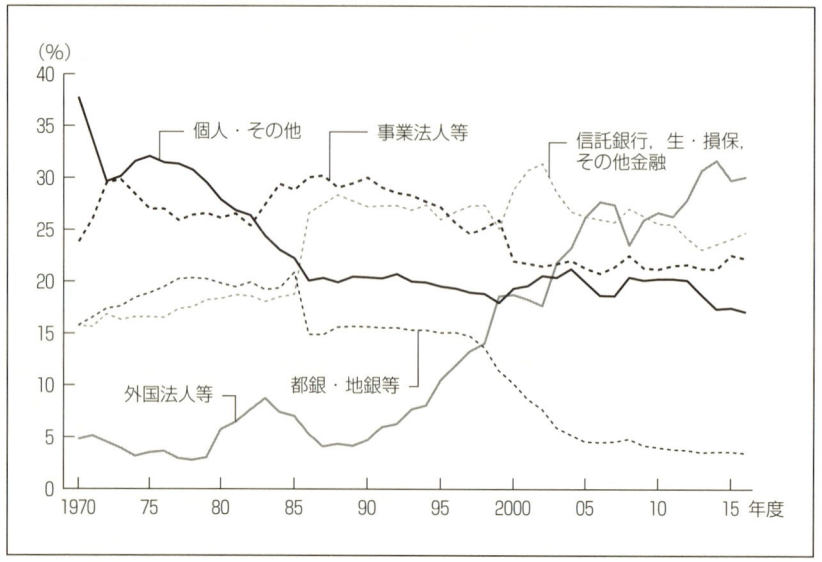

注：2004年度から2009年度まではJASDAQ証券取引所上場会社分を含み，2010年度以降は大阪証券取引所または東京証券取引所におけるJASDAQ市場分として含む。
出所：国税庁，前掲書より筆者作成。

きるのでしょうか。あるいはコントールはできないのでしょうか。

> **⚷ キーポイント**
> *市場経済体制の中でも，株式の所有と現実の経営は分離してきており，専門経営者が会社を動かすようになってきている！*

4　「物言う株主」へ

4-1　ウォール・ストリート・ルール

　古典的な企業像のもとでは，ある会社の経営者が大株主の意に従わなければ，株式の過半数所有に基づいて，経営者を解任することができました。しかし，

所有と経営の分離が普及してくると，この方法はとりにくくなります。

　分散した株主は，その会社の経営に賛成できなければ，所有する株式を証券市場で売るしかありません。多くの小株主が株式を手放し，株価が暴落すれば，その会社の経営者は経営責任をとって辞任せざるを得ないでしょう。このようにして経営者を交代させる方法を，アメリカの証券取引所があるストリート（通り）の名前をとって，「ウォール・ストリート・ルール」と呼んでいます。

　しかし，このルールで経営者を交代させられるのは稀です。小株主が相互に連絡して共同行動をとるのも不可能に近く，株を少しばかり売ったとしても，株価が下がるとは限らないからです。今日では金融機関や法人が多くの株式を所有しており，彼らの行動は一般投資家とは異なる場合が多くなります。したがって，経営者がその絶大な権力を利用し反社会的な行動をとった場合には，評判の低下による自然倒産か経営者の自発的な交代を待たざるを得ないのです。

4-2　「物言う株主」へ

　法人株主，特に図3-4に示される信託銀行や生命保険会社・損害保険会社などは，ウォール・ストリート・ルールによって経営者の交代を求めるとすれば，株価が低落し，自己の所有する他の資産が減少する危険が高くなります。株主の利益を十分に考慮しない経営者がいるとすれば，株主総会において，株主の権利を正当に行使し，直接的に発言し，経営者の交代を求める方が効果的であると考えるようになります。

　これらの**機関投資家**は，個人や年金基金などからお金を集め，資産の運用で収益を上げることを事業としています。その取り扱う資金が巨大になると，短期的な株価の変動だけではなく，長期的にその会社への投資から収益を得ることを求めるようになりました。このような機関投資家の代表事例として**カルパース**（CalPERS：California Public Employee's Retirement System，カリフォルニア州公務員退職年金基金）の行動が有名になりました。

　カルパースは1992年に従来の短期的な資金の運用から長期的な関係に資金運用方針を転換し，新しい経営者のあり方を追求し始めました。基本は取締役会の建て直しであり，それに伴って企業の競争力を高め，株主の利益も高めようとするものです。経営者の行動原則の1つとして，経営者による株主への説

明責任，すなわち**アカウンタビリティ**（accountability）を求め，取締役会の透明性，株主への平等な取り扱い，経営の長期的な視点などを経営者に求めていきました。1992年以降，カルパースは自動車最大手企業のゼネラル・モーターズ（GM），IBM，コダックなどの最高経営責任者（CEO）を更迭し，取締役会の改革を求めたのです。現実に不可能と考えられていた経営者の更迭が実現することにより，「**物言う株主**」の復権が社会の関心を集めるようになりました。

　これらの一連のアメリカにおける株主重視の運動が日本にも影響を与え，「物言う株主」への注目が集まったわけです。図3-4に示されているように，1990年代には日本の証券市場の中で外国人株主の占める割合が急速に高くなっています。同時に，日本企業も国際的に活躍するようになり，海外においても株式市場を通じて資金を調達する必要に迫られていました。したがって，日本企業のグローバル化に対応して，アメリカの株式市場に沿った株主対応が求められ，国際的に通用するコーポレート・ガバナンスへの変革が行われるようになったのです。

> ⚷ キーポイント
> ウォール・ストリート・ルールのもとでの「物言わぬ株主」から，機関投資家の出現により，「物言う株主」への株主の復権が始まった！

5 コーポレート・ガバナンスの改革

5-1 コーポレート・ガバナンスの意味するもの

　では，取締役会の改革がなぜコーポレート・ガバナンスの改革と呼ばれるのでしょうか。コーポレートは会社の意味です。ガバナンスは一般的には統治，統括，支配，制御などと訳されています。コーポレート・ガバナンスは日本語では企業統治と訳されています。

　取締役会は，会社法によれば，株主総会の方針を執行する内閣のような機関

です。現実に行政の長として日々の活動で国を動かしているのは内閣です。それと同様に，日々の活動において会社を動かしているのは取締役会であり，社会に対して会社行動のすべての責任を負っています。したがって，会社の社会に対する行動，経済的機能と同時に企業市民としての行動も，この取締役会の仕組みを改革し，経営者の行動を改めることによって改善されると考えられています。

　取締役の中から，制度的には，代表取締役が選ばれ，会社のすべての責任を負うことになっています。しかし，現実にはこの代表取締役に大きな権限が集中しすぎており，それをコントロールできる仕組みがなかったのです。そこから，具体的なガバナンス改革としては，代表取締役の決定権を規制し，取締役の責任を明確にする方向が追求されています。コーポレート・ガバナンスの改革がうまくいっているか否かの判断は，代表取締役のコントロールのみならず，最終的には，会社の経済的機能と同時にその組織的機能・社会的機能がうまく遂行されているか否かに依存しています。

　1990 年代後半以降，日本でコーポレート・ガバナンス改革として実施されてきたものは，大きく，①執行役員制の導入，②社外取締役の導入，③委員会設置会社への移行です。

5-2　執行役員制の導入

　取締役は，制度的には，株主総会で選任され，株主の基本方針を執行する機関であり，株主に責任を負う機関です。しかし，現実には，特に日本企業の場合には，長い社員生活の中で最後に辿り着くべきポストであり，従業員の代表と考えられてきました。同時に，会社のすべての責任を株主に対しても社会に対しても負う立場にありました。

　しかし，従来，日本の会社では取締役の人数が多く，意思決定にも時間がかかりがちでした。意思決定が遅く，取締役会と現場の意思疎通がうまくいかないこともたびたびあったため，会社の上層部と現場との間に認識のギャップが生じることが問題として指摘されていました。そこで，こうした状況を改善するために作られたのが**執行役員制**です。

　執行役員とは，企業上層部の意思決定に基づいて現場を管理監督する現場の

トップにあたる役職です。それ以前に行われていたように，40〜50人ほどの取締役が現実に週1回の会議を開き，会社の日々の決定を処理するには人数が多すぎます。そこで，取締役の人数を減らし，意思決定を迅速にできるようにしたのがガバナンス改革の第1の課題でした。この執行役員制は，日本企業でコーポレート・ガバナンス改革が叫ばれ始めた1997年にソニーで初めて導入され（☞72ページ），以後，徐々に増加し，2016年時点では上場会社のおよそ70％が導入しているといわれています。

第2の課題は，取締役と執行役員の役割を明確にし，取締役は株主をはじめステイクホールダーへの配慮と会社の全体的・長期的な政策決定に専念できるようにすることでした。いわば，会社経営における基本的な**政策決定**とその**執行体制**を区別し，それぞれの役割に専念できるようにすることにあったのです。

反対に，執行役員は担当する事業部門に関して取締役会に責任を負い，株主への責任を負わなくてもよくなったのです。社内において俸給生活者の到達目標となる地位は，新しくこの執行役員となりました。執行役員の報酬は，担当する部門の業績評価に基づいて支払われます。ただし，取締役と執行役員とを兼務している取締役もあり，日本的な曖昧さをなお残しています。

5-3　社外取締役の導入

取締役会の透明度を高める仕組みの1つとして，取締役の中に**社外取締役**を導入するようになりました。社外取締役とは，文字通り会社の外から登用する取締役のことで，外部の視点により会社経営のチェック機能を果たす役割が期待されています。社外取締役の導入は2000年前後から急速に増加し，2015年時点では上場会社（東証一部）の92％が導入しています。

このように，急速に社外取締役を置く会社が増加した背景には，企業統治の指針を示した，いわゆる**コーポレート・ガバナンス・コード**が東京証券取引所より示され，社外取締役の導入が強く促されているという事実があります。一般的には，大会社では2〜3人の社外取締役を受け入れています。

社外取締役に選ばれる人の属性を見ると，取引先企業関係者（約3割の会社），グループ会社の役員（約3割），金融関係者（約1割），学識経験者（約1割）です。一般に，社外取締役としては，財界でお互い顔を知っている他の会社の取

締役が選ばれる場合が多くなっています。中立的な第三者から選ばれる場合は非常に少なく，客観性・透明性の点で不十分さが残る場合があります。しかし，従来の社内昇進による取締役会に比べると，第三者が入ることにより，取締役会の雰囲気はかなり変わるといわれています。

5-4　各種委員会の導入

　日本の株式会社制度では，実質的に，会長・社長が，取締役や次期の代表取締役を指名していました。この人事権が会長・社長の権限を強力なものにして，会長・社長の決定に対し批判的な意見を出しにくくしていました。さらには，会長・社長が取締役の報酬も決定し，実質的に，自分の報酬を自分で決めることもできたのです。このような会長・社長への権限の集中が会社の不祥事をもたらす温床となる場合がありました。

　そこで，アメリカのコーポレート・ガバナンス改革の事例にならって，これらの権限を分散し，牽制（けんせい）できる仕組みが導入されたのです。図3-5 に示されるように，2006 年の会社法でも，**委員会設置会社**として，指名委員会，報酬委員会，監査委員会の設置が法的にも認められるようになりました。

　指名委員会は，取締役会によって指名されますが，株主総会に提出する次期の取締役候補者および解任される取締役議案を作成し，取締役に報告します。したがって，取締役の人事権は会長・社長からこの指名委員会に移ることになります。

　報酬委員会は取締役・執行役員の報酬額・算定方法・非金銭的報酬の内容などを決定し，取締役会に報告します。したがって，報酬の決定権限も実質的に会長・社長からこの報酬委員会に移ることになります。

　監査委員会も，他の委員会と同様，取締役会によって選任・解任されます。監査委員会は取締役および執行役員の業務執行についてその適法性・妥当性を監査することができます。監査委員会独自の判断で，取締役や執行役員の違法性のある行為について株主総会に報告したり，取締役の違法行為を禁止したりすることを請求する権利をもっています。また，会計監査に関しては，会計監査人を選んだり，解任したりできる権限をもっています。したがって，従来の監査役に比べて，会長・社長からの独立性や監査権限が拡大されています。

■ 図3-5　委員会設置会社の仕組み

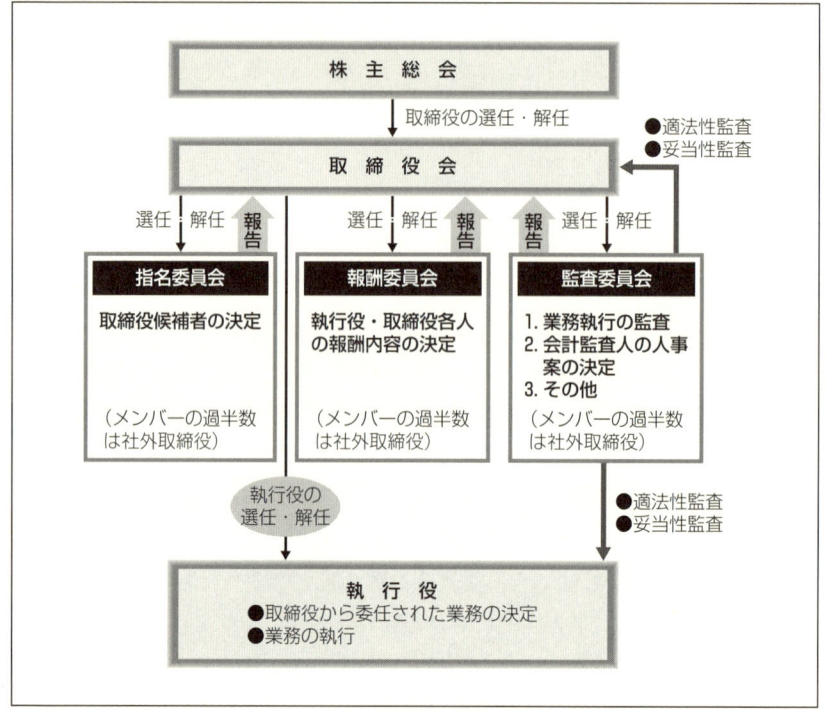

原資料：大塚章男・高野一郎［2002］『平成14年商法改正のすべて』中央経済社。
出所：三戸　浩・池内秀己・勝部伸夫［2011］『企業論（第3版）』有斐閣，71ページ。

　これら各種委員会においては，その過半数の委員が社外取締役であることが委員会設置会社の要件になっています。例えば日立グループにおいては，2006年時点で指名委員会5名のうち3名が，報酬委員会5名のうち3名が，監査委員会5名のうち3名が社外の委員でした。

　このように，わが国のコーポレート・ガバナンス改革においては，委員会設置会社において見られるように，従来は実質的に会長・社長で決定されていた取締役の選任や報酬方式の決定，取締役の違法行為の監査などを委員会制で行い，決定権限を分散しています。また，それらの委員会に外部の委員を入れることにより，意思決定の透明性や客観性を高めることをめざしています。

5-5　今日のコーポレート・ガバナンス改革

1990年代から2000年代初頭に行われたこれらのガバナンス改革により，現代企業の社会性を高め，社会に役立つ会社，社会に貢献できる会社になることが期待されていました。しかし，とりわけ委員会設置会社への移行は，期待とは裏腹にほとんど普及せず，非常に限られた範囲の上場会社にしか採用されませんでした。会社の重要事項を決める意思決定に際して，社外取締役が大きな権限をもつことに対する警戒心が強かったためです。

そこで，2014年に会社法が改正され，日本の上場会社の伝統的な形態である「監査役会」（☞56ページ）を設置している会社を，社外取締役を必ず置く形態へと誘導・改変させるために**「監査等委員会設置会社」**が導入されることになりました。この監査等委員会設置会社では，取締役会の中に監査等委員会を設置しなければなりません。監査等委員会は3名以上の取締役から構成され，その過半数は社外取締役である必要があると定められています。同時に，2005年に新設されたばかりの委員会設置会社も，実体は変えることなく**「指名委員会等設置会社」**と名称変更がなされました。

この法改正により，現在の日本の上場会社には，①監査役会設置会社，②指名委員会等設置会社，③監査等委員会設置会社，という3タイプの株式会社が存在することになりました。図3-6はこれら3つを図式化してまとめたものです。また図3-7はこれらの会社形態それぞれの増減の移り変わりを示したものです。法が改正されて以降，監査等委員会設置会社は順調に増加し，2017年時点で全体（東証一部上場会社）のおよそ4分の1に近づいていることがうかがえます。

要するに，日本の会社のガバナンス改革は1990年代から2000年代初期にかけて大きく変えられ，現在においても都度法改正がなされ，経済性のみならず社会性にも配慮した会社になるよう，不断に改革が続けられているということです。

■ 図3-6　現代日本の上場会社の機関設計

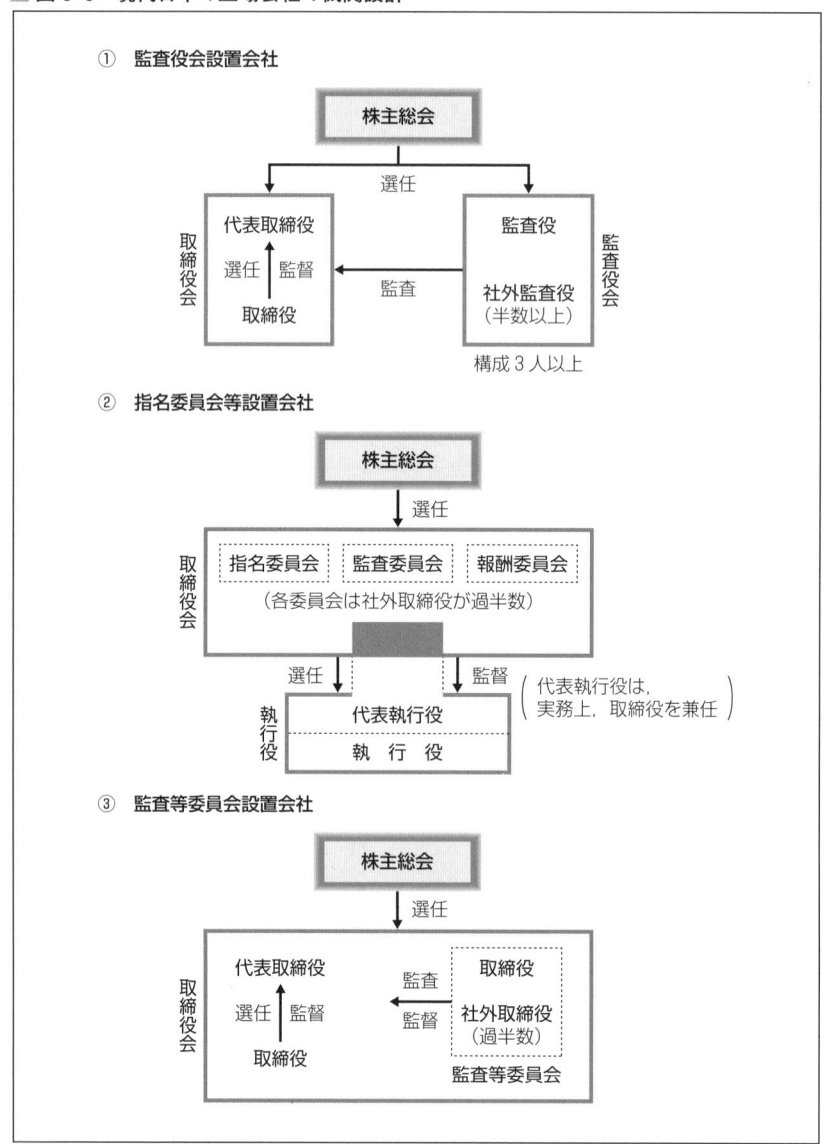

出所：小松　章『基礎コース　経営学（第3版）』新世社，219ページ。

■ 図3-7　会社の設置形態の推移

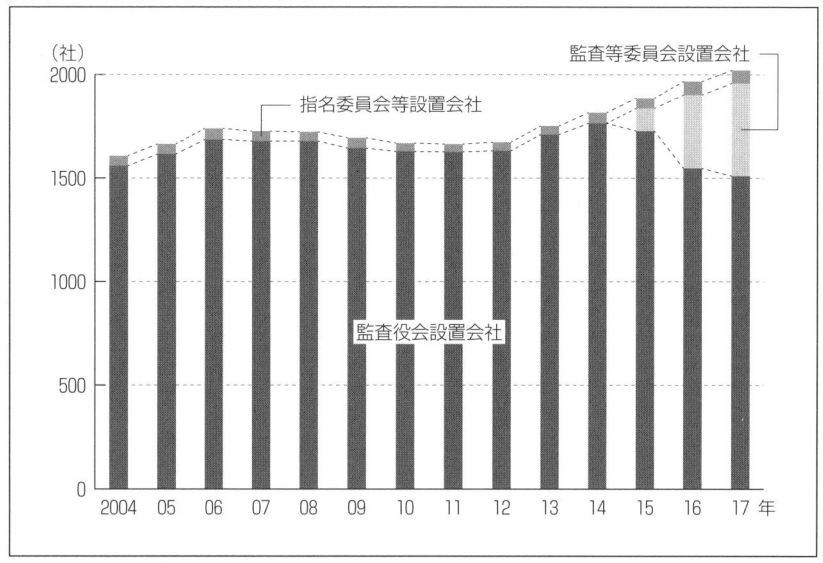

注：東証一部上場会社のみ。
出所：日本取締役協会「上場企業のコーポレート・ガバナンス調査」（2017年8月1日時点）のデータより筆者作成。

> ⚷ キーポイント
> コーポレート・ガバナンスの具体的な改革においては，執行役員制の導入，社外取締役の導入，各種委員会の導入が行われ，社会に有意義な会社となることがめざされている！

6　コーポレート・ガバナンス改革の諸事例

6-1　コーポレート・ガバナンスの諸類型

　コーポレート・ガバナンスの形態は，世界的に見ると，国により相違があります。同じ市場経済体制でもその歴史や文化の違いにより，国別の具体的な仕

組みがあるのに対応しています。日本の会社法はアメリカ・イギリスなどのアングロ・サクソンの法体系を取り入れています。これに対し，ドイツの株式会社はそれとは異なる発想になっています。

ドイツのコーポレート・ガバナンスでは，株式会社の基本的な方針を決定し，株主総会に相当する機関は**監査役会**（ドイツ語で Aussichtsrat）と呼ばれています。しかも共同決定法のもとでは，監査役会の半数はその会社の従業員の代表が構成し，他の半数を株主の代表が構成します。この監査役会の決定を執行するのが取締役会（Vorstand）です。しかも労働担当の取締役は監査役会の従業員代表の同意を得て任命されることになっています。したがって，コーポレート・ガバナンスの具体的形態は，それぞれの国の事情によって異なっています。

日本の既述のガバナンス改革はグローバル化した企業の中でも，アメリカのスタンダードに近づけようとした方向です。したがって，この方向で実践しているガバナンス改革を**アメリカ型コーポレート・ガバナンス**と呼ぶことができます。その代表的事例は，ソニー，日立，東芝などです。

これに対し，必ずしもアメリカ型ではなく，従来の株式会社の仕組みを改善し，その同じ方針の上にガバナンスのあり方を変えている日本独自のガバナンス改革を導入している会社もあります。その代表はトヨタ自動車，パナソニック，キヤノンなどです。ここでは，それぞれの事例を見てみましょう。

6-2　1990年代におけるアメリカ型コーポレート・ガバナンスの事例

1990年代後半に行われたガバナンス改革の代表的事例としてソニーの事例を見てみましょう。ソニーはエレクトロニクス産業の急激な構造変革とグローバル化に対応するため，1997年に一連の経営機構・組織改革を行い，取締役改革と執行役員制の導入を行いました。この事例が日本でのガバナンス改革の先例となり，執行役員という言葉もソニーで使われた言葉です。ちなみにトヨタでは**常務役員**と呼ばれています。

図3-8はソニーの1999年時点での経営機構を示しています。第1に，ソニー・グループ全体の経営方針を決定する取締役会とそれを執行する執行役員およびその合議体である執行役員会議を明確に区別しました。それにより，取締役は，ソニー・グループ全体の経営方針を決定し，グループとしての最適な全

■ 図3-8 ソニー・グループの経営機構（1999年4月現在）

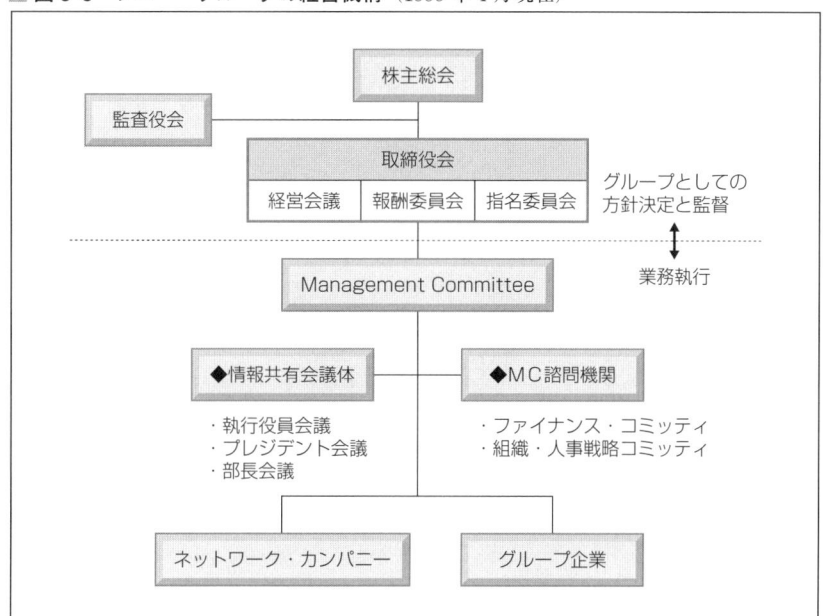

出所：菊池敏夫・平田光弘 編著，前掲書，167ページ。

体経営を行いやすくしました。方針の執行は執行役員に任せ，取締役は執行役員の監督に専念することにしたのです。

　第2に，取締役の人数は，38人から10人（うち3人は社外取締役）に縮小し，執行役員は27人（うち9人は新任，7人の社内取締役は執行役員と兼任）になり，執行役員の情報共有の合議体として執行役員会議を発足させました。

　第3に，各種委員会としての指名委員会，報酬委員会を設置しています。監査役会は別に独立させ，監査委員会は置いていません。経営会議は社内取締役7名で構成され，取締役と同じ役割を担っています。

6-3　1990年代における日本型コーポレート・ガバナンスの事例

　1990年代後半から2000年代初期にかけて行われた**日本型コーポレート・ガバナンス**の代表的事例としてパナソニックグループの事例を見てみましょう。図3-9はパナソニックの『アニュアルレポート2006』に示されたガバナンス

■ 図3-9　パナソニックグループにおけるガバナンス体制（取締役会・役員・監査役会

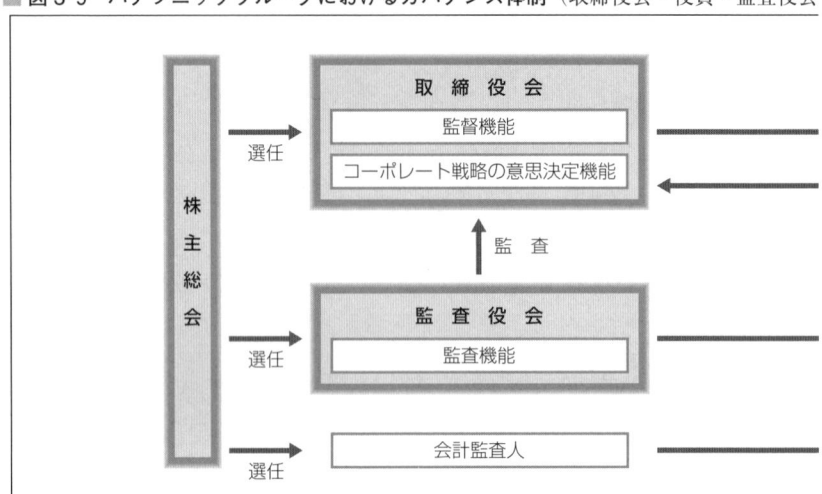

出所：松下電器産業株式会社『アニュアルレポート2006』。

体制です。パナソニックグループの新体制は2003年6月よりスタートしています。

　第1に，取締役会はパナソニックグループ全体の戦略的意思決定と役員の監督機能を担う機関となりました。基本方針の執行については役員が担当し，方針の決定と執行の担当が明確に分離されています。

　第2に，取締役は取締役会長から始まり，2名の外部取締役を含めて16名になっています。役員としては，子会社の社長あるいは会長，機能別専門分野の本部長や責任者を含め29名が担当しています。この役員により，グループ関連会社，海外子会社，社内分社，営業部門，海外部門，その他の事業部門の活動を迅速に処理することをめざしています。

　第3に，監査役としては社外監査役2名，常任監査役2名を含み5名の監査役を置いています。なお，監査委員会は置いていません。

　表3-3は2006年6月28日時点におけるパナソニックの取締役・監査役・役員を示しています。取締役および役員の担当，社外取締役の本来の所属会社まで明示されています。ガバナンスの構造やグループ企業間の関係までよくわか

の機能）

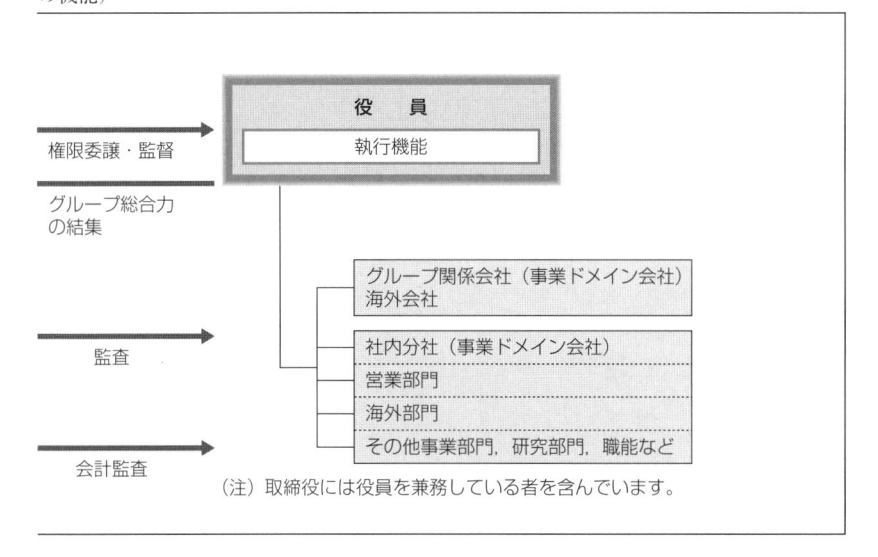

（注）取締役には役員を兼務している者を含んでいます。

ります。現社長の津賀氏（☞第1章，表1-1，4ページ）が当時は一役員だったこともうかがえます。

　日本型コーポレート・ガバナンスの特徴は，第1に，取締役と役員を組織上は分化させ，方針の決定とその執行を分離させているように見せながら，現実には，取締役と役員あるいは執行役員の兼務が多く，ドイツやアメリカなどと比べて，方針と執行の分離が不明確であることです。むしろ現場をよく知った責任者が方針の決定をすべきであるという考え方に基づいています。

　第2に，指名委員会，報酬委員会，監査委員会など，委員会制を導入していないことです。法律に従えば，これらの委員会には社外の委員が過半数はいることになります。したがって，委員会制を導入しないという事実は社外のメンバーが経営の意思決定に深く関与することへの警戒心が強いことを示しています。日本の会社は**従業員主権**とか「**家制度**」といわれることがありますが，外部の第三者が経営に関与することについてはなかなか受け入れがたい文化が存在します。

　2010年代に入り，日本政府はアメリカ型コーポレート・ガバナンスを推奨

■ 表 3-3　パナソニックの取締役・監査役・役員（2006 年 6 月 28 日現在）

取締役

取締役会長　中村邦夫

取締役副会長　松下正幸

取締役社長　大坪文雄

取締役副社長
佐野尚見（東京代表，パナソニック オートモーティブシステムズ社長（兼）インダストリー社営業担当，パナソニック システムソリューションズ社担当，ｅネット事業本部担当，建設事業推進本部担当）
古池進（技術担当，半導体社担当）
川上徹也（経理・財務担当）

専務取締役
坂本俊弘（パナソニック AVC ネットワークス社社長）
牛丸俊三（パナソニックマーケティング本部担当，ナショナルアプライアンスマーケティング本部・ナショナルウェルネスマーケティング本部担当，専門店販売推進本部担当，特品・電材・特需・住建営業担当，宣伝担当，パナソニックセンター担当，物流担当，CS 本部担当，デザイン担当，全松下ブランド委員会委員長，ショウルーム戦略委員会委員長）

常務取締役
森孝博（企画担当）
福島伸一（人事・総務担当）
榎坂純二（アプライアンス事業担当，松下ホームアプライアンス社長，照明社担当，ヘルスケア社担当）

取締役
宇野郁夫（日本生命保険㈱取締役会長）
西川善文（日本郵政㈱取締役社長）
大鶴英嗣（施設管財担当，品質担当，FF 市場対策本部担当，環境担当）
伊藤幹生（法務本部長，全社リスク管理・情報セキュリティ・企業倫理担当）
鹿島幾三郎（海外副担当）

取締役相談役名誉会長　松下正治

監査役

常任監査役
川口和三（常勤）
古田征男（常勤）

監査役
吉野泰生（住友生命保険㈱取締役会長）
畑郁夫（弁護士法人大江橋法律事務所弁護士）
高橋弘幸

役員

専務役員
北代耿士（パナソニック エレクトロニックデバイス㈱社長）

常務役員
櫛木好明（パナソニック モバイルコミュニケーションズ㈱社長）
桂靖雄（東京支社長）
平田為茂（松下エコシステムズ㈱社長）
石田徹（松下電池工業㈱社長）
神﨑勝利（パナソニック ファクトリーソリューションズ㈱社長，松下溶接システム㈱担当）

役員
林義孝（中国・北東アジア本部長，パナソニックチャイナ㈲会長）
中島不二雄（パナソニック AVC ネットワークス社上席副社長技術統括センター所長）
千葉富泰（パナソニック四国エレクトロニクス㈱社長）
山本亘苗（資材担当）
藤吉一義（パナソニック コミュニケーションズ㈱社長）
河邊富男（アジア大洋州本部長，パナソニック アジアパシフィック㈱社長）
牧田孝衞（情報システム担当）
大月均（専門店販売推進本部長）
牧野正志（生産革新本部長）
佐藤嘉信（専門店販売推進本部長）
Joachim Reinhart（パナソニックヨーロッパ㈱COO）
水野裕（パナソニック オートモーティブシステムズ社副社長営業担当）
山田喜彦（北米本部長，パナソニック ノースアメリカ㈱会長）
津賀一宏（デジタルネットワーク・ソフトウェア技術担当）
宮本郁夫（モータ社社長）
森田研（パナソニック AVC ネットワークス社上席副社長映像・ディスプレイデバイス事業グループ長）
川崎英夫（半導体社社長）
大森滋（インダストリー営業本部長）
鍛治舎巧（コーポレートコミュニケーション本部担当，ショウルーム戦略委員会副委員長）
藤田正明（パナソニック AVC ネットワークス社上席副社長映像・ディスプレイデバイス事業グループ PDP テレビビジネスユニット長）
高見和徳（ナショナルアプライアンスマーケティング本部・ナショナルウェルネスマーケティング本部担当）
福島能久（知的財産権担当）
上野山実（経理グループマネージャー）

する形で，既述のコーポレート・ガバナンス・コード（☞66 ページ）を制定するなど各種の制度改革を行ってきていますが，日本型のコーポレート・ガバナンスも有効に機能しうることを忘れてはならないでしょう。

　ただ，いずれにせよ，古典的な企業像から現代的な企業像に移行する社会的条件が成熟するにつれて，企業の経営者は収益性のみならず企業の社会性も十分に配慮する必要が生じます。所有と経営が分離した段階における専門経営者は，企業のステイクホルダー全体のことを十分に配慮して大企業の経営を行うことがますます重要になっています。

> ⚷ キーポイント
> コーポレート・ガバナンス改革では，アメリカ型のガバナンスをめざした改革が行われているが，日本型もあり，有効に機能している！

▉ 演習問題

1　インターネットを使って，ある会社のアニュアルレポートを見てみましょう。株式の発行部数や役員の構成など，コーポレート・ガバナンスの事例を確認してみましょう。

2　新聞や雑誌において，株主総会について書いてある記事を探してみましょう。株主総会でどのようなことが議論されたか，会社は株主にどのような対応をしたかを調べてみましょう。

3　2015 年に東京証券取引所が提示したコーポレート・ガバナンス・コードにはどのような原則があるか調べてみましょう。伝統的な日本型コーポレート・ガバナンスを採用している会社では，この原則が適用されることにより，どういった点に注意しなければならなくなるでしょうか。

▉ さらに進んだ学修のために

〔1〕　勝部伸夫［2004］『コーポレート・ガバナンス論序説──会社支配からコーポレート・ガバナンス論へ』文眞堂。

〔2〕　菊池敏夫・平田光弘 編著［2000］『企業統治の国際比較』文眞堂。

〔3〕　岸田雅雄［2012］『ゼミナール会社法入門（第 7 版）』日本経済新聞出版社。

〔4〕 小松　章［2016］『基礎コース 経営学（第3版)』新世社。

〔5〕 高橋俊夫 編著［2006］『コーポレート・ガバナンスの国際比較』中央経済社。

第4章
会社はどのような方針で動いているのか

経営理念と戦略

◆この章のねらい

　会社は経済的な目的をもつ巨大な組織であり，その組織を動かしているのが経営者です。しかし現代の会社は，従業員が何千，何万，あるいは海外の工場も含めると何十万人もの巨大な組織になっています。それらを組織として統一的に動かすためには，全従業員が共通に理解する方針，基本方向が必要です。

　では，何万もの人々が統一的に行動するためには会社の中にどのような仕組みが必要でしょうか。あるいは，それぞれの巨大な会社はどのような方針でまとまっているのでしょうか。それぞれの会社でまとまり方に違いがあるとすれば，どこに違いがあるのでしょうか。

　同時に，会社は経営環境の変化に応じて会社の行動を変更し，時々の方針のもとで，機敏に行動しなければなりません。経営理念は会社がゴーイング・コンサーンとして長期的に存続するためのいわばバックボーン（背骨）のようなものです。しかし5年，10年の期間では，その時々の経営条件に対応した戦略が必要になります。では，会社がそれぞれにとる経営戦略にはどのような考え方があるのでしょうか。事業選択の戦略や競争的地位の戦略などについて考え方を整理してみましょう。

●この章で学ぶキーワード
　◎経営理念　◎ドメイン　◎経営戦略　◎PPM　◎コスト・リーダーシップ
　◎差別化　◎ニッチャー

1 経 営 理 念

1-1 組織の求心力

　第1章で会社の事例として示したパナソニック株式会社は，2017年3月31日時点で，連結売上高が，7兆3437億円，従業員数は25万7533人です（☞第1章，表1-1，4ページ）。これだけ多くの人々がパナソニックグループという統一された組織として動かなければならないのです。

　連結会社には海外の子会社も含まれるわけですから，言葉も文化も違う従業員が集まり，1つの会社として，対外的には，まとまった行動をとり，他の会社と違った特徴を出す必要があります。あの人はパナソニックの社員だと他人に感じてもらうまでに，パナソニックのカラーを社員に浸透させる必要があります。そのとき，社内には似たような考え方で判断できる社員が集まっているので，コミュニケーションも早くなり，意思決定も迅速になります。

　人々が集まり，統制のとれた組織として効率的に行動するためには，人々をまとめる仕組みや価値観が必要になります。これを**組織の求心力**と呼びます。例えば，学校での校歌や校旗などは求心力のシンボルとなります。第1章で事例として示した月極駐車場事業を立ち上げたAさんの場合，事業を手伝ってくれる人を雇うでしょう。従業員が十数人程度であれば，社長の考えや方針は日常的な会話で伝わりますから，組織の求心力を形成するものを意識的に作る必要はないかもしれません。しかし，従業員が数百，数千人になれば，社長の基本的な考え方のみならず，その事業をゴーイング・コンサーンとして長期に継続するための求心力を文字や形にして示す必要があります。その1つが会社の経営理念といわれているものです。

1-2 経営理念と戦略

　経営理念は組織としての会社を動かす出発点になるものです。社長は自分の思いに基づいて，会社を起こし，社員を動かします。その思いは単にお金を儲けるために何かを行おうとすることではなくて，もっと志の高い思いであり，

■ 図4-1 企業戦略策定のプロセス

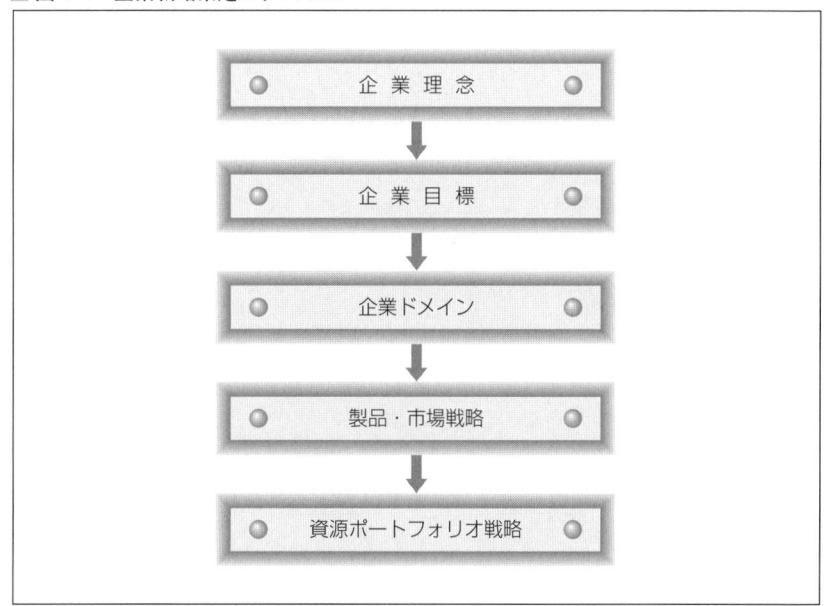

出所：大滝精一・金井一頼・山田英夫・岩田　智［2016］『経営戦略——論理性・創造性・社会性の追求（第3版）』有斐閣．64ページより筆者作成。

いわば本人にとっても社会にとっても理想であるかもしれません。したがってその思いは，「理念」と呼ばれるわけです。理念を広辞苑で引くと，「理性から得た最高の概念で，全経験を統制するもの」と書かれています。

　この理念は，事業を起こす社長の心の中に秘められ，ある程度事業が形を整えたときに文字にされる場合もあります。あるいは，会社がある程度発展し，事業の内容を大きく変えるようなときに，改めて時代に合った理念として明確にされる場合もあります。いずれにしても，理念は会社の行動を規定する基本的なルールであり，国の仕組みでいえば，憲法に相当するものです。憲法の条文は日常生活ではあまり意識されません。しかし，法律の根本にあり，法律を通じて私たちの行動を深部で決めています。

　会社において，経営理念を年次計画まで具体化するプロセスを示したのが図4-1 です。中期的な社内の行動を決めているのは製品・市場戦略ですが，経営理念（図では企業理念）から出発して，企業の活動目標が定められ，その会社が

事業を展開する分野としての企業ドメイン（活動領域）が決められ，そこから
さらに，製品・市場戦略が定められることを示しています。したがって，戦略
も経営理念から導かれ，その会社でなぜそのような戦略をとるかが明らかにさ
れることになります。このような関連を明確にすることにより，従業員が日々
の行動の意義を理解し，組織力を発揮することができるのです。同時に，同じ
会社として一貫した行動がとれることになります。

1-3　経営理念の社内外での意義

　では，会社は，一見，日常行動においては直接関係のないような経営理念を，
なぜ明確にする必要があるのでしょうか。あるいは，経営理念を社員一人ひと
りが認識しておく必要があるのでしょうか。

　経営理念は組織の求心力として作用することはすでに述べた通りです。特に
創業者の社長は自分の事業に対する思いを**社是**あるいは**社訓**として残している
場合があります。経営理念は事業への経営者の思いや意義付けが明示されてい
ます。後にトヨタの例で述べるように，自動車をなぜ造るのか，自動車を造る
ことの社会的な意義は何かということが明確な言葉で述べられています。会社
はそのような社会的意義を意識してこの事業を継続していることを会社の内外
に向かって宣言しているのです。したがって，その社員はこの目的を共有し，
その目的に向かって力を合わせることが基本的な課題になります。その理念に
反するような行動を経営者や社員が行ったとすれば，社会的不祥事として，社
会に謝らねばなりません。これが経営理念の対外的意義です。

　経営理念は，社内的には，従業員の行動原則や意思決定の基準を提供するこ
とになります。最初は価値観や考え方の違う人々が同じ組織に集まって協働行
動をするわけですから，現実には意見の相違や納得できない行動があるはずで
す。一般的には，「これがこの会社のやり方です」とか，「うちの会社はこうい
う文化です」と説明されますが，会社に勤続するうちに，無意識に会社の価値
観や文化を自己の行動原則として身につけていきます。これを，社会学では
「**社会化**」あるいは「**価値観の内在化**」と呼んでいます。

　経営理念を内在化することにより，同じ組織に所属する人は，価値観を共有
するわけですから，意見の一致が容易になります。また，誰が決定しても似た

■ 図4-2　トヨタにおける基本理念，ビジョン，会社方針の位置づけ

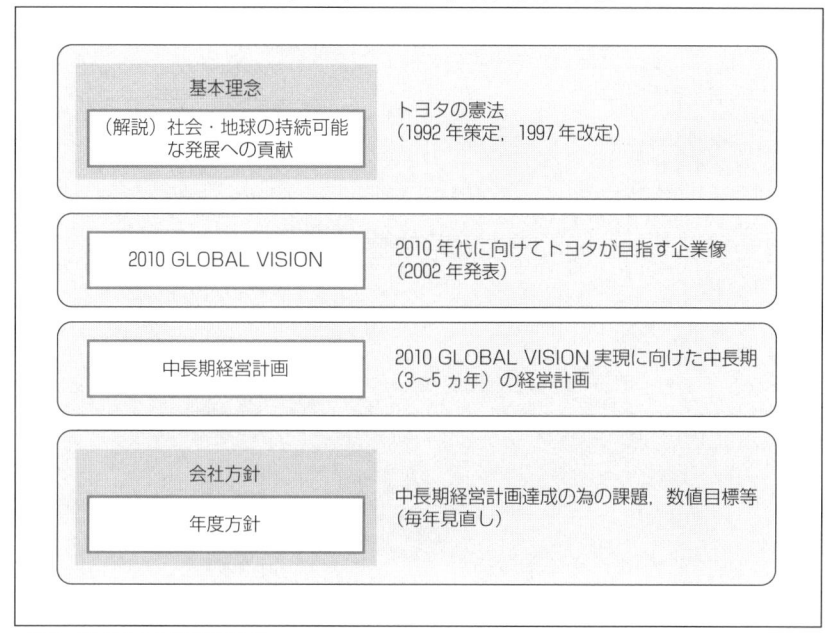

基本理念

（解説）社会・地球の持続可能な発展への貢献

トヨタの憲法
（1992 年策定，1997 年改定）

2010 GLOBAL VISION

2010 年代に向けてトヨタが目指す企業像
（2002 年発表）

中長期経営計画

2010 GLOBAL VISION 実現に向けた中長期
（3〜5 ヵ年）の経営計画

会社方針

年度方針

中長期経営計画達成の為の課題，数値目標等
（毎年見直し）

出所：『トヨタの会社概要 2006』。

　ような結論になり，組織の行動予測が容易になります。その結果，従業員間の意見の対立が減少し，組織内における行動の予測可能性が高まります。組織がしっかりしている会社は，従業員の行動が確実であり，組織の行動が予測しやすくなります。それが組織の作業効率を高め，組織力を強くすることになります。組織の団結力を強め，強固な組織にするには，経営理念をすべての従業員に共有されるまで徹底する必要があるのです。ただし，この同質化が強くなりすぎると，「金太郎飴のような社員」といわれる場合も出てきます。

1-4　トヨタの経営理念と会社方針

　トヨタ自動車を中心とするトヨタ・グループについて，その経営理念から年度方針に至る過程を見てみましょう。図 4-2 はトヨタにおける経営理念と年度方針の関係を示しています。基本理念はいわば「トヨタの憲法」であり，1992年に制定され，97 年に改定されています。基本理念は，後に述べるように，

■ 図 4-3　2010 年グローバルビジョンの概要

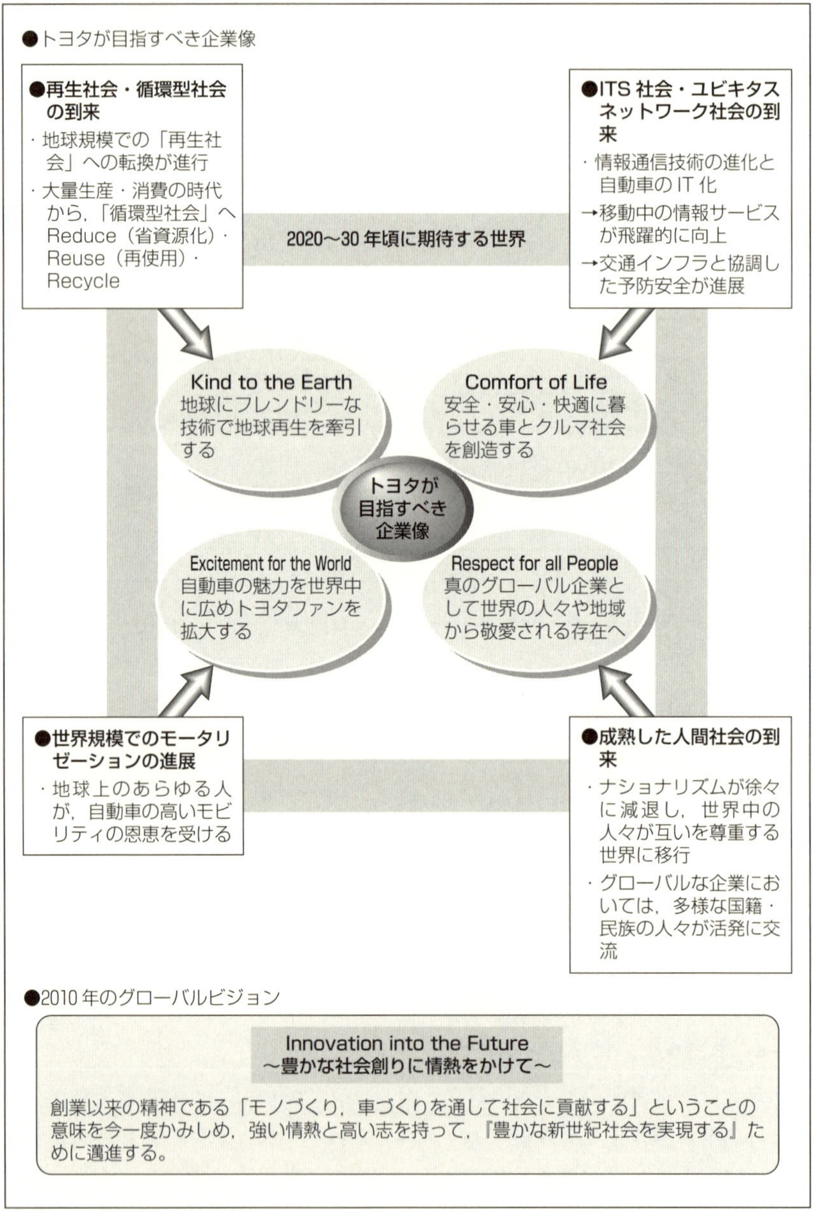

●トヨタが目指すべき企業像

●再生社会・循環型社会
の到来
・地球規模での「再生社
会」への転換が進行
・大量生産・消費の時代
から，「循環型社会」へ
Reduce（省資源化）・
Reuse（再使用）・
Recycle

2020〜30 年頃に期待する世界

●ITS 社会・ユビキタス
ネットワーク社会の到
来
・情報通信技術の進化と
自動車の IT 化
→移動中の情報サービス
が飛躍的に向上
→交通インフラと協調し
た予防安全が進展

Kind to the Earth
地球にフレンドリーな
技術で地球再生を牽引
する

Comfort of Life
安全・安心・快適に暮
らせる車とクルマ社会
を創造する

トヨタが
目指すべき
企業像

Excitement for the World
自動車の魅力を世界中
に広めトヨタファンを
拡大する

Respect for all People
真のグローバル企業と
して世界の人々や地域
から敬愛される存在へ

●世界規模でのモータリ
ゼーションの進展
・地球上のあらゆる人
が，自動車の高いモビ
リティの恩恵を受ける

●成熟した人間社会の到
来
・ナショナリズムが徐々
に減退し，世界中の
人々が互いを尊重する
世界に移行
・グローバルな企業にお
いては，多様な国籍・
民族の人々が活発に交
流

●2010 年のグローバルビジョン

Innovation into the Future
〜豊かな社会創りに情熱をかけて〜

創業以来の精神である「モノづくり，車づくりを通して社会に貢献する」ということの
意味を今一度かみしめ，強い情熱と高い志を持って，『豊かな新世紀社会を実現する』た
めに邁進する。

出所：『トヨタの会社概要 2006』。

「社会・地球の持続可能な発展への貢献」とまとめられています。

　この基本理念はゴーイング・コンサーンとしてのトヨタの理念ですが，20年，30年先を見据えたビジョンとして「2010年グローバルビジョン」を策定しています（図4-3）。このビジョンでは2020〜30年頃にトヨタがめざすべき企業像を描いています。

　その頃の社会観としては，再生社会・循環型社会の到来，世界規模でのモータリゼーションの到来，成熟した社会の到来，ITS社会・ユビキタス・ネットワーク社会の到来を予測しています。トヨタがめざす企業像としては，「地球にフレンドリー（friendly）な技術で地球再生を牽引する」，「自動車の魅力を世界中に広め，トヨタ・ファンを拡大する」，「真のグローバル企業として世界の人々や地域から敬愛される存在へ」，「安全・安心・快適にくらせる車とクルマ社会を創造する」といった企業像が明示されています。

　この2010年グローバルビジョンの実現に向けた3〜5年の中長期経営計画が作成されます。その中長期経営計画に基づいて，年度方針が具体的な数値で示されます。このように，巨大企業になれば，年次計画であっても長期的な一貫性をもたせて作成する必要があるため，中長期経営計画を明確にした上で年次計画を作成しています。経営理念は，これらの計画の背骨として，長期にわたるトヨタの発展の基軸となるものです。

1-5　トヨタの基本理念

　トヨタの基本理念は，表4-1に示されています。創業以来の基本的精神は，図4-3に示されたように，「モノづくり，車づくりを通して社会に貢献する」ことですが，21世紀の社会条件に合わせて，具体的な目標を明らかにしています。

　自動車の生産において，2017年12月末現在，トヨタでは28カ国に51の海外の製造工場があり，グローバルな事業展開をしています。海外での自動車生産高は2017年には1483万台にのぼっており，これは国内の生産高319万台を大きく上回っています（グループ会社のダイハツ，日野自動車を除いた数です）。トヨタ車が販売されている国は実に170カ国以上にものぼります。このようにグローバルな活躍をする企業においては，そこに働く多様な国々の従業員にトヨ

■ 表 4-1 トヨタ基本理念

1. 内外の法およびその精神を遵守し，オープンでフェアな企業活動を通じて，国際社会から信頼される企業市民をめざす
2. 各国，各地域の文化，慣習を尊重し，地域に根ざした企業活動を通じて，経済・社会の発展に貢献する
3. クリーンで安全な商品の提供を使命とし，あらゆる企業活動を通じて，住みよい地球と豊かな社会づくりに取り組む
4. 様々な分野での最先端技術の研究と開発に努め，世界中のお客様のご要望にお応えする魅力あふれる商品・サービスを提供する
5. 労使相互信頼・責任を基本に，個人の創造力とチームワークの強みを最大限に高める企業風土をつくる
6. グローバルで革新的な経営により，社会との調和ある成長をめざす
7. 開かれた取引関係を基本に，互いに研究と創造に努め，長期安定的な成長と共存共栄を実現する

出所：トヨタ自動車のホームページより。

タとしての共通認識をもたせる必要があります。したがって，このトヨタの基本理念は世界各国の従業員に理解されるものであり，同時に正当な企業活動であると認められるものでなくてはなりません。トヨタはこの理念を世界各国にいるトヨタの従業員に周知させています。

このような観点から見ると，第1の理念として，「内外の法およびその精神を遵守し，オープンでフェアな企業活動を通じて，国際社会から信頼される企業市民をめざす」ことを掲げているのは，現実的に意味のあることです。

他方，第5に掲げている，「労使相互信頼・責任を基本に，個人の創造力とチームワークの強みを最大限に高める企業風土をつくる」は，トヨタ生産システムの基本的特徴を世界に対しても通用する考え方として明示したものです。

1992年に制定されたこのトヨタの基本理念は，その後部分的に改訂されましたが，その骨格は2018年現在でも変わらず生きており，トヨタ自動車の日々の経営活動を支える原動力となっています。

1-6　パナソニックにおける経営理念

世界で活躍している**パナソニックの経営理念**とその取り扱い方について見てみましょう。表4-2はパナソニックの綱領（こうりょう），信条，パナソニックの遵奉（じゅんぽう）すべき精神を示しています。

綱領は，パナソニックにおける事業の目的を示したものであり，「社会生活

■ 表4-2　パナソニック（松下電器）における経営理念

● 綱領──「産業人たるの本分に徹し，社会生活の改善と向上を図り，世界文化の進展に
　　　　　寄与せんことを期す」
● 信条──「向上発展は，各員の和親協力を得るに非らざれば得難し，各員至誠を旨とし
　　　　　一致団結社務に服すること」

> 松下電器の遵奉すべき精神
> 1. 産業報国の精神──産業報国は当社綱領に示すところにして，我等産業人たるも
> 　　　　　　　　　　のは，本精神を第一義とせざるべからず
> 1. 公明正大の精神──公明正大は人間処世の大本にして，如何に学識才能を有する
> 　　　　　　　　　　も此の精神なきものは，以て範とするに足らず
> 1. 和親一致の精神──和親一致は既に当社信条に掲ぐるところ，個々に如何なる優
> 　　　　　　　　　　秀の人材を集むるも，この精神に欠くるあらば，所謂烏合の
> 　　　　　　　　　　衆にして何等の力なし
> 1. 力闘向上の精神──我等使命の達成には徹底的力闘こそ唯一の要諦にして真の平
> 　　　　　　　　　　和も向上もこの精神なくしてはかちえられざるべし
> 1. 礼節謙譲の精神──人にして礼節をみだり謙譲の心なくんば社会の秩序は整わざ
> 　　　　　　　　　　るべし，正しき礼儀と謙譲の徳の存するところ社会を情操的
> 　　　　　　　　　　に美化せしめ，以て潤いある人生を現出し得るものなり
> 1. 順応同化の精神──進歩発達は自然の摂理に順応同化するにあらざれば得がたし，
> 　　　　　　　　　　社会の大勢に即せず人為に偏する如きにては決して成功は望
> 　　　　　　　　　　み得ざるべし
> 1. 感謝報恩の精神──感謝報恩の念は吾人に無限の悦びと活力を与うるものにして，
> 　　　　　　　　　　此の念深きところ如何なる艱難をも克服するを得，真の幸福
> 　　　　　　　　　　を招来する根源となるものなり

出所：遠山正朗 編著［2003］『ケースに学ぶ企業の文化』白桃書房，111ページ。

　の改善と向上を図り，世界文化の向上に寄与せんとすることを期す」としていま
す。パナソニックは社会生活の向上と世界文化の向上に寄与することが会社を興すことの社会的意義であり，パナソニックの従業員はこの会社で働くことの意義をそこに見出すべきであると示しているわけです。

　信条は，従業員一人ひとりが毎日の仕事を行う上で基本となる心構えを簡潔に述べたものといわれています。いわば，パナソニックグループで働く社員の共通の価値観と行動原則を明示したものです。綱領に示された高い目標に向かって，従業員が絶えず向上していくためには，パナソニックの従業員の全員が至誠の心で一致団結し，会社の仕事に専念しなければならないことを示しています。社内の対立があれば組織としても個人としても向上はないことを示しています。パナソニックの強い組織力の源泉を明示したものといえます。

88

パナソニックは 1918 年に故松下幸之助により「松下電気器具製作所」として設立されました。1929 年 3 月には，当時の金融恐慌という逆境の中でも従業員が 300 人に成長し，「松下電器製作所」と社名を変更し，同時に綱領と信条を制定したのです。当時の文章と言葉は多少違っていますが，主張したい点は変わっていないといわれています。

パナソニックの遵奉すべき精神は，1933 年 5 月に，松下幸之助社長（当時）が大阪の中央電気倶楽部に全社員を集め，「産業人の使命は，水道の水のごとく，物資を無尽蔵たらしめ，無代に等しい価格で提供することにある。それによって，人生に幸福をもたらし，この世に楽土を建設することが出来ることである。松下電器の真の使命はそこにある」（遠山正朗 編著 [2003] 114-115 ページ）と説いたことに求められています。これをパナソニックの「**水道哲学**」と呼ぶ人もいます。

パナソニックでは，これらの綱領，信条，パナソニックの遵奉すべき精神は額に入れられ，各職場に掲げられています。各職場で毎日朝会が行われ，社歌が歌われるのに続いて，この綱領，信条，遵奉すべき精神が読み上げられます。全員がそれに唱和し，それらを読み上げた当番は所感を述べ，連絡事項を伝えて 10 分ほどの朝会を終えます。これが朝会で行われるので，この動作が毎日繰り返されることになります。これにより経営理念が全社員に浸透し，共通の価値観の上に組織が成り立つことになります。

このように，その方法は各社によって異なりますが，経営理念を全従業員に徹底する工夫がなされています。経営理念は単に観念的な理念に留まるのではなく，現実に従業員の行動を規定する価値観として現実的意義をもっています。社員の共通の価値観がないと，誤解が生じ，意見が対立し，組織力を発揮できなくなります。社員の行動を共通の目的に向けて調整するのが経営の基本原理であり，そのために経営理念を全従業員に徹底するのも経営の重要な方法です。ただ，トヨタとパナソニックの例で見たように，どのような価値を重視するかは会社によって異なり，それが社風や組織文化を決めているともいえます。

> **⚷ キーポイント**
>
> *会社の背骨として経営理念が機能しており，そこには経営者の価値観や夢が明示されている！*

2 経営戦略の種類

2-1 ドメインの決定

会社が社会の中で事業を展開する基本的な姿勢が明確になった後に，その会社がどのような事業分野を中心に活動するかを決める必要があります。それぞれの会社は，もっている技術や専門知識が限られており，また対象としている顧客が限られているからです。自由になる経営資源を見極めながら，どのような活動分野で競争力を発揮できるか，自分の得意分野を決定しなければなりません。

ドメイン（domain，領域，所有地，分野）はそれぞれの会社における「独自の事業活動の領域」といわれています。例えば，トヨタ自動車は製造業において自動車分野で自己の得意な活動分野を確立しています。パナソニックは電気機器分野でその社会的名声を確立し，競争優位を発揮しています。したがって，どの事業分野で会社を発展させるかは，ゴーイング・コンサーンとしての長期的な活動を考えれば，会社にとって基本的な方針の決定となります。

ただ，ドメインは経営戦略を立てる場合の基盤となるので，ドメインを明確にすることは会社の運命を決めることにもなります。このドメインを広く決めなおすことにより，企業の活動分野が拡大することもあります。例えば，日本電気はコンピュータの生産で企業規模を拡大してきましたが，1977年に，そのドメインをC&C（コンピュータ・アンド・コミュニケーション）と再定義しました。そのことにより，ドメインをソフトウェアやインターネット分野に拡大し，会社を新しい市場で発展させることができました。

さらに，経営の多角化で事業部制（☞第5章2-2項，106ページ）が拡大すると，

同じ企業グループの中で事業部間の市場が重なり合い，企業グループ全体とすれば無駄な競争を行う場合も出てきます。そこでドメイン内部をさらに再整理することにより，それぞれの活動分野に専念することができるようになります。パナソニックグループは 2000 年よりグループ内の事業再編を行い，パナソニックグループの事業領域を半導体，電池，電子部品，モーター，ディスプレー，オーディオ・ビデオ，ファクトリー・オートメーション，固体通信，移動通信，カー・エレクトリック・ナビゲーション・システム，家庭電化・住宅設備，照明，環境システムの 13 分野に整理しました。2017 年時点では，アプライアンス社，エコソリューションズ社，コネクティッドソリューションズ社，オートモーティブ＆インダストリアルシステムズ社の 4 つのカンパニー（☞第 5 章 3-2 項，111 ページ）のもとに，事業が整理されています。このようなドメインの再編成も統一的な企業活動を進める上で重要な方針決定です。

2-2　経　営　戦　略

　各事業の活動分野が明確にされた後に，自己のドメインでどのように企業活動を展開するかの基本方針を決めるのが**経営戦略**です。戦略はもともと軍隊で使われていた軍事用語ですが，会社の動きを長期的かつ全体的に見通して行動計画を立てる用語として利用されるようになりました。戦略に対して戦術という用語もあります。これは現場における具体的行動を決める場合の用語であり，むしろ具体的な管理行動として説明されています。

　経営戦略は，一般に，企業戦略（corporate strategy），事業戦略（business strategy），機能別戦略（functional strategy）に分けられています。同じ戦略という言葉でも，何を対象として戦略を考えるかによって，その内容が異なるのです。

⑴　企　業　戦　略

　企業戦略は，全社戦略とも呼ばれ，会社あるいは企業グループ全体の発展方向とそれに必要な経営資源の配分を決めるものです。第 3 章におけるコーポレート・ガバナンス改革の中で，会社の基本方針を決定する取締役会とそれを執行する執行役員の分離を説明しました。この新しい取締役は，時々の経済情勢や経営環境の変化を見通しながら，会社全体としての発展方向を考える役割を果たしています。同時に現有の経営資源を考慮しながら，得意分野として発展

すべき方向，会社全体としては補強すべき分野や技術・知識などを明らかにし，その対策を検討しています。

　この企業戦略の中では，例えば，日産とルノーの提携や三菱自動車とダイムラーとの提携解消など，会社の長期的発展を考慮した決定がなされます。トヨタ自動車が中国やロシアに工場を建設するといった決定もトヨタ・グループ全体に影響する重要な決定です。パナソニックは赤字からのV字回復をめざして中村邦夫元社長が関連会社の再統合も含めて事業を再編しましたが，このような決定で，どのような発展方向をめざすかを決めるのが企業戦略です。

　このような企業戦略の作成や決定において，何をどのように考えるのが最も合理的で正しい決定になるかについて明らかにするのが企業戦略についての理論といえます。しかし，このレベルの決定になると普遍的な決定原理や考え方のフレームワークを開発することは，現時点では難しく，それぞれの成功した経営者の考え方を明らかにすることに留まっています。例えば，GE（ゼネラル・エレクトリック）のCEO（Chief Executive Officer，最高経営責任者），ジャック・ウェルチのとった戦略が明らかにされたり，故松下幸之助がその時々にとった戦略が明らかにされたりしているのが実情です。

⑵　**事 業 戦 略**

　事業戦略は競争戦略とも呼ばれ，それぞれの事業で他の企業とどのような形で競争するかを明らかにするものです。会社は複数の事業を同時に展開しており，それぞれの事業分野でどのような競争上の位置に自社を位置づけ，他の企業と競争していくかを明らかにするものです。後で述べるPPMはその事業の評価を行う代表的な手法です。

⑶　**機能別戦略**

　機能別戦略は生産，販売，研究開発，人事，財務など企業の機能別分野に対応した基本方針を決めるものです。例えば，人事戦略を例にとれば，新しい携帯電話を生産するための要員を，他の工場から配置転換で集めてくるのか，それとも派遣会社からの要員で賄うのかという問題，あるいは現場の中心的役割を担うリーダーをどのように育成していくかなどは人事戦略に属する意思決定です。全社的な視野と長期的な観点から，人事分野についての基本方向を戦略として，他の戦略と矛盾しないように作成する必要があります。

このように，戦略といっても多様な内容があり，それらを全体的に調整しな
がら，それぞれの活動が最終的な企業目標に収 斂するようにまとめなければ
なりません。これが経営戦略の基本的な課題です。

> **ー キーポイント**
> *経営理念のもとで，長期的・全社的視点から会社の発展方向を示
> す基本方針が経営戦略として具体化される！*

3　事業の選択

　会社が複数の事業を同時に展開しているとき，それぞれの事業がその業界で
どのような位置にあり，それを今後どのように発展させ，あるいは整理すべき
かを決める必要が出てきます。例えば，既述の GE では，事業部長が，将来は
発展の見込みがあるとしても危険が大きいため，そのような分野に積極的に投
資をしなくなってしまいました。そこで，会社全体とすれば，それぞれの事業
を評価し直し，経営資源を将来のために有効に投資する必要に迫られました。
この問題の解決のため，ボストン・コンサルティング・グループ（Boston Con-
sulting Group：BCG）はそれぞれの事業を評価する **PPM**（Product Portfolio Man-
agement）と呼ばれる分析手法を開発しました。

　図 4-4 は PPM のマトリックスを示しています。縦軸にはその事業あるいは
製品の市場成長率を示しています。横軸にはその会社の相対的な市場の位置を
示しています。横軸の指標はその事業あるいは製品の他社の製品との関係を示
した数値です。自社がその業界のリーダーであればその業界で売上高 2 位の会
社の何倍の売上高であるかを示しています。例えばそれが 4 倍であれば 4 と示
され，左に行けばより有利な位置にあることを示しています。反対に，自社が
同じ業界で 1 位の会社と比べてその売上が 5 分の 1 であれば 0.2 と表示されま
す。したがって，右に行けば，市場でより不利な地位にいることを示していま
す。1 がその市場で 1 位にいるか否かの境界線です。

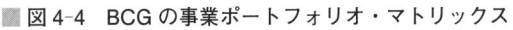

■ 図 4-4　BCG の事業ポートフォリオ・マトリックス

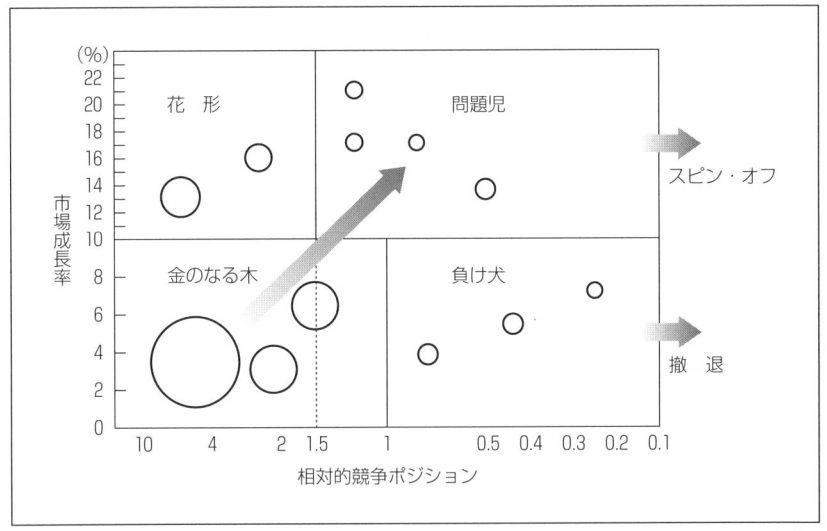

注：相対的競争ポジションは，自社が業界のリーダーであれば，その業界で売上高第 2 位の企業の何倍，
　　4 倍であれば，4 X と，また自社がトップ企業の売上高の 5 分の 1 であれば，0.2 X と表記される。
原資料：C. W. ホファー・D. S. シェンデル 著，奥村昭博・榊原清則・野中郁次郎 訳［1981］『戦略策定
　　——その理論と手法』千倉書房，37 ページ（原資料は，B. Hendy, "Strategy and the 'Business
　　Portfolio'," *Long-Range Planning*, February 1977, p. 12, を一部修正）。
出所：高橋宏幸・丹沢安治・花枝英樹・三浦俊彦［2011］『現代経営入門』有斐閣，73 ページ。

　この市場成長率と市場での相対的な地位との組み合わせで 4 つのセルができ，
多様な事業あるいは製品が 4 種類に分類されます。

　①「**花形**」は市場の成長率が高く，自社の市場における地位も有利な製品で
す。これを原語では star と名づけています。キヤノンが 1989 年に自社の製品
に PPM を適用して行った分析結果では，小型ページ・プリンターがこれに相
当していました。

　②「**金のなる木**」は，成長はあまり大きくない成熟分野であるが，市場にお
ける自社の地位が高く，確実に収益が得られる製品あるいは事業部を示してい
ます。原語では cash cow と呼ばれ，現金を常に生み出してくれる乳牛にたと
えられています。同じくキヤノンの分析結果では，レンズシャッター・カメラ，
一眼レフ・カメラ，複写機などがこれに相当していました。

　③「**問題児**」は，市場成長率は高いが，自社の製品がその市場分野で占める

位置はあまり高くない製品です。したがってこの製品に投資を続けても収益が上がる見込みが少なく，会社にとっては問題児（question mark）です。したがって，この事業分野を本体から切り離してスピン・オフ（spin-off）させてから，独立に成長の機会を探る方法があります。あるいは，金のなる木から得た資金を注ぎ込んで，花形に成長させることも考えられます。図4-4における金のなる木から問題児に向かう大きな矢印はこの動きを示しています。いずれにしてもリスクが高く，問題があるわけです。キヤノンの事例ではワープロ専用機がこれに相当しました。

　④「**負け犬**」は，市場成長率も低く，市場での自社の地位も低い製品です。原語では yellow dog と呼ばれています。このような製品あるいは事業部は撤退が事業戦略となります。キヤノンの例では電卓がこれに相当していました。負け犬の製品あるいは事業部は撤退するか，縮小するか，あるいは他の会社に売却する戦略になります。

　この PPM の手法は，事業部や製品を選別し，その後の対応を考える手法としては有効な考え方の1つです。しかし，事業部や製品によっては，市場の相対的な地位が低くても，これから伸びる場合もあります。製品の成長過程を見据えたプロダクト・サイクルの考え方からすれば，市場の相対的な地位が低くても，それは製品の初期段階では当然のことです。したがって，今日では事業や製品を評価する別の指標がいろいろと開発されています。

　いずれにしても，多様な事業や製品を同時に展開している多角経営型の会社においてはそれぞれの事業を評価し，それへの経営資源の配分を継続的に検討する必要が出てきます。それを経営戦略として行っているのです。

> **ⅇ キーポイント**
> *複数事業を展開しているときには，その事業を評価する指標として，市場の成長率や市場における相対的な地位などの指標が選ばれ，事業の将来性が評価され，戦略が立てられる！*

4　競争戦略

　それぞれの事業分野で会社がどのような方法で競争するかは競争戦略と呼ばれています。**競争戦略**は企業が競争市場において自己の全体的な姿勢を明確にし，「競争優位な地位に経営資源を投入し，展開する方法と方向の決定」（嶋口[1986]）といわれています。要するに，ヒト，モノ，カネ，情報の経営資源を具体的にどのように使えばその分野で競争相手に対して優位になれるかという競争のやり方を示したものです。

　一般に競争戦略は企業によって多様であり，それらを一般的な概念に整理することは非常に困難です。**ポーター**（M. Porter）は競争戦略を，図4-5に示されるように，大きく，コスト・リーダーシップ，差別化，集中の3つにまとめました。集中にはコスト集中と差別化集中があるので，最終的には4つの競争戦略に分類されます。競争戦略を策定する場合，これら4つの方法を組み合わせ，具体的な競争戦略を決定することになります。

　競争は，大きく分けて，横軸に示されるように，①製品やサービスを他社より低いコストで提供することと（コスト・リーダーシップ），②価格は高くても，その価格に見合う他社とは違った特徴を出すこと（差別化）による競争の2つに分けられます。他方，縦軸には，戦略のターゲットとして，①業界全体を置くか，②特定のセグメント（部分）だけを対象とするかによって分けられます。この2つの軸によって分類した結果が図4-5の分類になります。

　①**コスト・リーダーシップ**とは，同業者よりも低いコストを実現することにより，競争力を発揮する戦略であり，経済的な市場競争原理に最も適した戦略です。コンピュータ部品となる半導体産業で見ると，IC（Integrated Circuit）チップの価格を引き下げることで業界をリードしたかつてのテキサス・インスツルメント（TI）がとった戦略です。大規模生産や途上国での大量生産により価格を引き下げることで競争力を維持する企業に見られる競争戦略でもあります。100円ショップも安さで顧客の関心をひきつけ，大量に販売することで利益を追求する戦略です。ユニクロも衣類が多様化・高級化する中で，安い価格をめ

■ 図 4-5　ポーターの 3 つの基本戦略

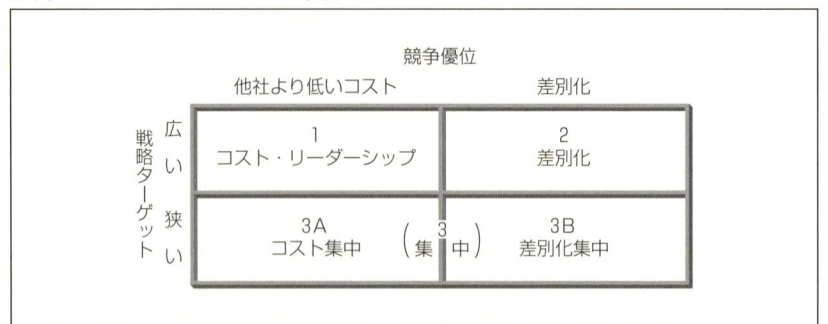

原資料：M. E. ポーター 著，土岐 坤・中辻萬治・小野寺武夫 訳 [1985]『競争優位の戦略』ダイヤモンド社，16 ページ。
出所：高橋宏幸・丹沢安治・花枝英樹・三浦俊彦，前掲書，79 ページ。

ざした戦略をとっています。

　②**差別化**は，「業界の中で，特異だと思われる何かを創造しようとする」戦略です。自社の製品は他社と比べ何かが違っており，その違いにおいて顧客の気持ちをひきつける戦略です。例えば，携帯電話の販売において，携帯電話の通信機能だけではなく，写真機能も付け，しかもその写真も携帯で送れるようにするのは，携帯電話の差別化の 1 つでした。ブランド戦略も一種の差別化戦略です。同じようなバッグであっても，有名ブランドのマークがあれば，品質の良さの保証と同時に，ブランドのもつ魅力によってその商品を選ぶことになります。差別化は価格以上の魅力を消費者に訴えるものです。

　③**集中**とは，特定の顧客や，製品の種類，特定の地域市場などに経営資源を集中して競争力を上げる戦略です。自転車の製造では，価格競争が中心になり，同じような製品では収益を出しにくくなっています。そこで，自転車製造の技術力を生かし，高級な専門自転車のみに特化して自転車の部品を含めて自転車を製造する会社も出てきます。そこから，高級自転車の専門店として市場が広がり，世界から注文が来る場合もあります。集中化することで逆に市場を深掘りできたわけです。

　集中には，100 円ショップのように，価格に集中する場合と，高級自転車のように，差別化に集中する場合とがあります。いずれにしても，経営資源を集中的に利用することにより，他社とは異なる競争力を発揮することを戦略とし

てめざしているわけです。

> **⚷ キーポイント**
> *競争戦略にはコスト・リーダーシップ，差別化，集中があり，同じ分野で他社に打ち勝つ方法を探している！*

5　競争的地位の 4 類型

　競争戦略を策定するもう 1 つの方法は，自己の事業分野における自社の位置を正確に認識し，そこから競争戦略を決定することです。ポーターが示した競争戦略は，いずれの会社でも利用可能ですが，具体的な競争戦略は競争市場においてその会社が置かれている位置により異なりうると考えます。

　市場における競争的地位を表す概念として，リーダー，チャレンジャー，ニッチャー，フォロワーという言葉はアメリカの経営学者**コトラー**（P. Kotler）により開発されました。しかし，それに経営資源の質と量という考え方を加えて嶋口充輝教授により再整理されたのが図 4-6 です。

　図 4-6 において，横軸には経営資源の量が相対的に大きいか小さいかが示されています。縦軸では，経営資源の質が相対的に高いか低いかが示されています。そこから 4 つのセルができ，既述の 4 分類が示されます。

　①「**リーダー**」とは，経営資源の量においても質においても優れた会社です。具体的には，業界においてマーケット・シェアが 1 位であるような会社を意味しています。家電業界で見れば，パナソニックといわれています。

　②「**チャレンジャー**」とは，量的な経営資源においては優れているが，その質的な面においてはリーダーに対して相対的に劣っている会社を意味しています。したがってリーダーにチャレンジする立場にいる会社です。業界の 2～4 位の企業であり，家電業界でいえば，日立，東芝などといわれています。

　③「**ニッチャー**」とは，量的な経営資源についてはリーダーに劣るが，経営の質的な面ではリーダーに劣らないものをもっている会社を意味します。リー

■ 図4-6　相対的経営資源による競争的地位の類型

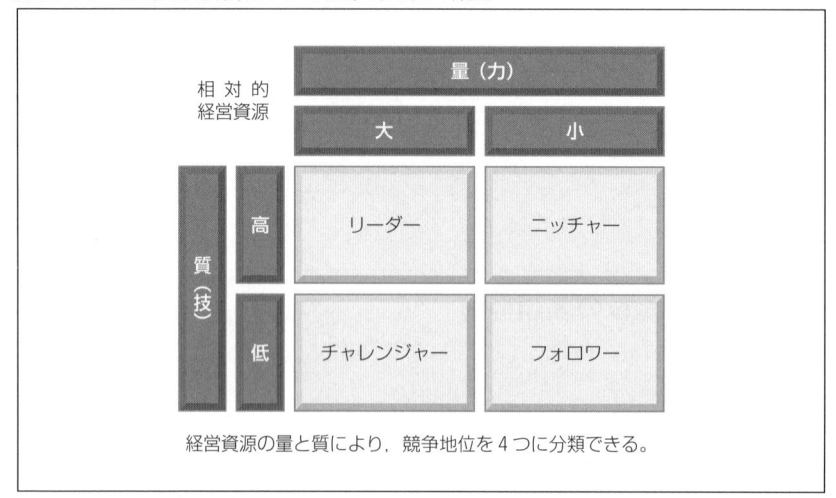

相対的
経営資源

量（力）

大　　　　　　小

質（技）

高　　リーダー　　ニッチャー

低　　チャレンジャー　　フォロワー

経営資源の量と質により，競争地位を4つに分類できる。

原資料：嶋口充輝［1986］『統合マーケティング』日本経済新聞社。
出所：大滝精一・金井一賴・山田英夫・岩田　智，前掲書，113ページ。

ダーのようなすべての製品でリーダーとなるのではなく，特定の得意分野で全
国的な1位を占める分野をもっている会社です。ニッチ（niche）は，言葉とし
ては，像や花瓶などを置く壁に作られた小さなくぼみをいいます。あるいは人
の才能・力量に適した地位や活動範囲をいいます。したがって，自分の力量に
応じた狭い分野であってもそこで1位をめざす会社です。「グローバル・ニッ
チ・トップ」を掲げる日東電工はかつて従業員3000人ほどの関西の中堅会社
でしたが，いくつかの部品分野で世界第1位のシェアを占めています。あるい
は，ハードロック工業という会社は東大阪にある従業員70名ほどの会社です
が，緩みどめナットが有名で，大きなシェアを占めていることで知られていま
す。

　④「フォロワー」とは，経営資源において質量共にリーダーのレベルに至ら
ず，他の企業に追随している会社です。しかし，既存の製品を既存の方法で生
産しながらも，安い賃金を模索することによって市場競争に勝ち残ることもで
きます。それぞれの類型に対応した競争戦略を探せばよいのです。

　このような類型に基づいて，そのポジションに対応した戦略が考えられます。

例えば，リーダーのとるべき戦略としては，①周辺需要拡大政策，②同質化政策，③非価格対応，④最適シェア維持などの戦略が指摘されています。

　①**周辺需要拡大政策**は，例えば，当初はラジオやステレオを造っていたメーカーが，それを録音できるテープレコーダーへ進出することなどです。関連機器を製造する技術もノウハウもあり，また，顧客がほぼ同じであれば，顧客に訴えることは容易です。市場で 1 位を占める自社製品に関連する新しい製品を次々に開発していくことで，リーダーの地位を継続することができます。

　②**同質化政策**とは，例えば，チャレンジャーが高速道路も安全に走れ，かつ低価格の軽自動車を開発し，市場で人気が出ると，同じような軽自動車を別の名前で売り出し，その市場で 1 位になることです。チャレンジャーと同質の製品を製造することにより，チャレンジャーと同じ市場で競争優位を発揮するわけです。

　③**非価格対応**とは，競争相手との価格競争に対抗して価格を下げないことです。値下げ競争になればその市場自体が縮小し，リーダー会社が最も大きな損害を受けるからです。リーダーは，顧客に他の催し物への割引招待をしたり，ポイント制を導入したりするなどの非価格競争で顧客の関心を引き留めようとします。

　④**最適シェア維持**とは，競争他社の数や競争力を考慮しながら，あまり無理な競争を仕掛けずに，現在の最適なシェアを維持する戦略です。市場を独占しすぎると，社会的に非難される場合があります。50 ％の市場を占めているとき，競争相手会社が強力であれば，市場のシェアを 55 ％に引き上げるのにも大きな資金とエネルギーが必要になります。むしろ適正なシェアを維持しておくことの方が競争のためには安全です。

　フォロワーの場合，戦略としては，**上位企業の模倣**が適切です。しかし，模倣であっても，価格を引き下げることによって，新しい市場を開拓することができます。例えば，かつてオーディオ業界のアイワは，いち早く海外生産に移行し，低価格製品を提供することによりオーディオの世界市場において高いシェアを獲得できました。そこで得た資金を利用しながら，新製品を開発し事業を拡大していきました。

　このように，市場でのポジションによってとるべき戦略が異なってきます。

それぞれのポジションに適した戦略が必要になります。コスト・リーダーシップ，差別化，集中の戦略もその時々の会社が置かれた市場のポジションによって使い分ける必要があります。ここに示したいろいろな戦略は，考え方の1つを述べたにすぎません。現実の企業行動は，これらの考え方が多様に組み合わさってできた結果です。

> **⌐ キーポイント**
> *市場のポジションとすれば，リーダー，チャレンジャー，ニッチャー，フォロワーの概念があり，その立場によって競争戦略は異なる！*

■ 演習問題

1. 自分が興味のある会社の経営理念を調べてみましょう。その会社は何を大切にしているか，そのような考え方は自分の考え方とどのような点で一致するかを考えてみましょう。
2. テレビのコマーシャルを見ながら，この会社は，その製品において業界でどのような戦略をとっているかを調べてみましょう。PPM の手法でその会社の事業戦略を調べてみましょう。
3. 自分が使っている1つの製品の業界（例えばスマートフォン，パソコンなど）を調べ，その業界においてそれぞれの会社の競争戦略はポーターのいう競争戦略のいずれに当てはまるかを考えてみましょう。

■ さらに進んだ学修のために

〔1〕 網倉久永・新宅純二郎［2011］『経営戦略入門』日本経済新聞出版社。
〔2〕 大滝精一・金井一頼・山田英夫・岩田　智［2016］『経営戦略——論理性・創造性・社会性の追求（第3版）』有斐閣。
〔3〕 加藤俊彦［2014］『競争戦略』日本経済新聞出版社。
〔4〕 佐々木　直［1999］『企業発展の礎となる経営理念の研究』産業能率大学出版部。
〔5〕 遠山正朗 編著［2003］『ケースに学ぶ企業の文化』白桃書房。

第5章
会社はどんな仕組みで動いているのか

組織形態

◆この章のねらい

　前章では，会社がどのような事業を手がけようとするのか，またそのために
どのような方針を立てていくのかについて，戦略という用語を中心として学修
しました。会社は，その次の段階として，自ら決定した戦略を実行していくこ
とになります。

　ただし，ひとくちに「戦略を実行する」といっても，それは一人の力ででき
るわけではありません。多くの仕事を手がけようとすればするほど，経営者は
多くの従業員の力を借りなければなりません。しかし，その際に従業員がバラ
バラに動いていたのでは，やるべき仕事が効率よくなされないという問題が生
じます。そこで，経営者は会社の状況に応じて組織を設計することが必要にな
ります。

　組織を設計する際には，個人が分担すべき仕事を決めなければならないとい
うことになりますが（個人の仕事のあり方や分業のメカニズムについては第8章で扱
います），通常，会社は管理効率上の観点から共通点のある仕事どうしをまと
め，それを部門として管理しており，そこで誰がどのような仕事を担当し，仕
事間の調整をするのかについてのルールが決められています。

　どのような基準で部門を構成するのか（これを組織形態といいます）は，会社
によってさまざまですが，実際には基本モデルが存在しており，それをそれぞ
れの会社の事情に合わせて変形させている場合がほとんどです。

　組織が基本パターンからの変形を行う理由は，事業環境の変化や，コストの

削減などです。そういった変化への対応方法は，それぞれの国・地域における経済的状況，文化的状況，経営慣行などによって異なっています。

　本章では，まず組織形態の基本モデルについて学修し，続いて組織形態のさまざまなバリエーションについて学修していきます。

◆この章で学ぶキーワード
　◎部門化　◎組織形態　◎職能別組織　◎事業部制組織　◎カンパニー制
　◎マトリックス組織　◎チーム組織

1　会社組織の形

　組織における役割分担を細分化していくと，最終的には個人が担当すべき職務に到達しますが，実際に，多数の人による分業と調整を管理していくためには，トップが管理すべき人数を限定していくことが必要になります。そこで，何らかの基準を設けて部門をつくるという作業が行われることになります。これを**部門化**といいます（☞第8章3-2項，184ページ）。部門化には，職能（役割）別，製品別，顧客別，地域別，工程別といったタイプがあり，同じ会社の内部において，複数のタイプの部門化を使い分けている場合もあります。

　会社の中の部門の構成や部門間での分業と調整のパターンは公式化されたシステムとして一定の形をなしており，それを**組織形態**といいます。この用語は第8章に登場する組織構造とよく似ているのですが，組織構造が集権―分権の程度，プログラム化の程度というように，量的に考えるために使われるのに対して，組織形態は部門の構成が組織の動きに対してどのような影響を及ぼすのかを考えるために使われるという点で異なります。

　また，どのような部門によって構成されているのかを図式化したものを**組織図**といいます（図5-1）。組織図の中で四角によって囲まれている部分がそれぞれの部門を示し，部門間をつないでいる線がそれによって結ばれている部門間の指揮命令系統を示しています。例えば，部門間の調整でうまくいかなければ，その調整はさらに上位の部門が行うことになり，最終的にそれがトップにまで

■ 図 5-1　組　織　図

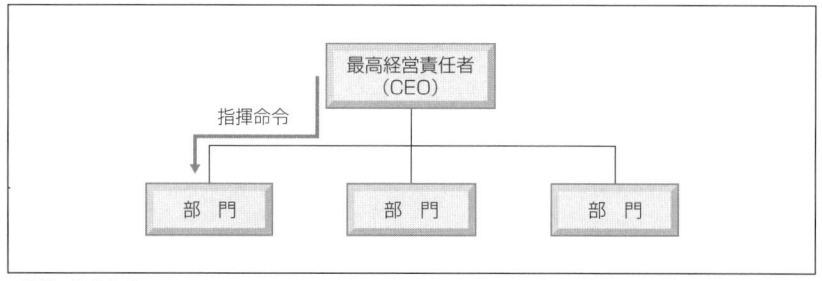

出所：筆者作成。

上がることもあります。組織図を見ることによって，その会社における部門の
特徴や部門間の関係を知ることができます。

> ☞ キーポイント
> *組織における部門間の分業と調整は図式化することができる！*

2　組織形態の基本モデル

　組織形態は会社によってそれぞれ異なります。それは，会社の戦略が変化し
た，あるいは各部門が仕事を進めていく上で効率的な方法を考え出して対処し
ていった結果として，でき上がっていくものです。
　しかし，組織形態には，職能別組織と事業部制組織という 2 つの基本モデル
があり，今ある会社の組織形態は，ほとんどそれらを応用したものであること
がこれまでにわかっています。本節ではまず，2 つの基本モデルについて解説
していきます。

2-1　職能別組織

⑴　職能別組織とは

　第 1 の基本モデルは，職能（製造業でいえば，研究開発，製造，販売といった役

■ 図 5-2　職能別組織

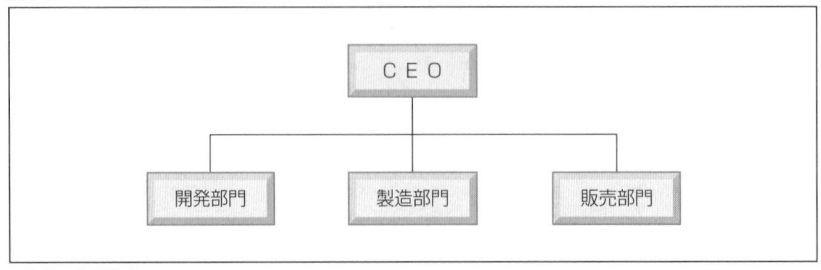

出所：筆者作成。

割）ごとに部門をつくるもので，それを**職能別組織**（あるいは機能別組織，functional organization）といいます（図5-2）。この場合，同じような機能や作業工程を担当する従業員が1つの部門にまとめられることになります。例えば，研究開発部門はその会社が扱うすべての商品の開発を担当し，製造部門はその会社が扱うすべての商品の製造を担当することになります。

(2)　職能別組織の特徴

▶ **高度な専門化**　職能別組織は，その職能を専門にしている人を同じ場に配置するので，重複や無駄なく専門的な知識や技能を集めることができることから，効率の高い分業が可能になります。例えば，多様な作業を一人で行う場合に，それぞれの作業をするために求められる能力に違いやばらつきがあると，能力の形成に時間がかかったり，また特定の作業において必要とされない能力があったりすることによって効率が低下してしまいますが，職能別組織ではそのような問題を回避することが可能になります。

　しかし，専門化が進むと，各部門が専門領域以外のことに目を向けることが少なくなりやすいことから，会社全体という視点で物事を見ることが難しくなる，あるいはコミュニケーションの頻度が減少するといったことが起きやすくなります。その結果，例えば後継者を育成することが難しくなるといった問題や，ある部門において新しいアイデアが生まれても職能部門間で共有されず，アイデアが具現化されないといった問題が生じる可能性があります。

▶ **経営者への意思決定権限の集中**　職能別組織では，図5-2でも示しているように，各職能部門の長が社長から直接命令を受けることから，経営者に意思決

定権限が集中しています。そのため，後に説明する事業部制組織に比べると，事業環境の変化を受けて会社が全社戦略を変更する際，それに向けた対応を迅速に進めることが可能になります。

　しかし，職能部門間で調整すべき問題が発生した場合には，その最終的な調整は経営者によって行われなければならなくなります。調整すべき事項の数が少ない場合には，経営者が一人で各事項について理解し，適切に対処していける可能性は高くなりますが，調整すべき事項の数が多くなってくると，逆にその可能性は低くなっていくと考えられます。

　では，調整すべき事項の多さは何によって決まるのでしょうか。それは，主に（異なる市場に投入されていると認識される）製品の種類の多さであると考えられます。製品の種類が少ない場合であれば，各個人の仕事についてもプログラム化（☞第 8 章，188 ページ）を進めることが可能になってきますが，製品の種類が多くなってくると，プログラムによって対処できない例外的な事項が多く生じる可能性が高くなります。それは最終的に経営者のところに持ち込まれることになるので，経営者は毎日その時々に発生する例外的な事項に対する調整を行うことに時間をとられてしまうことになります。

　このことは，経営者の目を社内にのみ向けさせることになるという問題を生み出します。会社が行っている事業領域には，ほとんどの場合，顧客を取り合う競争相手が存在します。競争に参加しているそれぞれの会社は，現在提供している製品やサービスの売れ行きを見ながら，将来どのような対策をとるかを考えなければいけません。このように，社外と社内の動向を見つつ，将来のことを考えて経営戦略を決めることは，経営者にしかできない仕事です。しかし，日常的に発生する問題の調整があまりに多いと，経営者にとっての本来の仕事ができなくなってしまうことになります。なお，このことは，以上で説明した製品の種類の多さのほかに，グローバルに事業展開している会社における活動している国や地域の多さにも同様に当てはまります。

　以上より，職能別組織は比較的製品の種類が少ない場合や，経営活動を行っている国や地域が少ない場合に向いている組織形態であるということができます。

2-2 事業部制組織

(1) 事業部制組織とは

事業部制組織（divisional organization）は，職能別組織を採用していた会社が多数の事業を手がけるようになる過程で生み出された組織形態です（図5-3）。職能別組織では，職能部門間で起こる問題や例外的な事項に対処することに経営者が時間をとられてしまうので，多数の製品やサービス，事業を手がけることがきわめて難しいという問題があることは，上でも述べた通りです。

　しかし，会社が成長する過程で複数のサービスや事業を手がけようと考える場面は実際に数多く発生します。そこで考え出された方法は，事業分野，製品，地域といった基準に従って部門をつくり，製品やサービスを提供するために必要な開発，製造，販売といった職能を一通りもたせるというものです。

　事業部制組織における部門は**事業部**といいます。各事業部は1つの製品や地域のみを扱う，1つの小さな会社であるかのように扱われます。事業部長は経営者からのみ指揮命令を受けることになっているため，事業部は他の事業部の動きからの影響を受けることなく独力で日常的な問題に対処できるようになり，また，各部門がどの程度のコストを使ってどの程度の売上や利益を上げているのかを判別することができるようになります。経営者は日常的な業務における調整の問題から解放され，会社全体の業績という視点から，全社戦略や各事業部に対する経営資源の配分などについて考えることに専念することができます。

　つまり，事業部制組織は，各事業における日常的な問題への対応と事業運営の結果である業績に対して責任をもつ事業部と，複数の事業部によって構成される会社全体の業績に対して責任をもつ経営者という，責任の分担が明確になっている組織形態であるといえます。

　歴史的に見ると，事業部制組織は1920年代から30年代のアメリカにおいて，事業分野を多角化したり製品を多様化させた企業によって採用されました。事業部制組織が登場する前は，単一事業における少ない種類の製品の大量生産と大量流通の必要性から職能別組織が発達しましたが，事業活動によって蓄積されてきた経営資源をさらに活用したり，他社を買収したりすることによって成長を実現するために新たな事業を追加するようになり，その過程で事業部制組織が採用されるようになっていきました。アメリカの大企業の歴史を研究した

■ 図5-3　**事業部制組織**（家電メーカーの製品別事業部制の仮設例）

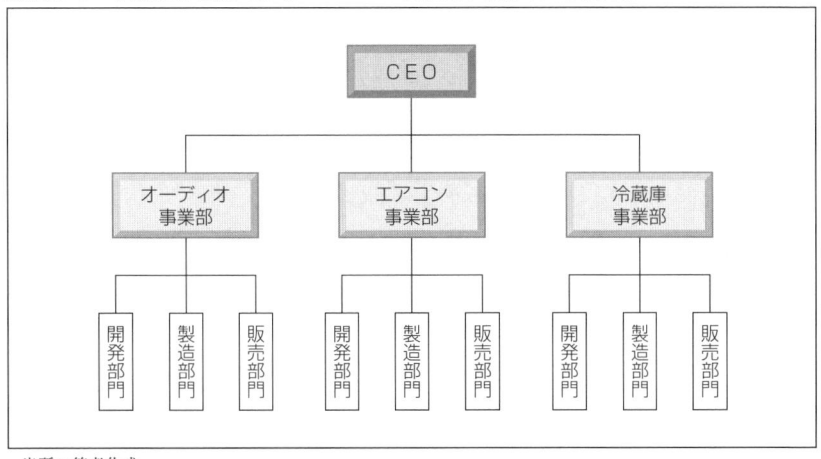

出所：筆者作成。

チャンドラー（A. D. Chandler, Jr.）は，それらの事実から「組織は戦略に従う」という有名な命題を導き出しました。

(2)　事業部制組織の特徴

　事業部制組織では，日常的な意思決定については各事業部が行う権限をもっているので，事業環境の変化に合わせて迅速に行動することができます。例えば，顧客のニーズがあまり変化しないような製品を手がけると同時に，顧客のニーズがめまぐるしく変化するような製品を手がけなければならない場合に，事業部制組織は各事業の特性に応じた細やかな対応を可能にします。

　また，各部門に対して業績に対する責任をもたせることができない職能別組織とは異なり，事業部制組織では，各事業部の業績が明確に判別され，それによって事業部長は評価されるため，業績に対する貢献を引き出すように努力を促すことが可能になります。

　さらに，事業部制組織では，職能別組織よりも経営者の後継者を育成できる可能性が高まります。事業部は1つの小さな会社であるかのように扱われるので，事業部長は経営者としての経験を積むことができます。このことで，現在の経営者は，後継経営者への引き継ぎを円滑に行うことができるようになります。

しかし，事業部制組織が事業部を独立した会社のように扱うことによって発生する問題もあります。まず，各事業部が職能を一通りもっているということは，重複による無駄が発生する可能性があります。例えば，同じような技術や生産設備を使うような事業部が複数ある場合，会社全体の視点から見れば，各事業部が工場を個別にもつよりもいくつかの事業部が工場を共有して生産を行う方が効率的になります。

また，事業部の独立性が強まりすぎると，魅力的な製品分野がある場合に複数の事業部がまったく同じ事業に進出することで事業の重複が生じたり，逆に複数の事業部による協力が必要な製品やサービスが求められるにもかかわらず協力を促すことができなかったりする可能性があります。

さらに，事業部長は一定期間における事業部の業績をもとに評価されますが，その評価期間が短いと，短期的な業績を生み出すような投資しかしなくなり，長期的な観点からの投資を促すことが難しくなる可能性があります。例えば，会社全体にとっては「新しい技術を開発することができれば将来的により大きな利益を得る機会を得られるので投資する方が望ましい」と考えられる場合でも，事業部長は自分の任期中に業績を上げなければ評価されないと思うため，「いま売れるものをつくる」ことに専念することになり，長期的投資は先送りにされる可能性が高くなります。

以上より，事業部制組織は，多くの製品やサービスを手がけたり，複数の事業分野に多角化を行おうとしたり，多くの国や地域において活動している会社によって採用されることが多いと考えられます。

○╼ キーポイント
どのような会社組織も，職能別組織か事業部制組織の要素を必ずもっている！

3 組織形態のバリエーション

　前節では，職能別組織と事業部制組織という組織形態の基本モデルについて学修してきましたが，実際にはそれぞれの会社が，事業を営んでいく過程で直面するさまざまな問題に対し，組織形態上のさまざまな工夫をして対応しています。その結果としてさまざまな組織形態が発展してくるのです。

　本節では，組織形態のバリエーションについて解説し，なぜそれらが生まれてきたのか，またそれぞれどのような特徴をもっているのかについて見ていくことにしましょう。

3-1 一部事業部制

　1つの発展パターンとして，事業部制組織の形を基本的には維持しながら，そこから発生するデメリットを解決するために一部の職能について独立した部門として活動させる，すなわち職能別組織のように扱うというものがあります。こういった組織形態は日本において独自に発展してきたものであり，それは**一部事業部制**と呼ばれています。

　このような形態が採用されるのは，一部の職能について各事業部で分散して仕事を行うよりも，全社的にまとめて仕事を行う方が効率的であると判断される場合です。

　一部事業部制としては，例えば図5-4のようなケースが考えられます。研究開発職能において，各事業部の開発部門はその事業部で販売する製品を開発していますが，複数の事業部で共通して利用できるような基礎技術（特に材料や製品を動かすメカニズムなど）に関わる研究活動を基礎研究部門として各事業部から切り離して，経営者に直属させることがあります。このようにすることによって，ある事業部のもつ技術が抱え込まれることを防いだり，業績を上げることを要求されている事業部が製品に必要な応用技術の開発だけを行うことで基礎技術を開発しなくなるという問題が生じることを防いだりすることが可能になります。

■ 図5-4　一部事業部制組織

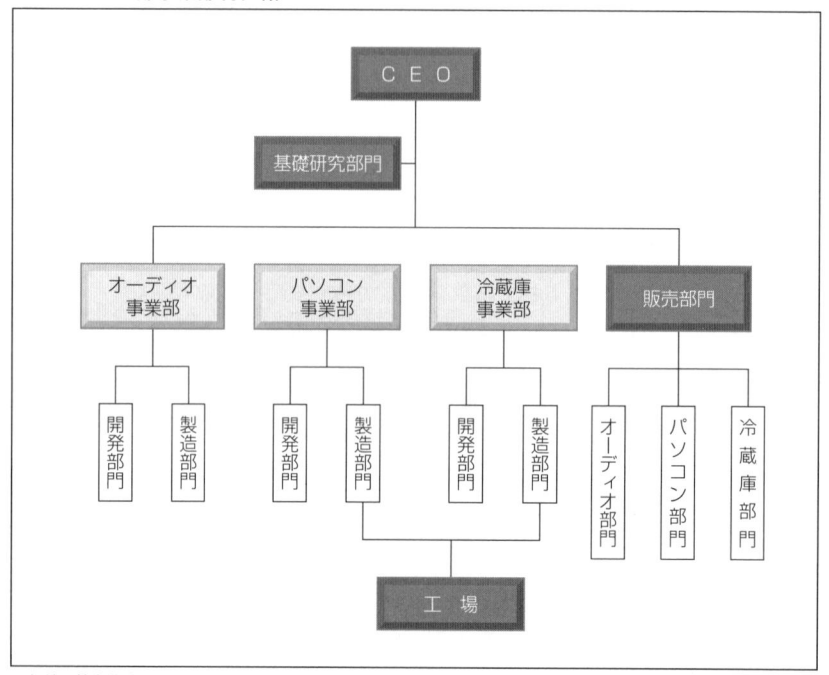

CEO

基礎研究部門

オーディオ事業部　パソコン事業部　冷蔵庫事業部　販売部門

開発部門　製造部門　開発部門　製造部門　開発部門　製造部門　オーディオ部門　パソコン部門　冷蔵庫部門

工　場

出所：筆者作成。

　また，販売職能において，類似の自社製品を同じ小売店で扱ってもらうという場合に，営業活動が複数の事業部で重複して，効率が低下するという問題が発生することがあります。そのようなデメリットを克服するために，営業職能や販売職能の業績に責任をもたせて独立した販売部門とすることがあります。この場合，製品別事業部の中にも販売職能は存在しますが，それは販売部門に対する窓口としての役割を果たしているにすぎません。

　さらに，製造職能において，類似の生産技術を利用できる場合，事業部ごとに工場をもたせるのではなく複数の事業部の製品をまとめて1つの工場で生産することがあります。そこでは，工場の責任者は工場の製造効率を上げることに責任を負うことになります。

　このように，一部事業部制は職能別組織の要素を事業部制組織の中に取り入れることによって，事業部制組織のデメリットが顕在化することを抑制しよう

とするための組織形態であるといえます。

　一部事業部制は日本の会社で特に発展してきましたが，アメリカでは純粋な事業部制組織に近い組織形態が採用されているといわれています。では，それらの違いは何によって生じているのでしょうか。

　それは，事業部に対して与える権限の程度によって生じています。アメリカの場合には事業部に資金の管理や人事に関して強い権限をもたせていますが，日本の場合にはそれらの多くを本社で管理しています。そのため，アメリカでは事業部ごと他社へ売却することも少なくありませんが，日本ではそのようなことが行われることは非常に少ないという状況でした。その背景には，アメリカにおいては事業部が株主の利益のためのものであり，株主が提供した資金の使い方に対して厳しく効率性を求めるという社会的合意があるのに対して，日本においてはそのような社会的合意があまり形成されてこなかったということがあります。このことから，組織形態のあり方は，現実にはコーポレート・ガバナンス（☞第3章，64ページ）のあり方にも影響を受けていることがわかります。

3-2　カンパニー制

　カンパニー制とは，分権化された事業単位を独立企業のように扱い，担当する領域に関して，開発から製造，販売まですべての責任と権限を委譲するという組織形態です。カンパニー制を導入している会社の多くでは，事業領域ごとに関連する事業部をグループ化し，それらを管理する組織としてカンパニーを位置づけています（図5-5）。

　カンパニー制を採用した企業の多くは，採用以前に一部事業部制を採用していましたが，それは事業活動に必要最低限の職能をすべて備えている純粋な事業部制組織とは異なるものでした。日本企業におけるカンパニー制の採用は，それまでの日本型の事業部制を改めて，実質的には純粋な（あるいはアメリカ型の）事業部制組織を採用しようとしたものと考えることができます。

　カンパニー制が採用されるようになった理由としては，多角化によって事業領域を広げた結果，事業部の数が多くなったことで領域ごとの管理が必要になったことや，近年における事業環境の激しい変化への対応が必要となるのに伴

■ 図5-5　カンパニー制組織（総合電機メーカーの仮設例）

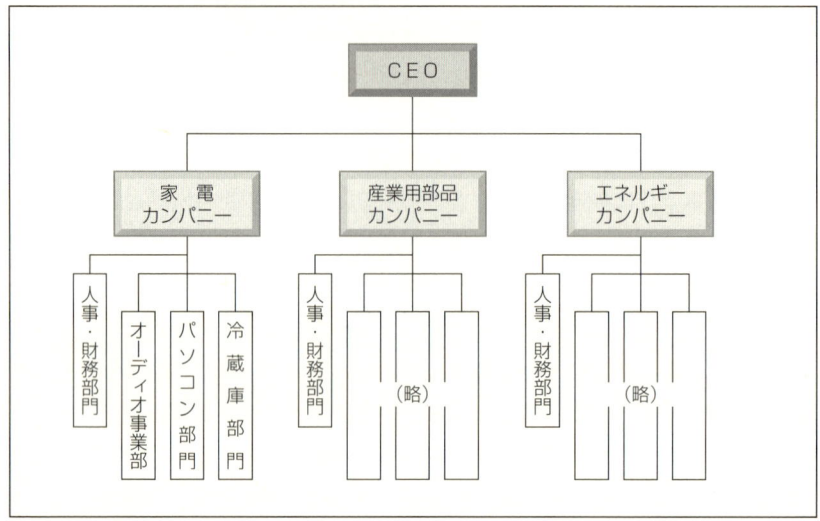

出所：筆者作成。

って各部門の利益責任をより明確に問うべきであるという考え方が台頭してきたことが挙げられます。

　カンパニーの責任者に対しては，独自に決定することのできる投資の範囲や額を高めたり，カンパニー内の人事権を与えたりすることによって，事業部長よりも大きな権限が与えられ，同時にその業績は損益額の大きさだけではなく，収益性（会社から提供された資金のうちどの程度の収益を得られたのか）による評価が行われるようになります。具体的には，社内資本金と呼ばれる擬似的に設定された資本金が割り当てられ，カンパニー内で資産などに関しても管理する責任が生じ，その上で収益性をチェックされます。一方，本社は全社レベルでの事業計画や大規模な投資について決定を行うという役割を果たすようになっており，このことは日常の業務における意思決定と経営上の意思決定とを明確に分けることにつながります。

　なお，カンパニー制におけるカンパニーよりも事業の独立性をさらに高めたいと考える会社は，事業単位を別の会社として独立させ，持株会社（☞第6章，131ページ）の仕組みを用いてそれらを管理しています。

3-3 マトリックス組織

マトリックス組織（matrix organization）とは，職能別組織の要素と事業部制組織の要素を併せ持った組織で，図5-6のように格子状の組織図として描かれる組織形態です。

会社組織において，職能と製品（あるいは地域）という要素はどちらも重要です。深い専門知識の蓄積と製品市場への対応力とを両立させるべき場面は多く存在します。その際に，ある程度まで職能別組織と事業部制組織のどちらかによって対応することになりますが，例えば，ある新製品を開発する場合に，職能別組織で対応していた会社において，製品ごとに細かい対応が必要とされる場合には，事業部制の要素も等しく重要になってきます。このような場合には，職能別の責任者とともに，製品別の責任者が置かれることになり，マトリックス組織が採用されることになります。つまり，マトリックス組織は，職能別組織と事業部制組織の両方のメリットを活かそうとする組織であるといえるでしょう。

ここで重要なことは，マトリックス組織が2つの命令系統をもっているということです。職能別組織も事業部制組織も命令系統は1つに限定されています。組織においては一般的にその方が望ましいとされてきましたが（命令の一元化の原則といいます），マトリックス組織では2つの命令系統があることを前提とし，それらのバランスをとらなければならないという点が，職能別組織や事業部制組織と異なるところです。

そのためマトリックス組織には，よりきめ細かな対応が可能になるというメリットが期待できる一方，運営が難しいというデメリットがあります。例えば，職能部門の要求と，事業部の要求とが対立する場面がある場合には，調整のために責任者どうしが話し合う必要性が増加すると考えられます。あるいはそこで問題を解決できなければ，最終的にCEOが調整に乗り出さなければならず，部門間のバランスをとっていくことはきわめて難しくなります。対立が起こるたびにCEOが調整したり，2つの部門の責任者間のパワー関係によって常に同じ部門の主張が通ったりするようになれば，そもそもこのような組織形態を採用することのメリットが減ってしまうことになります。

また，2つの命令系統があるということは，多くの従業員にとっては上司が

■ 図5-6 マトリックス組織

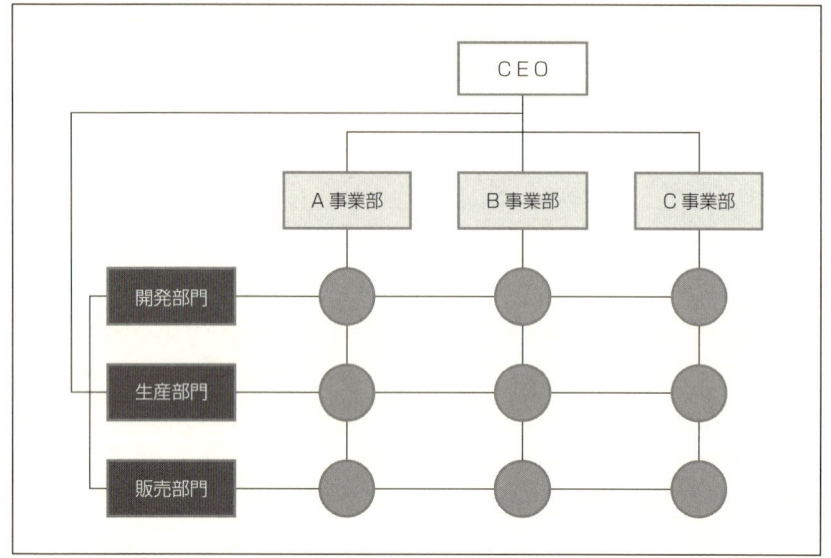

出所：筆者作成。

2人いることを意味します。この2人の上司から相反する指示が出された場合に，どちらの指示に従えばいいのかがわからなくなるという問題が生じる可能性があります。さらには，責任者の評価をどのようにするのか，誰にどこまで責任を負わせるのかという問題も新たに生じてきます。

　このように，マトリックス組織は運用がきわめて難しい組織形態であるために，大規模な会社において全社的に採用する実例はあまり多くありませんが，部門の責任者どうしの人間関係が良好である場合や，彼らの間で十分に意思疎通ができている場合，あるいは会社全体の視点をもつことが特に必要な問題に対処しようとするには，1つの選択肢になります。また，特定部門の内部で製品と地域を軸とするマトリックス組織を採用するケースがあります。

> **○━ キーポイント**
> 会社は事業環境の変化に対応するためにさまざまな組織形態を工夫している！

4 組織形態をめぐる課題

4-1 組織形態の変更

　これまでに，組織形態の基本モデルとそのバリエーションについて見てきました。それらの相対的な位置づけを図5-7に示しています。それぞれの組織形態にはメリットとデメリットが存在し，万能の組織形態はないといえます。むしろ，会社にとっては，経営環境の変化に合わせて組織形態を変更することが必要になることも少なくありません。

　しかし，そこで注意すべきことは，組織形態を変更しただけで直面している問題が解決するわけではないということです。例えば，一部事業部制を採用している会社が，事業部の独立性を高めることが必要であると考えてカンパニー制や持株会社に変更しても，日常業務に関する実質的な意思決定権限を本社が持ち続けていては，組織形態の変更によってメリットを享受できるどころか，デメリットの方が顕在化してしまうことも十分に起こりえます。それを防ぐためには，組織形態を変更する前に，どこまで事業部の判断で意思決定を行うことができるのか，組織変更によってそれらがどのように変わりうるのか，意思決定のプロセスも合わせて考慮する必要があります。

4-2 新しい組織形態の模索

　組織形態とは，会社の中の部門の構成や部門間での分業と調整のパターンであり，公式化されたシステムとして一定の形をなしていると最初に述べましたが，公式化の程度やその持続性は状況に応じて変化すると考えられます。以前は，明確な指揮命令系統があるなど公式化の程度が高く，ある程度長い期間に

■ 図5-7　多様な組織形態の位置づけ

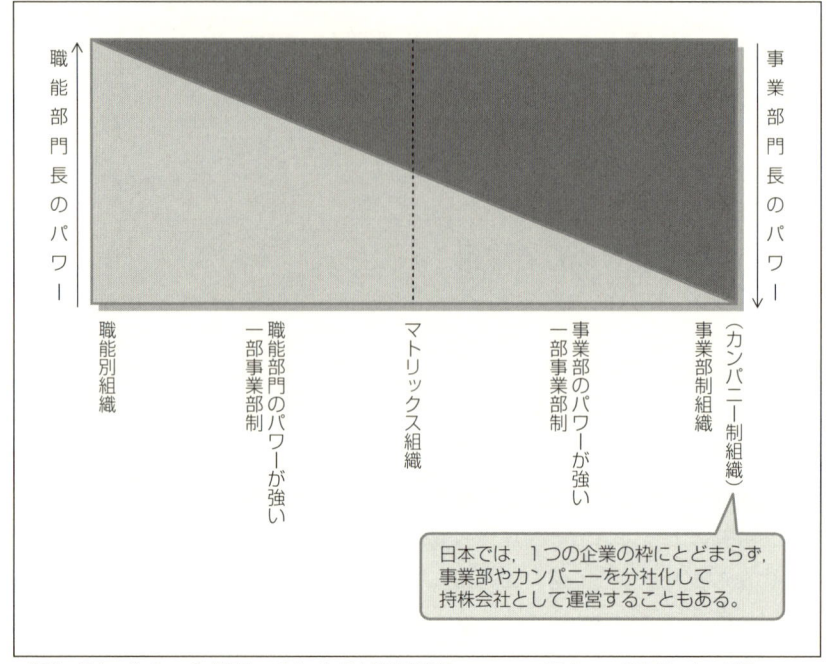

出所：沼上　幹［2004］『組織デザイン』日本経済新聞社，269 ページより，一部改変の上，掲載。

おいて特定の組織形態が持続することが前提とされてきましたが，近年では公式化の程度をあえて高くしない組織形態や，特定の目的のためにのみつくられ一定期間後に目的を達成すれば解散するという組織形態が現れています。

　経営活動のグローバル化に伴う市場における激しい競争，予測不可能な経済変動，絶え間ないイノベーションの必要性など，複雑で不安定な今日の経営環境のもとでは，明確で安定的な分業体制をつくることがかえって変化への対応能力を低下させることにつながるので，むしろ個人間で協力し合い，コミュニケーションをとり，次々と起こる課題を解決するために学習することを重視する組織形態が必要だと考えられているのです。

　例えば，組織全体が複数のチームによって構成される**チーム組織**はそのような形態の１つです（☞第７章，166 ページ）。チーム組織は，目的を決めた後はメンバーが自分たちで仕事を設計し，最終的な業績に責任をもつことになります。

☕ コーヒーブレイク　　万能の組織形態はあるのか

　組織形態は通常，その組織が直面する事業環境により，時間の経過とともに変化していきます。そのため，組織形態にはこれまでにさまざまなブームがありました。

　例えば，マトリックス組織は，それまでの基本的な組織形態であった職能別組織と事業部制組織のいいところを併せ持つ組織形態であり，1960年代にアメリカで生まれ，未来の組織形態として1970代から80年代にかけて特に注目されました。しかし，結局，運用がきわめて難しく，なかなか成功しないということがわかってきたために，マトリックス組織への注目は一過性のものとなってしまいました。

　近年の日本の会社に目を転じてみると，本文にもあるように，カンパニー制や純粋持株会社（☞第6章）が注目されています。これらはいずれもそれまで日本で多く見られた一部事業部制の問題点を解決する有力な方法だと考えられてきました。

　ところがその後，事業部制がカンパニー制や純粋持株会社へと移行するという一方向だけの動きではなく，純粋持株会社やカンパニー制を廃止して事業部制に戻す動きが見られます。

　例えば，1994年にカンパニー制を日本で最初に導入したソニーは，2005年にカンパニー制を廃止しました。また，シャープは2015年にカンパニー制を導入しましたが，2016年に事業本部制（いくつかの事業部をまとめた事業本部を事業部の上に置く形態）へと戻しています。

　カンパニー制や純粋持株会社は，主として事業の独立性を高めて権限と責任を付与するべく生み出されているのですが，その効果が現れるとは限らず，今もなお試行錯誤の状態であるといえるでしょう。例えば，事業部よりもさらに独立性をもたせようとしてカンパニー制を導入したものの，カンパニーが独立性をもちすぎた結果として，全社戦略における位置づけが不明瞭になってしまい，その結果として業績低下を招いたことによって，カンパニー制を廃止して事業部制に戻すという例が多く見られます。

　そのように考えていくと，万能の組織形態というものは存在せず，その時々で望ましい組織形態を探していく試行錯誤は今後も続いていくのだろうと思われます。また，その際には組織形態そのものだけではなく，カンパニーのトップが実質的な意思決定権限をもっている程度や，人材マネジメントのシステムや組織文化などにも注目することが必要です。

これは，決められたことを安定的に実行するという，従来の組織形態とは異なる発想に基づくものだといえます。もちろん，チーム組織だけで会社全体を構成するだけではなく，他の組織形態を併存させることによって，経営環境の変化に対応することも可能です。さらに，チーム組織の中でも特定の目的のためにつくられ，一定期間後に目的を達成すれば解散するものをプロジェクト組織といいます。プロジェクトが終了すれば，メンバーは新たなプロジェクトへと移動していきます。さらには，プロジェクトのメンバーを組織内部に限定せず，必要に応じて外部の人材に参加してもらうバーチャル組織といったバリエーションもあります。

　このように，安定的な環境下ではこれまでと変わらず基本モデルが有効であると考えられますが，近年においては，さらに経営環境の変化に対応するために柔軟な対応を可能にする組織形態が求められています。それに伴って，組織のリーダーにも，メンバーと考えを共有したり，アイデア創出を促進したりといった，新たな役割が求められています。

> ┉ キーポイント
> 複雑で不安定な今日の経営環境において迅速に対応するために，
> 組織形態の変更や新しい組織形態が必要になっている！

■ 演 習 問 題

① あなたの知っている会社のホームページや有価証券報告書などを利用して，その会社がどのような組織形態を採用しているのかを調べ，なぜそのような形が必要になったのかについて考えてみましょう。

② 組織形態の発展形として捉えられる一部事業部制，カンパニー制，マトリックス組織について，具体例を調べ，それぞれのメリットとデメリットについて考えてみましょう。

③ チーム組織やバーチャル組織などの新しい組織は今後，従来の組織形態に取って代わるような組織形態となりうるのか，考えてみましょう。

■ さらに進んだ学修のために

〔1〕 A. C. エドモンソン 著，野津智子 訳［2014］『チームが機能するとはどういうことか――「学習力」と「実行力」を高める実践アプローチ』英治出版。

〔2〕 園田智昭 編著［2017］『企業グループの管理会計』中央経済社。

〔3〕 A. D. チャンドラー，Jr. 著，有賀裕子 訳［2004］『組織は戦略に従う』ダイヤモンド社。

〔4〕 沼上　幹［2004］『組織デザイン』日本経済新聞社。

〔5〕 S. P. ロビンス・D. A. ディチェンゾ・M. コールター 著，髙木晴夫 監訳［2014］『マネジメント入門――グローバル経営のための理論と実践』ダイヤモンド社。

第6章
会社は他の会社とどのように協力しているのか

組織間関係

◆この章のねらい

　前章では，1つの会社における組織形態の基本パターンを解説し，それから
その応用として，現在の日本企業で用いられている組織形態について学修して
きました。そこでは，基本的に1つの企業においていかに効率的に分業を行
うための組織をつくるのかという側面に焦点を当ててきました。

　しかし，会社は事業活動を行うプロセスのうち，一部については他社の力を
借りていることも少なくありません。自社の事業活動について他社に協力して
もらう場合には，自社ですべてのプロセスを行う場合とは異なる問題が生じま
す。それは，協力することに関する意思決定に，他社の都合や思惑が関わって
くるということです。他社に協力してもらうことができなければ，自社の目的
を達成することはできなくなりますので，協力してもらうために関係をマネジ
メントするという発想が必要になります。

　本章では，日本において現在すでに定着している組織間関係の具体例（企業
集団，企業グループ，系列，戦略的提携）を見ることで，会社が組織間関係をいか
にマネジメントすることによって経営課題に対応してきたのか，また，近年起
こっている経営環境の変化が組織間関係のマネジメントにどのような影響を与
えているのかについて，学修していきます。

1 組織間関係のマネジメント

1-1 組織間関係のマネジメントの必要性

　会社は事業活動のプロセスについてすべて自社で行うことも可能ですが，実際には多かれ少なかれ他社の力を借りています。例えば，アップルは自社工場をもたず，携帯端末の製造工程では，部品調達や組立の工程を他社に委託していますが，製造に必要な工作機械はアップルが購入し，委託先の会社に貸し出し，製品の品質についてはアップルが管理しています。また，アプリの開発も外部に任せつつ，完成したアプリについてはアップルが審査を行っています。すなわち，アップルは自社で端末の製造を行わず，製品開発，品質管理，消費者へのマーケティングを自社で行い，その他の活動については他社に協力してもらうという形で，経営を行っているのです（図6-1）。

　また，新製品開発や新規事業進出の際に必要な技術やノウハウがない場合，自社でそれらを作り出すこともできるかもしれませんが，それらが自社にとって新しいものであるほど容易に作り出すことはできず，時間がかかることで競合他社に先を越されてしまい，事業機会を逃す可能性があります。それを回避するために，技術やノウハウの提供という形で他社に協力してもらうこともあります。

　このように，会社は何らかの形で他社との関係を結んでいますが，自社ですべてのプロセスを行う場合と異なるのは，協力することに関わる意思決定について，自社の都合だけを反映させることはできず，他社の都合や思惑が関わってくるということです。しかし，他社に協力してもらうことができなければ，自社の目的を実現することはできなくなりますので，協力をしてもらうために他社との関係，すなわち**組織間関係**をマネジメントするという発想が必要にな

■ 図6-1　iPhoneにおけるアップルの分業体制

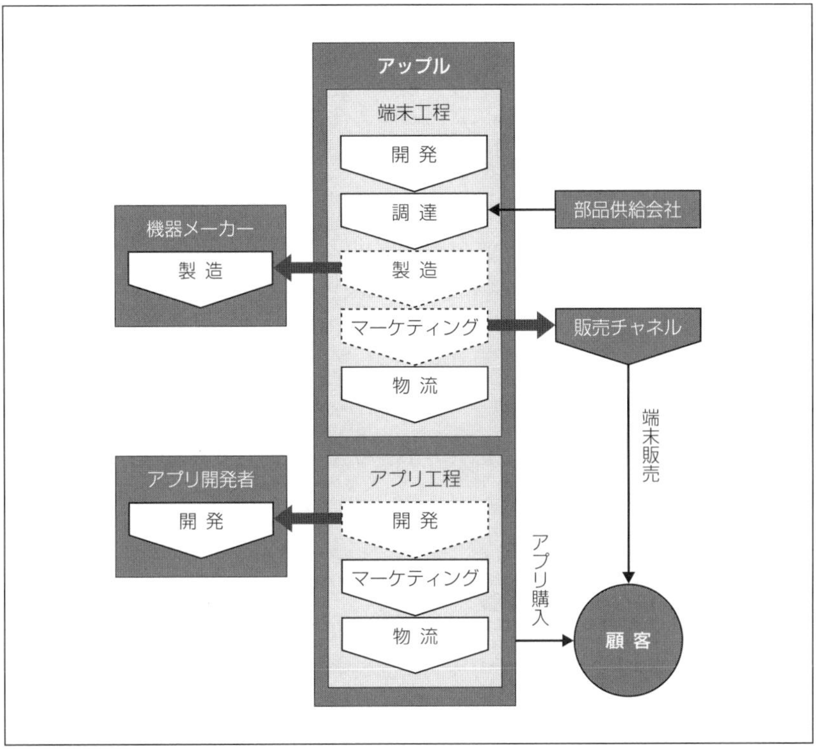

注：⌐⌐⌐⌐⌐ は他社に任せている工程。

出所：雨宮寛二［2015］『アップル，アマゾン，グーグルのイノベーション戦略』NTT出版，76ページ
　　　をもとに筆者が一部改変。

ります。具体的には，何について（プロセスや技術など）協力し，どのような相手と，どのように組織間関係を構築し，維持していくのかといったことを考える必要があります。

1-2　組織間関係の範囲

　他社との協力関係を形成する際に選択しなければならないのは，目的に従ってどの会社と関係を結ぶのかということです。最小の単位となるのは一対一，つまり二社間の関係ですが，連動している生産プロセスや開発プロセスを複数

の会社に任せる場合には，それらの会社の活動どうしも連動させ，コントロールする必要があります。このように多くの組織が結びつき，連動する組織間関係をネットワークといいます。

ネットワークを形成するためには，どの会社をメンバーとして加入させるかを決める必要があります。その方法としては，特定のメンバーと長期的な関係を結び，それを強化し全体としての成果を長期的に高めていこうとする**クローズド・ネットワーク**と，メンバーをあらかじめ長期的に固定せずにその都度必要に応じてメンバーを選び，限定的な協力関係（それが結果として相当長期にわたる協力関係になる可能性はもちろんありますが）を結ぶ**オープン・ネットワーク**の2つがあります。

ただし，クローズド・ネットワークとオープン・ネットワークは二者択一の関係ではなく，実際には状況に応じて1つの会社においても使い分けられています。

1-3　組織間関係における取引関係と信頼

組織間関係において最も基本となるのは取引関係です。取引関係は，競争的な取引関係と協調的な取引関係の2つに分類することができます。

まず，競争的な取引関係は，自由市場における価格メカニズムに基づいて競争入札を行い，その後契約期間の終了とともに取引関係はいったん打ち切られ，また新たに競争入札を行うというサイクルを短期的に繰り返す取引を行うもので，当事者間に協力関係がないという特徴をもっており，特にアメリカにおいて典型的に見られます。

競争的な取引関係において問題となるのは，市場において他社と取引する際の交渉や調整，契約書の作成などにかかる**取引コスト**（お金だけではなく時間も含みます）が高いことです。取引コストは，市場において人間が限られた情報処理能力の範囲内でしか行動できないこと（これを限定合理性といいます）と，人間は自らの利益のために相手を騙す可能性があること（これを機会主義的行動といいます）によって発生するもので，特定の取引相手との関係においてのみ資産が価値を生む程度が大きいほど，取引を取り巻く環境が不確実で将来予測が難しいほど，取引の頻度が大きいほど，高くなります。取引コストの上昇を

避けるためには取引を会社の中に取り込む，すなわち自社で経営資源をつくれ
ばよいのですが，他方で内部管理のコストは増加することになるため，競争的
な取引関係を結ばないことによって，全体的なコスト削減が必ずしも実現する
わけではありません。

　次に，協調的な取引関係は，単純な価格メカニズムだけで取引相手を決める
のではなく，取引を行う当事者の協力関係を前提として，長期的に継続して取
引を行うものであり，特に日本において典型的に見られます。

　協調的な取引関係において重要な役割を果たしているのは**信頼**です。信頼と
は，相手が利己的に振る舞えば自分が損を被る可能性のある状況においても，
相手が自分に対して協力的に振る舞うであろう期待のことを指します。

　信頼は，客観的な事実を根拠にした合理的判断によってその構築と保持が行
われる合理的信頼と，主観的な判断をもとに相手との共存共栄を図る関係的信
頼の2つに分類されます。合理的信頼はさらに，相手が契約を遵守し公平で公
正に振る舞うことへの期待である公正意図への信頼と，相手が基本的な能力を
保有していることへの期待である基本能力への信頼の2つに分類されます。合
理的信頼は競争的な取引関係においても取引開始を決定する際の基礎となるも
のですが，関係的信頼は当事者の協力関係を前提とすることから，協調的な取
引関係にのみ関係すると考えられます。

　信頼は機会主義的行動を抑制するので，取引コストの削減に貢献します。さ
らに，関係的信頼を基礎とした協調的な取引関係においては，相手との共存共
栄を図ることから，相手の存在を認めているので，取引を会社の中に取り込む
ことによる内部管理コストが増加することもありません。このように，協調的
な取引関係はコストの面において優れていると同時に，当事者が長期的に取引
を行う過程でコミュニケーションが活性化し，学習も行われるようになること
で，全体としてより多くの成果を上げられるという点でも優れています。

　以上より，日本企業がこれまでに長らく成長を遂げ，競争力を維持できたの
は，他社との協調的な取引関係を作り上げ，組織間関係をうまくマネジメント
してきたことによると考えられます。次節以降では，日本企業の例を用いて，
組織間関係のマネジメントが具体的にどのように行われているのかについて説
明していくことにします。

> **ᴏᴍ キーポイント**
>
> *会社が目的を実現するためには，他社との組織間関係をマネジメ*
> *ントするという発想が必要である！*

2 企 業 集 団

2-1 企業集団とは

　日本の組織間関係の中で，最も歴史が古く規模が大きいものに，企業集団があります。**企業集団**とは，主に第二次世界大戦前の旧財閥や銀行を中心として生まれたもので，メインバンクと呼ばれる銀行や商社を中心にさまざまな業種の企業によって形成される緩やかな集団のことを指します。企業集団は，第二次世界大戦後の日本経済の成長プロセスにおいて，資金提供や商取引などの点できわめて重要な位置を占めていました。中でも，旧財閥系の三井，三菱，住友，銀行系の芙蓉（富士），三和，第一勧銀の企業集団は，六大企業集団と呼ばれました。

　企業集団は，財閥のように創業者一族が頂点に位置して事業会社の株式を過半数所有しコントロールを行うものではなく，メンバーとなっている会社によって水平的に分業が行われる，緩やかな会社間の連合体です。歴史的には，第二次世界大戦後に財閥が解体され頂点を失った会社が，資金調達が必要になったことをきっかけとして，再び集まってできたものです。

　なお，企業集団のメンバーとなっている会社は，次節で説明する企業グループの親会社である大企業であり，企業集団は企業グループの上位に位置する集団であると位置づけることができます（図6-2）。例えば，三菱商事や三菱電機は多数の子会社を擁する企業グループの親会社であると同時に，三菱グループという企業集団のメンバーでもあります。

■ 図6-2　企業集団と企業グループとの関係

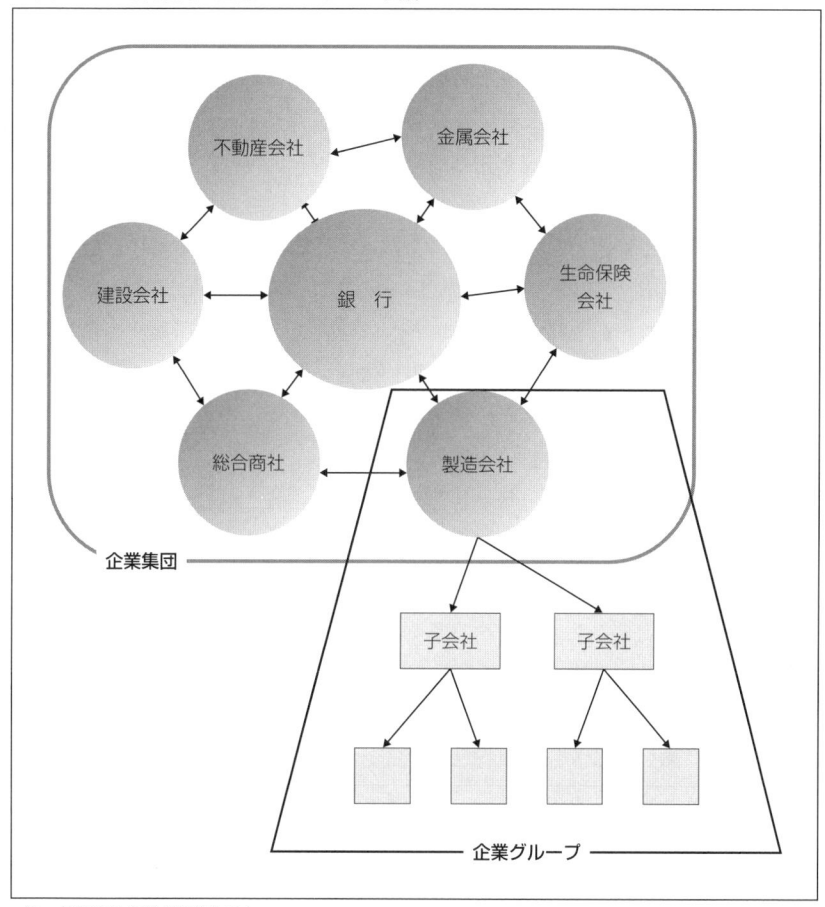

注：矢印は株式所有関係を表す。
出所：渡辺　深［2007］『組織社会学』ミネルヴァ書房，187ページを参考に筆者作成。

2-2　企業集団の特徴

　企業集団に関しては，これまでにさまざまな特徴が指摘されてきました。以下では，それらについて簡潔に説明していくことにしましょう。

⑴　株式相互持ち合い

　株式相互持ち合いとは，会社Aが会社Bの株式を所有し，逆に会社Bも会社Aの株式を所有することをいい，企業集団内で顕著に見られます。株式相

互持ち合いを行うことは，その株式が市場に出回らないようにすることにつながります。その結果，自社にとって好ましくないと考える株主が経営へ参加するのを防止できるので，乗っ取り防止策として利用されます。これは戦後に企業集団が形成されるようになった大きな動機の1つです。

企業集団における実際の株式相互持ち合いでは，1つの企業が大株主になるのではなく，企業集団に所属している会社が少しずつ互いの株式を所有し，それらを合計すると集団として大株主になるという形になっています。

(2) 社　長　会

企業集団には統一的な命令系統がなく，ほとんどの場合，所属する会社がどのように行動していくのかについては各社に任されていますが，企業集団が統一的な意思をもった組織のように動く場合もあります。そのための手段として社長会があります。

社長会とは，企業集団に所属する会社の社長が毎月1回定期的に集まる会合で，主な目的は集団内の事業や新しい産業分野に関する情報交換や，会社間の意思疎通であるといわれています。社長会が集団に参加している会社の行動に対してどの程度強くコントロールできるのかは，企業集団によって異なるといわれます。

(3) 企業集団内取引

企業集団においては，都市銀行と総合商社が大きな役割を果たしてきました。終戦直後の日本企業は資金難に陥っていましたが，株式を発行して資金調達をしようと思っても買い手がいない状態になっていました。そこで資金を提供したのが都市銀行であり，それらは有力な会社を抱え込み，融資を進めていきました。これを系列融資といいます。企業集団に所属している会社の多くは，この時代に加入したものです。また，総合商社は事業機会に関する情報を企業集団内に流通させるという役割を果たしました。その結果，企業集団はあらゆる産業をカバーするものとなり，時には新規事業のための共同投資を行うこともありました。

2-3　メガバンク再編と企業集団の融解

ところが，バブル経済崩壊以降，都市銀行の再編が進みました。1999年に

■ 図6-3　六大企業集団の株式相互持ち合い比率

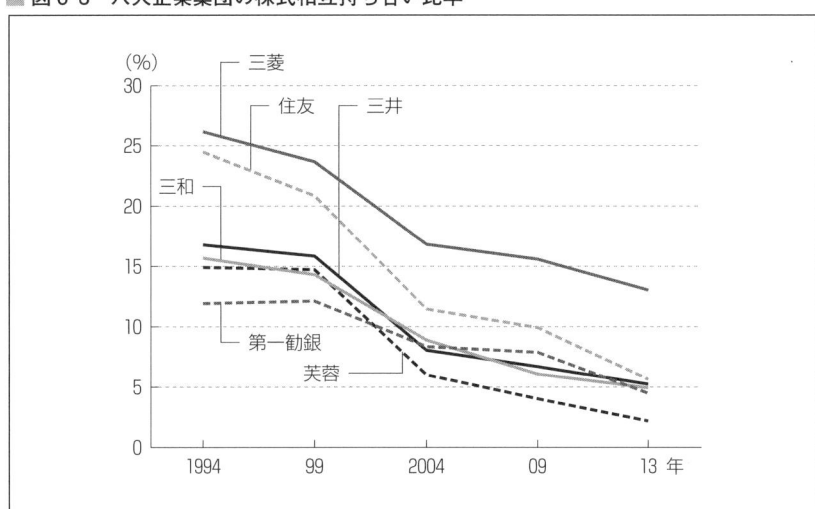

出所：菊地浩之［2017］『三井・三菱・住友・芙蓉・三和・一勧——日本の六大企業集団』KADOKAWA，
　　　168ページより筆者作成。

都市銀行3行が持株会社によって経営統合され，みずほフィナンシャル・グループとなったのをはじめとして，三井住友グループや三菱東京UFJグループが誕生しました。このような，いわゆる「メガバンク再編」の動きによって，それぞれの企業集団はその存在意義が問われるようになりました。

　株式相互持ち合いについては，1990年代にバブル経済が崩壊した後に株価が下落したことで，都市銀行が持ち合いのためにもっていた株の含み損が拡大していく中でそれらの株式を売却したことによって，集団内の持ち合い比率はかなり低下しました（図6-3）。系列融資に関しても，その境界自体が曖昧になってきていることや，メンバーとなっている企業の株式発行による資金調達が十分可能になったこともあり，その重要性は低くなりました。また，2015年にコーポレート・ガバナンス・コード（☞第3章，66ページ）の適用が開始され，各社が政策的に株式を保有する場合には合理的な説明が必要となったため，株式相互持ち合いの解消はさらに進んでいくと考えられます。

　社長会については，存続はしているものの，情報交換や意思疎通といった役割は低下したと考えられています。

　企業集団内取引については，以前は所属している会社に対して役割が割り振られていましたが，産業の境界自体が曖昧になってきたために，それぞれの会社が独自に進出する動きが盛んになっています。新規事業への共同投資に際しても，企業集団の枠にこだわらず相手が選ばれるようになってきました。

　このように，メガバンク再編を大きなきっかけとして，長く存在してきた六大企業集団は，メンバー企業間の関係の希薄化によって次第に融解しつつあるといえるでしょう。ただし，近年のコーポレート・ガバナンス改革により，上場会社は社外取締役（☞第3章，66ページ）を最低2名以上就任させることが事実上義務づけられたため，人材不足が課題となっています。こうした中，メンバーとなっている会社の間で社外取締役を兼任させるケースが増えつつあり，企業集団は経営者人材を供給するという新たな役割を持ち始めたとも考えられます。今後，企業集団がどのような目的や存在意義を新たに見出し，存続していくのかが注目されます。

> 🔑 キーポイント
> *企業集団は戦後の日本経済において重要な役割を果たしてきたが，最近では融解しつつあり，今後の存在意義が問われている！*

3 企業グループ

3-1 企業グループとは

　日本では，企業集団とは性質の異なる会社の集まりもつくられてきました。それは一般的に**企業グループ**と呼ばれ，大企業が自社の事業を円滑に行うことを目的としたものです。日本の組織間関係において最も数が多く，中心的な役割を果たしているといえます。企業グループは，中心となって事業を推進していく大企業と，事業の一部を担当する会社によって構成され，前者は親会社，後者は子会社と呼ばれます。[1]

　子会社の多くは，もともとは親会社の事業部やカンパニー，職能部門であっ

たものを，独立した会社として切り離す，すなわち**分社化**したことで生まれています。分社化は，第5章で説明した事業部やカンパニーの独立性をさらに高めようとするものと位置づけることができます。

　分社化を行った場合，事業部やカンパニーとは異なり，事業単位が法的に独立した会社となるので，トップは組織内の一部門長ではなく，社長となります。もちろん，別会社であるといっても，一般的には親会社が子会社の株式を過半数所有しているため，最終的には親会社が株主としての権利を行使し，重要事項の決定に対して影響を与えることはできます。しかし，日常的な業務に関わる意思決定（例えば，資金調達や従業員の採用など）については，子会社が独自の判断で行うことができるようになります。子会社にある程度の自律性をもたせつつも，重要事項については親会社が最終的な決定権をもっておくというのが，企業グループにおける親子関係といえます。

　企業グループの範囲をどのようにとらえるのかについては，さまざまな見解がありますが，一般的によく用いられているのは，連結決算制度の対象になる子会社をその範囲とする方法です。**連結決算制度**とは，実質的に一体となって経営活動を行っている企業グループ全体を1つの会計単位として取り扱い，グループ全体の財務諸表（☞第15章）を作成するための手続きを指し，現在では親会社単独の決算よりも連結決算が重視されています。これは日本の大企業の経営が企業グループを単位として行われていることを意味しています。

　また，企業グループは，会社の集まりであるという点では前節で説明した企業集団と共通していますが，形成される際の動機が異なります。企業グループが特定の大企業の事業運営を円滑化するために組織を分社化し，その株式を過半数所有することによって形成されたものであるのに対し，企業集団はメンバー間での持ち合いはあるものの所有しあう株式は少数であり，特定の大企業の事業運営の円滑化を目的として形成されたものではありません。

3-2　企業グループと持株会社

　近年，日本においても会社の買収が盛んに行われるようになっており，そういったニーズに応えることのできる組織間関係のあり方が求められるようになってきました。その1つとして注目されているのが純粋持株会社です。**持株会**

■ 図6-4　事業持株会社と純粋持株会社

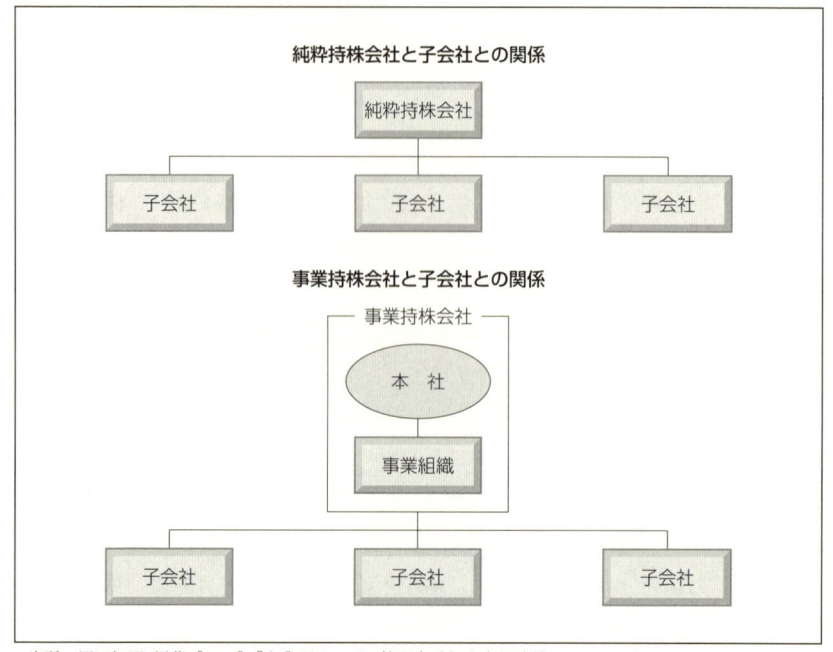

出所：園田智昭　編著［2017］『企業グループの管理会計』中央経済社，62 ページ。

社とは，他の会社の株式を所有することを通じてその企業の支配を行う会社のことを指し，上で説明した企業グループの親会社はこれに相当します。

　持株会社は，純粋持株会社と事業持株会社という 2 つの種類に分類されます（図6-4）。**純粋持株会社**は，親会社が直接には事業活動を行わず資金配分と戦略構築の機能のみもち，事業運営はすべてを子会社に任せるという方式で，戦後長らく禁止されていましたが，1997 年の法改正で新たに認められました。例えば，セブン＆アイグループでは，セブン＆アイ・ホールディングスが持株会社（親会社）として経営戦略に従った資金配分を行い，セブン-イレブン・ジャパンやイトーヨーカ堂（子会社）が実際の事業運営を行っています。

　事業持株会社は，親会社が子会社の株式を所有すると同時に事業活動も担当する方式で，従来からある企業グループの多くは現在もこの方式を採用しています。

　純粋持株会社は，事業を行う部門がすべて子会社として法的に独立しているため，社内の一部の事業を売却する場合よりも，その手続きが容易になります。そのため，事業の買収や売却を積極的に行おうとする会社は，事業部制やカンパニー制よりも純粋持株会社形態を利用すると考えられます。

　また，親会社も事業を行う事業持株会社では，どうしても親会社の事情が最優先になりがちですが，純粋持株会社では，すべての事業の権限や責任が同等に評価されることになるので，企業グループ全体での効率的な資源配分の実現が期待できます。ただし，純粋持株会社を採用した場合，親会社は子会社に対して直接命令する権限をもたないため，強いパワーによる調整を行うのは難しくなるという問題が生じることに留意しておく必要があります。

> **⚲ キーポイント**
>
> *企業グループは，大企業が自社の事業を円滑に行うことを目的としてつくられた会社の集まりであり，日本の組織間関係において最も数が多く，中心的な役割を果たしている！*

4 系　　列

4-1　系列とは

⑴　系列の構造

　日本では，特に製造業において，協調的な取引関係を継続的に維持する緩やかな会社の集団を形成してきました。これを**系列**といいます。

　系列は確立されたメンバー間の取引によって形成されている会社の集団という意味では，企業グループと共通していますが，特定の会社が組織の一部を外部化した結果として集団が形成されたのではなく，外部の会社を取引関係に基づいて集団に加入させている点や，特定の会社が取引相手の株式を過半数所有することで重要事項について最終的な決定権をもつという関係を前提としていない点において，企業グループとは異なります。

■ 図6-5 系列のシステム

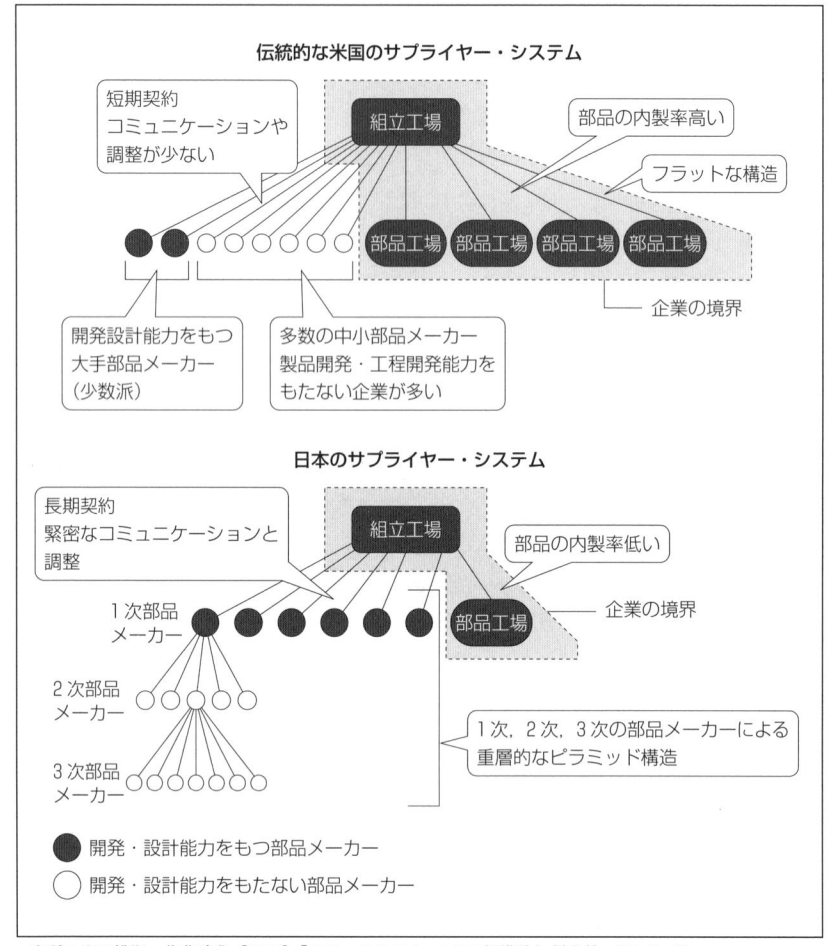

伝統的な米国のサプライヤー・システム

短期契約
コミュニケーションや
調整が少ない

組立工場

部品の内製率高い

フラットな構造

部品工場　部品工場　部品工場　部品工場

企業の境界

開発設計能力をもつ
大手部品メーカー
（少数派）

多数の中小部品メーカー
製品開発・工程開発能力を
もたない企業が多い

日本のサプライヤー・システム

長期契約
緊密なコミュニケーションと
調整

組立工場

部品の内製率低い

部品工場

企業の境界

1次部品
メーカー

2次部品
メーカー

3次部品
メーカー

1次，2次，3次の部品メーカーによる
重層的なピラミッド構造

● 開発・設計能力をもつ部品メーカー
○ 開発・設計能力をもたない部品メーカー

出所：山田耕嗣・佐藤秀典［2014］『コア・テキスト マクロ組織論』新世社，35 ページ。

　系列においては，特定の産業（例えば自動車や電機）を代表するような大企業
のもとに，製品やサービスに関わる**サプライヤー**（供給業者）と呼ばれる中小
企業や販売網が重層的に組織される形になっており，仕事を依頼する大企業は
元請と呼ばれ，元請からの仕事を請け負う企業は下請と呼ばれています。

　例えば，自動車製造の場合，最終製品を完成させるのは元請である自動車メ

ーカーで，そのもとにユニット部品（いくつかの部品が組み合わされた状態で機能する部品）のメーカーが第 1 次下請として位置し，さらに単体の部品や切削，プレス，メッキなどの専門的加工を担当する下請企業が第 2 次，第 3 次下請として位置しています。図 6-5 は，日本とアメリカの自動車産業におけるサプライヤー・システムを比較する形で示したものですが，アメリカのサプライヤー・システムは自動車メーカーの部品の内製率が高く，第 1 節で説明した競争的な取引関係の特徴をもっているのに対して，日本のサプライヤー・システム（系列）は自動車メーカーの内製率が低く，協調的な取引関係の特徴をもっていることが読み取れます。

(2)　系列と長期的取引関係

　系列は，取引相手をある程度限定し，長期的に継続して取引する意思を互いに示し，効率的な価格決定と品質を維持することによって，競争的な取引関係における取引コストの問題点を解決しようとしています。同時に，系列は生産プロセスを複数の会社で分担し投資を分散させることで，すべて自社で経営資源をつくる場合に生じるコストの問題点を解決しようとしています。このように，系列は経営資源の調達に関して，すべてを市場から行うのでもなく，すべてを自社でつくるのでもない中間的な形態であるという意味で**中間組織**とも呼ばれています。

(3)　協調行動を促す仕組み

　一般的に，系列においては，元請が最終製品を製造することから，取引量や取引価格の決定に際して強いパワーをもつことになりますが，元請にとっては下請からより高い品質の部品を納入してもらうことも重要であるので，元請は単純に低価格による取引を行おうとするのではなく，下請との協調性を高めるような努力をしてきました。

　例えば，元請が下請との間で技術に関して情報交換したり，下請に対して技術者の派遣や経営指導などを行うことで人を媒介にして結びつきを強めようとしたりしています。

　このような結びつきを強める行動は一対一の関係においてのみならず，元請と多くの下請が参加する協力会と呼ばれる組織が形成され，下請企業間でも情報交換や業務改善活動が頻繁に行われることもあります。

⑷ デュアルソーシング

さらに，元請企業は，ある部品に関して一般的に複数の調達先と取引を行っており，これを**デュアルソーシング**といいます。

この方法を用いることによって，元請企業はリスクを分散させることができます。ある部品に関して一社の下請企業のみに任せてしまうと，事故などの理由によってそこの生産がストップした場合にそれまでと同様の条件で系列外から部品を調達することは難しくなりますが，複数の調達先をもっておくことで，問題発生を事前に防止することが可能になります。

また，デュアルソーシングには，複数の下請企業が競争しあうことによって，品質を高めたり，価格を低減したりすることが可能になるという効果もあります。こうして，元請企業が一社の下請企業とのみ固定的に取引を継続することによる，下請企業の改善動機の低下を防ぐことが可能になります。

このように，系列は，元請と下請による一対一の取引だけで成り立っているわけではなく，多数の企業の間でさまざまな取引によるネットワークが形成されることで，生産における柔軟性および効率性の両立を可能にしてきたのです。

4-2　系列の歴史

下請という形態が日本で本格的に行われるようになったのは 1920 年代であるといわれています。下請は日本だけでなく，海外でも一般的に見られますが，それが組織的に形成されている系列という形態は日本で独自に発展したもので，その背景には日本企業をめぐる歴史的事情があります。ここでは，自動車産業を例として取り上げてみましょう。

第二次世界大戦後間もない頃，アメリカの自動車メーカーはほとんどの部品を企業内で生産する方式を採用し，世界で強い競争力をもっていました。一方，その当時，日本の自動車メーカーはまだ十分な資金および技術をもたず，すべての部品を内製するのはほぼ不可能な状況でした。そうした中，特定の部品に関しては，独立した企業であるサプライヤーを下請として，生産を委託するという方式を採用していました。このようにして独立した会社を集めて一社ではなく多数の会社が協力しあう仕組みを作り，それを発展させたことによって，規模の経済性を実現できるようになったのです。

　ところが，1980年代以降の日米貿易摩擦の際，アメリカは日本の系列取引を不公正な商慣習の1つとして批判しました。アメリカのサプライヤーが日本のメーカーと取引しようとしても参入できなかったためです。アメリカでは価格交渉によってその都度取引が成立するという競争的な取引関係が一般的でしたが，日本のメーカーは価格という要素のみで取引を開始することはなく，日本のサプライヤーが価格に関係なく優先的に取引をしているように見えたことが不公正であるとされたのです。

　しかし，日本のメーカーは価格以外に品質を取引開始のための重要な基準としており，品質のよい部品を供給できるという点に関して信頼できると判断された相手と取引を行うようにしています。したがって，高い品質水準を維持できれば新たに取引関係をもち，協調的な取引関係へと発展させることは可能であるので，系列が必ずしも閉鎖的な取引であるとはいえないとして，日本のメーカーは系列を維持し，その強みを活かしてきました。

4-3　脱系列化の動き

　系列は，日本において重要な役割を果たしてきましたが，近年，一部で系列を利用しない取引が行われるようになってきました。このような現象は**脱系列化**と呼ばれています。

　系列がうまく機能するためには，元請が下請に対して十分に仕事を提供できることが条件となりますが，近年その条件を満たすことが難しくなってきています。例えば，自動車産業においては，特に1990年代以降，バブル経済の崩壊による景気低迷と価格破壊を受けて，元請側にいっそうのコスト引き下げが必要であるという認識が広がったことや，さらにアジア各国の部品メーカーが低価格で部品を納入できるようになったことから，下請の厳しい選別が行われるようになっていきました。具体的には，高品質，高精度，コスト削減，納期に関する厳しい条件を守れない下請が，取引を打ち切られるようになってきています。

　このような動きを受けて，下請も元請企業一社だけに依存していては仕事を確保できず，会社としての存続が危ぶまれることにもなりかねないために，供給先を複数化・多角化し，自立化の道を模索しなければならない状況も発生し

てきています。下請の中には元請だけでなく海外へ取引を拡大していこうとする会社も出てきました。海外にはサプライヤーの経営状態を常にチェックして取引先を随時入れ替えているメーカーもあり，そことの取引に機会を求めようとしています。元請も下請をすべて抱えきれない状況が増えるにつれて，系列を超える取引に関して寛容になっています。

しかし，現実には，下請にとって脱系列化の道のりはかなり厳しいものとなっています。系列の壁を越えようとするには，独自の技術力や販売力が必要になりますが，多くの会社が系列の中で元請企業の要求に合ったものを生産してきたために独自に新たな製品を生み出すことが難しくなっています。また，その結果として，下請における労働条件の悪化や，廃業に伴う従業員の失業といった問題も指摘されています。

> **⚷ キーポイント**
> 系列は日本の製造業において多くの貢献をもたらしたが，最近では系列を利用しない取引も増えている！

5 戦略的提携

5-1 戦略的提携とは

これまでに説明してきた企業集団，企業グループ，系列は，参加できる会社を限定したネットワークを形成し，長期的取引を継続しながら，信頼関係を強化し，メンバーとなっている会社の能力を高めることによって，ネットワーク全体としての成果を高めていこうとするものだといえます。

しかし，近年のグローバル競争の激化に伴い，製品やサービスを迅速に顧客へ届けることや，新しい製品を創り出して他社との差別化を図ることがますます重要になっている中で，特定の会社との関係だけを強化するのではなく，これまでに取引関係がなくても自社の事業にとって必要な経営資源を保有している会社との関係を構築していくことが必要となっています。

　その際に使われる方法が戦略的提携（アライアンス，alliance）です。**戦略的提携**とは，複数の会社が相互のあるいは共通の目的を達成するために，両者の合意のもとに協力しあうことを指します。言い換えれば，自社に不足している経営資源を補うために他社の経営資源を利用するのが戦略的提携という方法です。

　なお，一般に，協力しあって一緒に行動することを提携といいますが，それに「戦略的」という言葉がつけられる理由は，自社が競争しようと考える製品あるいは市場の領域決定と，経営環境の変化に対応するための経営資源の蓄積に，提携という活動が深く関わっているからであるといえます。

　他社の経営資源を利用する方法には**買収**もありますが，以下の点で買収と戦略的提携は異なります。買収は，必要な経営資源が一通り揃っている事業に対する支配権を獲得することを指し，買収された会社は独立した存在ではなくなります。買収を行った会社は，対象となった会社の経営資源をすべて獲得し，自由に使うことができるようになりますが，逆に，目的達成のためには必ずしも必要のない余分な資源や，自社の保有するものと重複する経営資源まで買い取ることになり，余分なコストがかかってしまいます。また，取引が成立してしまった後では，条件の見直しもできず，後戻りができません。

　これに対して，戦略的提携は，それぞれの会社が独立したままの状態で協力しあい，相手との合意に基づいて目的達成のために必要な経営資源だけを獲得できることから，関係を解消することに関するリスクが少なく，より少ないコストで目的を達成する可能性が高まります。そのため，戦略的提携は条件面で合意できれば競合する会社の間でも行われることがあり，ある事業では競合関係にありつつも，別の事業では協力関係にあるという例も多くなっています。

5-2　戦略的提携の目的

　戦略的提携が行われる目的は，自社がもっている経営資源だけでは競争で優位に立てないと考えられる場合に，他社の経営資源によって補完することにあります。具体的には，自社で経営資源を保有するリスクが大きい場合や，新しい市場で迅速にシェアを獲得したい場合などが挙げられます。

　例えば，巨額の設備投資や開発投資が必要な業界において，自社が単独でそ

☕ コーヒーブレイク	ユニクロと東レの戦略的提携

　ヒートテックやシルキードライといった商品がユニクロで発売されていることは知っている人も多いと思います。その特徴は，普段着に以前にはなかった機能性をプラスしたことにあるといえますが，この優れた機能性を支えているのが，繊維メーカーの東レがつくっている繊維素材です。ユニクロと東レは 2006 年に提携を結び，現在まで関係を強めてきました。ユニクロは，同業のスウェーデンの H&M やスペインの ZARA がデザイン性を重視して商品開発を行っているのに対して，ベーシックな商品に新しい機能をもたせるという戦略で勝負しようと考え，新しい機能を実現するための素材を提供する繊維メーカーを探した結果，価格競争に陥りにくい高付加価値品へのシフトを進めてきた東レをパートナーとして選び，協力関係をスタートさせました。

　両社は長期に事業目標と方針を共有しながら，売り手・買い手という従来の関係から脱却し，1 つの会社のように販売や製造コストなどのあらゆる情報を共有しながら，スピード感をもって連携してきました。

　ユニクロは，東レとの提携によって，長期的な視野で新素材を調達できるようになっています。東レはユニクロ専用の製造ラインをもっており，急速なニーズ増大があっても迅速に生産を行うことができる体制になっています。また，東レにとっては，世界的に強い販売力をもっているユニクロという大口顧客を確保できることが，安定した売上をもたらしてくれることになります。東レでは，ユニクロ製品向けに供給している繊維が繊維事業の 1～2 割を占める収益の柱に育ってきており，収益力も高まるという効果が生まれています。さらに，2015 年に両社は，店頭の販売情報と工場の生産情報を共有する仕組を構築し，販売機会を逃さないように協力しあうことや，ユニクロが積極的に出店を続ける中国や東南アジアで東レが生産を増やすことを発表し，ますます連携を強めています。

　この提携が開始された当初は一社に依存しすぎてリスクが大きいという否定的な声もありましたが，結果としては両社に大きな果実をもたらしていることから，まさにウィン-ウィンの関係を築くことに成功した例であるといえるでしょう。

（『日経流通新聞』2006 年 6 月 21 日付 4 面，『日経産業新聞』2011 年 8 月 26 日付 1 面・3 面，『日本経済新聞』2015 年 11 月 18 日付朝刊 13 面より筆者作成）

れを行うと失敗のリスクがあまりに大きくなってしまうので，他社と提携を結び，共同投資を行うことによってコストを下げることがあります。

　また，海外市場への参入にあたって，参入しようとする一方の会社が製品やサービスを提供し，もう一方の会社が現地の市場や流通ネットワークなどに関する知識や政治的な影響力などを提供する例があります。ここでは，現地市場へ参入する足がかりを得る手段として，戦略的提携が利用されています。

　さらに，戦略的提携は，**デファクト・スタンダード**（事実上の業界標準）を獲得するために行われることもあります。デファクト・スタンダードとは，市場での売れ行きによって事実上の標準と見なされるようになった製品や規格のことを指します。例としてはブルーレイディスクやパソコンの OS である Windows などが挙げられます。

　一度デファクト・スタンダードが確立されると，標準化された製品や互換性をもつ製品がシェアのほとんどを占めるようになります。こうした中で技術を開発した会社は，自社の製品開発を有利に進めることができ，さらには技術を使う会社にライセンスを与えることで対価を得ることもできます。他方，技術を使う会社にとっても，市場で支持を得られた技術を使っていれば自社製品が売れるようになるので，両者に大きなメリットがもたらされます。

　以上の例からも想像がつく通り，本来はライバルであるはずの同業他社と協調する方が単独で競争しあうよりも大きなメリットをもたらすという状況も増加しているため，戦略的提携が自社の事業活動を進めていく上で有効な手段となっていることがわかります。

⏢ キーポイント

戦略的提携は他社と協力しあうことによって自社の事業活動を進めていくための有効な手段である！

142

6 クローズド・ネットワークからオープン・ネットワークへ

　ここまで，企業集団，企業グループ，系列，戦略的提携という組織間関係の具体例を説明してきましたが，特に系列や企業集団は，株式の多数所有を前提とせずに，特定のメンバーと長期的取引を継続し，信頼を蓄積することで協力関係を強化し，ネットワーク全体の成果を高めることによって，参加するメンバーにも大きなメリットをもたらすものでした。

　しかし，先に説明した脱系列化や企業集団の融解といった動きは，日本の企業間関係がクローズド・ネットワークからオープン・ネットワークへ，すなわち，競争的な取引関係の方向へとその重心を移しつつあることを示しているように見えます。

　その原因は，まず，日本の会社にとってクローズド・ネットワークを維持するのが困難な状況になってきたことにあると考えられます。第4節でも述べましたが，1980年代以降の日米貿易摩擦の際には，アメリカが日本の自動車産業における系列取引を不公正な商慣習の1つとして批判し，政治的な問題になりました。アメリカのサプライヤーが日本のメーカーと取引しようとしても参入できなかったためです。近年，会社の経営活動がグローバル化するのに伴って，政治的要因が経営問題にも強く影響を及ぼしている中，公正でオープンな取引を行うことが日本企業にも求められるようになっています。

　また，1990年代以降，バブル経済の崩壊による景気低迷と価格破壊という経済的要因によって，系列において，元請が下請に対して仕事を十分に提供することが難しくなりました。クローズド・ネットワークを維持するためには，仕事を提供することでメンバーを引きつける必要がありますが，それを実現するのが難しくなっているのです。

　このようにクローズド・ネットワークを維持するのが困難になった一方で，インターネットなどの情報通信技術の登場という技術的要因によって，オープン・ネットワーク化が急速に進展していきました。

　情報通信技術の進展は，多くの情報を迅速に処理し，伝達することを可能に

しました。例えば，電子メールを使うことによって，文書を瞬時に，しかも多数の相手に送ることができるようになりましたし，電話のように共通の時間を確保して話をしなくてもよくなりました。また，共通のソフトを導入して1つの取引データを入力するだけで必要な書類をすべて自動で作成したり，各プロセスにおける進行状況を取引相手にリアルタイムで示したりすることも可能になりました。

　こうした中，近年では，インターネットを利用して，多くの購入業者や納入業者が参加するオープン・ネットワークが構築される例も多くなっています。これらにおいては，ある会社が部品の設計図や求めているスペック（仕様）に関する情報をインターネットに公開すると，取引先の候補となる会社から入札価格や納入可能日のデータなどが送られ，場合によってはサンプルを作ってもらうといったやりとりを通じて，最終的な発注先が決定されます。このように，情報通信技術の進展により，取引相手に関する豊富な情報を受け取ることが可能になったことで，新しい相手との取引を開始するかどうかについての判断がしやすくなっているのです。

　また，高度な機能を備えた製品へのニーズの高まりなどといった市場的要因も，オープン・ネットワーク化を進展させる要因となっています。技術の高度化・複雑化によって，1つの会社が単独で新たな製品を開発することはますます難しくなり，複数の会社が技術を持ち寄ることによって製品を生み出すことが多くなりました。例えば，自動車産業では近年，電気自動車や自動運転技術の開発が重要な経営課題として注目されています。どちらの開発においても，従来の自動車には使われてこなかった電池や画像処理などの技術が必要となるので，自動車メーカーにとってはそれらの技術を手がける会社との協力が必要不可欠になっており，しかも，それらをいかに迅速に開発し，製品化するかが自動車産業における競争状況を左右する重要な要因であると考えられています。以上の理由から，これまでは系列というクローズド・ネットワークを有効活用してきた自動車産業においても，異業種の会社を含めたオープン・ネットワークの形成および有効活用が急がれています。

　このように，近年の経営環境の変化によって，すべての事業プロセスを自社が単独で行うのが困難になってきていることから，いかに迅速に自社の事業に

協力してくれる相手を見つけ，柔軟にネットワークを築いていくか，つまり，組織間関係のマネジメントを経営環境に合わせていかに適切に行っていくかが，今後の会社にとってますます重要になっているといえます。

> 🔑 キーポイント
> *日本の企業間関係は経営のグローバル化と新事業開発の必要性によって，クローズド・ネットワークからオープン・ネットワークへと重心を移しつつある！*

■ 注

1) 厳密には，親会社の持株比率や，親会社からの役員派遣によってどの程度実質的な支配が行われているのかに基づいて，子会社と関連会社という名称の区別がありますが，ここでは親に対する子という意味で「子会社」に統一して呼ぶことにします。

■ 演習問題

① 本章での説明をもとに，系列のように特定の参加メンバーによって閉鎖的に行われる取引のネットワークと，オープン・ネットワークのように誰でも自由に参加できる取引のネットワークのそれぞれがもつメリットとデメリットについてまとめてみましょう。

② 戦略的提携の事例について調べ，それがどのような動機で行われ，何を目的としているのか，また参加する会社がどのような経営資源を持ち寄っているのかについて考えてみましょう。

③ 今後の日本においてオープン・ネットワークがクローズド・ネットワークに取って代わる存在となりうるのかについて考えてみましょう。

■ さらに進んだ学修のために

〔1〕 加護野忠男・山田幸三 編［2016］『日本のビジネスシステム──その原理と革新』有斐閣。

〔2〕 菊地浩之［2017］『三井・三菱・住友・芙蓉・三和・一勧──日本の六大企業集団』KADOKAWA。

〔3〕 安田洋史［2016］『アライアンス戦略論（新版）』NTT出版。

〔4〕 安本雅典・真鍋誠司 編［2017］『オープン化戦略──境界を越えるイノベーショ

ン』有斐閣。

〔5〕　山田耕嗣・佐藤秀典［2014］『コア・テキスト　マクロ組織論』新世社。

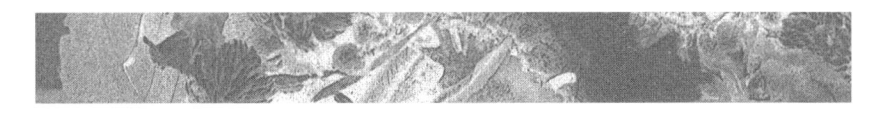

第7章
会社はどのようにしてモノを造るのか

生 産 管 理

◆この章のねらい

　会社は，その社会の生活に必要な財やサービスを効率的に製造している組織体です。会社の経済的機能は社会的に最も重要な役割であり，いわゆるモノ造りのコスト・ダウンをめざして，あらゆる努力をしてきました。経営学の成立当初より，モノをいかに能率的にまた安く生産するかについて知恵を絞ってきたのです。

　製品を安く製造する方法として，自動車の生産に見られるように，同じ製品をたくさん造り，その1個の値段を安くする少品種大量生産方式が1910年代のアメリカで確立しました。その後その大量生産方式の考え方が世界に普及し，20世紀は大量生産・大量消費の時代といわれるまでになっています。大量生産方式は人間の物質的な生活を豊かにしましたが，そこで働く人々にとっては，仕事が単調になり，働き甲斐を感じられなくなりました。

　20世紀後半ではコンピュータの発達に伴い，いろいろな形の製品を，量が少なくても安く造れるようになりました。携帯電話の生産に見られるように，いわゆる多品種少量生産方式が21世紀に入り普及し始めています。そこでは，一人の作業者がいろいろな仕事をこなし，人間の多様な能力を利用しようとしています。人間に適した仕事の仕方を設計する努力が生産方式の開発と同時に進行しています。

　ここでは，製品がいかにして安く造れるようになっているか，それによってそこで働く人間にとってどのような影響が出ているかなど，生産方法の経済的

側面と同時に人間的側面を見ていきましょう。

◆この章で学ぶキーワード
　◎テイラー・システム　◎少品種大量生産方式　◎規模の経済性
　◎QCサークル　◎多品種少量生産方式　◎スピードの経済性　◎セル生産方式

1 モノ造りを見る視点

1-1　モノ造りの担い手としての会社

　財あるいはサービスの生産は市場経済体制においては会社の主要な経済的機能です。このことはすでに第2章で明らかにしました。会社が財・サービスを経済的あるいは効率的に生産することにより，私たちの生活は豊かで便利なものになっています。また，第4章の経営戦略のところで述べたように，コスト・リーダーシップをとって新製品を安く製造する会社は，市場のメカニズムの中ではその業界の先進的企業として長く存続できています。会社の経済的機能を考える限り，社会に必要な新製品をより安く次々と生産する会社は社会に大いに貢献していると考えられています。

1-2　会社の社会的責任

　しかし，会社の社会的責任を考えると，会社の役割は単にモノを安く生産していればそれで十分であるとは必ずしもいえなくなっています。例えば，環境問題を考えると自動車を安く造ることのみで会社の社会的責任を十分に果たしているとは必ずしもいえなくなります。自動車が安く購入できるようになり，多くの人が自動車をもつようになると，排気ガスが多くなり，人の健康や騒音の問題さらには排気ガスによる環境汚染などが大きな社会問題になっています。自動車メーカーは，安全運転や騒音防止の装置の付いた自動車を開発し，さらには環境汚染を低く抑える新しい自動車を販売せざるを得ない状況です。したがって，モノ造りも単に経済性や効率性のみで判断できない側面があります。

　会社の視点からすれば，安くてよい品物を造ることが生産管理の主要な関心

でした。しかしモノ造りの場は，同時に人間が働く場でもあります。働くことは，第9章でも述べるように，人間にとっての活動の場であり，生き甲斐を実現する場でもあります。会社の社員は，経営者にとっては重要なステイクホルダーでもあります。働くのは賃金を得るための手段にすぎないという考え方もありますが，働くことが同時に人生の充実に通じれば会社にとっても社員にとっても好ましいことです。社員にとっても会社で働くモチベーションがさらに高まることになります。

　現代的な企業像に立てば，会社は単に商品を安く生産する組織のみではなく，そこで働く人々にとっても成長の場となる配慮が求められています。会社はその財やサービスの生産において，単に経済性のみならず働くことの人間性までも考慮することが期待されています。いわばモノ造りにおける経済性と人間性の両立が必要になっているわけです。このような視点からモノ造りの仕組みを明らかにしてみましょう。

> **⚬┅ キーポイント**
> *モノ造りには経済性だけでなく人間性との両立を考えることが重*
> *要になってきた！*

2 ┃ コスト・ダウン

2-1　能率向上運動

　市場競争においては価格は低い方が有利であり，生産における能率の向上あるいはコスト・ダウンは経営の基本的課題でした。経営効率を引き上げ，**作業能率**をいかに高めるかを考え，その知識を体系的にまとめることにより経営学が成立したともいえます。

　1890年代のアメリカにおいては，産業革命後の鉄鋼生産の増大に伴い，企業規模が巨大化しました。同時に，市場では多くの大企業が競争し，製造業におけるコスト・ダウンや作業能率の向上が差し迫った経営課題でした。生産の

効率を高めることはエンジニアの課題であり，機械技師たちを中心に生産能率を向上させるいろいろな技法を開発する能率向上運動が展開されました。

このような時代背景のもとに，アメリカ人のエンジニアであったテイラー（F. W. Taylor）は鉄鋼会社において作業能率をいかに向上させるかを熱心に考え，いわゆる**科学的管理法**（Scientific Management）あるいは本人の名前をとって**テイラー・システム**（Taylor System）を考案したのです。

2-2　課業管理

テイラー自身も鉄鋼会社の作業者として働き，その経験から，現場の労働者は自分の能力を3分の1ぐらいしか発揮していないと観察したのです。彼は能率向上運動の流れの中で，工場における作業者の作業能率をいかにして向上させるかを考えました。

この作業者の作業能率を上げようとすれば，その職場で最も早く作業している人を選び，しかもその作業者の無駄な動作を省き，最速の動作で作業をするように仕向けることです。そこで，テイラーは，職場における**一流労働者**を選び，その作業者の動作を要素作業に分解し，無駄な作業を省いた上で，1日の標準的な仕事量を決定したのです。無駄な動作を測定するために，彼はストップウォッチを使って作業動作を細かく測定し，無駄な動作を省いた合理的な動作を決めたのです。これを**時間動作研究**（time and motion study）と呼んで，能率向上の手法として普及させました。

テイラーは，エンジニアが最も合理的と考える動作と，そこから得られる1日の作業量を**課業**（task）と名づけました。1890年代当時では，作業者の1日の作業量は経験に基づき，経営者と労働組合の暗黙の合意により決められていたのです。しかし，その1日の標準作業量が能力の3分の1程度にしか決められていないと観察し，テイラーはそれを勘ではなく科学的に決定しようとしたのです。当時の科学的方法とは，一連の作業を**要素作業**に分解し，それをストップウォッチで厳密に測定することでした。しかも課業が科学的に設定された以上，それを労働組合との交渉によって決めるべきものではないとテイラーは主張したのです。この1日の**標準的作業量**としての課業の考え方が革命直後のソビエトに渡り，**ノルマ**（Норма）と呼ばれたのです。

　この課業の決定を工場内のいろいろな作業について行おうとすると，時間動作研究専門家が必要になります。要素作業に分解し，それをつなぎ合わせて最も合理的な作業を設計するにも専門的な能力が必要です。したがってそのような作業時間を測定し課業を決定し，その通りの作業を行わせる専門のスタッフ部門を**計画部**（planning department）として独立させることを考えついたのです。今日の状況でいえば，作業マニュアルを作成する専門の部門です。課業管理は，作業に必要な「考える部分」と「動作の部分」を区別し，技術者の設計したマニュアル通りの作業を作業者が行うことを求めたのです。これを，第 8 章のコーヒーブレイクで説明するように，計画と執行の分離と呼ぶ研究者もいます。

2-3　差率出来高賃金

　課業管理において設定した作業量を作業者が達成するように刺激を与える必要があります。テイラーによって作業者は自己の能力の 3 分の 1 しか発揮していないと観察されましたので，科学的方法を用いて設定した 1 日の作業量は，一般の作業者にとってはかなり高い要求になっていました。したがって，それを達成させるための強力なインセンティブが必要でした。

　図 7-1 は賃金による**インセンティブ制度**としてテイラーが考えた**差率出来高賃金**の仕組みを示しています。縦軸に賃金，横軸に達成した作業量（生産高）を表しています。単純出来高制の場合であれば，生産量が多くなるのに正比例して賃金が上昇します。しかし，差率出来高制の場合には，課業以上の生産量を達成した場合には高い賃率で支払い，課業を達成できなかった場合には低い賃率で支払うという二重の賃率を適用したのです。

　この差率出来高制のもとでは，課業を達成した場合は高い賃金となり，それを達成できない場合には低い賃金となります。作業者にとって，課業を達成したときと達成しなかったときの受け取る賃金額が大きく異なることになります。したがって，誰でも課業を達成しようとして一生懸命働こうとします。これがテイラーの狙いでもあったわけです。テイラー・システムは「**高賃金・低労務費**」を同時に達成する管理技法として宣伝されたのです。

　しかし，差率出来高賃金は一般の作業者にとってはとても厳しい賃金制度でした。当時の労働組合からはテイラー・システムは「労働を強化する制度であ

■ 図7-1　差率出来高給制度

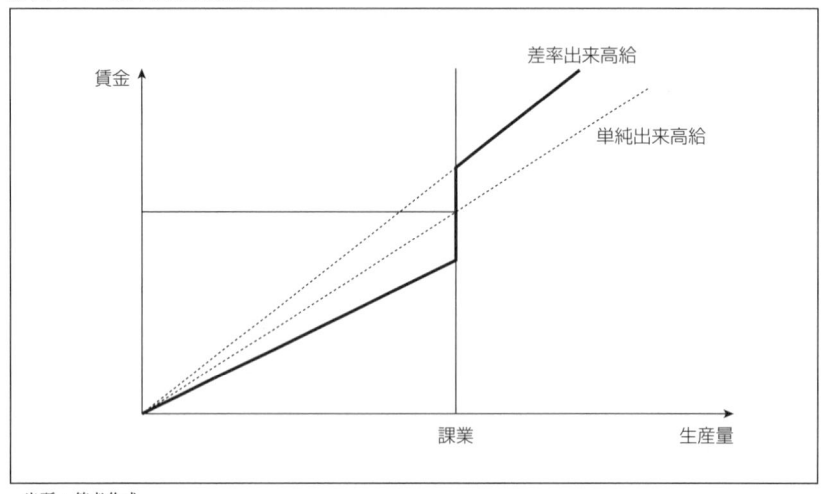

出所：筆者作成。

る」と激しく反対されました。そのためこの差率出来高給制度を導入した企業はほとんどなかったといわれていますが，賃金により作業能率を促進しようという考え方自体は当時の産業界に普及していきました。

2-4　テイラー・システムにおける人間性

テイラー・システムは20世紀初頭のアメリカにおいて，作業能率を促進し，経営効率を高める制度として産業界に普及していきました。同時に，当時の労働組合からは，ストップウォッチを使い，労働を強化する制度であるとも批判されたのでした。しかし，テイラー自身は，第1に，課業管理は労働者に高い賃金をもたらすものであり，労働者の福祉に貢献するものであると主張しています。賃金による作業能率の向上をめざした当時の社会状況のもとでは，労働者の所得を増大させ，物質的により豊かな生活を享受できることが人間的な取り扱いであると考えられたのです。

第2に，時間動作研究は作業者の無駄な動作を省き，合理的な体の動きにより，労働の苦痛を軽減するものであると考えたのです。時間動作研究は，その後，産業心理学や労働医学などと協力し，作業者の仕事の負荷を軽減すること

をめざす**人間工学**（Human Engineering）へと発達していきました。例えば，モノを持ち上げるときに腰に負担をかけない姿勢や台の位置，目が疲れない照明の明るさや角度など，仕事の苦痛を和らげる具体的な方法が開発されました。今日ではビデオを使って，無駄な動作や無理な動作を明らかにし，その改善に役立てていますが，そのような発想の出発はテイラー・システムにあったわけです。同時に，合理的な動作により作業の苦痛が軽減されることが人間的な取り扱いであると考えられたのです。

> ⚷ キーポイント
> *テイラー・システムにおいては，課業を科学的に設定し，それを達成することに対する高い賃金によって，作業能率を向上させようとした！*

3 少品種大量生産方式

3-1 フォード・システム

　テイラー・システムにおける計画と執行の分離，時間動作研究，高賃金・低労務費などの考え方をさらに展開し，自動車産業において大量生産方式を確立したのがフォード・システムです。**ヘンリー・フォード**（Henry Ford）は，テイラーが『工場管理』という経営学の古典を出版した 1903 年にフォード自動車会社（Ford Motor Co.）を設立しています。軽量で，安く，信頼性のある**T 型フォード**を開発し，1908 年から販売し始め，爆発的な成功を収めました。1913 年より，ベルト・コンベアによる流れ作業方式を導入し，T 型フォードの大量生産方式を確立しました。T 型フォードは，10 年間もモデル・チェンジをせず，黒一色の自動車を大量に生産し続けることにより，庶民には手の届かなかった自動車を大衆の乗り物にしたのです。

　1920 年代においては，自動車生産の原料から材料の加工，部品の生産，自動車の組立，販売拠点に至る垂直的な統合生産を行い，大量生産・大量販売の

仕組みを定着させました。**少品種大量生産方式**は、製品の種類を限定して、大量に生産することにより、1個あたりの製品の価格を非常に安くし、多くの人が買いやすくしたのです。同時に、フォード社では、組立ラインの大量生産に、「1日5ドル」を支払い、大量生産による豊市場における賃金の2倍を越える「1日5ドル」を支払い、大量生産による豊かな生活のシンボルともなりました。この大量生産方式はその後世界に普及し、まさに20世紀は大量生産・大量消費の時代と呼ばれるまでになったのです。

3-2　3S

この大量生産方式の特徴は、第1に、いわゆる 3S と呼ばれる原則を生産方式に徹底したことです。3S とは、単純化 (simplification)、専門化 (specialization)、標準化 (standardization) の英語の頭文字をとった簡単な表現です。

単純化とは、製品の種類や形を限定し、作業者の作業内容を単純化することにより生産工程を単純化し、コストを削減することです。同じような作業を繰り返すことで、部品を加工する専用の機械設備を造り、作業内容を専門に限定することです。同じような作業を繰り返すことにより、加工の速度を速め、生産効率を高めることになります。

専門化とは、製作する製品の種類を限定し、作業者の育成を迅速にし、作業の質を向上させると同時に、加工の速度を速め、生産効率を高めることになります。

標準化とは、製品や部品の規格、作業方法、生産条件、管理方式などに一定の基準を定め、その基準に統一することです。それにより、同じ作業が反復され、作業速度が速まり、品質のばらつきも少なくなります。

大量生産方式のもとでは、熟練労働者の一連の作業を細かく分解し、単純化した多くの作業を半熟練労働者を担当させ、熟練労働者がしたのと同じ仕事を達成できるようにしたのです。例えば、エンジンの組立には、多くの部品が使われ、その組立工程には専門的知識も必要です。しかし、エンジンの組立工程を細かく分解し、単純化した作業を多くの半熟練労働者がマニュアル通りに行い、ベルト・コンベアによってその作業を連結できます。1人の熟練労働者と同じようにエンジンを組み立てることができるようになります。第8章で説明するパッケージ原理です。

この大量生産方式のもとでどのような作業にするかという**職務設計**の考え方を整理すると、次のようになります。

第1に，作業を極度に分解して，1人が担当する作業の内容を単純化することです。作業内容が簡単であれば，誰でもその作業を行うことができ，ミスが少なくなります。

第2に，その細分化された職務はできるだけ訓練時間を短くするように考えることです。訓練時間が短くなれば，誰でも交代要員を探すことができます。

第3に，単純化した作業をできるだけ反復できるようにすることです。反復すれば，誰でもすぐに上達し，すぐに一人前の作業者になることができます。

このように，大量生産方式のもとでは，作業の手順や道具の選択など頭を使う仕事は計画部に集中され，現場の仕事は誰でもできる仕事に造りなおされたのです。このような職務設計原理により，大量生産方式のもとでは，半熟練・不熟練労働者が大量に工場に集められ，大量の製品を安く生産することができました。1920年代のアメリカでは多くの移民労働者が流入しており，英語を理解できない労働者でも容易に工場労働者として働くことができ，「繁栄の20年代」を達成することになったのです。

3-3 生産のシンクロナイゼーション

大量生産方式は，いろいろな部品が1本の長い**生産ライン**を通過することにより，製品が次々とできあがる仕組みです。その長いラインを主要な部品ごとに区分し，それをまとめる形でメインのラインを形成した生産工程図が図7-2です。この工程図は，イタリアのオリベティ社が生産する会計機の組立工程です。長い組立ラインを短いラインに再編成した1969年の改善図です。それ以前にはこの横に出ている部品組立のラインを統合した長い1本のラインでした。この図を見ると，生産ラインがいかに長いものであったかが推測できるでしょう。

この長いラインは，何百もの作業を含んでいます。したがって個々の作業を全体のスピードに合わせて調整しなければなりません。これを作業の**シンクロナイゼーション**（synchronization，同期化）と呼んでいます。シンクロナイズド・スイミングを想像すると，長い生産ラインにおけるシンクロナイゼーションの意味が理解できるでしょう。何千，何百もの作業が，工場の1つの屋根の中で同時に進行しており，しかも，生産される製品の出口は1つです。それぞ

■ 図7-2 製品 A の組立組織図

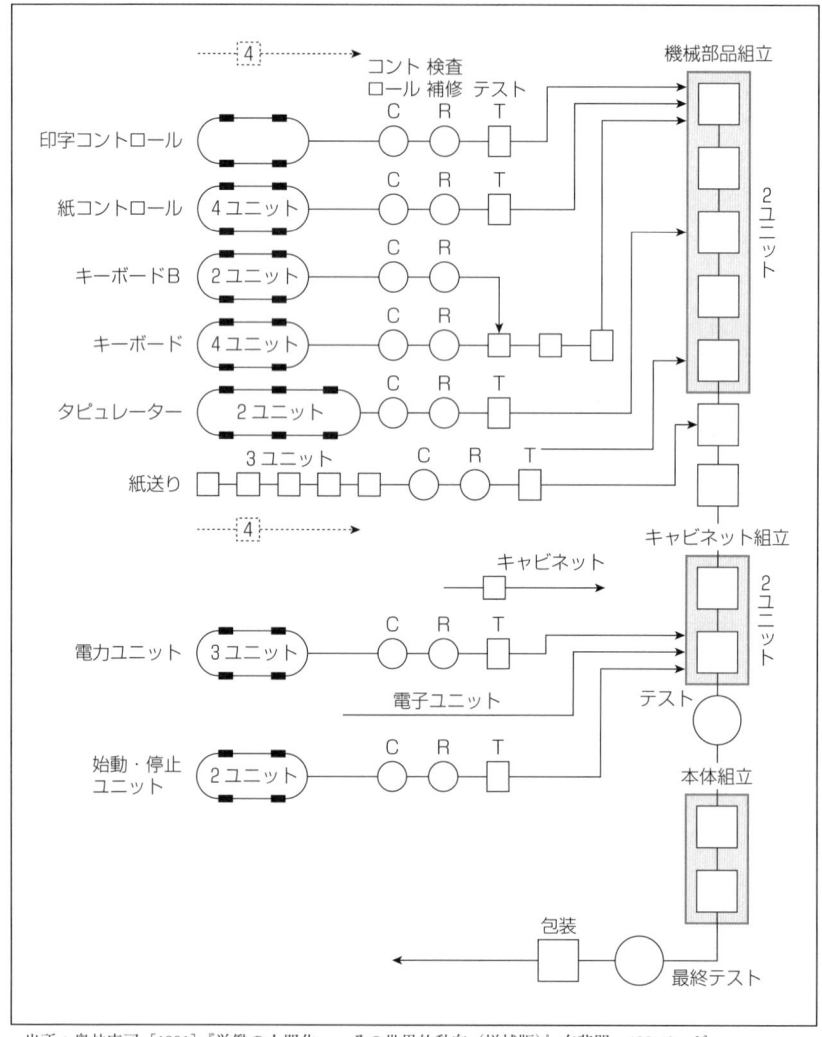

出所：奥林康司［1991］『労働の人間化——その世界的動向（増補版）』有斐閣，128 ページ。

れの作業が，シンクロナイズド・スイミングのようにきれいに調整されて進行しないと製品が次々と生産されません。大量生産方式はこのシンクロナイゼーションの仕組みをモノ造りに適用したのです。

3-4　ベルト・コンベア・システムの利用

何千，何百もの作業を工場全体でリズムを揃えて繋いでいく最も確かな方法は**ベルト・コンベア**を利用することです。ベルト・コンベアを使わなくても，流れ作業自体は可能です。しかし，単純化した作業を，個人差はあってもそれを乗り越えて，一律に一定のリズムでつなぎ合わせる仕組みとしてはベルト・コンベアが最適でした。したがって，大量生産方式はベルト・コンベアと一体となって普及したのです。

一般に，ベルト・コンベアは，組立中の製品を作業者が運ばなくても自動的に運び，作業者の負担を軽くする設備といわれています。生産ラインの横に部品を蓄えておき，作業者は，ベルト・コンベアの上で移動してくる半製品にわずかの部品を加えるだけで，あまり動かずに作業を完了します。例えば，車輪の一部のねじを取り付けるだけの作業であれば，10 秒程度で 1 つの作業が完成します。これらの短い作業をベルト・コンベアの上を流れる自動車に次々と加えていき，最終的に 1 台の自動車を完成させます。作業者はタクト・タイムといわれるベルト・コンベアの速さに合わせて作業を完了し，生産量を調整することができます。ベルト・コンベアはまさに一石二鳥の生産設備であったのです。

3-5　規模の経済性

T 型フォードは 10 年間モデル・チェンジをせず，しかも黒一色で同じ製品を作り続けました。同じ製品を大量に造るために，1 個あたりの価格を安くすることができます。工場の設備や多くの従業員を雇うには多額の投資が必要ですが，生産量が多くなれば，それら巨額の投資も十分に回収することができます。これが**規模の経済性**の意味するところです。

今日でも，製品の価格は安くしながら，それを大量に販売することで利益を出している量販店やチェーン店などはこの規模の経済性を利用した経営です。

市場競争では安い価格がより多くの顧客を引きつけ，コスト・リーダーシップを続ける会社がマーケット・シェアを維持しやすいのが現実です。

　しかし，規模の経済性が優位になるには経営環境が長期に安定していることが必要です。つまり，規模の経済性が機能するにはT型フォードを好む顧客が10年間変わらないことが前提となります。しかし，顧客は，一般に，嗜好を変え，より新しいものや質の高いものを求めます。生産方式から見れば，顧客のニーズに合わせて製品を変えようとすれば，今までの製品に投資してきた巨額の設備投資を無駄にすることになります。しかし，生産性を上げるためには，同じ製品を造り続けることが必要です。したがって，生産性を追求することと生産の革新能力を高めることには矛盾する側面があり，これを「**生産性のジレンマ**」と呼んでいます。規模の経済性を追求する大量生産方式は，経営環境の変化に伴って，生産性のジレンマに直面することになったわけです。

3-6　大量生産方式の逆機能

　大量生産方式は，製品の価格を引き下げ，物質的に豊かな生活をもたらす点で社会の進歩に大きく貢献しています。街角のコンビニには商品があふれ，日常生活に必要なものは24時間いつでも入手することができます。大量生産・大量販売の仕組みを定着させた会社のお陰と見ることもできます。

　しかし，大量生産方式は，企業経営の面から見ても，またそこで働く人々の面から見てもいろいろな問題点を含んでいることがわかってきました。第1に，既述のように，生産性のジレンマに直面し，顧客の新しいニーズに適応しにくいことです。フォード社は，新しい顧客層をとらえて多様型の自動車を生産したゼネラル・モーターズ（GM）に自動車業界のトップの座を渡さざるを得なかったのです。

　第2に，ベルト・コンベアのもとで単調な作業をしている労働者は，過度の分業により，働くことの意味がわからなくなり，勤労意欲を失う場合が出てきました。自動化が進み，衛生的な新鋭工場であっても，人が集まらなくなったのです。スウェーデンでは，最新鋭の自動車工場に35歳以下のスウェーデン人はほとんど応募せず，外国人労働者しか自動車工場で働くことを望まなかったのです。そこから，ベルト・コンベアを廃止した新しい自動車組立ラインが

工夫されるようになりました。大量生産方式は，本来的には，生産効率を高める生産方式ですが，消費者や労働者には，逆の効果が意識されるようになりました。これを大量生産方式の**逆機能**と呼んでいます。

> ⚷ キーポイント
>
> *大量生産方式は，3S，シンクロナイゼーション，ベルト・コンベアなどにより，製品を安く供給し，社会の物質的な生活水準を高めた！*

4　QC サークル

4-1　QC サークルの役割

QC サークルは，文字通り表現すれば，Quality Control Circle（品質管理小集団）です。このサークル活動は，日本の高度経済成長時代（1950～60 年代）に製造業を中心に普及し，日本製品の高品質を可能にした日本的経営の１つです。当時はアメリカから先進的な大量生産方式が導入され，QC サークル活動は大量生産方式の定着と軌を一にして普及しました。大量製品はとかく品質にバラツキがあり，また，作業者の注意力を散漫にする傾向があるので，その逆機能対策としても重要でした。

表 7-1 は，1964 年以降で，雑誌『現場と QC』に掲載されたトヨタ自動車の QC サークル活動のテーマと職場名を示しています。現場のリーダーである組長あるいは班長を責任者として，10～37 人の職場の作業者が参加しています。組長や班長の工場内の職位については表 7-1 の右端にある職位の図から推測してください。

活動テーマを見ると，故障や加工不良対策，品質のバラツキ対策などが多くなっています。1960 年代当時において，欧米から輸入した先端技術を用いても，品質のバラツキや故障が多く，多くの不良品を出していました。日本人の「もったいない」の精神から，品質のバラツキをなくし，さらには製品や部品

■ 表7-1　トヨタ自動車における QC サークル活動

サークル名	掲載 年月	職　場　名	リーダーの 役職	メンバー数 （部下人数）
原　田	65. 3	本社工場鍛造部熱処理課	組　長	
柴　田	65. 3	元町工場第1組立部鍍金課	組　長	
菊　地	65.10	本社工場車体部ボディー課第1作業係		32
西　脇	65.11	本社工場機械部第1機械課	班　長	12
高　木	65.12	本社工場車体部ボディ課	組　長	19
鈴　木	66. 2	元町工場車体部	工　長	37
正　木	66. 4	元町工場車体部	組　長	
佐　藤	66. 5	本社工場機械部第2機械課検査係	班　長	10
東　野	66. 9	本社工場機械部第1機械課第4作業係	組　長	13
内　本	66.11	元町工場検査部		
神　谷	68. 3	本社工場総組立部組立課	班　長	13

注：空欄および職場名の所属係の一部は記載がなく不明。
出所：『現場と QC』1964 年 4 月〜69 年 12 月号より作成。各号の最終ページに掲載される登録

　の品質を向上させる方法を職場で働く作業者が自主的に，自らの努力で開発しようとしたのです。品質を向上させるために，アメリカで行われていた品質管理の統計的な手法を学習し，さらにその改善の手法を現場の作業者たちが開発していったのです。**デミング賞**は QC サークル活動の優秀な会社や個人に贈られる有名な賞ですが，この運動を展開したアメリカのデミング博士（William E. Deming）の功績をたたえて日本で創設されたものです。

　このような現場における品質管理の改善活動を通じて，日本製品の品質は次第に改善されていきました。欧米では製品の品質はそれを開発した技術者の責任であり，現場の作業者は技術者の指示に忠実に従って作業をすることが求められたのです。しかし，日本では作業者と技術者の心理的な壁もなく，共に製品の品質管理に責任を負うようになっていました。作業者は機械技術の不十分さを理解し，その不備を補い改善していくための方策を技術者とともに考えたのです。このような現場作業者の改善努力が，大量生産方式を欧米から導入しながら，日本製品の品質を向上させる大きな要因になりました。

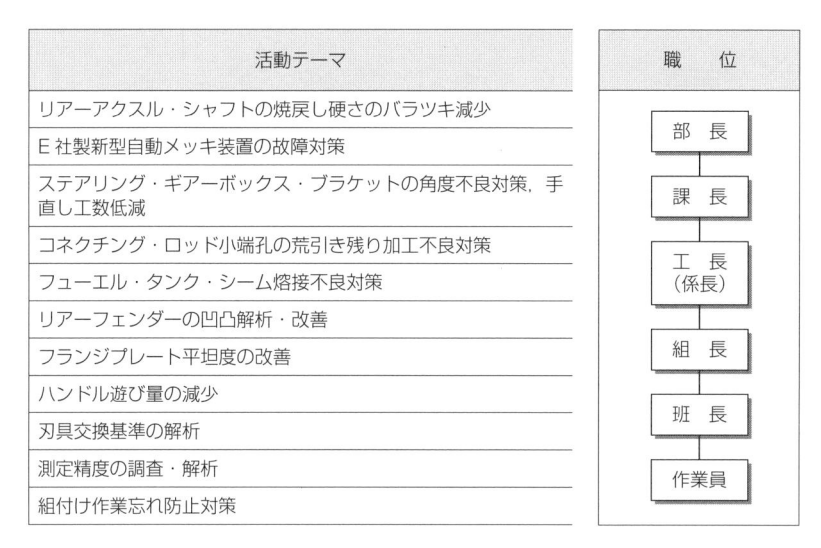

活動テーマ
リアーアクスル・シャフトの焼戻し硬さのバラツキ減少
E 社製新型自動メッキ装置の故障対策
ステアリング・ギアーボックス・ブラケットの角度不良対策，手直し工数低減
コネクチング・ロッド小端孔の荒引き残り加工不良対策
フューエル・タンク・シーム熔接不良対策
リアーフェンダーの凹凸解析・改善
フランジプレート平坦度の改善
ハンドル遊び量の減少
刃具交換基準の解析
測定精度の調査・解析
組付け作業忘れ防止対策

職　位
部　長
課　長
工　長（係長）
組　長
班　長
作業員

サークル一覧で一部補足。信夫千佳子氏作成。

4-2　QC の 7 つ道具

　QC サークルは，現場作業者が勤務時間後の自由な時間を利用し，自主的に学習し，職場の問題点を解決する**小集団活動**です。そのような高度な技術改善ができるためには，作業者自身が問題解決技法を身につけていなければなりません。したがって，QC サークル活動の出発は，そのような問題解決技法を身につけることから始まっています。

　QC サークルの 7 つ道具とは，この運動を日本で推進した石川馨博士が 1962 年に弁慶の 7 つ道具になぞらえてつけられたものです。具体的には，特性要因図，パレート図，グラフ，チェック・シート，ヒストグラム，散布図，層別をいいます。これらの手法を理解していれば，職場のどのような問題も 95 ％は解決できるといわれています。

　①**特性要因図**は，図 7-3（a）に示されています。職場で起こる問題点（特性）とその問題点に影響を与える原因（要因）の関係を明確に図示し，その対策を考えるものです。その形が魚の骨に似ているところから「魚の骨」ともいわれています。

■図7-3　QCサークルの7つ道具

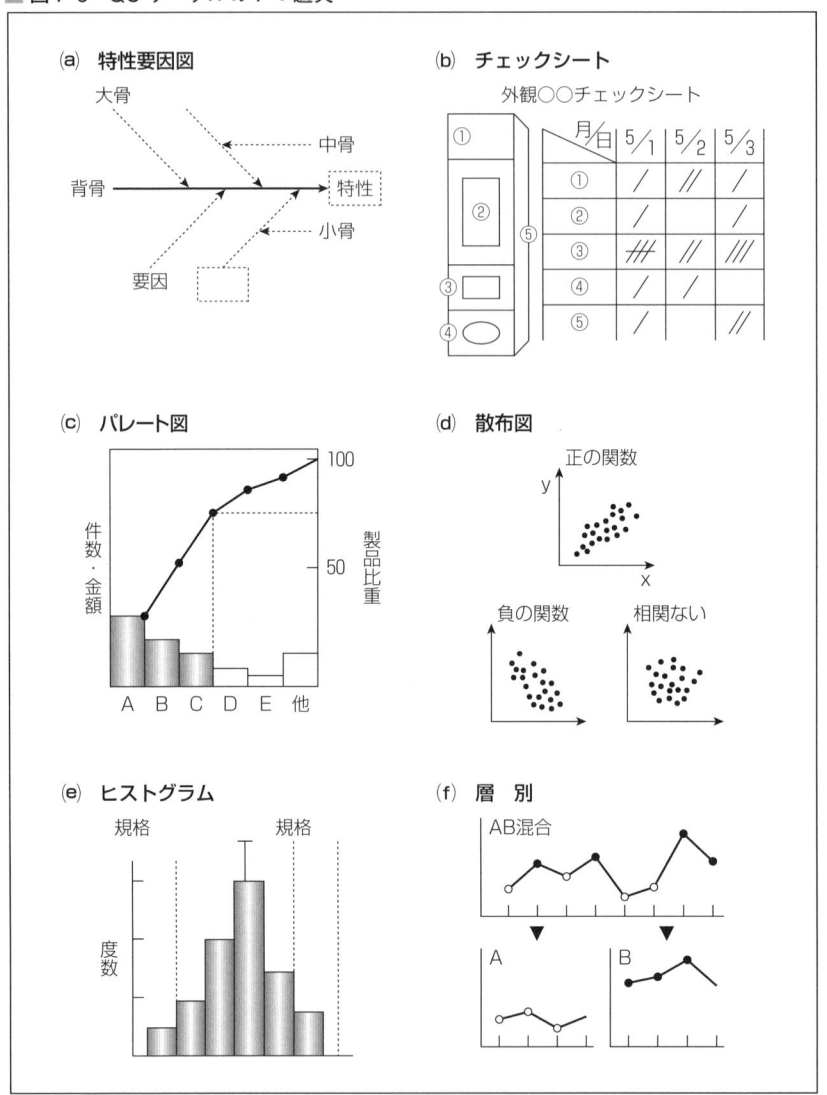

出所：実践経営研究会 編［1994］『現場長のための「生産管理事典」』日刊工業新聞社，42-43 ページ。

②**チェック・シート**は，図 7-3 (b) に示されています。データを容易にとるために，予め収集すべきデータ項目を印刷しておき，チェックしたデータをすぐに記録し，データの収集・整理をしやすくした図です。

③**パレート図**は，図 7-3 (c) に示されています。職場の問題をそれぞれの原因別，現象別に分類し，その件数や金額を大きさの順に並べ，棒グラフと累積の折れ線グラフとを組み合わせたものです。パレートという言葉はイタリアの経済学者パレート（V. F. D. Pareto）の所得曲線から来ています。

④**散布図**は図 7-3 (d) に示されています。2 種類のデータの相関を調べるため，一方のデータを縦軸に，他方のデータを横軸にとり，測定値をプロットしたものです。

⑤**ヒストグラム**は図 7-3 (e) に示されています。データの存在する範囲をいくつかの区分に分け，各区分に入るデータの出現度数を数えて，度数表を作り，表にしたものです。

⑥**層別**は，図 7-3 (f) に示されています。1 つの集団を何らかの特性に基づいていくつかに部分に分けることをいいます。

グラフは一般的なグラフですから，これで 7 つ道具になります。これらの手法を用いて職場の問題を現場の作業者が分析し，難しい問題の場合には技術者と相談しながら，具体的な解決方法を提言していきます。これらの手法は日本国内のみならず海外にも適用可能であり，海外の日系企業にもこの手法が移植され，高い評価を受けています。したがって，海外の企業からも日本製品の高品質の原因として QC サークルが注目され，海外の日系企業でも広く導入されています。

この QC 7 つ道具は 1960 年代に普及したものであり，海外でも利用されました。しかしその後の発展を考慮し，新 QC 7 つ道具が 1977 年に日本科学技術連盟から発表されています。名前だけ挙げれば，関連図法，親和図法（KJ 法），系統図，マトリックス図法，マトリックス・データ解析法，PDPC 法（過程決定計画図法），アロー・ダイヤグラムです。QC サークルは，その後，現場のみならず会社のトップも巻き込んだ改善活動として，**TQM**（Total Quality Management）と呼ばれ，21 世紀においても続けられています。

> **⚠ キーポイント**
>
> *日本製品の高品質を支える要因として，QC サークルが注目され，海外でも普及している！*

5 多品種少量生産方式

5-1 脱ベルト・コンベア運動

大量生産方式は，1920 年代以降世界に普及し，豊かで便利な社会をもたらしました。しかし，1960 年頃より，既述の生産性のジレンマや大量生産方式の逆機能が社会問題となり，その対策が求められたのです。その 1 つの方向が，ヨーロッパを中心としたベルト・コンベア廃止運動でした。アメリカにおいては**労働生活の質**（Quality of Working Life）として，国際機関や各国の労働政策を巻き込んで展開されました。

この新しい方向は，広く，「**労働の人間化**」（Humanization of Work）と呼ばれています。そこでは，第 8 章で説明するように，ベルト・コンベアにおける単純な職務ではなく，より人間に適した職務を設計する方向がめざされました。単純な作業を創るのではなく，職務の範囲を拡大したり，「考える部分」も仕事に含めたり，チームで仲間と一緒に仕事をする方向が考えられ，また実行されたのです。しかし，労働をより人間に適したものにしようという理想のみでは，経済的機能を中心とした企業はその効率的な生産方式を容易に変更するものではありません。むしろ市場競争に適した新しい生産方式との融合の中で，新しい職務設計も受け入れられています。

5-2 携帯電話の生産方式

図 7-4 は，NEC 埼玉における携帯電話の組立工場において，1993 年に行った生産ラインの変革を示しています。従来の携帯電話組立ラインは，180 メートルの長いラインであり，1 日 2000 台を組み立てていました。図に示される

■ 図7-4　携帯電話組立における新旧ライン比較

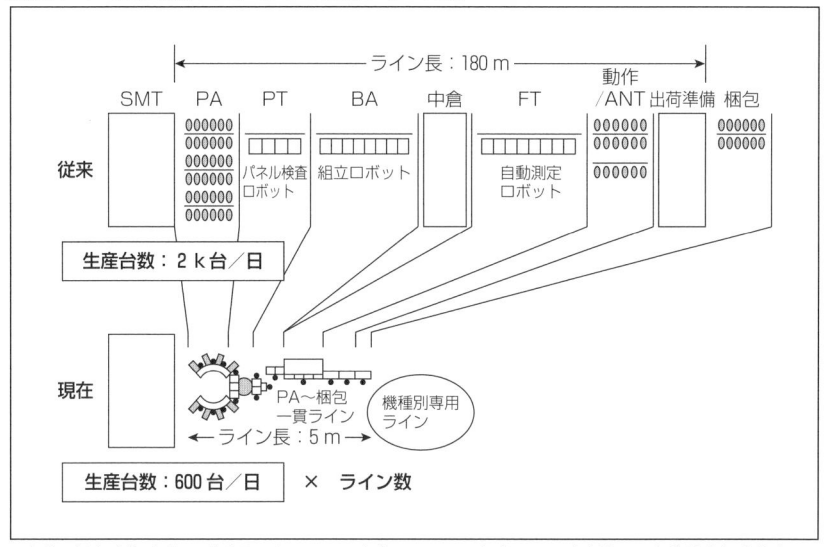

出所：信夫千佳子 [2003]『ポスト・リーン生産システムの探求——不確定性への企業適応』文眞堂，
　　　125 ページ。

ように，左部分の SMT（自動実装装置）で部品の 95 ％を組み立てた後，残りの
部品約 20 点をパネル点検ロボット，組立ロボットを使いながら自動的に組み
立て，検査のための自動測定工程，箱詰め工程などを経て，梱包されています。
それぞれの工程は専門化されており，各工程を 1 人の作業者が担当していまし
た。

　しかし，1994 年 4 月の携帯電話の販売自由化とデジタル・サービスの開始
により，市場は急速に拡大し，市場競争が激しくなりました。各社とも，製品
の小型化，軽量化，機能やデザインの高度化，低価格化，**製品ライフ・サイク
ル**の短縮化が経営課題になりました。工場の中では，無駄の排除，目で見る管
理，高品質，低コスト，**迅速性**，**柔軟性**をめざすと同時に，働き甲斐やモラー
ルを高めるための新しい生産システムに再編したのです。

　新しい生産システムでは，図 7-4 の下半分に示されているように，生産ライ
ンは 5 メートルに短縮され，生産量も 1 ラインあたり 1 日 600 台に縮小されて
います。短縮されたそれぞれの生産ラインは従来の作業工程自体はそのままで

すが，1つのチームに統合され，1つのラインで1機種の携帯を1日600台組み立てることになっています。このラインが5つあるので，この職場全体での1日の生産総量は3000台になります。

この新しい生産方式は**セル生産方式**と呼ばれています。**セル**（cell）は，言葉としては細胞，小さな部屋の意味であり，あるまとまった部品や製品を完成することができる生産の最小単位を意味しています。このセルは女性だけで構成され，作業者9名，リーダー1名，問題があったときに対応できるトラブル・シューター（trouble shooter）2名の計12名のチームです。

9名の作業者は，従来の6〜7つの職務を担当することができる多能工（☞第8章）になっています。また，チームとして1ラインの業績が表示されるようになっており，無駄を省き，コストを削減すれば，それが評価される仕組みになっています。1つのラインがあたかも1つの工場のように運営されています。

このように，携帯電話の生産では，T型フォードの場合とは逆に，生産ラインは短く，多様な機種の生産にも対応でき，製品の変更や生産量の調整が容易になっています。生産の変化に対応しにくいベルト・コンベアや自動倉庫などは，**固定費**が大きくなるため，撤去されています。**多品種少量生産**に適した生産方式であり，固定費の圧迫も少なく，生産の変化に柔軟に対応できる仕組みになっています。また，作業者の職務内容も複雑であり，チームとして自分たちで仕事の進め方を決められるため，仕事への興味も長く維持されようになっています。

5-3　チーム作業

多品種少量生産におけるセル生産方式では，NEC埼玉の事例に見られるように，職場がチームとして活動するようになっている場合が多いのです。もちろん，セル生産方式自体には1人での組立作業も含まれ，必ずしもチームのみではありません。しかし，多品種少量生産では，大量生産方式の職務設計原則である「1人1職務」の原則（☞第8章）はもはや適用されていません。

ある作業組織が**チーム**として作業しているか否かを判別する指標としては，①作業者の多能工化，②作業者の自由裁量の余地，③チームとしての一体性，④業績目標の共有と目標認識の程度，⑤監督者の役割が挙げられます。

　作業者の**多能工化**は，第8章でも詳しく述べられるように，作業者が，職場における職務の多くを担当できるようになることです。それにより，他の人が欠勤した場合でも職場を動かすことができ，生産量の変化に柔軟に対応することができます。

　作業者の**自由裁量の余地**は，仕事のやり方や作業手順などを自分たちで決めることができることです。それにより，自分の考えで仕事を進めているという自覚が作業者に出てきて，責任ある行動をとるようになります。同時に仕事の達成感や充実感を感じることができます。

　チームとしての一体性とは，職場の中で困っている人がいれば助けてあげたり，わからないことがあれば同僚に遠慮なくたずねることができたり，同僚との一体感を感じることです。心理的にもチームとしての一体感を感じることにより，安心して職場で働くことができます。

　業績目標の共有と目標認識の程度は，職場全体の目標をみんながよく認識しており，自分の目標のみにかかわらないことです。そこに職場の一体感が形成され，相互援助が促進されます。

　監督者がいないと作業が進まないのは，階層的な組織で，上司の命令のみで動いている職場です。チーム作業においては，作業者は自律的に仕事を行い，**監督者の役割**は，作業者が仕事に専念できる条件を整え，配慮することになります。

　このチーム作業は従来の大量生産方式のもとにおける作業のやり方とは根本的に異なるものです。大量生産方式のもとでは，職務は「1人1職務」の原則に基づいて設計されており，職場の人間関係は，チームというより**集団**という言葉に近いわけです。チームと集団を比較したのが表7-2です。

　従来の集団は階層的な組織構造（☞第8章）を前提としており，チームはフラットな組織を前提にしています。

　職務範囲を見ると，集団では職務範囲が狭く，単純な職務内容になっています。それに対し，チームでは多能工化しており，職場の中でも職務の数は少なくなっています。

　管理者の役割を見ると，集団において管理者は作業者に指示命令を出し，その結果を統制するのに対し，チームにおいては，管理者はコーチかファシリテ

■ 表7-2 チームと集団の相違点

	従来型の集団	チーム
組 織 構 造	階層的／個人	フラット／集団
職 務 範 囲	多数の狭い職務範囲	一つか二つの広い職務範囲
職務プロセス	管理者が計画，統制，改善	チームが計画，統制，改善
権 限	監督者が日々の活動を直接統制	集団的意思決定を経て，チームが日々の活動を統制
報酬システム	職務の種類，個人業績，先任権に連携	チームの業績と個人の技能の幅に連携
管理者の役割	指示／統制	コーチ／ファシリテーター
リーダーシップ	トップ・ダウン	チームで共有
情 報 の 流 れ	統制／限定	オープン／共有

出所：森田雅也［2008］『チーム作業方式の展開』千倉書房，94ページ。

ーター（facilitator, 促進者）の役割になっています。

　このように，チーム作業では，大量生産方式の場合とは異なる働き方になるのが大きな変化です。

5-4　スピードの経済性

　では，このセル生産方式やチーム作業ではどこに経済性の源があるのでしょうか。携帯電話は，種類が豊富であり，かつ値段も安くなっています。そのような製品を効率的に造る仕組みがセル生産方式でした。NEC埼玉の例で示したように，携帯電話の種類は豊富であり，次々に新しい機能をつけて新製品が市場に出されます。製品のライフ・サイクルは短くなり，同じ製品が2年も店頭に並ぶことがなくなっています。しかし，他方では，カメラ機能つきの携帯電話が爆発的な人気となることもあります。このように，今日の製品市場では，市場が不透明であると同時に，製品の型や機能が急速に変化しています。

　このように市場が不確定なところでは，新製品をいかに早く市場に出し，市場のニーズにいかに早く対応するかが収益を決める決定的な要因になっています。例えば，パソコンにしても，新しい型が売り出されて，ものの半年もしないうちに価格が半分以下になっていることがあります。顧客のニーズの変化にいち早く対応した会社がその市場の利潤の大部分を獲得することになります。これを**スピードの経済性**といいます。いわば「早い者勝ち」の原則です。これは20世紀において利潤の源泉であった規模の経済性とは異なる経済性と認め

られています。

　携帯電話の生産では，新しい機種を数人のセルでいち早く組み立てることができます。その製品が売れなくなれば，そのラインを解散し，別の製品に移動すればよいのです。その携帯がよく売れたとすれば，同じようなセルを他の職場から移動して作ればよいのです。これが製品や生産量への柔軟な対応であり，それが身軽にできるようにセル生産システムは設計されています。チームによる生産も，製品の種類や生産量に応じてチームの人数をスムーズに増やしたり減らしたりすることができるようになっています。設備の固定的な利用を避けるように仕組まれています。これが21世紀における生産システムです。

5-5　生産性と人間性の両立

　チーム作業では，スピードの経済性と同時に，作業者が人間としてもっている要素を実現しやすい状況を作っています。例えば，作業における裁量余地の拡大により，人間がもっている自己実現の欲求や社会的承認の欲求（☞第9章）が満たされる余地がベルト・コンベア・ラインの作業よりも大きくなっています。また，多能工化により職務の内容が多様化すれば，仕事を単に賃金や外的報酬のために行うのではなく，むしろ内発的動機づけに基づいて行うことになります。職務内容が多様化し，作業における「考える部分」も担当すれば，人間としてもっている能力を広く開発することになります。

　もちろん，賃金を多く得ることの方がより人間的な扱いであると考える人もいます。個人の価値観や生活条件の違いによって，仕事に求めるものは個々人で異なるでしょう。しかし，生活が豊かになり，生きるためにのみ働くという状況が薄くなれば，人間はより高次な欲求を満たそうとします。豊かな社会において働くことに充実感や満足感を求めるようになると，単に経済性のみを追求する生産システムは限界を露呈することになります。企業の社会的責任（☞第2章第5節，41ページ）が求められている今日，**生産性と人間性の両立**を生産システムについても実現することが重要になっています。

> 🔑 **キーポイント**
>
> 多品種少量生産方式においては，スピードの経済性を実現し，経済性と同時に人間性も両立させる方向が求められる！

■ 演習問題

① ベルト・コンベアに載って寿司が運ばれてくる「回転寿司」では，大量生産方式の職務設計が行われています。具体的にどのようにして寿司が安く食べられるようになっているかを観察してみましょう。

② レストランや銀行の職場を観察し，その職場がチーム作業の特徴をどの程度もっているかを測定してみましょう。チームとして働いているといえる特徴を見つけてみましょう。

③ チームでの働き方が人間にとって魅力的であるといえる理由を考えてみましょう。チームとして働くことの長所・短所を自分なりに考えてみましょう。

■ さらに進んだ学修のために

〔1〕 奥林康司［1991］『労働の人間化──その世界的動向（増補版)』有斐閣。

〔2〕 坂本　清［2017］『熟練・分業と生産システムの進化』文眞堂。

〔3〕 信夫千佳子［2017］『セル生産システムの自律化と統合化──トヨタの開発試作工場の試み』文眞堂。

〔4〕 原　拓志・宮尾　学 編著［2017］『技術経営』中央経済社。

〔5〕 藤本隆宏［2001］『生産マネジメント入門（Ⅰ）』日本経済新聞社。

第8章
社員は仕事をどのように分担しているのか
組織構造と職務設計

◆この章のねらい

　前章では，会社でどのように製品が造られているかの仕組みについて学修しました。ただ，製品を造るのは単に機械を動かしさえすれば自動的にできあがるというものではありません。会社で働く人がきっちりとその機械の動かし方を知っておく必要がありますし，そのためには誰がその機械を動かすのかをあらかじめ決めておかなければなりません。人が機械をきっちり動かして製品ができあがれば，今度はその製品を誰がどのようにして売っていけばよいかについて考えなければなりません。

　このように会社では，誰がどこの部署でどんな仕事につくかについての役割分担を，組織としてあらかじめ定めておくことが必要なのです。そして会社は，各自が仕事の分担を守って効率的にきちんと働いてもらえるよう，いろいろな組織的仕組みや工夫を凝らさなければなりません。前章で学修したモノ造りのための仕組みを機能させるためには，人を動かす組織的な仕組みを考えないといけないのです。

　この章では，このような組織づくりの基礎と，各自の仕事のあり方について学修することにしましょう。

◆この章で学ぶキーワード
　　◎組織　◎組織構造　◎分業　◎学習効果　◎調整　◎権限　◎管理の幅
　　◎職務設計

1 組織の仕組み

　これまでこのテキストでは，組織とは何かを明確に定義しないまま説明して
きました。第１章では，「人々が一緒に共通目的をもって働くところ」という
ような，やや漠然としたイメージで「組織」という用語に触れましたが，実は
この「組織」という言葉を正確に定義しようとした経営学者がいます。アメリ
カのバーナード（C. I. Barnard）という学者です。

1-1　組織とは
⑴　３つの要件
　バーナードは，**組織**（organization）を「２人以上の人々から成る，意識的に
調整された諸活動ないし諸力のシステム」であると定義しました。なにやら小
難しく聞こえるかもしれませんが，恐れるに足りません。要は，①１人だけ
ではなく２人以上の複数の人々が一緒に働いていること，②（組織のトップによ
る）意識的な調整，すなわち「見える手」による調整（☞第１章，14ページ）が
なされていること，そして③働く人たちが全体として統一的な目的をもち，そ
の目的達成へ向けて何らかの統一的な活動が行われていること，この３つの要
件をすべて満たした際に，その集団のことを「組織」と呼ぼう，というように
バーナードは定義したのです。つまり，図8-1で示すように，単なる人の集ま
りである「集団」（group）よりも「組織」の方がより限定的で狭い概念という
ことになります。人々がただ単に集まっているだけでは，集団ではあっても組
織であるとは呼べないのです。
　例えば，皆さんも知っているパナソニックやトヨタ自動車などの大会社は，
２人以上の人々が働いていて，社長が会社全体を自らの意思でもって意識的に
調整しようとしています。そして，パナソニックなら各種の電化製品の，トヨ
タ自動車ならいろいろな車種の自動車をそれぞれ生産し，消費者に提供すると
いう会社の共通目的をもっています。つまり，上記①〜③の３つの要件をすべ
て満たしますから，これらの会社は組織であるということになります。同じ理

■ 図8-1　集団と組織の関係

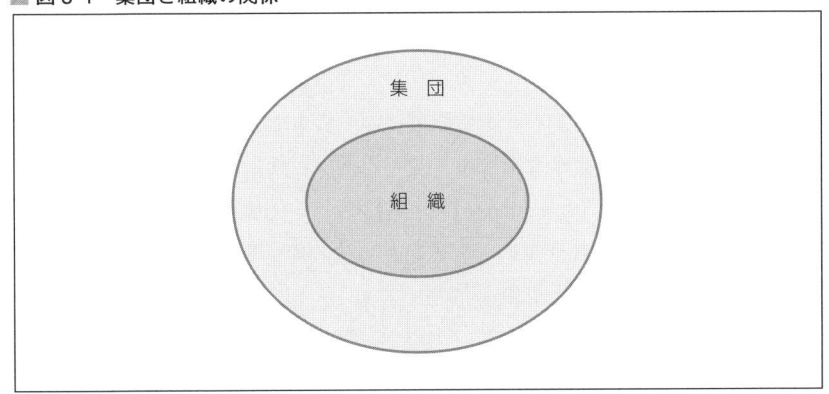

出所：筆者作成。

由から，規模があまり大きくない中小規模の会社についても，3つの要件をすべて満たす場合には，立派に組織であると判断できるわけです。要するに，このバーナードの定義によると，会社は（一人だけで経営しているごく例外的なケースを除き）すべて組織であるということになります。

(2)　いろいろな組織

　この定義をもとに考えると，社会の中には会社以外にもいろいろなタイプの「組織」がたくさん存在していることに気づかされるはずです。皆さんが住民票をとるときに行く市役所も組織ですし，病気やけがをしたときにお世話になる病院もまた組織です。市役所には市長というトップが自らの意思で指示を出し，市役所職員を動かすことによって日々の業務を遂行していますし，病院ではトップである院長が病院職員を動かし，患者のけがや病気を治すという共通目的を有しています。

　あるいは，同様の理由から，皆さんが学んでいる大学も組織ですし，皆さんが大学で所属しているクラブやサークルもまた組織であるといえます。大学では大学のトップである学長が，教育や研究といった目的達成のために大学職員を動かしていますし，野球部では，トップである部長が（「監督」の場合もありますが）試合に勝つという目的のために誰をどこのポジションにつけるか，普段どんな練習をすると強くなるのかを考え，部員のみんなを動かすのです。

　このように考えてくると，組織には実はいろいろなレベルがあり，多くの場合，大きな組織の中に小さないくつかの組織が含まれていることがわかると思います。例えば，皆さんがアルバイトをしている職場は，明らかに大きな会社の中の一部分ですが，アルバイトの職場そのものも1つの組織であると考えることができるわけです。なぜなら，アルバイトの現場には，バイトの人たちを統括する担当者（リーダー）がいるはずですし，その担当者の指示のもとでみんなは動くことになるからです。大学も1つの組織ですし，大学の中にある野球部もまた1つの組織であるわけです。

　では，「組織」とは何かについてさらに別の角度から考えてみることにしましょう。そのためには，逆に「組織」であるとは呼ぶことのできない集団は具体的にどのような集団なのかを考えてみれば，さらによくわかるはずです。ごく一例を挙げると，例えば，皆さんはよく，バス停でバスが来るのを待って列をなしている人の集まりを見かけることがあると思いますが，あの人たちの集まりは，単なる集団であって組織ではありません。なぜでしょうか。上記①〜③の要件を満たすかどうかで判断してみてください。

　まず，①の「2人以上の人々」という条件はひとまず満たせるはずです。②の「意識的な調整」と③の「目的をもった諸活動」についてはどうでしょうか。バス待ちの列は，誰かトップにあたる人がいて，その人がきちんと列をなして並ぶように調整を施しているわけではありません。また，その集団メンバーで，何かしらの作業をすることを通じ「活動」をしているわけではありません。ですから，バス停でバス待ちをする人たちは，単なる集団であって組織ではない，といえるのです。図8-1でいうと，「集団」の円の内部だけれども「組織」の円よりは外に位置するのが，バスの停留所に並んで待っている人たちなのです。

1-2　組織での役割分担

　人々が集まって，トップの指揮のもとで何らかの目標へ向けて活動している集団が組織であると述べましたが，この組織で共通目的の達成へ向けて協働している人々の間には，一定の役割分担があるのが普通です。例えば，野球部で試合に勝つという共通目的の達成のために協働している選手たちの間には，A君はピッチャー，B君はファースト，というような守備の分担があります。そ

して，通常この分担はある程度固定的です。A 君は昨日ピッチャーだったけれど，今日はキャッチャー，明日はファースト，というような分担を普通はしません。

実は会社組織の場合も同じです。A さんが，ある会社の製造部門のある職場で働いていた場合，明日は販売部門で働く，その次の日は人事部門で働く，というようにはなりません。A さんはいったんある職場で働くことになれば，少なくとも一定の期間は継続してその職場で働き続けることになります。決まった役割分担のもとで継続的に協働作業に従事するという仕組みは，多かれ少なかれどの会社組織でもとられている仕組みなのです。

このように，組織で仕事をする際にある程度まとまった一定の期間，同一の役割分担に継続して従事することを，少し難しい言葉を用いて表現すると，組織には「構造」があるという言い方をすることがあります。そして，この一定の期間続く役割分担の仕組みのことを**組織構造**という言葉で呼ぶ場合があります。

⑴　構 造 と は

日常用語でも，ある程度長期にわたって，いくつかの部分（要素）が組み合わされて全体として動いている仕組み，すぐ変わるのではない仕組みのことを表現するのに「構造」という用語が使われています。

例えば，自動車を運転したことのある皆さんは，車のボンネットを開けて内部のエンジンの「構造」を覗いてみた経験があると思いますが，車のエンジンは，技術的にいうと，シリンダ内のピストンと空気の出入りを制御するバルブとで運動エネルギーを作り出し，ガソリンの燃焼によってその運動エネルギーを効率よく回転エネルギーへと変換することによって動いています。このような仕組みを，車のエンジンの「構造」と呼ぶわけです。シリンダとかバルブ，ピストンといった機械の構成部分や，あるいはガソリンとか空気とかの物質の諸要素が組み合わされることによって，エンジンが動くという結果が生じるわけです。このエンジンの構成要素それぞれの働きによってエンジンが動くというメカニズムそれ自体は，構成要素のいずれかが故障することがない限り，ずっと長期にわたって継続します。ですから，これをもってエンジンの構造，というように呼ばれるわけです。

　また，皆さんが普段使っているパソコンにも「構造」があります。パソコンの内部を覗いてみれば，コンピュータの心臓部にあたるCPUや回路が組み込まれたボード，情報を記憶させておくハードディスク，外部媒体を読み書きする際に必要な各種ドライブなどが所狭しとひしめいています。これら内部のさまざまな部品に，キーボードやディスプレイ，マウスなどといったパソコン外部に備わっている部品とあいまって，パソコン全体の「構造」が形作られているわけです。それぞれの部品には，CPUは演算処理をする，キーボードはパソコン使用者がキーを打ち込む，などといった個々の役割（機能）が備わっていて，それらが全体として統一的にそれぞれの役目を果たすことによって，パソコンという全体がきっちり動き，意味をもつわけです。このようにパソコンでもそれを構成する各種部品はそれぞれ固有の役割があり，パソコンはこれらの部品に何らかの不具合が発生しない限り，半永久的にきちんと動き続けます。こういったそれぞれの構成要素がきっちり何らかの役割をもって全体を支えている仕組み，簡単には変わりにくい仕組みのことを指して「構造」という用語が使われるのです。

(2)　社会にも構造がある

　あるいは，この「構造」という用語は社会的な情況でも用いられる場合があります。例えば，小泉純一郎というカリスマチックな総理大臣が2000年代初期に活躍していたのを皆さんもご存知と思いますが，彼が政治課題として掲げていた構造改革は，「官から民へ」とか「中央から地方へ」といったキャッチフレーズで呼ばれていました。これは，わざわざ国（中央政府）が乗り出さなくても民間や地方にできることはなるべく民間や地方に任せることで，国のおカネ（財政）を節約しようという発想のもとで行われています。このような動きが“構造”改革と呼ばれるゆえんは，これまで長らくの間，わが国の中央政府が民間に対し（……この中央政府とか民間とかが「要素」に当たります）いろいろな規制をかけ続けてきた「構造」，変わりにくかった社会の「構造」を大胆に変革しよう，という意味が込められているからなのです。

　要は「構造」という用語は，ある程度の長期間にわたって，いくつかの構成要素（部分）が組み合わさって形作られている関係のあり方を指す，ということです。構造のないところには決まりがなく，無秩序で混沌としていますが，

■ 図8-2　構造がないところとあるところ

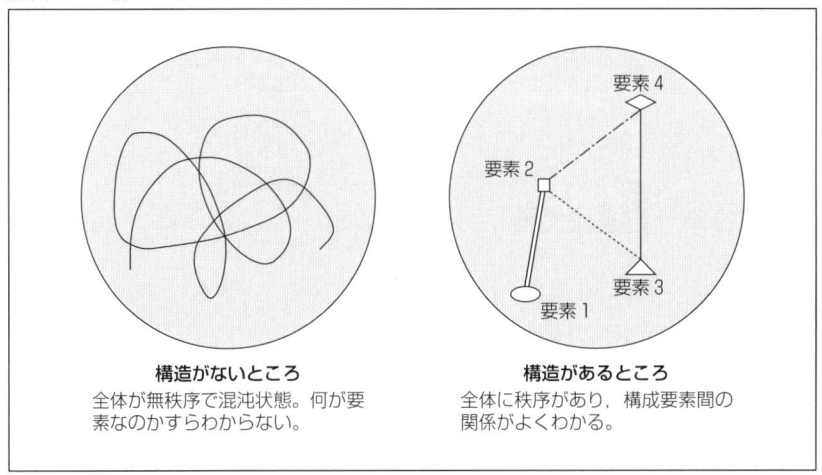

構造がないところ
全体が無秩序で混沌状態。何が要
素なのかすらわからない。

構造があるところ
全体に秩序があり，構成要素間の
関係がよくわかる。

出所：筆者作成。

　構造があるところには，何が全体の構成要素となっているのかが明瞭にわかり，
それらの構成要素が作り出す関係も一定に決まっている，というのがミソです。
このことは図8-2で模式的に示されています。

　ここでのポイントは，「2人以上の人々から成る，意識的に調整された諸活
動ないし諸力のシステム」である組織にも，歴とした「構造」があるんだ，そ
ういった組織における構造のことを組織構造という用語で呼ぶんだ，というこ
とです。より具体的には，組織構造とは組織での役割分担，つまり分業のこと
を指す，と考えてもらってもとりあえずは差し支えないでしょう。誰がどのよ
うな仕事をするかという分業（研究開発，生産，販売，等々）が，会社組織とい
う構造の要素にあたるのであって，組織のトップにある社長がそれぞれの分業
の間を調整しながら会社組織全体をうまく動かしていこうとしている……第1
章でも学修したようにこれが「会社を経営する」ということの具体的な意味合
いであるといえます（☞第1章2-2項，4ページ）。

　では，会社組織では，実際にどういった形で分業と調整が行われるのでしょ
うか。次の第2節・第3節で学修することにしましょう。

> **⚬━ キーポイント**
> *組織には目的があり，その目的達成のためには構造が必要である！*

2 役割分担を決める：分業

　先に述べたように，**分業**とは全体として大きな仕事をいくつかの部分作業に分割して効率よく仕事ができるようにすることです。組織には組織目的の達成へ向けて実にたくさんのステップがあって，そのそれぞれにおいて非常に多くの仕事がなされなければなりません。このように，組織全体として多くの遂行すべき仕事を，組織で働くそれぞれの従業員の間で分担し，各人が果たすべき役割を決めることを分業と呼ぶわけです。

　例えば，製造業の会社では，製品を造って売ることによって利益を上げていますが，どのようなモノ造りをするべきかの研究開発をする役割，実際に製品として作り上げる役割，作った製品を販売する役割——この3つが最低限必要になってくるはずです。そのそれぞれのステップ（研究開発，製造，販売）が製造業での基本的な役割（この役割のことを**職能**と呼びます。☞第5章2-1項，103ページ）で，会社組織全体としてみれば，仕事・役割上の分業をすることによって組織目的を実現しているということになるわけです。

　これらの基本職能は，それぞれさらに細分化することができます。例えば，製造という職能はさらに試作や製造計画，製造作業，品質管理などのより細かな仕事に分割することが可能です。このように，細分化された上で各従業員に割り当てられた仕事のことを**職務**（job）と呼び，分業とはこれらの個々の職務を誰が担当するのかを組織全体として決定することを指すのです。

　たったいま，会社組織で「分業をすれば効率が上がる」ということについて説明をしました。では，そもそもなぜ仕事を分業することによって効率が上がっていくのでしょうか。これは，わかっているようでいて，実はきっちり説明しようとすれば難しい問いです。以下で，分業をすれば効率が上がるメカニズ

ムについて説明をしましょう。

2-1　分業すると作業に慣れてくる

　組織は従業員の間で仕事を分担し合うことによっていくつかの重要なメリットを得ることができます。

　経済学の創始者とされるスミス（☞第2章，31ページ）は，ピン製造のプロセスを観察し，分業には次に挙げるような3つのメリットがあると述べています。すなわち，①各労働者が道具や場所を変える際に必要となる作業の中断が分業によって不要になること，②割り当てられた特殊な作業のみに専念することによって労働者による作業の熟練度合いが高まること，そして③分割された特殊な部分作業専用に単純化された労働用具の開発・改善が促進されること，この3つのメリットです。

　このうち①は，分業することによって各人が担当すべき作業が1つになれば，その作業のみに専念することができ，分業していなければ必要であるはずの作業場所・作業道具等の変更に必要な段取り換え作業にかかる時間と労力の節約が可能になることを指しています。作業を交代すれば，どんなに急いで交代しても時間のロスがありますし，手間もかかりますが，ある特定の従業員がずっと固定的にその作業を専門的に行えば，そういったロスもなく手間もかかりません。

　②のメリットは，従業員一人ひとりに委ねられる仕事の範囲が狭くなることによって，長期的な技能向上が見込める，ということを指しています。このように，時間をかけて同じ作業に従事することで成果が上がっていくことを**学習効果**（learning effect）と呼びます（「習熟効果」と呼ばれる場合もあります）。

　また③のメリットは，分業によって個々の部分作業が単純化されますから，そのことを通じ，そのそれぞれの作業を遂行するための特殊な道具・機械が発明されやすくなるという現象を指しています。作業が単純化されればされるほど，人間の手を介さなくても済む道具を用いた作業が多くなるはずですから，組織構成員の間でそのための道具を開発しようという気運が高まるということです。

　スミスの著した有名な『国富論』という書物では，このように作業を分割す

☕ コーヒーブレイク | **命令する人と従う人**

分業は研究開発，生産，販売といったプロセス（横レベル）においてだけではなく，組織の上下（縦レベル）においても行われるべきだと主張した人がいます。それは，課業管理の原則を編み出したテイラーです。

テイラーによると，作業現場で働く人たちは，いっさい頭で考えることなく体を動かして作業だけに専念できるようにすべきであり，そのために組織は「計画部」という部署を作り，その計画部にいっさいの管理的業務を任せるべきだと主張したのです。第7章でも学修したように，計画部では，すべての作業員の作業に対して時間研究により課業を決定すること，生産上の計画立案のすべてを担当すること，作業には何が必要であるか分析し，現場では何が不足しているかの情報を常時把握すること，などの機能を果たさなければいけない，とテイラーは指摘しています。

このように計画部という部署の設置によって，現場の労働者から計画的・頭脳的な仕事のすべてを取り除いていって，それらを計画部に集中すべきだと主張したのです。いわば頭を使う人（＝命令する人）と体を使う人（＝命令に従って作業する人）とを明確に区分し，その人たちの間でもきっちり役割分担をしないといけない，と主張したのです（☞第7章2-2項，150ページ）。

こうした組織の縦方向における分業は，論者によっては「**精神労働と肉体労働の分離**」とか「**構想と執行の分離**」などと表現される場合もあります。

(F. W. テーラー 著，上野陽一 訳編［1969］『科学的管理法（新版）』産業能率短期大学出版部)

ることを通じて作業労働の効率が格段に増大し，それが国全体に拡がっていけばその国の国民全体が豊かになるだろう，というように描かれています（☞第2章2-2項，30ページ）。

したがって，スミスの考え方によると，分業によるメリットを最大限に得られるような組織構造とは，①段取り換えが必要となりそうな，違った種類の作業との切れ目の箇所で仕事を細かな要素作業へと分割しておき，②その個々の要素作業に一人の労働者を長く従事させることによって学習効果を高め，③作業を確実に仕上げて期待していた成果を得るため，できれば人間の手によるのではなく，道具や機械を導入できるように準備しておく，ということになるはずです。

　実は，前章で学んだテイラーによる課業管理の原則（☞第 7 章 2-2 項，150 ペ
ージ）にも，スミスによるこのような分業の基本的アイデアが息づいているこ
とがわかると思います。労働者の一連の動作をストップウォッチで測定して要
素作業に細かく分割し，そのそれぞれを別個の労働者に従事させることで無駄
をできる限り省いていこうとするテイラーの発想法は，まさにスミスの分業論
そのものの具現化といっていいでしょう。

2-2　分業すると人件費を節約できる

　スミスが主張した分業のメリットに加え，分業のもう 1 つ重要なメリットを
発見したのがバベッジ（C. Babbage）というイギリスの学者です。バベッジは，
くぎを作っている工場の作業プロセスを綿密に観察した結果，分業することに
よって得られる人件費節減効果に特に注目しました（賃金は，会社サイドから見
れば従業員に対して支払わないといけない費用なので人件費ともいいます）。つまり，
仕事全体を一人の作業員に遂行させる代わりに，異なる程度の技能が必要ない
くつかの要素作業に分割し，そのそれぞれを複数の作業員に分担させることに
よって，作業員の技能の程度に応じて支払うべき賃金を変更することが可能で
あるというように主張したわけです。

　例えば，いま一人の熟練作業員がある仕事に従事しており，その仕事は A，
B という 2 つのプロセス（要素作業）から構成されているものと仮定しましょう。
図 8-3 を見てください。この 2 つのプロセスは，それぞれ異なった技能を必要
とすると考えてみてください。作業 A は高い熟練度を要する困難な作業ですが，
作業 B は低い熟練度でも可能な容易な作業であるというように仮定しましょう。
この熟練作業員は，分業をしていない場合なら，高度な熟練技能を有していな
ければこの仕事は務まりません。なぜなら，作業 A の部分をこなすには高度
な熟練技能を作業員が有している必要があるためです。分業していない場合に
は，図 8-3 の左側の図で示したように，仕事全体の中にやさしくて熟練技能が
不必要な作業部分と，難しいために熟練技能が必要な作業部分とが，いわばご
ちゃ混ぜ状態になっているのです。

　ところが，この仕事をこの熟練作業員に代えて，A, B それぞれの要素作業
ごとに別の作業員が行うことにすれば，すなわち，この図の右側のように分業

■ 図8-3 分業しない場合とする場合

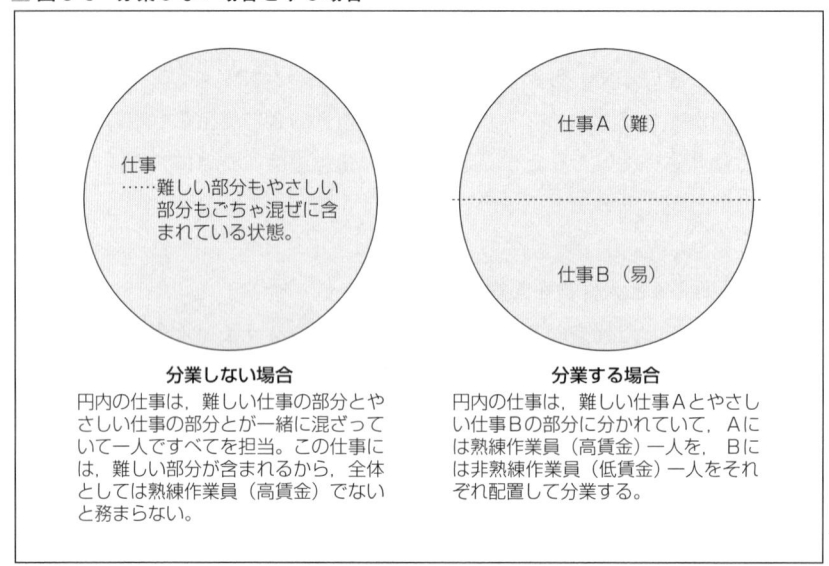

分業しない場合
円内の仕事は，難しい仕事の部分とやさしい仕事の部分とが一緒に混ざっていて一人ですべてを担当。この仕事には，難しい部分が含まれるから，全体としては熟練作業員（高賃金）でないと務まらない。

分業する場合
円内の仕事は，難しい仕事Aとやさしい仕事Bの部分に分かれていて，Aには熟練作業員（高賃金）一人を，Bには非熟練作業員（低賃金）一人をそれぞれ配置して分業する。

出所：筆者作成。

することにすれば，どうなるでしょうか。作業Aには高い熟練が必要なので，高度な熟練技能を有する作業員が従事する必要がありますが，作業Bには，低い熟練技能しか有していない非熟練の作業員でも十分な成果を上げることができるはずです。

　賃金を支払う会社サイドからすれば，作業Aを担当する熟練作業員には高い賃金を支払う必要がありますが，作業Bを担当する非熟練工には，相対的に低い賃金を支払うだけで済ませることが可能になります。したがって，仕事全体を2つの要素作業に分割することによって，会社が支払わなければならない賃金は，分業する以前よりも低めに抑えることができ，その意味においてより効率的（人件費を節約できる），ということになるわけです。そして，この分業による人件費節減効果は，論理的には，仕事に必要とされる技能が高ければ高いほど大きくなるはずです。

　このように，仕事を分割することによって，作業員を雇う際に能力の多様なより多くの候補者が得られ，支払い賃金の総額を節減できる効果のことを，バ

ベッジが考案したことから**バベッジ原理**と呼ぶことがあります。要は，会社が有能な熟練作業員のもっている能力を誰しもができる単純作業から解放することで，高度な熟練技能の必要な製造工程のみに集中的に活用でき，またその浮いた分の人件費を節約できるので，組織全体の効率を向上させられる，というのがバベッジ原理のエッセンスなのです。

> **⚷ キーポイント**
> *種々雑多な仕事を分業することによって作業効率が上がる！*

3 分割した仕事の間を調整する

　第2節で学修したように，分業とは仕事をキリのいいところでいくつかの要素作業へ分割することでした。「分業と調整」という場合の**調整**とは，分割された仕事の間を，組織全体としてうまく機能するように取りもつことです。

　例えば，いくらヒットした製品でも，時代が変わり売れなくなってきたなら，会社は別のまたよく売れる製品を造って売らなければいけないことになります。販売部門内では「この製品は以前ほど売れなくなった」ということがわかっているのに，その情報が生産部門に伝わらなければ，売れなくなってしまったかつてのヒット製品をずっと造り続けてしまうという無駄が発生してしまうことになりかねません。生産部門と販売部門という区切られた分業関係の間で「調整」を施すことが必要になってくるのはこのためです。

3-1　コミュニケーションを取り合う

　調整には，いくつかの具体的な方法が考えられます。いちばん素朴で簡単な調整方法は，当事者どうしで互いにコミュニケーションを取り合うことでしょう。上記の例だと，生産部門と販売部門との間でコミュニケーションを定期的に取り合い，販売部門が「最近はこのヒット製品は売れなくなってきた」と生産部門に伝達し，生産部門がその製品の生産を抑制すればいいわけです。

　ただし，このコミュニケーションを取り合うという方法は，少人数のサーク
ル活動など，組織の規模が比較的小さな場合には有効に機能しますが，組織規
模が大きくなるにつれ，次第に困難になっていきます。組織規模が大きくなる
につれて伝えなければいけない情報量が飛躍的に増大し，どこの部署の誰がど
のような情報を必要としているか，またどのようなタイミングで伝達したらよ
いか，組織全体を見た上で調整する仕組みが必要になってくるからです。組織
全体を見た上での調整ということになると，当事者どうしのコミュニケーショ
ンのみに依存した調整方法ではやはり限界があります。

3-2　権限関係を決める

　大規模組織の場合には特に，分割された個々の仕事の間をうまく調整する作
業が不可欠になってきます。大規模組織における仕事の調整には，まず細分化
された仕事，役割の間の指揮命令系統（☞第1章，5ページ）をきっちり定め，
誰が誰に命令する権利を有するかを決めなければなりません。このように，組
織上の職務を遂行させるために命令を発することができる権利のことを**権限**と
呼びます。

(1)　部 門 化

　指揮命令系統を定め，誰が誰に権限をもっているかを決めるには，分業によ
って細かな役割分担へと細分化された人々を，そのそれぞれの仕事の役割間の
関連を考えながらグループにまとめることがまず必要となります。このグルー
プにまとめることを**部門化**と呼ぶ場合もあります。いったん分割された別々の
作業であっても，分業を続けていくうちに，互いに関係のあることがわかって
きた仕事どうしは，一緒のグループで互いを見ながらやった方が効率は上がり
ますから，部門化が必要になってくるわけです。

　通常，1つのグループには一人の管理者が置かれ，その管理者がグループを
統括して仕事の調整を行います。組織の規模が大きくなると，当然にこのグル
ーピングの数も増大することになります。まずいくつかの役割が1グループに
まとめられ，それがさらに大きなグループへとまとめられるわけです。こうし
て組織は階層的に組織されることになるのです。より上位の階層にある人（上
司）が，より下位の階層の人（部下）への権限を有することになります。

⑵　集権化，分権化

会社組織の中では実にさまざまな意思決定が行われ，その意思決定すべてを一人の人間，つまり社長が行うことは，経営者の仕事量が大きくなりすぎてしまって非効率です。ですから，非常に重要度の高い戦略的な意思決定はトップクラスの経営者が行う必要がありますが，それ以外の意思決定については，その重要度に応じて，組織のより下位に委譲した方が望ましいということになります。この場合，何が重要であるかという判断は組織によってさまざまで，その認識いかんに応じて，意思決定権限をできるだけ組織階層の上位に集中しておくか，あるいはできる限り多くの意思決定権限をより下位に委譲しようとするかが決まってくることになります。前者のように，できる限り多くの意思決定権限を上位に集中することを**集権化**（centralization）と呼び，後者のように，なるべくそれらを現場に委譲しようとすることを，権限が分割されているという意味で**分権化**（decentralization）と呼びます。

一般的に，集権的な組織は，分業の調整という観点からは，組織階層のより上位に位置する比較的少数の人間によって意思決定がなされますから，組織全体の調整を行いやすいというメリットがあります。しかし，このような集権的組織で，多くの意思決定事項を抱えているような場合には，意思決定に時間がかかりすぎて，かえって非効率です。また，実際に意思決定を下すトップの人間は，現場の情報を十分に入手できないために，意思決定の質が低下したり，あるいは意思決定に参画できない現場の従業員にはやりがい感（モチベーション ☞第 9 章，209 ページ）が低下したりといった問題が発生することになりかねません。

逆に，分権的な組織においては，意思決定のスピードが速く，現場作業員の参画意識を高めることができるというメリットをもっていますが，組織全体の調整はやりにくくなるという欠点を有しています。したがって，組織を設計する際には，どの程度，意思決定権限を組織の下位に委譲するかという判断が非常に重要になってくるわけです。

⑶　ピラミッド組織，フラット組織

意思決定権限を上位集中するか下位委譲するかの程度を決める際に重要な点は，一人のマネジャーが管理できる部下の数には限界があるという事実です。

マネジャーも人間で，人間の認識や情報処理能力には限界がありますから，マネジャーがきっちりと分業間の調整を行おうとすれば，その人数を際限なく大きくすることは非効率です。このように，一人のマネジャーが管理することのできる部下の人数のことを**管理の幅**（または「統制範囲」，スパン・オブ・コントロール，span of control）と呼びます。一般に，適正な管理の幅として何人程度がよいかにはさまざまな説があり，仕事の種類やマネジャーの個人的能力も関わってきますので一概にはいえないのですが，会社ではおおむね 10 人前後が妥当な人数であると考えられています。皆さんの経験上も，例えばサークル活動をする際に，だいたい 10 人くらいずつの班のようなまとまりができているケースが多いのではないでしょうか。

　管理の幅が広いと，マネジャーの数を少なくできるというメリットがありますが，他方で個々の部下の行動を十分に把握できなくなり，調整が困難になるという欠点が出てきます。逆に，管理の幅を狭く設定すれば，部下の監督は十分に行うことができますが，その分多くのマネジャーが必要となり，調整コストが増大するという欠点があります。また，組織全体の管理の幅を狭くすると，相対的に縦長の**ピラミッド組織**（階層組織）ができあがりますし，逆に管理の幅を広くとると，相対的に背の低い横広の**フラット組織**が形成されることになります。このピラミッド組織とフラット組織の形状を模式的に図示したのが図8-4 です。

　ピラミッド組織には，階層の末端に至るまで綿密な管理をすることができるというメリットがありますが，図8-4 に示されているように，マネジャーの数が多く意思決定に時間がかかるというデメリットがあります。逆に，フラット組織はマネジャーの数が少なく，現場からトップまでの距離が短いため意思決定速度が速いというメリットがありますが，トップの統制が末端の従業員まで行き届きにくいというデメリットもあります。

　また，一般に，ピラミッド組織の末端で働く作業員は，分業の程度が高く，ごく限られた範囲内での仕事にしか携わっていないため，仕事上のやりがい感が下がりやすいといわれています。情報の流れも，上からきた情報をそのまま下に伝達するだけの場合が多いですから（こういう情報伝達の仕方をトップ・ダウンないし上意下達と呼びます），上司からいわれるとおりに仕事をこなすしかあり

■ 図 8-4　ピラミッド組織とフラット組織

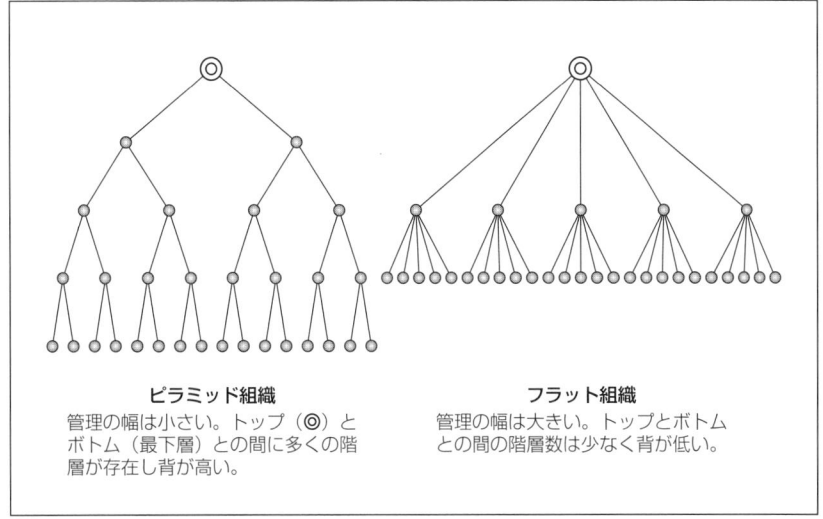

ピラミッド組織
管理の幅は小さい。トップ（◎）と
ボトム（最下層）との間に多くの階
層が存在し背が高い。

フラット組織
管理の幅は大きい。トップとボトム
との間の階層数は少なく背が低い。

出所：伊丹敬之・加護野忠男［2003］『ゼミナール経営学入門（第 3 版）』日本経済新聞社，267 ページ
　　　に加筆修正して筆者作成。

ません。これに対し，フラット組織では，分業の程度はそれほど高くなく，末
端の作業員でも仕事のやりがい感が湧くと，一般的にはいわれています。

　また，フラット組織の作業現場においては，分業の程度が低いチーム型の作
業組織がとられることがよくあります（☞第 7 章 5-3 項，166 ページ）。仕事を
個々人ごとに細かく分担するのではなく，チーム全体として目標を達成すれば
よく，個々人がどのような仕事を分担するかはチーム・リーダーを中心にその
都度柔軟に決めればよいのです。最近では，情報技術革新やグローバル化の進
展に伴って経営環境の変化がますます激しくなり，その変化のスピードも飛躍
的に速くなりつつありますから，意思決定に時間がかかるピラミッド組織の階
層を減らし（**フラット化**と呼びます），フラット組織に変更しようとする会社が
増えてきています。

　実は，組織をフラット化せずにピラミッド組織のままでも仕事のやりがい感
を向上させるような仕組みがいくつか考えられるのですが，その点については
後ほど第 4 節で学修することにしましょう。

3-3 公式を作っておく

　直接コミュニケーションを取り合ったり権限関係を決めたりする以外に，もう1つ重要な調整の仕組みとして挙げられるのが**公式化**の程度を決めることです。ここでいう公式化とは，組織である一定の状態・問題が発生した場合に人々がとるべき行動をあらかじめ定めておくことです。つまり，Aという状況が発生すれば，Bのように決定し行動するという規則や手続きを，あたかも数学の公式のように事前に定めておくことが公式化です（公式のことをプログラムともいいますから，公式化は「プログラム化」とも呼ばれます）。通常，公式化の具体的内容は職場の規則集という形で文書化されていたり，あるいはどの職務はどういうことをするのか，といったことが書かれた職務分掌規程・標準作業手続きという形で文書化されていたりします。

　この公式化の程度が高いと，管理者による調整は少なくて済み，組織全体としての調整にかかるコストは削減することができます。なぜなら，あらかじめどのように行動すべきかが定められていると，いちいちどういった行動をとらなければいけないのか考えずに済みますし，また敢えて上位の管理者が介入しなくても従業員自身で自ら仕事の調整をすることができるからです。

　一般的にいって，事前に想定が可能で，しかも日常反復的に発生する事態に関しては，あらかじめそれに対応するための行動プログラムを準備しておくと便利です。皆さんも，日常生活のさまざまな局面において，ある程度事前予測が可能な現象については，無意識のうちにさまざまな“公式”を準備していることが多いはずです。例えば，雨の降った日には一台早めの電車に乗って大学に通う，アルバイトが入った日の帰り道には駅前のコンビニに立ち寄る，などのように，自分なりに決めごと（公式）を作っている人も多いことでしょう。

　しかし，環境の不確実性が増し，事前には想定できないような不測の事態が多く発生するようになると，組織のすべての行動を公式化し行動プログラムを定めておくことは，ほとんど不可能になります。したがって，通常，環境が安定的な場合には公式化の程度は高くなり，逆に不確実な環境のもとでは公式化の程度は低くなる，ということがいえます。

　公式化は分業の調整にかかるコストを低く抑えるという効果をもつのですが，あまりにすべての事象について公式化してしまうと，かえって逆効果になって

☕ コーヒーブレイク	最も効率的な組織構造は？

　大規模化し複雑化した組織は，いったいどのようにすれば最も効率的に経営できるのでしょうか。この問題について研究した有名な学者がいます。20世紀初頭に活躍したマックス・ウェーバー（M. Weber）というドイツ人学者です。

　ウェーバーは，そのような巨大組織を管理運営するためには**官僚制**（bureaucracy）という巨大精密機械のような機構が必要であると主張しました。官僚制の特徴として，ウェーバーは，①規則に基づいた職務遂行，②職務細分化と命令権限の付与，③階層型の職務構造，④専門家による規則運用，⑤業務遂行にあたる管理スタッフの存在，⑥職位の占有の禁止，⑦文書による命令と職務執行管理，などの要素を挙げています。これらの特徴は，「ピラミッド組織」のもとでの組織運営の特徴と非常によく似通っていることがわかるでしょう。

　この官僚制というシステムのもとでは，組織の下位の者は上位管理者が発した命令に服従する（支配される）ことが"正当"なことであると考えられています。なぜなら，形式的に正しい手続きにのっとって法律が制定され，この法律に基づいて，上位管理者には"権力"を行使する公式的な権限を与えられたというように解釈されるためです。ウェーバーはこのような支配の体制を「合法的支配」と呼び，非凡な資質を有したカリスマによって支配される「カリスマ的支配」や，古くから行われてきた伝統の神聖さのみに依拠した「伝統的支配」から区別しました。

　官僚制が行き過ぎると，形式的合理性が過度に強調され，外部環境適応への柔軟性を欠き，また組織内部での人間疎外を引き起こすことになり，かえって非効率的・非合理的な組織運営になってしまうため（このことを「**官僚制の逆機能**」といいます），注意が必要です。

（M. ウェーバー 著，世良晃志郎 訳［1970］『支配の諸類型』創文社）

しまうこともあります。過度の公式化は，公式化された規則や手続きが厳格に適用されますから，その遵守のみが重んじられることになりがちで，その規則や手続きの精神が忘れられてしまったり，時間の経過とともに細部の規則や手続きが複雑化していったりという問題が発生しやすいといわれています。また，過度に分業しすぎてしまった場合と同じように，人々は考えることなしに公式化された行動プログラムにしたがって行動をとることができますから，仕

事に無気力になったり，モチベーションを喪失してしまったりという結果を招いてしまう場合も多いようです。ですから，組織を設計する場合には，どの程度，またどのような事象が生じた場合に行動プログラムを定めておいたらいいのかについて慎重に決めておかなければなりません。

> ⚷ キーポイント
> 　分割された個々の仕事は，組織全体を見て調整しないとうまくいかない！

4　仕事の効率を上げるには

4-1　分業の行き過ぎ

　第2節で，仕事は区切りのいいところで分割し，それぞれ別個の従業員に担当してもらうことで作業の効率が上がることを学修しました。では，仕事は区切りのあるところでできる限り細かに分割すればするほど，組織全体の効率が上がっていくのでしょうか。実は，そうではないのです。純粋に作業の効率という観点のみでいえば，この「分ければ分けるほど効率が上がる」という考え方は正しいのですが，そこには実際に作業をするのが生身の人間であるという事実が抜け落ちてしまっています。

　人間は，あまりに細切れに分割された，自分にとって意味のわからない作業ばかりをやらされると，つまらなくなってモチベーションを維持できなくなってしまいます。あまりに細かく分割された仕事に作業員が長期にわたって従事していると，作業員自身が何をしているのか自分でわからなくなり，仕事へのやる気や情熱，モチベーションが低下してしまうという問題点が，分業にはあるのです（☞第7章3-6項，158ページ）。

　スミスの主張するように，段取り換えコストが不要になるよう細かく分業すればするほど，作業員はまったく同一の非常に単純な作業に長期間従事することになります。作業をするのに，まったく何も考える必要がなく，単に手を同

じように動かしていれば自分の仕事は終わりなのです。このような状況で，仕事にやりがい感が生まれるわけがありません。つまり，やる気がなくなってしまうという意味で，過度の分業はかえって組織全体の効率を下げてしまうことになりかねないのです。「分業は効率を上げる」という命題は，工学的・エンジニアリング的発想では正しくても，こと人間社会を研究対象とする社会科学的には必ずしも真理であるとは限らない，ということになります（これは「コーヒーブレイク」コーナーで触れた「官僚制の逆機能」の一種です）。

　実は，このような「作業効率を上げるためには分業を導入した方がいいけれども，あまりに分業しすぎると作業員のモチベーションを下げてしまい，組織全体の効率を逆に下げてしまいかねない」というジレンマを解決するために，経営学ではいくつかの手法が考えられています。ピラミッド組織の階層数を減らしてフラット組織に変えたり，チーム作業を導入したりといった方法についてはすでに第3節で学修しましたが，今から述べる手法は，ピラミッド組織という形はそのまま残した上で，職務のあり方を変更するというやり方です。このように既存の組織構造は前提とした上で職務のあり方のみに変更を加えることを，**職務設計**（ジョブ・デザイン，job design）と呼んだり，あるいは既存の職務のあり方を再び設計し直すという意味で**職務再設計**（ジョブ・リデザイン，job redesign）と呼んだりします。職務設計も職務再設計もほとんど同じ意味です。

4-2　分業を緩める

　職務設計の1つの手法は，いつもやっている仕事を，構造的に固定しておくのではなく，たまには誰か別の従業員と交代することです。これを，**職務転換**（ジョブ・ローテーション，job rotation）といいます。この職務転換は，従業員が日常従事している作業とは別の作業を体験できるという意味で，仕事に従事する作業員にとっては新奇性がありますから，同じ仕事ばかり反復している場合よりも少し作業がおもしろくなり，やりがい感が増加します。

　あるいは，普段なら職務は1つしかやっていないのですが，2つ以上の複数の職務を一人の従業員が担当するという手法も，単調な作業を面白くするのには有効です。職務を担当している従業員自身の判断で，自由にその複数職務間を移動できます。自分の頭で考えながら，どの職務を今遂行すればいいのかが

■ 図8-5　職務設計のいろいろ

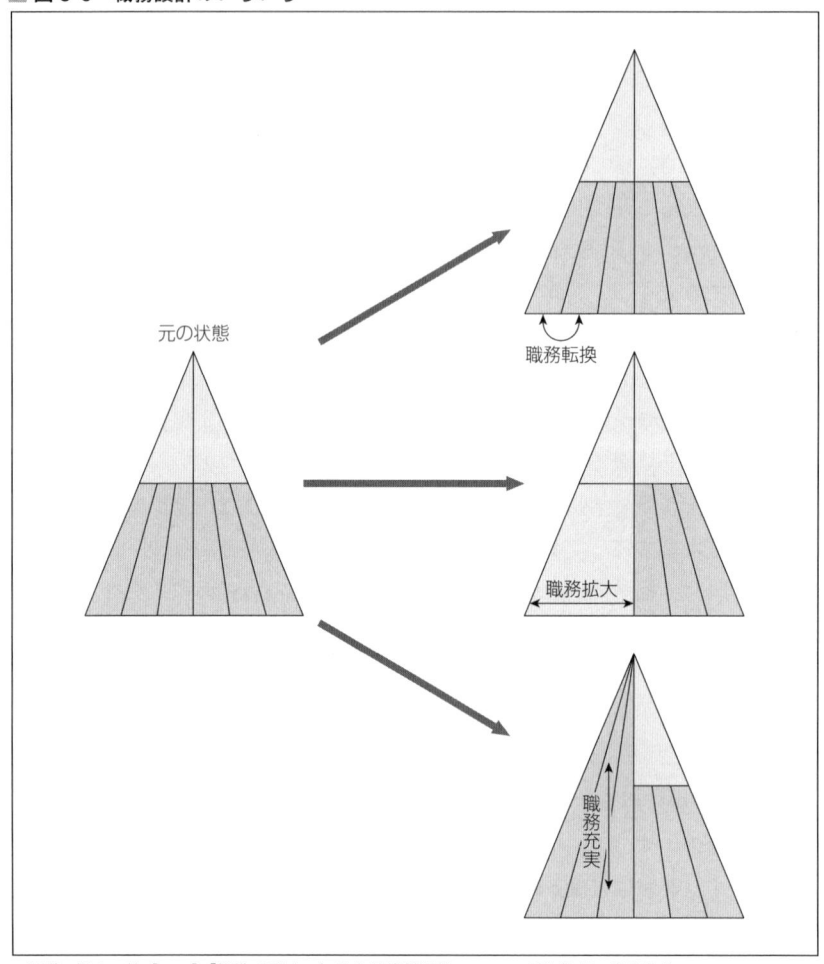

元の状態

職務転換

職務拡大

職務充実

出所：沼上　幹［2004］『組織デザイン』日本経済新聞社，80ページを参考に筆者作成。

決められるわけです。このように普段従事している職務以外にも別の職務を遂行する職務設計の手法を**職務拡大**（ジョブ・エンラージメント，job enlargement）といいます。

　また，通常従事している職務に加え，それよりも若干難しめの（普段ならより上位の職位の従業員が従事している）職務も併せて従事させる，というやり方も

あります。これも，複数職務に従事するという点において職務拡大の一種ともいえますが，普通の職務拡大と異なるポイントは，より難度の高い職務をもこなさせる，という点です。こういう職務設計の手法を，職務を豊かにするという意味合いで**職務充実**（ジョブ・エンリッチメント，job enrichment）と呼びます。この職務充実は，従業員のもっている職務能力を積極的に開拓することを促進するという意味で能力開発にもつながりますし，非常に有効な職務設計手法であるとされています。これら各職務設計の各手法をわかりやすく模式的に図示したのが図 8-5 です。

　これらの職務設計手法にそれぞれ共通している点は，いずれも何らかの形で分業を緩めることにつながっているということです。職務転換は，分業で本来であれば別個の従業員が担当するべき職務を交代することですし，職務拡大や職務充実も一人の従業員が複数の職務を担当するということですから，仕事を分割してそれぞれを別の従業員に担わせる分業の考え方とは逆行する動きであるといえます。実は，第 7 章で学修した，作業員一人で完成品を組み立てるセル生産も，作業員の作業を無意味なものに分割してしまうことなく作業させる仕組みであるという意味で，ここでいう「分業を緩めること」と大いに関係があります（☞第 7 章 5-2 項，164 ページ）。

　ここで重要なポイントは，分業しすぎてもモチベーションが下がってしまいますし，逆に分業を緩めすぎても，本来分業していれば得られるはずの作業効率が得られなくなってしまうのでダメで，どのようにその両者のバランスをとるか，ということです。このバランスをうまくとることができる会社が，人を上手に管理できていて組織全体の効率が上がっている会社だといえるはずです。

4-3　日本の会社の分業は緩い

　これまでこの第 8 章では，分業とその調整という概念について，ごく一般的に共通して見られる原理原則を解説するという観点で述べてきました。本章の最後に，実はひとくちに分業といっても世界の国々，地域ごとにそのあり方が異なる，ということについて，簡単に触れておきましょう。

　通常，アメリカの会社では，とりわけ工場の現場作業レベルでは，職務は非常に細かく分割され，一人の従業員は 1 つの職務だけ担当する，という発想の

194

もとで運営されてきました（こういう考え方のことを**1人1職務**（ひとりいちしょくむ）と呼ぶこともあります）。最近では事情が少しずつ変わってきましたが，今でもアメリカの会社では，伝統的には非常に細かな分業がなされているケースがほとんどです。

これに対し，一般に日本の会社では，分業はあまり徹底されていません。少なくともアメリカの会社と比べると，日本の会社ではより緩い分業のシステムがとられているといわれています。この理由には諸説がありますが，日本では長らく集団主義文化のもと，みんなで一緒に仕事をしてきた伝統がありますので，個々の従業員の誰がどんな仕事を担当する，というように厳格に決めてしまうのには心理的抵抗が強いために分業が緩めに設定されている，という説が最も有力です。

例えば，表8-1を見てください。この表は，実際にある日本の自動車会社の工場現場で用いられている仕事表（職場での仕事分担の一覧を示した表）の一例を示したものです。

一台の自動車の完成には非常にさまざまな作業工程を経なければなりません。まず鋼材をプレスして車体のいろいろな部分を打ち抜き，それらを溶接してボディを作り上げ，塗装します。こうしてできあがった車体にエンジンやバンパー，シート，パネル，ガラス，タイヤなどといった種々の部品を取り付け，組み立てていくのです。この表8-1は，最終組立ラインのいちばん最後の部分の仕事割り当てを示したものです。この表の下部に書かれている注記を見ると，この最終組立ラインでは1から16までの多種多様な職務に分業されていることがうかがえます。横軸に各職務の種類が示されていて，縦軸には従業員が示されています。この職場の従業員は，職場トップの職長（161ページ表7-1右端の図の職位でいうと組長）と現場の班長A〜D，ヒラの作業員E〜Pの合計17名から構成されています。従業員の欄を横に見ていけば，この最終組立ラインで各従業員がどのような職務を担当しているかがわかる，という仕組みです。

例えば，B班長の欄を左から右へと順に眺めてみてください。B班長は職務1から4までと9から16までのすべてを訓練済みで担当できることが示されています（職務5から8までは訓練中なので，いずれは担当可能になるでしょう）。つまり，このB班長は，とてもたくさんの職務を一人でこなすことが可能なのです。他の作業員についても，多少の差異はありますが，多かれ少なかれ複数

■ 表 8-1　仕事表の例

氏 名	職務 主ライン 1	2	3	4	5	6	7	8	9	10	解析等 11	12	13	14	15	16
職長						＋		＊	＊							
A班長				＋			＋	＊	＊	＊	＊	＊	＊	＊	＊	＊
B班長	＊	＊	＊	＊	＋	＊	＋	＋			＊	＊	＊	＊	＊	＊
C班長											＊	＊	＊	＊	＊	＊
D班長											＊	＊	＊	＊	＊	＊
E		＋	＊		＊	＊	＊				＊	＋			＊	＊
F	＊	＊	＋		＋	＊	＊	＊								
G	＊	＊	＊					＊	＊							
H				＋	＊	＊	＊	＊	＊							
I			＋	＊	＊	＊	＊	＋	＊							
J	＊	＊	＋													
K										＊					＊	＊
L												＊			＊	＊
M	＊	＊	＊		＋		＋	＋								
N												＋	＊	＊		
O								＊	＊	＊	＊	＊	＊	＊	＊	＊
P	＊	＊	＊	＊			＊									

注：1)　＊印は訓練済み，＋印は訓練中を表す。
　　2)　職務 1：右リアドア取り付け，職務 2：左リアドア取り付け，職務 3：右フロント
　　　　ドア取り付け，職務 4：左フロントドア取り付け，職務 5：右ドア建て付け，職務
　　　　6：左ドア建て付け，職務 7：LLC ラジエイター注入，職務 8：最終インプット，職
　　　　務 9：車両搬送，職務 10：部品そろえ，職務 11：右モール取り付け，職務 12：左モ
　　　　ール取り付け，職務 13：解析，検査ライン上，職務 14：解析，大物・単体，職務
　　　　15：右ラップ貼りつけ，職務 16：左ラップ貼りつけ。
出所：小池和男・中馬宏之・太田聰一［2001］『もの造りの技能』東洋経済新報社，30 ペ
　　　ージ。

　の職務を担当することができるということがわかります。日本の会社の作業員
は，このように 1 人 1 職務ではなく，一人で複数職務を担当できるのです。こ
ういった複数職務を担当できる作業員は，多くの技能をもっている作業員とい
う意味で**多能工**と呼ばれます（これに対し，一人で 1 つの職務しかこなせない作業
員は単能工と呼ばれます）。

　一般に，日本の会社の現場作業員はきわめて有能で，仕事をきっちりこなす
ことで世界的に有名なのですが，1980 年代にアメリカで日本的経営のブーム
が起こったのは，アメリカの会社では現場作業員の多くが単能工であるのに対

し，日本の現場作業員がこのように多能工であり，有能であるということと大きく関係しています。日本的経営の要素として，いわゆる「三種の神器」（終身雇用，年功序列，企業別組合）が有名なのですが（☞第10章2-1項，226ページ），この章で学修した組織構造や職務設計という観点からいえば，日本的経営の重要なエッセンスは，この多能工を生み出した仕事・組織のあり方であるということがいえるのです。

　そして，この「緩い分業」という特徴こそが，日本の会社における人事制度（教育訓練制度，賃金制度など）の仕組みをアメリカのそれと異ならせている，いちばん重要な基礎をなしているのです。これらの詳細については，このテキストでは後の第10章〜第12章の中で詳しく学修します。

> ⌁ キーポイント
> 分業しすぎると組織全体の効率を下げてしまうので，やりがい感とのバランスをうまくとることが必要！

▨ 演習問題

① あなたの身近にある「組織」の例をいくつか挙げ，それらが何ゆえに，単なる集団ではなく組織であるといえるのか，バーナードの組織の定義に照らし合わせながら検討してみましょう。

② あなたの所属しているクラブ活動やサークル活動，またはアルバイト先の職場で，どのような役割分担があるか，書き出してみましょう。また，それぞれの役割分担の間が組織全体でどのように調整されているか，相互のコミュニケーション，権限関係，公式化の程度の3点に着目して考えてみましょう。

③ フラット組織では，ピラミッド組織に比べて分業の程度は低いはずです。組織は分業を追求することで作業効率を上げることが可能であることを学修しましたが，フラット組織ではどのようにして作業効率を上げているのでしょうか。いくつかの具体例をもとに考えてみましょう。

▨ さらに進んだ学修のために

〔1〕 伊丹敬之・加護野忠男［2003］『ゼミナール経営学入門（第3版）』日本経済新聞社。

〔2〕　上野恭裕・馬場大治 編著［2016］『経営管理論』中央経済社。

〔3〕　奥林康司・庄村　長・竹林　明・森田雅也・上林憲雄［1994］『柔構造組織パラ
　　ダイム序説──新世代の日本的経営』文眞堂。

〔4〕　沼上　幹［2004］『組織デザイン』日本経済新聞社。

〔5〕　渡辺　峻［2007］『「組織と個人」のマネジメント──新しい働き方・働かせ方の
　　探究』中央経済社。

第9章
社員はなぜ働くのか

モチベーションとリーダーシップ

◆この章のねらい

　人は，お腹がすけば，食事をとります。眠くなれば，睡眠をとります。こういった人間として基本的な行動のほかに，現代に生きる私たちは，会社をはじめ，さまざまな組織の中で，「働く」という活動をしています。そもそも，人は誰しも，1日24時間という限られた時間の中で，活動しているわけですが，そのうち，かなりの部分を占めている活動が「働く」こと，すなわち労働です。それでは，なぜ人は，労働という活動を行うのでしょうか。この章では，人が会社という組織の中で，働くのはなぜだろうかという素朴な疑問に対して，さまざま観点から，見ていくことにします。具体的には，働くということの意味を最初に取り上げ，次に，働くことで得られるメリットとして，報酬の存在を考えます。その後，モチベーションという言葉を使って，人がなぜ働くかについて，考えます。最後に，組織で働く上で欠かせない上司との関わりを，リーダーシップという概念を使って説明していきます。リーダシップによって，働くということの楽しさや集団の成果が大きく影響を受けるからです。

◆この章で学ぶキーワード
　◎勤労観　◎職務満足　◎キャリア　◎公正感　◎欲求　◎モチベーション
　◎内容理論　◎過程理論　◎リーダーシップ　◎コンティンジェンシー理論

1 人にとっての労働（働くこと）の意味

　この節では，皆さんに働くことの意味について考えてもらいたいと思います。最初に述べたように，人は 24 時間という生活時間の多くを労働という活動に当てています。もし，その労働がつまらないもの，無意味なものであったとしたらどうでしょう。また，単に生活の糧を得るため，つまりお金を稼ぐためだけだとしたらどうでしょう。せっかく多くの時間をつぎ込んでいるにもかかわらず，意味のない，お金を稼ぐためだけといった消極的な理由だけで働いているとしたら，あまりにも労働はつらいものとなります。以下では，果たしてそうなのかということを考えていきます。

1-1　労働とは

　労働という言葉は，広辞苑によれば，「ほねおりはたらくこと」「体力を使用してはたらくこと」と説明されています。また，同じく広辞苑には「人間が自然に働きかけて生活手段や生産手段をつくり出す活動」「労働力の具体的発現」とも書かれています。前者の意味では，労働は「ほねおり」や「体力」を必要としているので，少々つらいものと考えることができます。一方，後者の意味では，大変であるとか，苦労するとか，そういった意味あいはなくて，単に人が何らかのエネルギーを使って，活動することのように考えられます。さらに活動の結果として，何か目に見えるものを作り出すのです。

　この章では，こうした 2 つの意味のうち，後者の意味を主に使って，労働をとらえていきます。つまり，労働というのは働くという活動にエネルギーを使って，その結果，何かを作り出すことだというわけです。もちろん，何かを作り出すということは大変なことですから，つらかったり，苦労したりすることもあるでしょう。しかし，必ず，苦労がつきまとうという意味では，労働をとらえないのです。

　例えば，読者の多くを占める大学生の皆さんも，今までにアルバイトの経験があると思います。最初のきっかけは，お小遣いが足りないからという理由，

つまりお金を稼ぐという目的で始めたアルバイトだったかもしれません。セブン - イレブンのようなコンビニであれ，マクドナルドのようなファストフード店であれ，お客さんにサービスを提供することで，お金がもらえるのです。この場合，アルバイト代は時給で決められていますから，笑顔で接客しようと，ぶすっとした表情で接客しようと，稼げるお金は同じです。それにもかかわらず，笑顔で接客することで，お客さんから「ありがとう」と感謝されたとしたら，どうでしょうか。お金は同じでも，感謝される方が人はうれしいものです。こう考えると，労働の意味は，お金を稼ぐだけでなく，社会の中で自分が感謝されること，それによる喜びも含まれることがわかります。

1-2　労働に対する意識

　労働を必ずしも苦労を伴うものとしてとらえないと説明しましたが，日本の社会全体では，労働はどのようにとらえられているでしょうか。全体として，労働をどのように感じているかを**勤労観**という言葉で呼んでいます。例えば，JILPT（労働政策研究・研修機構）は 1999 年より勤労生活に関する調査を継続的に行っています。この調査によれば，仕事の内容（仕事に新しいチャレンジがある）に満足している割合（満足とまあ満足の合計）は，1999 年の 50.1 ％から2015 年の 58.4 ％へと緩やかな上昇を示しています。

　このほかにも日本人の働き方については，図 9-1 のような結果になっています。これを見ると，終身雇用を支持する割合は約 9 割，年功賃金についても 8割近くに上っています（終身雇用や年功賃金に関する詳しい説明は第 10 章）。特に2004 年以降の両者の割合が急激に上昇していることも読み取れます。

　成果主義とか実力主義という言葉を見かけることもありますし，リストラや早期退職という現実もありますが，まだまだ日本人の勤労観は，1 つの会社に長期間勤めることをよしとしているようです。また，勤続年数に伴って，給与が上がってほしいという気持ちも強いようです。

1-3　仕事に対する満足

　ここでは，もう少し，詳しく，仕事に対する満足感について見ていきましょう。仕事に対する満足を**職務満足**と呼んでいますが，職務満足はいろいろな側

▓ **図 9-1　日本人の働き方に対する考え方**

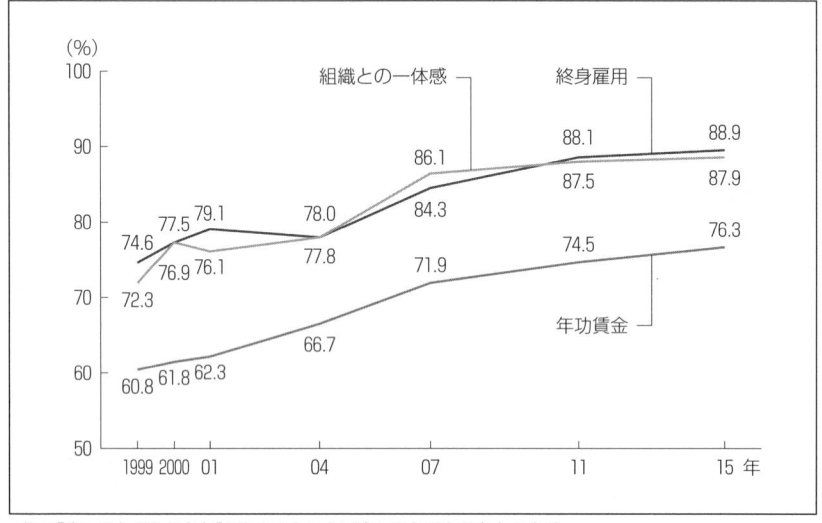

注：「良いことだと思う」「どちらかといえば良いことだと思う」の合計。
出所：労働政策研究・研修機構［2016］「『第 7 回勤労生活に関する調査』結果」，3 ページ，図表 1-1。

▓ **図 9-2　仕事満足度（努力に見合った待遇）**

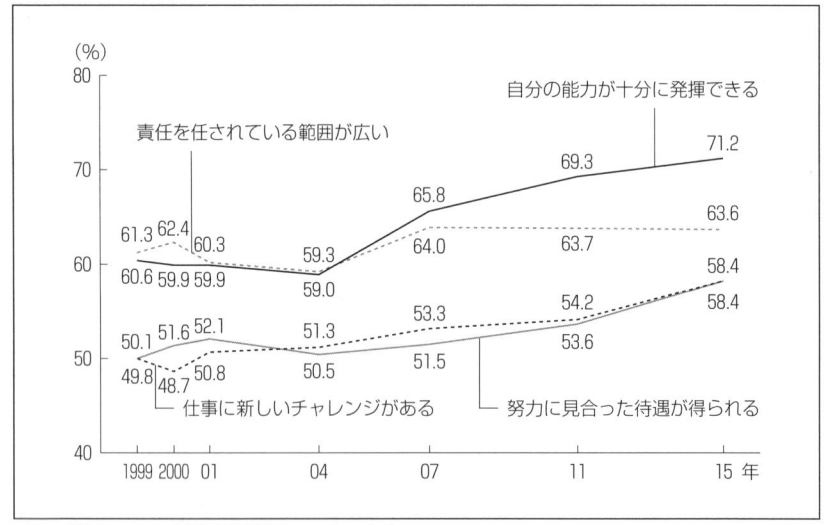

注：「満足している」「まあ満足している」の合計。
出所：労働政策研究・研修機構，前掲書，7 ページ，図表 4-1。

面からとらえられます。例えば，先ほど仕事内容に対する満足感が 2015 年時点で，60 ％程度だと述べましたが，これは仕事の内容がおもしろい，チャレンジにとんでいるといった観点から，満足感を測っています。

同じ調査から，別の観点も見てみましょう。まず，「努力に見合った待遇」，つまり，仕事をがんばったのに，きちんとそれに見合った見返りがあったのかどうかということです。図 9-2 を見ると，満足している割合は 1999 年から 2004 年にかけては横ばいに推移していますが，その後徐々に上昇していることがわかります。努力が報われているという意識は 2004 年頃を境にだんだんと高くなっているのです。

また，自分が能力を発揮できているという意識は，1999 年の 60.6 ％から 2015 年の 71.2 ％と大きく上昇していることが示されています。特に 2004 年以降の約 10 年間で急激に上昇しています。

1-4　職業人生のながれ

例えば，大学生の皆さんが，卒業をしてある会社に就職したとします。現代では，転職ということが一般的となりましたが，従来の日本の会社では，1 つの会社に定年まで勤めることが一般的でした。このように仕事をはじめてから，定年などで仕事から引退するまでの，仕事の積み重ねを「**キャリア**」と呼んでいます。また，経歴の積み重ねととらえることもできます。

では，会社の中では，キャリアはどのようになっているのでしょうか。ここでは，シャイン［1991］のキャリア・モデルを使って，説明します。シャイン（E. H. Schein）はキャリアを誰の目から見ても客観的にわかるもの（客観的キャリア）としてとらえています（図 9-3）。

このモデルでは，キャリアの動きを，3 方向の移動として考えています。第 1 に，垂直方向への移動，つまり会社の階層における移動です。簡単にいえば，出世ということになります。会社に就職してから，係長になり，課長，部長になるという昇進はまさにこうした移動です。

第 2 に，水平方向への移動です。これは職能での移動を表しており，どんな仕事をするのかという専門領域を移動していくことです。例えば，人事部に配属された人が営業部や製造部といった他の部門に移ることを意味しています。

■ 図9-3 キャリア・モデル

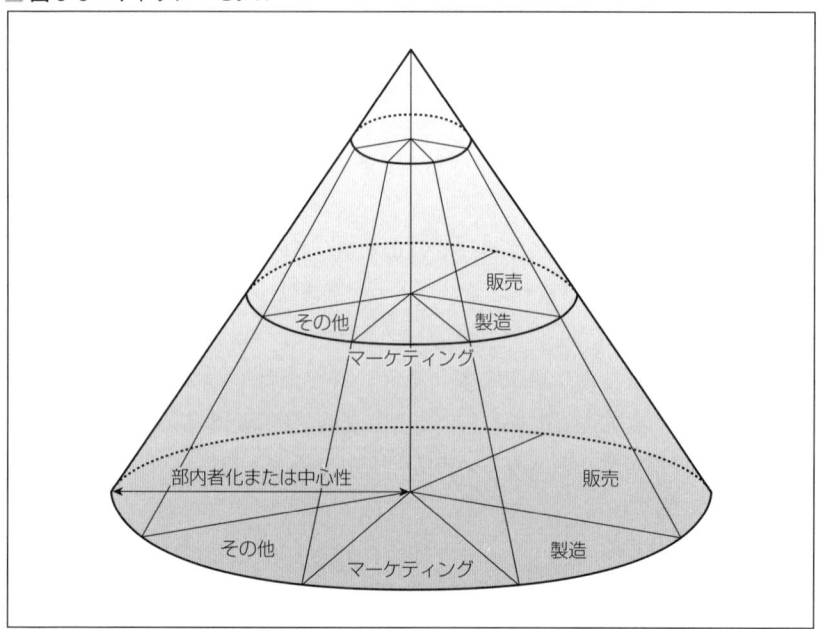

販売

その他　製造

マーケティング

部内者化または中心性　販売

その他　マーケティング　製造

出所：E.H. シャイン 著，二村敏子・三善勝代 訳［1991］『キャリア・ダイナミクス——キャリアとは，
　　　生涯を通しての人間の生き方・表現である。』白桃書房，4ページより一部修正の上，筆者作成。

　第3が，円の外周から中心への移動です。この中心への移動は第1の垂直方
向の移動と密接に関連しており，社員がどれだけ会社の中で重要な役割を果た
しているのかということを表しています。例えば，会社の「秘密」に関わるよ
うな重要な仕事をしている社員がいるとすれば，その社員は中心に移動してい
るということになります。以上3つの移動を見ていくと，会社での経歴がどう
積み上げられているのかがわかるのです。

　　キーポイント
　　*人はお金を稼ぐためだけに働くのではない。仕事をもつことは自
　　己実現であり，生きる意味を与えてくれるものである！*

2 人は働くことで何を得るのか

　人は働くことで，お金を稼いだり，社会との関わりをもったりしています。また，仕事を通じて，新たな知識や経験を身につけたり，人間的な成長をすることもあるでしょう。一方で，働くことで1日の8時間かそれ以上の時間を会社で束縛されるのですから，いいことばかりではありません。

　また，会社の側から見ると，社員に働いてもらうという労働の提供に応じて，給料やボーナスを支払ったり，立派な社員寮や安くておいしい社員食堂といったサービスを提供する必要があります。ここでは，会社で働くことによって，どのような見返りがあるのかを考えていきます。

2-1　働くことの対価としての報酬にはどのようなものがあるのか

　労働の見返りを**報酬**という言葉で呼んでいますが，アルバイトを経験したことがある読者の皆さんなら，報酬として，何を得たのでしょうか。報酬とは時給でもらえるお金だけでしょうか。先に働くことの意味を述べましたが，お金を稼ぐこと以外に，仕事をする楽しさや喜びというものは報酬とはいえないでしょうか。

　経営学では，報酬として，物質的なモノとそうでない非物質的なモノに区分して考えています。物質的なモノとは，目に見える報酬で，お金，商品などの形で提供されるものです。物質的な報酬は，さらに金銭的な報酬と非金銭的な報酬に区分されます。金銭的な報酬は，皆さんが最もイメージしやすい報酬である，給料やボーナスといったものです。非金銭的な報酬とは，会社の作っている商品を格安に購入できたり，社員食堂の食事の値段が非常に安かったりするといったことです。

　非物質的な報酬としては，上司からほめられた，お客さんから感謝された，営業成績が良かったことを会社から表彰されたといったことがあげられます。ほめられたからといって，給料が増えるということはないのですが，人はこうした名誉や尊厳を刺激されることで，ある種の満足感や充実感を得ることがで

206

きるのです。もし，会社で，表彰という報酬を誰にでもいつでも提供すれば，その効果は限定されるでしょう。誰でもではなくて，メリハリをつけて，がんばった人だけに報いることが重要になります。

このように一口に報酬といっても，さまざまなタイプがあることがわかります。会社はさまざまな報酬を組み合わせて，労働を提供してくれる社員に報いているのです。

2-2　働いた成果はどのように評価されるのか

先ほど，がんばった人だけに報いることが重要だと述べました。では，がんばったかどうかをどのように見分けるのでしょうか。がんばったかどうかの指標を業績とか成果という言葉で呼びますが，業績や成果をいかに測定するかということが問題となります。

例えば，皆さんが大学で単位をとるためには，定期試験で60点以上の得点をあげなければならないとします。学生にとっては，単位というのは報酬です。報酬を得るためには，60点以上をとるという成果が必要になります。大学の教員は定期試験という方法で，学生のがんばった度合いを測定しているのです。測定の結果，60点という基準をクリアできた人には，成果を認め，報酬である単位が与えられるということです。

このようにテストの得点といった客観的な基準で，成果を測定し，評価を行う仕組みが**成果主義**とか実績主義とか呼ばれる仕組みです。結果を重視した評価の仕組みともいえます。

また，ある科目では，定期試験の結果ではなく，毎回の講義への出席で単位をとることができるとします。おそらく，学生は単位という報酬を得るために，眠くても，多少体調が悪くても講義に出席すると予想されます。こうした出席というプロセス，つまり努力の程度によって，成果を測定する方法もあるのです。年功主義という言葉が日本の会社ではよく聞かれますが，会社に長く勤めている人ほど，高い評価が得られるというのは，講義に出席することで，単位がもらえる仕組みとよく似ています。

このほかには，人の特徴や能力によって，評価を決める仕組みもあります。極端な例ですが，国家公務員の中には「キャリア」と「ノンキャリア」という

大きな壁があります。前者と後者では，仕事をする前から評価に一定の差があります。ただし，こうした結果でもなく，努力でもない基準で評価を決めるやり方は，公平性という点で大きな問題を抱えています。したがって，今後は衰退していくと思われます。納得の得られない評価の仕組みでは，人は十分に働いてくれないからです。

2-3　報酬への満足感をいかに確保するのか

　では，具体的に納得を得られる評価や報酬のあり方とはどのようなものなのでしょうか。会社では，利益を上げたとしたら，その利益を従業員の間でいかに分配するかが問題になります。がんばった人にたくさんというやり方もあるでしょうし，全員でがんばったんだからと，みんな平等に分けるやり方もあります。こうした分配のやり方を分配原理と呼んでいますが，ここでは，分配原理を説明しながら，報酬への納得感や**公正感**をいかに高めるかを説明します。

　分配原理は大きく3つあるとされています。まず，公平原理，平等原理，必要原理です。公平原理とは，がんばった人にがんばった分の報酬を与えるという原理です。労働はある程度の苦痛や努力を伴いますから，その対価としてたくさん苦労をした人にはたくさんの報酬を与えようというわけです。毎回講義に出席し，熱心に講義を聴き，試験勉強に取り組んだ友人がいたとします。彼（女）が，成績評価で，「S」判定をもらったとしても，何ら不思議はないですし，周りの納得も得られます。また，本人もがんばったことが報いられたという意味で，満足感を得られるでしょう。こうした仕組みは公平原理による報酬の分配なのです。

　平等原理は，みんなが同じだけの報酬を受け取るという仕組みです。例えば，マクドナルドのアルバイトに友人と一緒に行っているとします。同じ時期に入った友人と自分が，異なる時給だとしたら，それはおかしいと感じるでしょう。同じ時期に入ってきたアルバイトで，働きぶりに大きな差があるとは考えにくいからです。こうした場合に，評価に差をつけることは合理的だとは見なされません。逆に差をつけないことで，チームの雰囲気を良くし，みんなががんばろうという気持ちを高めることが期待できます。

　必要原理は，必要としている人がたくさん報酬を得る仕組みです。例えば，

■ 図 9-4　分配原理に対する意識

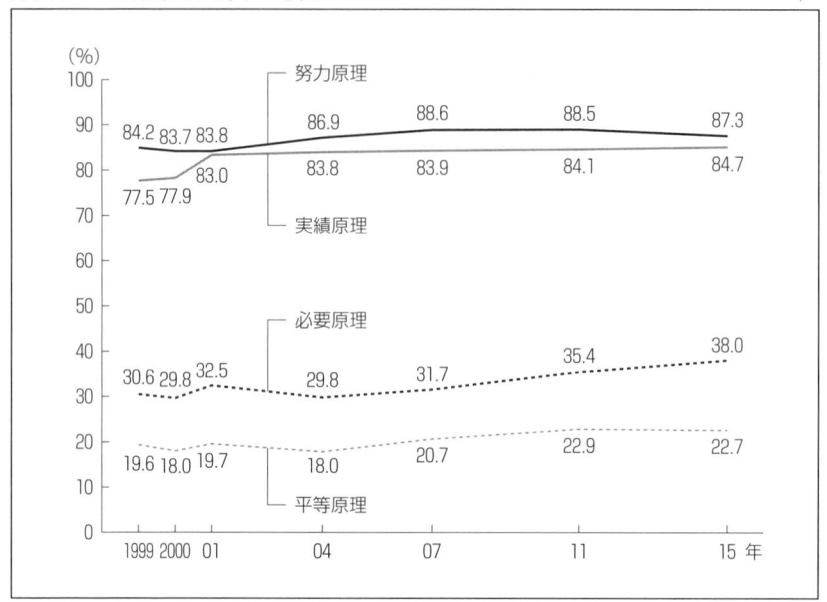

注：「そう思う」「まあそう思う」の合計。
出所：労働政策研究・研修機構，前掲書，6 ページ，図表 3-1。

会社は従業員の家族構成によって，手当を変えることがあります。子供がいる家庭とそうでない家庭，配偶者のいる世帯と独身者の世帯では，生活するために必要なお金が異なります。そうであれば，必要なお金が多い社員には，よりたくさんの報酬を与えようという考え方もあります。扶養手当とか，育児手当といった形で，実際の会社では報酬を提供していますが，一方で，公平原理の考え方とはずいぶんと矛盾しています。同じ仕事をした社員でも，家族がいるかいないかで報酬が変わってくるからです。したがって，今後は必要原理に基づく報酬は少なくなるかもしれません。

　以上，3 つの分配原理を説明しましたが，現代の日本人が分配原理をどのように考えているかは，図 9-4 に示しています。ここでは，公平原理を実績原理と努力原理という形で分けていますが，両者ともに高い割合の支持を受けていることがわかります。

> **🔑 キーポイント**
> *報酬への満足は，社員の納得を高めることで得られるものである！*

3 人は何に動機づけられて働くのか

　ここでは，人はなぜ働くのかについて考えてみます。読者の皆さんもすでに会社に勤めていたり，学生であればまさに就職活動のまっただ中であったりするかと思います。勤務先には会社だけでなく，市役所などの官公庁，または自営業を営むといった選択肢がありますが，ほぼすべての人が何らかの形で働いているはずです。以下では，人はなぜ働くのかということについて，彼ら（彼女）の心理面に焦点を当てて説明していきます。

　働くことに限らず，人が何かの行動をとるということは，その人にとってそうしたいという強い気持ち，意思があるということです。「……」をしたいという気持ちを**欲求**（motive）と呼んでいます。さらに，欲求を満足させることで，人はある種の快感を得ることができますが，こうした欲求を満足させようとする気持ちを**モチベーション**と呼んでいます。

　例えば，ある自動車販売会社に勤めている販売員 A さんは，会社の上司 B さんから今月 10 台の車を販売できれば，来月のボーナスは 50 ％増やしてあげようと約束されたとします。この約束を聞いた A さんは心の中で自分が 10 台も車を販売できるだろうか，またそのためには残業をどれくらいしなければならないだろうか，その結果家族との団欒は犠牲になるかもしれないなどと考えます。一方でボーナスが増えることはとても魅力的です。A さんはメリットとデメリットを比較しながら，自分のとるべき行動を決めることになります。このように，A さんがなぜ営業活動に熱心に取り組むことになったのかというプロセスを説明しようとするのが，動機づけ（モチベーション）理論です。

3-1 人はどのような欲求をもっているのか

ここでは，モチベーションの問題を「何に動機づけられるか」という点から説明していきます。人の行動は欲求を満足させようという気持ちであるモチベーションによって引き起こされると考えると，人はどのような欲求をもっているかという疑問に答える必要があります。人がどのような欲求をもっているかを説明する理論を欲求の**内容理論**（content theory）と呼んでいます。

マズロー（A. Maslow）という研究者は，欲求階層理論（hierarchy of needs theory）という理論を提唱しています。欲求階層理論という用語からも推測できますが，マズローは，人の欲求が階層をなしているというのです。図9-5を見ると理解できますが，マズローによれば人の欲求は，「生理的欲求」「安全の欲求」「所属と愛の欲求」「他者からの承認と自尊心の欲求」「自己実現の欲求」という5つの欲求によって，階層状に構成されているというのです。生理的欲求は，何か食べたい，のどが渇いて何か飲みたい，眠りたいという欲求を意味し，生きていくために必要な欲求といえるものです。

安全の欲求は，危険を避けて安全に生活したいという欲求です。誰しもけがや病気をしたいとは思いませんし，事故を避けたいと願います。所属と愛の欲求は，親和欲求とも呼ばれています。未開のジャングルの中で，ターザンのような一生を送るのでなければ，人は一人だけでは生きていくことはできないでしょう。したがって，人は社会の中で他人とうまくやっていきたい，他人と関わって生きたいと願うのです。家族や友人関係を考えれば，家族から愛されたい，友人と仲良くしたいという欲求が人には備わっていると理解できます。他者からの承認と自尊心の欲求は，他人から尊敬されたいという欲求です。また自分という存在を他人からきちんと評価してもらいたいという欲求だと考えてもかまいません。したがって，自分自身で考え，自律的に行動したいという思いにつながるのです。他人から指示されるよりも自分自身の考えに基づいて行動したいという欲求です。自己実現の欲求は，自分自身で何かを成し遂げたいという欲求です。この欲求は他の欲求と異なり，満足することがないという性質をもっています。ある目標を立てて，それを実現したとしてもさらに高い目標を実現したいという欲求が生まれるからです。したがって，自己実現欲求は他の4つの欲求とは本質的に異なっています。

■ 図9-5　マズローの欲求階層理論

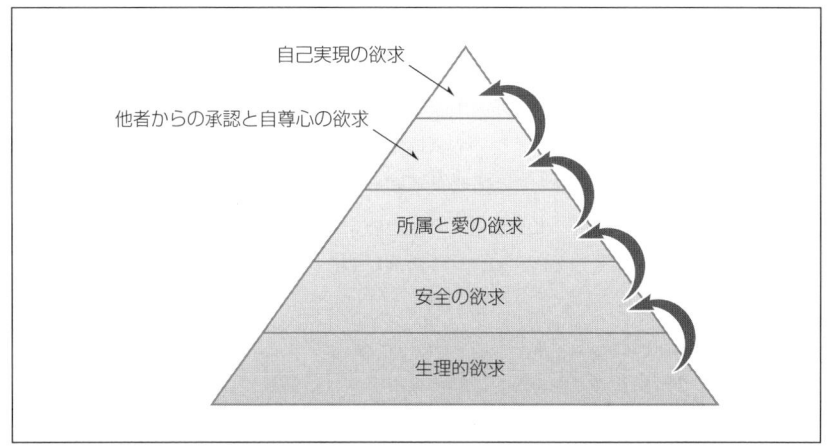

出所：A. H. マズロー　著，小口忠彦　訳［1987］『人間性の心理学——モチベーションとパーソナリティ（改訂新版）』産業能率大学出版部，419ページ。

　また，5つの欲求の順番にも意味があります。人はまず生理的欲求の充足をめざし，それを満足させる行動をとると考えられます。生理的欲求が満足されて初めて，1つだけ上位に位置する欲求である安全欲求を考えるようになるのです。以降，順々に高い欲求が現れてくるのです。ただし，この際，階層を飛びこえたり，逆戻りをするようなことは通常ありません。以上のように，マズローは人の欲求は5つに分類できること，それらは階層性をもっており，低位から順に欲求が満足され，後戻りしないこと，さらに自己実現欲求だけは満足されることがないということを指摘したのです。

3-2　動機づけ要因と衛生要因

　次にハーズバーグ（F. Herzberg）という研究者によって提唱された動機づけ・衛生理論（2要因論とも呼ばれます）を説明します。ハーズバーグは，仕事の中で，満足や不満をどのように感じているかを調べるため，エンジニアと経理担当者に面接し，「際だってよい感情を抱いたときのこと」と「際だって悪い感情を抱いたときのこと」を思い出してもらい，その事情を詳しく聞きとりました。その結果，満足を感じた出来事には共通点があり，達成，承認，仕事

🍵 **コーヒーブレイク** | **経営学における人間モデル**

　人の欲求はさまざまな要素で構成されています。ここで，欲求を考える上で避けて通れない，人をどのようにとらえるかという点について，考えてみましょう。経営学では，伝統的に人を，いくつかの人間モデルによってとらえています。ここでいう人間モデルとは，人がどのような価値観や行動規範をもっているかを意味しています。身の回りを見渡すとさまざまな人がいますが，人間モデルはさまざまなタイプの人を大まかにとらえるために「平均的な」人の考え方や行動パターンを取り出したものです。

　具体的には，経済人モデル，社会人モデル，自己実現人モデルといった人間モデルがこれまで指摘されてきました。経済人モデルは，簡単にいってしまえば，人はお金のために行動するものだという考え方です。社会人モデルは，人は社会的動物であり，他人との結びつきを求めているという考え方です。自己実現人モデルは，人はさまざまな情報を獲得し，その結果を分析し，とるべき行動を決めるのだという考え方を意味しています。その結果，自分自身のあり方を探求し，その実現に努めるというものです。

　例えば，経済人モデルに立てば，会社と社員との関わり合いは，金銭のやりとりを中心に考えることが適切になります。会社は，社員に給与やボーナスという報酬を与える一方，社員はその見返りとして仕事をしてくれると期待しているのです。社会人モデルの場合は，給与やボーナスの提供よりも，職場の人間関係が社員にとって重要になります。人間関係に配慮した職場作りが会社に求められるのです。

　以上のようにどの人間モデルの立場をとるかによって，会社と社員の関わりを分析するアプローチが異なってきます。つまり，経営学を分析する上で，人間モデルをどのように考えるかは非常に重要となります。どんな理論も前提としている人間モデルがあり，人間モデルが違えば，理論の有効性も変わってくると考えることが必要です。

そのもの，責任，昇進といった要因が関係した出来事が数多く指摘されました。一方，不満足を感じた出来事には共通して，会社の経営方法，監督方法，給与，対人関係，作業条件といった要因に関係した出来事が指摘されていたのです。つまり満足を感じさせる要因と不満足を感じさせる要因は別だというのです。

人に満足を与える要因は仕事を通じて，達成，承認，仕事のおもしろさといっ
た，人ならではの高次の欲求を満たしたときに感じられるもので，それが向上
することで人は満足し，低下したところで不満足を感じるわけでなく，満足を
感じないだけだとされます。やりがいのある仕事を与えられれば人は満足を感
じますが，つまらない仕事を与えられたからといって不満足を感じるわけでは
なく，満足のない状態になるだけだというのです。

　一方，不満足要因である給与，対人関係や労働条件は，低次の欲求に関わる
要因であり，条件がよくなることで不満足を感じることはなくなりますが，満
足を生み出すことはないとされます。給与が少ないと感じる人は，給与が上が
ることで不満足は低下しますが，決して満足感は生まれないのです。

　このようにハーズバーグは，満足の反対は満足のない状態であり，不満足の
反対は不満足のない状態だと主張しました。さらにこうした満足を生み出す要
因を**動機づけ要因**と呼び，不満足を生み出す要因を**衛生要因**と呼んで，区別し
ています。モチベーションを高める要因としては，当然動機づけ要因が重要で
す。達成，表彰，仕事自体，責任といった要因をいかに高められるかがモチベ
ーションの高さを左右するというわけです。会社経営の立場から考えれば，達
成感を感じられるような仕事を従業員にいかに与えるかという点が重要になり
ます。つまらない退屈な仕事は不満足を生み出すわけではありませんが，満足
感を与えてくれるものではないからです。

> **⚷ キーポイント**
> *人の欲求はさまざまで，それらを満足させることで，動機づけが*
> *強まる！*

4　人はどのように動機づけられ働くのか

　前節では，人がどういった欲求をもっているかという点に焦点を当てて説明
してきました。この節では人がどのようにして欲求を満足させようと行動する

のかについて説明します。人がどのように動機づけられるのかという点を説明しようというのです。このようにモチベーションのプロセス（過程）を分析する研究をモチベーションの**過程理論**（process theory）と呼んでいます。モチベーションの過程理論にはいくつかの研究がありますが，ここでは主要な2つの理論について言及します。1つは，期待理論（expectancy theory）と呼ばれる研究であり，もう1つは達成動機理論と呼ばれる研究です。

4-1　動機づけと期待

　期待理論は，一言でいってしまえば，「人の行動はその行動が報酬につながる期待と報酬の魅力度によって決まる」という考え方です。まず報酬という用語は，人がある行動をとった結果，得られると予想される何らかのメリットを表しています。例えば，自動車の販売員であれば，がんばってたくさんの自動車を売れば，ボーナスという収入が増えるでしょう。さらに営業所長から褒められたり，所長賞などの形で表彰されるかもしれません。一方，望ましくない報酬がもたらされる可能性もあります。営業成績が高いことで，他の社員から妬まれるかもしれません。このように，報酬はプラスの側面とマイナスの側面を併せもっている点に注意してください。

　こうした報酬に対して，各自がどのくらい魅力を感じているか，つまりどのくらいその報酬を求めているかという点が期待理論でいうところの報酬の魅力度となります。具体的にはボーナスの魅力が非常に高いと判断すれば，1.0という数値を当てはめます。一方，妬みという報酬は，とても嫌なものだとすれば，−1.0となります（魅力度がまったくない状態は0.0であり，嫌な場合の−1.0と異なることに注意）。

　次に報酬を獲得できる期待ですが，これは「努力→業績」期待×「業績→報酬」期待という2つの期待を掛け合わせたもの（積）として測定されます。前者は努力することできちんと結果が出せるかという期待で，確実に結果が出せるという期待をもつ場合には，1.0という数値を当てはめることになります。五分五分だと考えれば，0.5となり，不可能だと予測すれば，0.0となるわけです。一方，後者は，努力して達成されたある結果が，報酬に結びつく可能性を表しています。この可能性を期待理論では道具性と呼んでいます。先ほどの説

明と同じく，確実に報酬が獲得できると考えれば，1.0 という数値を当てはめ，結びつくはずがないと予測すれば，0.0 となります。例えば，先ほどの販売員ががんばって自動車を 10 台販売しようとしていると仮定します。また，10 台の自動車を販売すれば，販売員は 50 万円のボーナスを必ずもらえると約束されたとしましょう。販売員が過去の経験から，努力すれば必ず 10 台の自動車を販売することができると考えていれば，「努力→業績」期待は 1.0 となり，10 台販売すれば確実にボーナスはもらえるので，「業績→報酬」期待も 1.0 ということになります。すなわち努力することでボーナスを獲得できる期待は1.0（1.0×1.0）となるわけです。もし販売員にとって，10 台販売できる見込みが五分五分であれば，それぞれ 0.5 と 1.0 となり，ボーナスを獲得できる期待は 0.5 となるのは理解できるでしょう。ここではボーナスの獲得という報酬だけに焦点を当てていますが，自動車を 10 台販売することに伴う報酬は，そのほかにも表彰や妬みといったものが考えられます。もちろん，こうした報酬それぞれについて期待を計算することが必要となりますが，その方法はすでに述べたやり方と同じです。

　このようにある報酬について，2 つの期待を掛け合わせることで報酬を獲得できる期待が測定できます。さらにその期待に，先に説明した報酬の魅力度を掛け合わせることで，ある行動をとることに対するモチベーションの強さが決まるというのが期待理論のエッセンスなのです。以上の説明を数式で表せば以下のようになります。

$$M = E \times I \times V$$

（M：モチベーションの強さ，E：「努力→業績」期待，
I：「業績→報酬」期待，V：報酬の魅力度）

4-2　達 成 動 機

　期待理論では，人は金銭的報酬によってモチベーションが刺激されると考えられていますが，果たして人は金銭的報酬のみで働こうと考える存在なのでしょうか。こうした疑問に答える理論の 1 つが達成動機理論です。アトキンソン（J. W. Atkinson）という研究者は，仕事などの課題をやり遂げようという欲求に

■ 表9-1　達成動機によるモチベーション

	自動車1台		自動車5台		自動車10台
期待（E）	0.9	>	0.5	>	0.1
報酬の魅力度（V）	0.1	<	0.5	<	0.9
モチベーション（M）	0.09	<	0.25	>	0.09

出所：筆者作成。

注目し，人のモチベーションを考えようとしました。彼によれば，何かをやり遂げたいという気持ちの強い人は，適度に困難な課題を好み，こうした課題によって，やる気が高まる傾向にあると指摘されています。他人から指示を受けるだけの決まりきった仕事やリスクのない仕事はあまり好まないというのです。なぜなら，やさしい仕事ではたとえ成果を上げたとしても自分自身の心の中で達成感というものを得られる可能性が低いからです。仕事の中に不確実なことやチャレンジ意欲をかきたてる要素があってこそ，やり遂げたときの達成感も高いレベルになるというわけです。ただし，あまりに不確実であったり，その人の手に負えないほど難しい仕事であれば，がんばったとしても成果は上がらないため，達成感を得ることはできません。簡単すぎても，また難しすぎても，達成感は十分なものとはならないのです。したがって，適度なリスクがある仕事，つまり努力して結果が出せる可能性が五分五分であるような場合に，達成欲求の強い人のモチベーションは最大になると考えられます。

　以上のことを具体的な例をあげて確認してみましょう（表9-1）。再び自動車の販売員を取り上げます。彼にとって自動車を1台売ることは，非常に簡単なことなので，その期待は0.9と高い数値となっています。5台売ることはずいぶんと難しくなるので，その期待は0.5となり，10台は非常に難しいので，0.1という数値となります。一方，自動車を売ることで得られる達成感は，台数が増えるほど大きくなるので，1台のときは0.1，5台のときは0.5，10台のときは0.9になるとします。モチベーションの強さは，期待と報酬の魅力度の積で決まるので，自動車5台を売るという行動をとるとき，最もモチベーションが高くなるのです。

　以上のように，期待理論と達成動機理論では結論が異なっていることがわか

ります。前者では，外部から与えられる報酬（外的報酬）に対するモチベーションを想定し，後者では外部から与えられる報酬ではなく達成感という自分自身の内的報酬を想定していることが原因です。働くというモチベーションを考える際には，モチベーションの源泉が自分自身の外部にあるのか，内部にあるのかという観点が重要になります。

> **☞ キーポイント**
> *人は報酬への期待によって，動機づけられる！*

5　人を動かすリーダーの役割

5-1　リーダーシップとは

リーダーシップという言葉は，皆さんも日常的に耳にすることがあると思います。学生であれば，クラブやサークル活動でのキャプテンや部長の行動を見れば，彼（女）らがうまくメンバーを引っ張っていっているかどうかがクラブやサークルの成績や楽しさに大きな影響を及ぼしていることがわかります。会社であれば，部長，課長，そして係長，ファストフード店であれば店長といった社員をまとめていく立場にある人の行動によって，その部署の成績や雰囲気が変わってきます。こうした上司と部下の関係だけでなく，何かの課題に取り組んでいるチームであれば，その中にみんなから頼りにされるリーダーがきっと存在するはずです。もし，リーダーがいなければ，成果も上がらずチームがバラバラになってしまうかもしれません。身近な集団である家族を考えてみても，一家の大黒柱であるお父さん（お母さん）が，経済的な面だけでなく，精神的な面でも家族を引っ張っていくことが多いのではないでしょうか。

このように**リーダーシップ**はあらゆる組織やチームで見られ，リーダーシップの善し悪しが社員やチームのメンバーの成果や働きがいに大きな影響を及ぼします。以下では，まず，リーダーシップの定義を行い，リーダーシップ行動の特徴を歴史的に見ていきます。リーダーシップについて知っておくことは，

会社などの組織で働く上で，欠かせないことがらだと考えるからです。

　リーダーシップとは，あるメンバーが集団内の他のメンバーの行動に影響を与えることによって，集団の目標達成を促すことであると定義します。この定義から，リーダーシップを発揮するのは，集団の特定のメンバーであることがわかります。もっとも，集団の誰かが，継続して発揮することも，状況によっては異なるメンバーが発揮することもあります。会社であれば，管理職の地位にある人だけが，クラブ活動であればキャプテンだけがリーダーシップを発揮すると思われがちですが，必ずしもそうではありません。メンバーの誰しもがリーダーシップを発揮する可能性をもっているのです。もちろん，リーダーシップが発揮されるためには，発揮する人の働きかけと働きかけを受け入れ，行動が変化することが必要です。したがって，管理職やキャプテンという地位にある人は，役割として働きかけやその受け入れを獲得しやすい立場にあるので，リーダーシップの発揮が他のメンバーよりも容易だといえます。

　さらに，リーダーシップは集団の目標達成と密接に関連しています。いくらメンバーの行動に影響を与えたといっても，それが集団目標とかけ離れた方向であれば，リーダーシップの意味はありません。管理職のリーダーシップの結果，部署の成績が下がってしまったり，キャプテンの間違ったリーダーシップのために，チームの敗北が決まることがあってはならないのです。そのため，上司は部下に仕事上の指示や命令を行ったり，逆に部下からの意見や提案を聞いたり，会議では参加者からの意見をまとめたりします。さらに，部下のストレスを緩和するために部下の個人的な悩みを聞いたり，部下を励ましたり，意図的なジョークで職場の雰囲気をよくしたりするのです。こうした行動がすべてリーダーシップの発揮といえます。

5-2　リーダーの特徴とは

　1930年代よりリーダーシップに関する研究は行われてきましたが，初期の研究ではリーダーとそうでない人の相違を観察することが行われました。研究の前提として，リーダーになる人となれない人とは異なる能力や資質，そしてパーソナリティが備わっているのではないかという考えがあったからです。生まれつきもっている相違を資質というので，資質の違いがリーダーとそうでな

い人を決定するという理論をリーダーシップの**資質理論**（trait theory）と呼んでいます。具体的には，有能なリーダーに共通して見られる特徴として，「年上であること」「背の高いこと」「容姿に優れていること」などの身体的特性，「高学歴であること」「出身階層が上位であること」などの社会的特性，「知能指数」「社交性」などの精神的特性がリストアップされています。ただし，こうした特性は優れたリーダーに一貫して見られないことから，理論としては否定されたのです。直感的にも理解できることですが，例えば身長が高いことで，リーダーを選抜するような会社があるとしたら，そうした会社の経営はうまくいくでしょうか。したがって，こうした素朴な資質理論は長続きしませんでした。

5-3　リーダーのとる行動とは

　資質理論に代わって，1940 年代から 60 年代にかけて，リーダーに共通する行動パターンを見つけだそうとする理論が活発に展開されました。リーダーの行動にはそうでない人とは異なる要素があるのではないかというのが基本的な考え方です。こうした考え方に基づくリーダーシップの研究理論を行動理論（behavioral theory）と呼んでいます。リーダーシップの行動理論には数多くの蓄積がありますが，主要な研究をここでは取り上げます。

　ミシガン研究は，1940 年代から 50 年代にかけてミシガン大学の研究者を中心に行われました。彼（女）らは，業績の高い部門のリーダーと業績の低い部門のリーダーを研究対象に選び，両者にどのような相違があるかという点から研究を進めました。その結果，対照的な特徴として，業績の高い部門のリーダーは従業員中心の監督方法をとっていたのです。部下への気配りを行い，部下の希望通りの仕事の進め方を認めたり，部下を信頼して，権限委譲を進めたりするやり方をとっていました。一方，業績の低い部門のリーダーは職務中心の監督方法をとっていました。リーダーは部下に対して仕事の進め方の細かな部分まで口を挟み，効率的な仕事の進め方を部下に指示し，スケジュールを守ることを重視していました。以上の結果から，高い業績を上げるためには，リーダーは従業員中心の行動をとることが望ましいとされたのです。

　オハイオ研究は，1950 年代にオハイオ州立大学関係者による諸研究の結果，

提唱された理論です。会社で働く管理職の行動を観察したり，彼（女）らにインタビューすることで，2つの行動パターンを導き出したのです。具体的には，リーダーの行動を「**構造づくり**（initiating structure）」と「**配慮**（consideration）」に分類しました。前者は，メンバーのさまざまな関心や行動を組織目標に向かって1つの方向にまとめていく行動を意味し，部下一人ひとりの仕事上の役割や目標を明確にし，その遂行手順やスケジュールについて指示を出すことです。さらに部下の仕事ぶりを観察し，一定水準に達していなければ尻をたたいたりすることも，その中に含まれています。後者は，組織メンバー間の対立や緊張関係を緩和し，組織内の人間関係を友好に保とうとする行動を表し，部下の要望を聞き入れたり，部下の感情をきちんと受け止めることです。

5-4　状況に応じて変化するリーダーシップ

　資質論や行動論は，資質と行動という異なる側面に焦点を当てているものの，どんな状況でも適用できるベストな資質や行動を見つけだそうという意味では共通しています。つまり，これまで説明してきたリーダーシップ研究は，唯一最善のリーダーシップ行動やリーダーの資質や特性が存在するという前提に基づいて研究されてきたわけです。しかし，徐々に，状況によって有効なリーダーシップが異なるのではないかという考え方からの研究が行われるようになってきました。こうした立場の研究をリーダーシップの**コンティンジェンシー理論**（contingency theory）と呼んでいます。

　フィードラー（F. E. Fiedler）［1970］は，リーダーがリーダーシップを発揮する状況を「**地位勢力**（リーダーが十分なパワーをもっているかどうか）」「**タスクの構造**（メンバーの仕事が単調であるかどうか）」「**リーダーと成員との関係**（リーダーとメンバーが互いに信頼しあっているかどうか）」という3つの要因に基づいて分類しました。この3要因の高低の組み合わせによって，リーダーにとっての状況の好ましさが変わってくると考えたのです（図9-6）。

　状況は8（＝2×2×2）種類に分類可能ですが，リーダーがメンバーに対して強い立場であり，命令や指示に従わせることができる場合，仕事が単純で，やり方やスケジュールが決まっている場合，そしてリーダーとメンバーの信頼関係が構築されている場合は，リーダーにとって最も好ましい状況ということに

■ 図9-6　フィードラーの LPC 理論

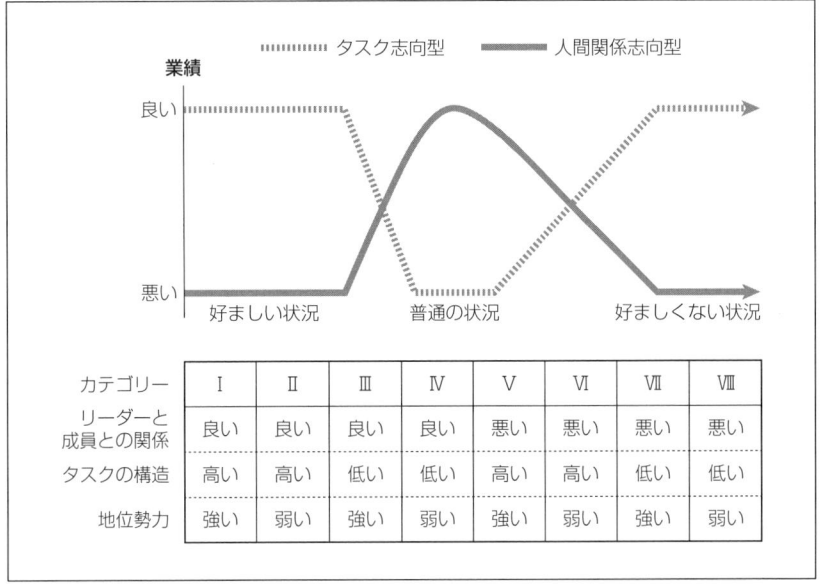

出所：S. P. ロビンス 著，髙木晴夫 訳 ［2009］『（新版）組織行動のマネジメント——入門から実践へ』ダイヤモンド社，266 ページ。

なります。一方，3つの要因がどれも低い状況は最も好ましくない状況です。こうした状況要因の違いによって，有効なリーダーシップ行動が異なるというのがフィードラー理論の指摘です。例えば，パワーが弱く構造化の進んでいない仕事で，部下との関係だけはうまくいっている場合には，人間関係志向型のリーダー（高 LPC リーダー）がよりよい成果を生み出すことができるとされています。一方，リーダーのパワーも弱く，仕事も単調で，部下との関係もうまくいっていない仕事では，生産性や構造づくりを重視するタスク志向型のリーダー（低 LPC リーダー）がより高い業績を生み出すことができるとされています。

　以上のようにリーダーシップのあり方は，集団のパフォーマンスだけでなく，メンバーとの人間関係やメンバーのモチベーションにも影響を及ぼします。たとえば，アルバイト先の上司や先輩社員の行動によって，職場の成果や雰囲気はずいぶんと変わるはずです。リーダーシップは上司やリーダー自身の問題に

とどまらず，メンバー全員のパフォーマンスや働きがいに多大な影響を及ぼすのです。

> 🔑 キーポイント
> *適切なリーダーシップにより，集団はまとまり，成果や働きがいが高まる。また，適切なリーダーシップは状況に応じて，変化していく！*

■ **演習問題** ■

1. あなたの身の回り（例えば，両親や兄弟，先輩など）で，会社に勤務している人をリストアップしてみましょう。そして，その人たちに，働くということの意味，なぜ，働いているのかを尋ねてみましょう。さらに働くことのインセンティブをマズローの理論に従って分類してみましょう。

2. あなた自身のアルバイト経験を参考に，アルバイトをすることで得られる報酬とそれに対する満足感を自問してみましょう。その結果，不満があるとすれば，なぜそうした不満が生じたのかを公平感という観点で整理してみましょう。

3. あなたの身の回りで，リーダーと呼ばれる人を探してみましょう。彼らの性格や行動を観察してみて，リーダーシップの発揮と関連する要因をコンティンジェンシー理論を参考にまとめてみましょう。

■ **さらに進んだ学修のために** ■

〔1〕 小野善生［2013］『最強の「リーダーシップ理論」集中講義──コッター，マックス・ウェーバー，三隅二不二から，ベニス，グリーンリーフ，ミンツバーグまで』日本実業出版社。

〔2〕 金井壽宏［2005］『リーダーシップ入門』日本経済新聞社。

〔3〕 開本浩矢 編著［2014］『入門組織行動論（第2版）』中央経済社。

〔4〕 D. ピンク 著，大前研一 訳［2015］『モチベーション 3.0 ──持続する「やる気！」をいかに引き出すか』講談社。

〔5〕 S. P. ロビンス 著，髙木晴夫 訳［2009］『（新版）組織行動のマネジメント──入門から実践へ』ダイヤモンド社。

第10章
社員はなぜ組織にとどまろうとするのか

雇用システム

◆この章のねらい

　今このテキストを手にしている大学生の皆さんの多くは卒業後，会社に勤めようと考えていることでしょう。就職先の組織にどれくらい勤め続けたいと思いますか。「この会社で定年まで勤め続けたい」と思う人もいれば，「ある程度勤めたら，別の会社に転職したい」と考えている人もいるでしょう。「就職する」「転職する」という表現は言うまでもなく，働く人の立場からの言い方です。会社からすれば，それは「採用」や「退職」という人材を管理する行動の1つにあたります。採用とは，会社の中にある職務（☞第8章）とそれを担う能力があると考えられる外部の人とを組み合わせる行為です。こうした人と職務との適切な組み合わせ（マッチング）は，採用，配属，配置転換（異動），退職（解雇）という名のもとに社内では頻繁に行われています。一般に，人と職務のマッチングを行う諸活動を雇用管理と呼んでいますが，主として人という経営資源に関わることですので，これは人的資源管理の一分野として扱われています[1)]。

　本章では，どうして人は同じ組織にとどまろうとするのかという問題意識をもちながら，雇用管理について見ていくことにしましょう。

◆この章で学ぶキーワード
　◎職務　◎人と職務のマッチング　◎定年　◎終身雇用　◎企業特殊技能
　◎非正社員　◎ダイバーシティ・マネジメント　◎解雇

1 雇用を管理するとは

1-1　人と職務の組み合わせ

「この章のねらい」でも確認したように，人と職務を組み合わせることを**雇用管理**と総称しています。「雇用」とは，「やとうこと」（広辞苑）ですが，会社が人を雇うのは，その人たちに会社が利益を上げるために必要な仕事をしてもらうためです。ただし，仕事をしてもらうといっても，誰でもいいから適当に仕事を割り当てるというわけにはいきません。その仕事をするのにふさわしい人にしてもらわないと良い結果を得ることができないからです。そこで，会社が求める結果を得るために適切な人と職務の組み合わせを考えることが必要になってくるわけです。

人と職務を組み合わせる行為は，会社の中の至る所で見られます。入社した人がどのような経路をたどって退職に至るかを概観しながら，**人と職務のマッチング**を見ていきましょう。ただし，以下では職務という専門用語ではなく，仕事という日常語を職務と同じ意味に用いながら見ていくことにします。

1-2　採用から退職まで

学校を卒業すると同時に会社に就職する新規学卒採用者の場合，通常，入社後一定期間の研修を経て配属が決まります。これが採用された人と職務との最初のマッチングです。会社は，その人の能力や将来性を考えてその人にふさわしい仕事を割り当てます。その部署で何年か仕事を経験すると，違う部署に移り新しい仕事を担当することになります。例えば，東京本社の人事部門から大阪支社の営業部門に移るような場合です。これが**配置転換**です。一般には，人事異動や単に異動という言葉が用いられます。これまでとは異なる部署などに動くことを意味しているので，「移動」ではなく「異動」と表記します。同じ建物や工場内で行われる配置転換もあれば，まったく違う都市や外国への配置転換もあります。また，東京本社の人事部門から札幌支社の人事部門への異動のように，同じ分野の仕事を違う場所で行うような配置転換もあります。

　こうして社内のいろいろな仕事を経験しながら，私たちは自分のキャリアを形成していきます。会社が人と職務のマッチングを行う際には，現在の仕事を担当するのにふさわしい人を選び組み合わせるだけではありません。この仕事を経験させておくことがその人の将来に役立つ，という視点からもマッチングのあり方が考えられます。これは人材をいかに育成するかという問題です。人材育成については，第 12 章で詳しく見ることにしましょう。

　入社後約 40 年にわたり仕事を続けると，60 歳くらいから**定年**を迎え，退職することになります。あるいは，さまざまな事情で定年を待たずに退職することもあります。退職とは，ある人が社内のどの職務とも組み合わせることができなくなったときにその人を会社から退出させる行為です。定年退職は，社内の規定として一定の年齢を超えた人には職務を担当させてはならないことが決められているために，それらの人と職務を組み合わせることができなくなるものです。ほかにも，事業の撤退などである人の仕事が社内からなくなったり，ある人の能力が社内のどの職務を遂行するのにも不十分となってしまった場合にも退職となります。この場合，本人には仕事を続ける意思があるのに，会社が仕事を続けることを拒否することとなり，こうした場合は一般には解雇と呼ばれます。また，ある人に社内の職務を遂行する意思がなくなってしまった場合も，マッチングは不可能となり退職することになります。

　このように，会社が雇った人がその会社を辞めるまでの過程を通じて，どの人をどの仕事に就かせるかという視点から，人という経営資源の管理をとらえたものが雇用管理です。

> ⚷ キーポイント
> *職務と人との適切な組み合わせ（マッチング）が雇用管理！*

2 終身雇用とその功罪

2-1 暗黙の約束としての終身雇用

⑴ 終身雇用とは

　前節で採用から定年までのマッチングを概観しましたが，わが国では新規学卒採用された社員が定年まで1つの会社で働き続けることが特徴とされてきました。アベグレン（J. Abegglen）がその著書『日本の経営』［1958］において，lifetime commitment として取り上げたのが最初といわれています。lifetime commitment とは一生を通じて会社と関係を持ち続ける，という意味であり，関係を継続するためには雇用され続けることが大前提となるので，終身雇用という言葉があてられたようです。さらに，1972年の『OECD対日労働報告書』では，日本的経営の**三種の神器**として**終身雇用**，**年功賃金**（☞第11章），**企業別組合**が挙げられ，それらがわが国の企業経営の強さの源泉として理解されてきました。もちろん，働く人すべてが最初に勤めた会社に定年まで働き続けるわけではありませんし，終身雇用の恩恵にあずかれるのは大企業を中心としたわずかの人たちだけであるという批判もあります。しかし，会社も働く人も，長期的な雇用を前提として関係を築いてきたことは事実であり，終身雇用はわが国の雇用管理の1つの特徴であるととらえられてきました。

　ところが，1990年代のバブル経済崩壊後，「終身雇用の崩壊」や「年功賃金の終焉」といった言葉がニュースや新聞で取り上げられることが多くなってきました。本来，組織や事業の再構築を意味するリストラクチャリング（restructuring）という言葉が，事業の縮小やそれに伴う人員の削減や解雇だけを指して，リストラと呼ばれるようになったのもこの頃です。そして，リストラの名のもとに定年まで雇用を継続せずに従業員を解雇したり，年功的な賃金の支払い方をやめたりする会社が増えてきたのです。

⑵ 暗黙の社会通念

　会社の都合で終身雇用をやめることがどうしてできるのか。そんな疑問をもつ人も多いかもしれません。しかし，「会社は定年まで従業員を雇用しなけれ

ばならない」などという文言は，法律のどこを探しても出てきません。もともと，終身雇用は法的に義務づけられたものではないのです。それは，長年の慣習から生まれてきた労使間の信頼関係に基づく暗黙の約束であり，それを破ったからといって，即座に法的に罰せられることはない社会通念にすぎないのです。

　一般に，正社員と呼ばれる人たちは「期間の定めのない雇用」（労働基準法第14条）として雇われています。「期間の定めのない雇用」に対置されるのは「有期雇用」であり，期間の上限は原則 3 年（特例 5 年）ですから，定年までの雇用の約束が無理なことは明らかです。もちろん，会社が好き勝手に雇用関係を終了させることはできませんが，このことについては第 5 節「雇用の安定がもたらすもの」で詳しく見ることにしましょう。

2-2　終身雇用の長所と短所

⑴　セットになった終身雇用と年功賃金

　終身雇用が長く続いてきたからには，そこには長所があったはずです。これからその長所について見ていきますが，その前に終身雇用と年功賃金がどのようにセットになってきたかについて確認しておきましょう。

　終身雇用と年功賃金は図 10-1 に見られるように 2 つがセットとなって有効に機能してきました。図 10-1 は終身雇用と年功賃金の関係をわかりやすく表現したモデル図です。縦軸には，社員が会社のためにどれだけ働いたかを示す「貢献」と支払われる「賃金」をとっています。横軸は年齢です。この図から読み取れる第 1 の特徴は，貢献を表すグラフと賃金を表すグラフが重なっていないということです。これは，働きに見合った賃金がその都度支払われているわけではないということを表しています。それでは，社員が損をして会社が得をしているのでしょうか。あるいは，その逆なのでしょうか。

　第 2 の特徴は，グラフを見ただけでは少しわかりにくいのですが，定年まで勤めると生涯の貢献総量と賃金総額は一致し，社員と会社のどちらか一方だけが得をするということはないということです。したがって，もし定年まで勤めずに途中（図中 X の時点）で会社を辞めてしまうと，社員は貢献に見合うだけの賃金をもらわずに雇用関係を終わらせてしまうことになります。社員とすれ

■ 図 10-1　見えざる出資のメカニズム

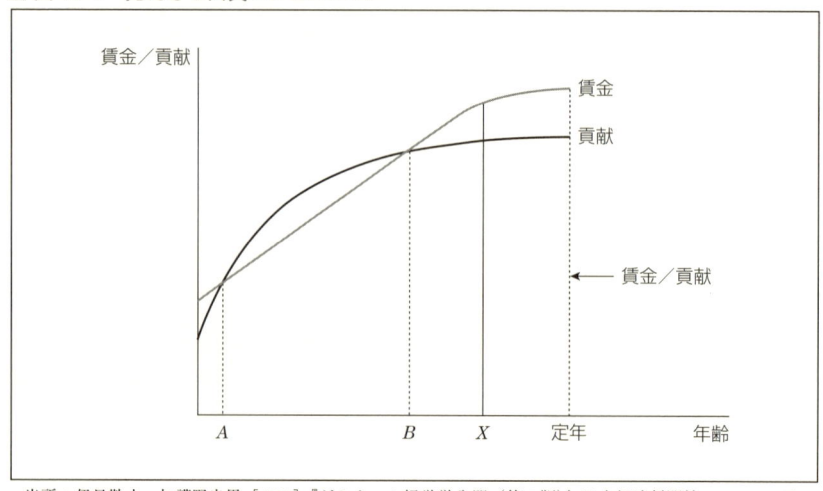

出所：伊丹敬之・加護野忠男［1993］『ゼミナール経営学入門（第2版）』日本経済新聞社，519ページ，
　　　図 17-3 をもとに加筆修正。

ば，A−B の期間に本来払ってもらうべき賃金を受け取らずに会社に預けてお
き，B から定年の期間でそれを取り返したいと考えるでしょうから，B の時点
まで働き続けたのなら定年まではその会社で働き続けようと思うはずです。
「ただし，A−B の期間に会社に預けておいた形になる分は，企業の利益留保
として企業の中に蓄積され，投資されることとなります。その分が社員の見え
ざる出資と考えられるために，このモデル図にはこうした名前がつけられてい
ます」（伊丹・加護野［1993］，519ページ）。

　繰り返しますが，これはモデル図であって，払ってもらうべき賃金を会社に
預けておくといったことが実際に行われてきたわけではありません。しかし，
年功賃金と終身雇用が結びついた職場においては，そうしたことを考えてしま
う素地が整っており，社員も会社もそのような関係を暗黙の前提としていたの
です。

(2)　終身雇用の長所

　図 10-1 で見たように，終身雇用は定年まで勤め続ける意欲を引き出すシス
テムでした。こうした特徴をもつ終身雇用の長所として，第1に，雇用保障が
もたらす安心感と愛社精神の強さを指摘できます。よほど大きな失敗をしない

限り定年までの雇用が，暗黙とはいえ約束されていることは，大きな安心感を社員に与えることになります。会社が「あなたにはわが社のためにずっと働いてもらいたいのです」といってくれるなら，従業員は何の心配もすることなく会社の仕事に取り組むことができますし，多くの人は，そういってくれる会社のために一生懸命働こうと思うはずです。

　次に，長期的な視点でものごとに取り組むことができる長所があります。社員にとっては，来年もここで働けるのだろうかといった心配をすることなく，長期的な視点で自分の生活を設計できるという利点があります。組織にとっても，時間をかけてじっくりと自社にあった人材を育成できるという利点があります。会社が時間とお金をかけて教育訓練を受けさせるのは，その社員が能力を高めて会社に貢献してくれると信じているからです。明日にも辞めるかもしれない社員に時間とお金をかけて教育訓練を受けさせる会社は，おそらくないでしょう。

　さらに，会社の中に同じ人がずっと働き続けることにより，その会社に特有の技能を身につけた従業員が増えていくことも，会社にとっては強みとなります。こうした会社特有の技能を企業特殊技能と呼びます。社内用語や書類の作り方のような小さなことをはじめとして，仕事の進め方や処理の方法，製造現場で求められる技能などには各社それぞれ独自のものがあります。ある会社で仕事をこなしていくためには，こうした**企業特殊技能**を身につけておくことが必要となります。また，そうした技能を身につけた社員が多い会社は組織として一丸となりやすくなります。企業特殊技能を身につけさせるためにも，第 2 の長所のように，会社は時間とお金をかけて教育訓練を受けさせ，人材を育成してきたのです。

⑶　終身雇用の短所

　ただし，終身雇用にも負の側面はあります。第 1 に，長所として見た安心感は，少しくらい手を抜いても解雇されることはないだろうといった社員の「甘え」を生み出す危険があります。年功賃金とセットになった終身雇用のもとでは，特に図 10-1 の B から定年までの期間は，「そこそこ仕事をすれば賃金がもらえる」という甘えにつながる危険性が高かったのです。

　第 2 に，企業特殊技能を身につけた社員が増えることは長所でもある一方，

社内のほとんどの人がその会社だけにしか勤めたことがない人になってしまい，金太郎飴と揶揄されるように社内の人材が同質化してしまう危険性もあります。人材が同質化してしまうと，これまでとは違う事業分野へ進出したり，新しい行動パターンを取り入れたりといった革新的な行動がとりにくくなってしまいます。

さらに，1つの会社に勤め続けてきた人は，転職や定年後の再就職のときに必要な，市場で通じる自分の技能に対する意識が低くなってしまうという点も問題です。先に見たように，終身雇用はあくまでも社会的な通念であり確約されたものではありません。何らかの理由で，会社を替わらなければならなくなったときに，他の会社でも使える自分の能力について初めて考えることになりますが，それでは手遅れになってしまう可能性が非常に高いのです。

2-3 終身雇用と長期雇用

(1) 終身雇用は本当によくないのか

1990年代半ばからの**成果主義**（☞第11章第4節）の広がりと時を同じくして，終身雇用や年功賃金への関心は低くなってしまいました。確かに，上で見たように，終身雇用には短所も多くありました。しかし，本当によくない慣行で取り入れるべきものではないのでしょうか。

ここでもう一度確かめておきたいことは，終身雇用の短所の多くは，年功賃金とセットになったときに生じてきているということです。また，終身雇用という言葉には，高度経済成長期の経済発展を支えた人事労務管理のあり方として，年功賃金とセットになり新規学卒者を定年まで長期間雇用し続けるという意味合いが強くあります。したがって，現在でも終身雇用という言葉を使うと，あまりよくないニュアンスを含んでしまいます。そこで，終身雇用の最も核となる部分である「長期間雇用し続けること」そのものの意味をもう一度考えてみることが必要となります。

(2) 長く一緒に働くということ

即戦力という言葉が就職情報誌などでよく使われるようになってきました（☞第12章コーヒーブレイク，280ページ）。会社に入ってすぐに仕事で力を発揮できる人材という意味で使われているようです。ある仕事を行うのに適した人

材が社内にいないときに，その仕事とマッチングさせる人を社外から採用することは珍しいことではありません。しかし，だからといって，まるで機械の部品を替えるかのように，必要なときに必要な人をとってくるということを続けるのには無理があります。「そもそも組織をつくって企業が事業をしているのは，たんに市場で買える能力部品を組み合わせて簡単につくれるような事業価値以上のものを，企業という組織がチームとして生み出しているから」なのです（伊丹［2000］，217ページ）。

1つの会社の中で長い間一緒に仕事をし続けることによって生み出されるものこそが，会社の事業の根幹を担っているともいえるでしょう。そう考えると，終身雇用が陥ったような失敗を繰り返さない限り，長期間雇用し続けることは，やはり重要なことだと考えられます。この点については，第5節「雇用の安定がもたらすもの」でもう一度見ることにしましょう。

> **⊶ キーポイント**
> *終身雇用は年功賃金とセットになったことによって，負の効果を生み出してしまった！*

3 ┃ 多様化する雇用形態

本節においては，仕事の現場で雇用形態がどのようになってきているのかに目を向けてみましょう。

3-1　増加する非正社員

⑴　減る正社員，増える非正社員

アルバイトの経験がある人は自分が働いている職場を思い出してください。同じ職場で働く人たちを，例えば，「社員さん」「パートさん」などと呼び分けていないでしょうか。これは，どういう形で雇われているか——雇用形態はどういうものか——によって呼び方を変えているのです。これに従うと，本来

「社員さん」は「正社員さん」と呼ばれるべきですが，これまでは会社で雇われている人の多くは正社員であったために，わざわざそうした呼び方を避けているところが多いのでしょう。

　「期間の定めのない雇用」として雇われている人たちが正社員であることは先に述べましたが，一定期間の雇用を前提として雇われている「有期雇用」の人たちが**非正社員**となります。「でも，アルバイト先のパートさんは働きだして 10 年目だと聞いたけれど」という人もいるかもしれません。それは，例えば 6 カ月間の雇用契約を何度も繰り返すことによって，10 年間働き続けているのです。最近の傾向として，非正社員の割合が増加していることと非正社員を構成する人たちがより多様になってきていることが挙げられます。この点について，もう少し詳しく見る前に，非正社員に関わる近年の法律改正を確認しておきましょう。

　それは，2012 年 8 月の労働契約法の改正（2013 年 4 月 1 日施行）です。この改正により，有期労働契約が反復更新されて 5 年を超えたときは，労働者の申し込みによって，無期契約に転換できることとなりました。（第 18 条第 1 項）。ただし，労働条件については，別段の定めがない限り，従前のものを引き継ぐこととなっているので，この転換により非正社員が正社員になるわけではありません。この法改正が雇用管理のあり方をどう変えるかは，施行から 5 年が経過する 2018 年 4 月以降の動向を見ていかなければなりません。

　さて，図 10-2 は，就業者の内訳を示したものです。総務省「労働力調査」では，「会社，団体，官公庁又は自営業主や個人家庭に雇われて給料，賃金を得ている者及び会社，団体の役員」を雇用者と定義していますので，社員は雇用者の中に含まれることになります。5863 万人の雇用者のうち，非正社員が2081 万人で雇用者の 4 割近くになっていることがわかります。1985 年には非正社員の比率は 15 ％強でしたので，約 30 年で比率は 2.5 倍になりました。2007 年には 5174 万人の雇用者（役員を除く）のうち，正社員が 3441 万人，非正社員が 1732 万人でしたから，この 10 年間で正社員の数は変わらず，非正社員が 349 万人増加し，役員を除く雇用者全体では 348 万人増加したことになります。正社員は増えずに，あるいは減少する一方で，非正社員が増加するという傾向は，いわゆるバブル経済が崩壊し，リストラが広く行われるようになっ

■ 図 10-2　就業者の内訳

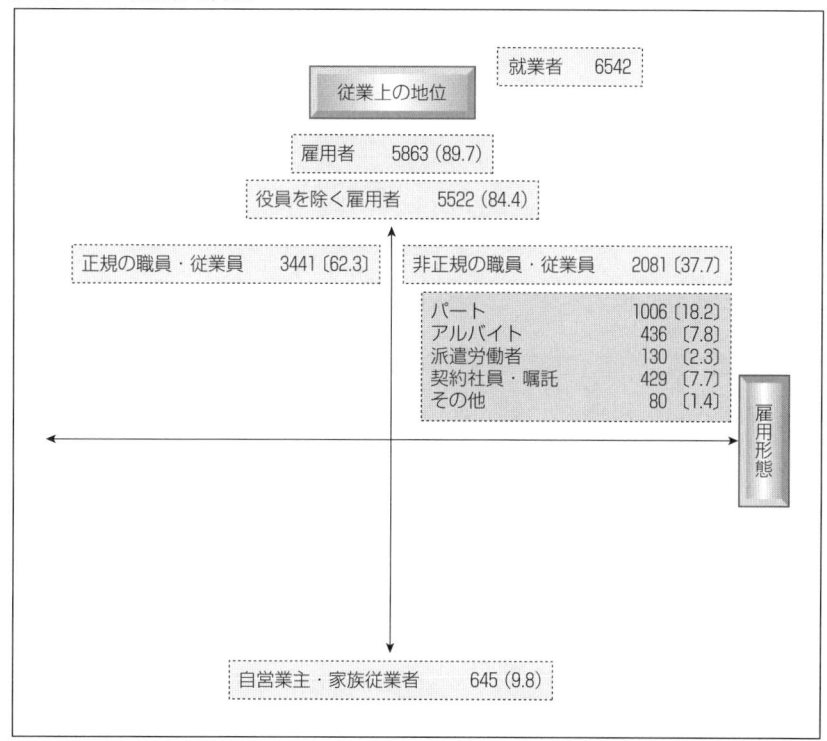

注：括弧なし数字は人数（万人），（ ）内数字は就業者に占める割合（%），〔 〕内数字は役員を除く
　　雇用者に占める割合（%）。
出所：厚生労働省 編［2006］『労働経済白書（平成 18 年版）』国立印刷局，85 ページ，第 2-(1)-9 図に，
　　「労働力調査（基本集計）2017 年 12 月分」の数値を修正加筆。

てきた 1990 年代半ば以降に見られるものです。

(2)　非正社員が増加する理由

　では，どうして非正社員の割合が上昇してきているのでしょうか。厚生労働
省「平成 26 年 就業形態の多様化に関する総合実態調査」によると，正社員以
外の労働者がいる事業所で，正社員以外の労働者を雇用する理由（複数回答）
は，「賃金の節約のため」（38.6 %），「1 日，週の中の仕事の繁閑に対応するた
め」（32.9 %），「即戦力・能力のある人材を確保するため」（30.7 %），「専門的
業務に対応するため」（28.4 %）の順となっています。図 10-3 はこれを就業形

■ 図 10-3　非正社員の雇用理由

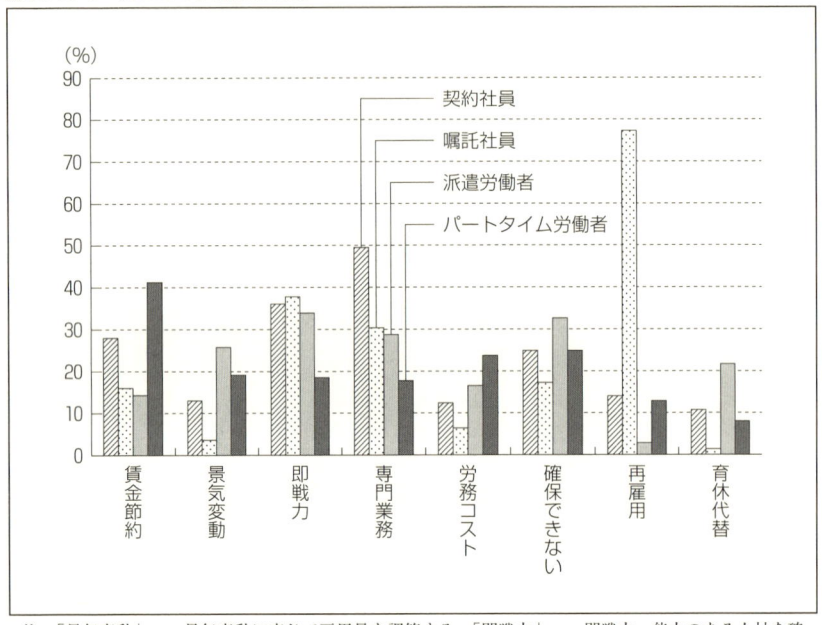

注：「景気変動」……景気変動に応じて雇用量を調節する，「即戦力」……即戦力・能力のある人材を確保する，「専門業務」……専門的業務に対応する，「労務コスト」……賃金以外の労務コストの節約，「確保できない」……正社員を確保できない，「再雇用」……高年齢者の再雇用対策，「育休代替」……育児・介護休業の代替。
出所：厚生労働省「平成26年就業形態の多様化に関する総合実態調査結果」より筆者作成。

態別に見たものです。ここから，パートタイム労働者は「賃金の節約のため」，派遣労働者は「即戦力・能力のある人材を確保するため」，契約社員は「専門的業務に対応するため」と，同じ非正社員でも就業形態によって雇用される理由が異なることがわかります。また，パートタイム労働者の場合，「賃金の節約のため」という割合が高い点も確認しておきましょう。

　会社にとっては，正社員を雇うよりも非正社員を雇う方が，賃金，社会保険料，教育訓練費用などさまざまな点でコストを抑えることができるのです。これが，非正社員が増加してきている何よりも大きな原因といえるでしょう。また，特に小売業やサービス業では，長くなる営業時間や繁閑に応じて人と職務をマッチングさせるために，不規則な勤務時間にも柔軟に対応できる非正社員の比率を高める必要があります。

　一方，働く人の側でも，正社員として拘束された生活を嫌う人や仕事の時間の都合をつけやすい働き方を好む人が増えてきています。また，専門的な資格や技能を活かしたいという理由から非正社員を選んでいる人が，特に契約社員には多く見られます。非正社員の雇用機会が増えていることは，働く人にとって働き方の選択肢が増えたと評価することもできます。

3-2　処遇格差とその解決

⑴　正社員と非正社員間の格差

　必要な仕事に適切な人をマッチングさせる雇用管理という視点からは，雇用形態の多様化は人と職務のマッチングの柔軟性を高めることになるので，望ましいことといえるでしょう。また，会社にとってはコストを抑えることができる魅力はとても大きいものです。しかし，ここで考えておきたいのは，会社がコストを抑えることができるということは，非正社員に正社員と同じ仕事をしてもらって会社が支払うお金（賃金と賃金以外の労務コスト）は少なくて済むということです。

　これは，非正社員の立場からすれば，正社員と同じ仕事をしているのに正社員よりも少ない賃金しかもらえなかったり，社員としての恩恵を受けられなかったりすることになりかねません。少し古い調査結果になりますが，労働政策研究・研修機構［2005］の調査では，「会社内に自分とほとんど同じ仕事をしている正社員がいる」と答えた非正社員の割合は非正社員全体の 52 ％でした。就業形態別で見ると，最も割合が高かった契約社員で 64 ％，最も割合が低かったパートタイマーでも 46.8 ％が，「いる」と回答しています。彼（女）らに，同じような仕事をしている正社員に比べて自分の賃金をどれくらいと認識しているかを尋ねたところ，6 割以上が「かなり低い」または「低い」と認識している結果が出ています。

　事業所に尋ねてみても，正社員と非正社員が同じような仕事をしている場合，これらの非正社員の時間あたり賃金水準は正社員の基本給の「70〜80 ％未満」が 23.8 ％，「80〜90 ％未満」が 19.2 ％，「60〜70 ％未満」が 15.2 ％であり，全体の約 6 割弱が 60〜90 ％未満の範囲という結果になっています。もちろん，会社とすればその賃金格差には理由があるのであり，同調査の結果（複数回答）

では、「責任の重さが違うから」（45.7％）、「長期間の勤続が見込めないため」（29.3％）、「他の事業所への異動がないから」（12.6％）、正社員と同じような仕事をしている非正社員との賃金には格差が生じるとしています。

(2) 「同一労働同一賃金」と正社員化

賃金格差に代表される、正社員と非正社員の処遇格差は、雇用形態の多様化が進むとますます問題となる可能性があります。そうした中、政府の「働き方改革実行計画」にも挙げられている「同一労働同一賃金」を求める声も高まってきています。「同一労働同一賃金」とは、同じ仕事をしていれば、雇用形態にかかわらず、同じ賃金を支払うというものです。ただし、何をもって同じ仕事と見なすかは簡単には決められません。先に見た通り、正社員と非正社員の賃金格差の理由は、責任の重さ、勤続見込み、異動の有無など、製品を作ったり、商品を売ったり、サービスを提供したりという行為だけではなく、それを取り巻く種々のことがらに求められていました。これは、「この人の仕事」というものを広くとらえていることを示しています。また、このことは日本では職能給が広く導入されており、職務給が普及していないこととも関連してくるでしょう（☞第11章）。

一方、「同一労働同一賃金」ではなく、非正社員を正社員化することで雇用形態の差をなくし、処遇差もなくしてしまおうという動きも見られます。工場の期間工を正社員に登用するトヨタ自動車と系列企業（『日本経済新聞』2016年11月24日）、工場の有期雇用者を希望があれば正社員にする資生堂（『日本経済新聞』2017年10月22日）、パートタイムや嘱託などの区分をなくして正社員に一本化するクレディセゾン（『日本経済新聞』2017年8月11日）などです。なお、こうした動きの背後には、人材確保、人材定着、技能継承、モチベーションの向上といった目的があることも押さえておくことが必要です。

雇用形態が多様化する中、どのようにして仕事と人のマッチングを行っていくのかはますます複雑になってきます。同時にその優劣が会社の業績を左右するようなことになる可能性もますます大きくなってきています。そのため、多様性の管理とも呼ばれる、**ダイバーシティ・マネジメント**に取り組む会社が増えてきています（佐藤・武石［2017］）。もともとダイバーシティ・マネジメントとは、人種・性・年齢などの多様性を競争優位につなげられるように管理する

ことでした。しかし，今日では，それらに加えて，雇用形態が異なる人たち，短時間勤務など就業形態が異なる人たち，さらには仕事に対する意識が異なる人たちなど，多様化する人材を会社として1つにまとめ，その違いを会社の強みにつなげていくような管理を指すようになってきています。

> ☛ キーポイント
> *雇用形態は多様化し，今では雇用者の約4割弱が非正社員となっている。そうした中，処遇格差の解消とダイバーシティ・マネジメントが求められるようになってきている！*

4　入り口（採用）と出口（退職）の変化

　本節では，会社への入り口の管理である採用と会社からの出口の管理となる退職にかかわる最近の動向を見ておくことにしましょう。

4-1　入り口の変化

　学生の皆さんにとっての就職は，会社にとっては採用です。エントリー・マネジメントという用語も用いられる採用活動は，自社が求める人材を見極めるために大変重要な雇用管理の一部です。採用時における職務と人のマッチングは，採用直後にどれだけの仕事ができるかの見極めもさることながら，組織風土にどれだけ馴染めそうか，社内のどのような仕事で活躍できそうかといった，将来におけるその人と職務とのマッチングの可能性も十分に考慮されなければなりません。そのために会社はできるだけ多くの出会いの場と対象者の情報を求めることになります。

　新入社員は4月に全員揃って入社するという新規学卒一括採用そのものは，依然として続いています。これは定期採用と呼ばれるものです。一方で，年間を通じて新卒者の採用を行う通年採用や9月卒業者や留学者を主たる対象とする秋採用など採用時期の多様化が進んでいます。また，採用方法も，本社人事

部が集権的に行う全社一括採用に加えて，事業所別の採用も行われています。これらは基本的に採用後にどのような仕事に就くかを決めずに行われるものです。一方，職種を限定して新卒者を採る，職種別採用も徐々にではあるものの増えてきています。

　また，会社情報の発信や就職希望者の情報収集の経路や方法も多様化してきており，それらはほとんどインターネットの利用を通じて行われています。さらにインターンシップも，学生は会社の，会社は学生の情報を集めることができる機会であり，採用活動と明言する会社はほとんどないものの，実質的には採用活動として機能しているといえるでしょう。

　こうした動向は，職務と人とのマッチングをより適切なものとするために，できるだけ多くの方法で，より確実な情報を入手したり，採用の機会を増やして，より適切な人材の獲得に努めようとする会社が増えてきた結果と考えられます。

4-2　出口の変化

⑴　高年齢者の安定雇用と定年年齢の引き上げ

　では，会社からの出口となる退職について見てみましょう。これまでは，定年を定める場合は 60 歳を下回ってはいけないことが**高年齢者雇用安定法**で定められていました。しかし，わが国の高齢化が急速に進展する中，高年齢者の雇用を安定的に確保することをめざして，この法律が 2004 年に改正されました。その結果，事業主には，①定年の引き上げ，②再雇用などの継続雇用制度の導入，③定年の定めの廃止，のいずれかの措置を講じることが求められ，高年齢者が 60 歳を超えてもこれまで以上に働き続けられるような社会に向けて変化し始めました。

　このときは，多くの会社は，定年の引き上げや定年の廃止ではなく，継続雇用制度の導入によって法改正に対応しました。さらに，継続雇用を行う際にも，希望者全員を無条件に対象とするよりは，労使協定等で定められた基準として意欲，能力，健康状態など会社が求める条件に合致する人を対象とする会社が多くありました。そこには，会社が高年齢者の雇用の確保を福祉施策の一環ととらえているというよりは，会社として生き残っていくために能力のある人材

には働いてもらう——そうでない人材には組織から退出してもらう——という厳しい企業の論理の徹底が垣間見えます。

　しかし，新たな法改正により 2013 年 4 月から，継続雇用制度の対象となる人を労使協定による基準で限定できる仕組みが廃止されました。これにより，基本的に，継続雇用を希望する人は全員，継続して雇用されることになりました。こうした法改正以前から，定年後に新たな労働条件のもとで仕事を行ってもらう再雇用制度などを取り入れて，高年齢者の活用に積極的に取り組む会社はありました。しかし，今後は各社とも高年齢者と彼（女）らと職務とのマッチングが図れるように，特に 60 歳を超えても会社が求める能力を維持できる人材を確保することをこれまで以上に真剣に考えていかなければならなくなってきています。

⑵　定年前退職制度とリテンション・マネジメント

　60 歳以降をめぐっては上に述べたような状況ですが，60 歳以前の退職に関わる動向を見ておきましょう。それは，早期退職優遇制度や選択定年制など，名称は各社によって異なりますが，退職金の加算など一定の優遇措置を伴う定年前退職制度の普及です。これらの制度は，その目的によって大きく 2 つに分けることができます。1 つは人員削減の必要性がある場合，もう 1 つは社員のセカンド・キャリア支援の場合です。

　人員削減の必要性がある場合であっても，解雇を行うことは後述するように簡単なことではありません。そのため，希望退職者を募るために早期退職優遇制度が運用されます。通常，希望退職者を募る期間を定めたり，退職者の目標数を設定したりします。また，高年齢者に限定されず，場合によっては若年者まで対象にされることがあります。

　セカンド・キャリア支援の場合は，会社を辞めて，これまでの会社生活とは違う何かを行いたいと考える社員を支援する目的で行われます。この場合，期間や人数に縛りはなく，対象者は高年齢者に限られることが多くなっています。

　このように出口をめぐる状況も多様化してきており，社員には「自分は何歳までこの会社で働くのか」「この会社を辞めた後，何をするのか」といったキャリアに関する意識がますます求められるようになってきています（☞第 12 章）。会社の方も，社員の自主的なキャリア選択を支援するような制度を整え

る一方で，どうすれば有能な人材に長く会社に残ってもらえるかを考えること
が必要となってきています。これは，リテンション・マネジメントといわれる
もので，「高業績を挙げる（または挙げることが予想される）従業員が，長期間組
織にとどまってその能力を発揮することができるようにするための，人的資源
管理施策全体」（山本 [2009]，14 ページ）と定義されています。

> ☛ キーポイント
> 採用のあり方も退職のパターンも多様化が進んでいる！

5 雇用の安定がもたらすもの

　最後に，雇用の安定がもたらすものについて考えて，本章を終えることにし
ましょう。

5-1 解 雇 と は

　第 1 節「雇用を管理するとは」でも触れたように，定年を待たずに，本人は
仕事を続ける意思があるにもかかわらず雇用関係を終えなければならないもの
が**解雇**です。日常用語としては，「クビになる」とか「リストラされる」とい
う言い方の方が馴染みがあるかもしれません。上でも見たように，会社は社員
を定年まで雇い続ける義務はありませんから，状況によっては社員を解雇せざ
るを得ないこともあります。ただし，会社の勝手な都合だけで解雇することは
許されていません。なぜなら，働く人にとって“仕事がある”——雇用が継続
されている——ことは，生活をしていく上で最も大切だからです。

　もし，解雇された人が解雇の無効を求める裁判を起こした場合，その解雇が
会社側の一方的な都合によるものでなく，社会的に認められるような合理性が
あるかどうかが問題となります。これを判断する根拠として，これまでの判例
の積み重ねから解雇が社会的に認められるものかどうかを判断する**解雇権濫用
の法理**が確立されてきました。その視点は，次の 4 つです。①経営努力などで

は対応できず，解雇という形で人を減らすしかなかったのかという「人員削減の必要性」，②配置転換や希望退職者を募るなど解雇に至るまでにそれを避ける努力がなされてきたかという「解雇回避努力義務の履行」，③解雇対象者を選ぶときにその人の能力，勤務成績や転職可能性など複合的な要素をきちんと検討した上で人選がなされているかという「被解雇者選定の合理性」，そして，④事前に労働組合や労働者に納得のいくような説明を誠実に行ったかという「労働組合等との誠実な協議の実施」です。

　2003年の労働基準法改正によって，「解雇が客観的に合理的な理由を欠き，社会通念上相当であると認められない場合は，その権利を濫用したものとして，無効とする」と労働基準法第18条の2に明文化されました。その後，2007年の労働契約法の制定によって，解雇権濫用に関する規定は労働基準法から労働契約法第16条に謳われるようになり，現在に至っています。

5-2　長期雇用がもたらす力

　解雇は労働者やその家族の生活に大きな打撃を与えます。何よりも収入が閉ざされてしまうことに加えて，組織に属して働いているということがもたらす精神的な充足感や自尊の気持ちが奪われてしまいます。一方，会社にも言い分はあります。会社の存続を図るためには，ある一定の人員を削減するしか方法がないという場合や，社内の職務とマッチングさせるにはあまりにも不適格な社員という場合もあるからです。したがって，解雇という手段を一概に悪いものだと決めつけるわけにはいきません。

　また，コーヒーブレイクで触れているトヨタ自動車をはじめ，わが国で好業績を維持する会社の多くは，雇用を重視した長期的な社員と会社の関係を築こうとしています。その1つの理由は，戦略的に人材を育成するには時間がかかるために，長期雇用を前提とすることが必要となるからです。第12章で詳しく見るように，人材の育成は会社の根幹に関わる問題です。もう1つの理由は，社員の能力を長期間にわたって引き出すためだと考えられます。

　人という経営資源が，モノ，カネという経営資源と異なるところは，本人の仕事意欲（モチベーション）や成長によって発揮される力が変化するという点です（☞第12章1-2項）。モノやカネは使い方によってその機能や額（モノやカネ

☕ コーヒーブレイク　トヨタと GE から見えてくるもの

　1998 年 8 月にアメリカの格付け会社が，長期雇用を理由にトヨタ自動車の格付けけを下げた際に，奥田碩（ひろし）社長（当時）は，社員を尊重した経営のあり方が格付け低下の理由とされることに真っ向から異議を唱えました。トヨタはその後も業績を伸ばし，今や世界第 2 位の自動車会社です。トヨタは長期雇用を維持しながら人という資源を大切にすることを前面に掲げて会社を発展させているといえます。

　一方，アメリカを代表する優良企業であるゼネラル・エレクトリック社（GE）の CEO であったジャック・ウェルチは，「成長や昇進の見込みのない人間を残しておくことこそ，残酷であり，『間違った親切』ではないか」といい，下位 10 ％の社員には辞めてもらって自分にあった会社に移る方が彼（女）らにとって幸せだという考えを示していました（ウェルチ［2001］（上），253-255 ページ）。

　どちらが正しいか，と問われれば，業績を伸ばしているという点ではどちらも正しいと答えるべきでしょう。ただし，ジャック・ウェルチの後継者には今回も GE の生え抜きが選ばれているところを見ると，GE でも決して長期雇用を軽視しているわけではないことはわかります。

　トヨタでは社員への信頼とよい意味での安心感を強調することで社員の力を引き出し，GE では社員間の競争の必要性を強調することで社員の力を引き出しているといえるかもしれません。両者に共通していることは，自社に適切な，人を活かす方法をきちんと確立し，それを経営トップが明言しているところです。

　最近，わが国でも，人材を活用するにあたって競争の原理を強調する会社が増えてきました。そうした手法の導入を会社の業績向上につなげるには，本当にそれが自社にあったやり方なのかをまず見極めることが大切でしょう。

＊

　以上は，本書の初版（2007 年刊）に載せられたコラムです。2018 年の現況に照らしてみても，違和感を覚えないのではないでしょうか。「『第 7 回勤労生活に関する調査』結果」（労働政策研究・研修機構［2016］）によると，終身雇用を支持する者の割合が過去最高の 87.9 ％となり，10 年前の同調査から 10 ポイント上昇しています。グローバル競争が激しくなる中，安定を求める労働者が増えていることが，会社や社会にとって望ましいことなのかは議論の余地があるでしょう。しかし，長期雇用を提供することが，多くの労働者の支持を得るということは，依然として間違いがなさそうです。

に求められる発揮される力）が変化することは基本的にありませんが，人は違います。例えば，時給900円に見合う働きはしてくれると判断して雇った社員が，同僚や上司に恵まれた職場に配属されたために仕事に対する意欲が高まり，時給950円に見合うくらいの働きを見せてくれるということがあります。また，長期間にわたってみると，1時間でできる仕事量が100から110になったとすれば，それは成長によって発揮される力が高くなり，生産性が上がったことになります。つまり，仕事と人のマッチングをうまく行えば，社員の仕事意欲を高めたり，社員の成長につなげたりすることができるのです。

　リストラへの恐怖や厳しい査定で賃金が下がることへの怯えから，仕事の結果を残す人がいるのは間違いありません。危機感がもたらすとてつもない力をもっているのが人間だからです。ただし，それはあくまでも短期的に発揮できる力です。会社存亡の危機感や解雇への恐怖心で，5年も10年も力を発揮し続けることができる人がいるでしょうか。いないはずです。一方，雇用に対する安心感を基礎に，成長を促すようにして社員に力を発揮させるのも1つの方法です。こちらは恐怖心から発揮される力に比べて，より長期にわたって安定的に発揮される力です。もちろん，この安心感が甘えに変わってしまわないようにするための仕組みは必要ですが，こうした力が発揮されるように，職務と社員のマッチングを図っていくことは，これからの雇用管理でも引き続き重要なこととなるでしょう。

> ⚷ キーポイント
> *雇用の安定は，長期にわたって社員の力を引き出すことができる！*

■ 注

1)　1990年代以降，労務管理に代わって人的資源管理（Human Resource Management；略称 HRM）という用語が使われるようになってきました。本書では，基本的に人的資源管理という用語を用いますが，労務管理という用語が使われていた時代のことがらを述べる際には，例えば，「年功的労務管理」のように労務管理という用語も使うようにしています。

■ 演 習 問 題 ■

① あなたが所属する組織（アルバイト先でも，クラブやサークルでも構いません）において，職務と人のマッチングは適切に行われているかどうか，あなた自身の目で確かめてみてください。

② 小売業では社員の過半数がパート社員で構成されている会社が多くあります。一方で，運輸業や製造業などには非正社員比率があまり高くない会社が多いです。こうした点に注意しながら，非正社員の活用度を高めることが業績向上につながると思われる組織の特徴について考えてください。

③ 雇用に対する危機感がもたらすものと安心感がもたらすものについて，それぞれの長所と短所を整理しながら考えてください。

■ さらに進んだ学修のために ■

〔1〕　神林　龍［2017］『正規の世界・非正規の世界——現代日本労働経済学の基本問題』慶應義塾大学出版会。

〔2〕　小池和男［2015］『なぜ日本企業は強みを捨てるのか——長期の競争 vs. 短期の競争』日本経済新聞出版社。

〔3〕　佐藤博樹・武石恵美子 編［2017］『ダイバーシティ経営と人材活用——多様な働き方を支援する企業の取り組み』東京大学出版会。

〔4〕　濱口桂一郎［2014］『日本の雇用と中高年』筑摩書房。

〔5〕　山本　寛［2009］『人材定着のマネジメント——経営組織のリテンション研究』中央経済社。

第 11 章
社員はどのような報酬を求めるのか

報 酬 制 度

◆この章のねらい

　何のために働くのか。じっくり考えてみるとかなり難しい問いだと思います。この大きな問いに正面から取り組むことは少し脇に置き，この章では，「何のために」という部分を「どのような報酬を求めて」に置き換えて考えていきたいと思います。何かを行った対価として得られるものが報酬ですから，社員は働くことによって何を得たいのか，について見ていきます。

　資本主義社会の中で生活している私たちにとって，仕事の報酬としては，やはり賃金として支払われるお金が第一にくることになります。お金がなければ生活を維持していけないからです。したがって，本章でも賃金制度を中心に見ていくことになります。しかし，私たちはお金のためだけに仕事をしているのかといえば，決してそうではないはずです。それでは，仕事をすることの対価として，お金以外にはどのような報酬があるのでしょうか。また，それらの報酬をどのように組み合わせることが会社や社員にとって望ましいのでしょうか。こうした点について考えていくことが本章のねらいです。

■この章で学ぶキーワード
　　◎内的報酬　◎外的報酬　◎賃金体系　◎職務給　◎職能給　◎年功賃金
　　◎成果主義　◎目標管理

1 仕事における報酬とは

　本章を始めるにあたってまず質問してみます。「仕事の報酬と聞いて何を思い浮かべますか？」考えてみてください。「お金」。それ以外のものを思い浮かべた人はいませんか。おそらく，大多数の人が仕事の報酬はお金であると考えているでしょうし，もちろんそれは1つの答えとして間違いありません。けれども，思い出してみてください。小さい頃，家の手伝いをしてお父さんやお母さんに誉められて嬉しかったとか，高校時代にクラス全員が協力して文化祭の出し物を成功させて涙が出るほど喜んだといった経験がありませんか。仕事の経験がまだない皆さんは実感として理解できないかもしれませんが，仕事においても嬉しかったとか，満足したといった気持ちを感じて，「この仕事をやってよかった」と思うことはよくあることです。これも仕事を通じての報酬と考えられます。

　第9章で，経営学では報酬を物質的なものとそうでない非物質的なものに分けて考えるということを学びました（☞205ページ）。お金は物質的な目に見える報酬でした。非物質的な報酬は，上司から誉められたり，お客さんに感謝されたりといったものでした。ここでは，同じようなことをもう少し専門的な言葉で表現しておきます。お金や昇進など他者から与えられる報酬を**外的報酬**，上司から誉められることや仕事を通じて得られる達成感など自分の内面から生じる報酬を**内的報酬**と呼んでいます。

　本章では，これから外的報酬としてのお金に着目して進めていきます。それは，私たちが仕事をして生活をしていく上でお金は欠かすことができないものであり，また，お金が仕事の報酬として一番わかりやすいからです。ただし，本章の最後でもう一度考えますが，仕事の報酬はお金だけではなくいろいろな外的報酬と内的報酬によって構成することができるということは是非忘れないようにしておきましょう。

> 🗝 キーポイント
>
> *お金だけが仕事の報酬ではない。表彰されることや満足感や達成感といった精神的なものも報酬となる！*

2　賃金のさまざまな側面

　お金という報酬は会社では賃金という形で支払われます。一般に，「賃金とは，賃金，給料，手当，賞与その他名称の如何を問わず，労働の対償として使用者が労働者に支払うすべてのもの」（労働基準法第11条）をいいます。例えば，アルバイトをしている人は“バイト代”を支払われているでしょうが，それも賃金ということになります。以下では，賃金と給料という言葉が出てきますが，どちらも同じものと考えて進めていきます。

　では，賃金はどんな意味をもっているのでしょうか。ここでいう意味とは，いろいろな切り口から接近してみるとどのように説明することができるのだろうか，ということです。賃金決定の諸要因を示した図 11-1 と照らし合わせながら見ていくことにしましょう。

2-1　個人レベルからの接近

⑴　必要生計費

　まず，個人のレベルで見るとどうなるかを考えてみましょう。第 1 に，賃金は**必要生計費**という意味をもっています。社員のほとんどは仕事先からもらう賃金で生活をしています。当然のことながら，家に住み，食事をとり，衣類や身の回りのものを揃えるといった，私たちが日々行っているすべての活動にはお金がかかります。ほとんどの人は仕事をして賃金を得ることによってそのお金を手に入れているのです。

　必要生計費のことを**労働力の再生産費**というとらえ方もします。一日働いて疲れて家に帰ってきた人が，ご飯を食べて，お風呂に入り，家族と会話を楽し

■ 図 11-1　賃金決定の諸要因

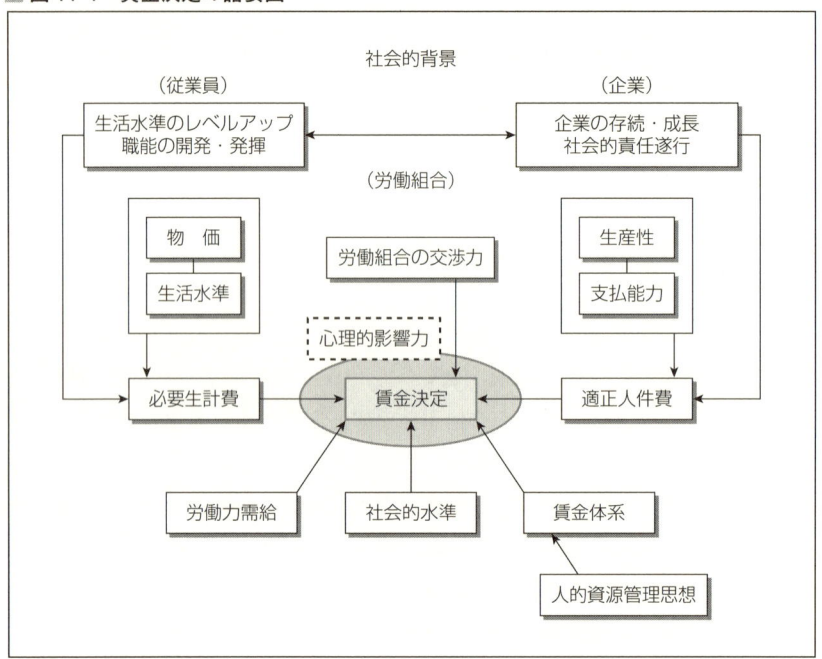

出所：竹内　裕［1986］『新しい賃金制度——その考え方と作り方（4訂版）』同文舘出版，11ページの
　　　表より筆者作成。

み，眠ることによって翌日には疲れもとれて，また働きに出られる状態に戻る
ことを労働力の再生産と表現できます。このように労働力を再生産して私たち
は毎日働き続けているのです。そのために必要なお金なので，労働力の再生産
費とも呼べるのです。図 11-1 では，「物価」や「生活水準」を勘案しながら
「必要生計費」を決めていくという部分にあたります。

⑵　心理的影響力

　第 2 に，賃金は働く人の気持ちにさまざまな影響を与えます。まず，賃金は
刺激として機能します。**経済人モデル**については先に見たところですが（☞第
9 章コーヒーブレイク，212ページ），人はお金のために仕事をすることがあります。
学生の皆さんも，何か欲しいものを手に入れるために時給が良いというだけで
嫌いなアルバイトをした経験があるのではないでしょうか。「頑張ればこれだ

け賃金をもらえる」というものは働くインセンティブとして機能します。

　けれども，賃金は**充足困難性**という特徴ももちます。人は，賃金をどれだけもらってもこれでもう結構という気持ちにはなかなかならないというものです。今もらっている賃金に特に不満はなくても，「賃金を上げてあげよう」といわれたら，「いや，いいです」と断る人はおそらく皆無でしょう。どれだけもらっても，もらえるものならもっと欲しいと思わせる面が賃金にはあります。

　さらに，**下方硬直性**が強いという面もあります。後から見るように，かつてのわが国では賃金が下がるということは非常に少なく，また働く人たちも賃金が下がることを受け入れるのを非常に嫌がりました。ただし，成果主義の広がりとともに，賃金は下がることもあるということは，しぶしぶではあるでしょうが受け入れられるようになってきました。とはいうものの，やはり賃金が下がることへの抵抗感は根強いものがあります。賃金が下がることへの抵抗が強いことを下方硬直性が強いといい，これも賃金のもつ一面です。

　また，**不満代表性**という特徴もあります。社員は，仕事において何か不満があるときにその直接の原因をいうのではなく，「こんな給料でやっていられない」というように，他の不満を賃金の低さに替えて（代表させて）訴えることが多いというものです。したがって，管理者は，社員が「こんな給料でやっていられない」と不満をぶつけてきたときに，本当に賃金そのものに不満があるのか，何か他の原因があるのにそれを賃金に代表させているのかを確かめる必要があります。

　このように賃金はいろいろな心理的な影響力をもっています。これは図11-1では，点線で囲まれた「心理的影響力」として示されています。

2-2　組織レベルからの接近

⑴　コ ス ト

　組織のレベルで見てみると，第1に会社にとって賃金はコストです。コストとは会社が製品やサービスを生み出すときにかかる費用のことです。社員に賃金が支払われているということは，それだけ会社のお金が外に出ていっていることになります。さらに，会社が社員を雇うときには，基本的に健康保険や雇用保険などの法定福利費や法律には定められていなくても会社が自主的に提供

している福利厚生にかかる費用である法定外福利費なども支払わなければなりません。

　私たちは，会社から直接支払われるものが賃金だけなので，社員を雇うとかかるコスト（労働費用）は賃金だけだと思いがちですが，法定・法定外福利費などの負担も含めた労働費用を会社は支払っていることになります。定期給与と賞与などを合わせた賃金が労働費用に占める割合は約8割で，残り約2割を法定・法定外福利費や退職金等の費用，教育訓練費などが占めています。

(2)　付加価値の分け前

　第2に，賃金は**付加価値**の分け前というとらえ方ができます。付加価値の計算方法はいくつかありますが，一般に売上高から原材料費などを差し引いて表される企業活動で生み出されたものが付加価値です。企業活動が生み出した付加価値は，賃金などで社員に配分される分，配当などで株主に配分される分，会社内に留保される分に大別されます。

　賃金をコストととらえると，できるだけ少なく抑えたい会社側とできるだけ多く欲しい社員側は対立する関係になります。しかし，双方が力を合わせて付加価値を増大させることで社員側の取り分を増大させるという考え方もできます。例えば，100の20％は20ですが，150の20％は30です。会社と社員が協力して，付加価値の総量を100から150に増やせば，同じ比率の分け前であっても，受け取る量は20から30に増えるというわけです。ここに会社の成長のために労使が協調する根拠の1つが見出されます。

　付加価値に対する社員に配分される分（労働費用）の割合は**労働分配率**と呼ばれ，会社の支払能力や将来の人事戦略との関連から適正な労働費用を導くための管理指標として用いられます。わが国では，付加価値が増えると労働分配率が下がり，逆に付加価値が下がると労働分配率が上がるというように，付加価値の増減と労働分配率の増減は逆の動きをしてきた特徴があります。これは労働費用が固定費的性格をもっており，付加価値の増減にかかわらずいつも一定額が必ず支払われる傾向にあることを示しています。このことは同時に，会社が社員への金銭的支払いを安定させることによって人という経営資源を重視していることの表れともいえます。

　コストという側面と付加価値の分け前という側面は，図11-1の中では，「生

産性」「支払能力」「適正人件費」という部分に関連しています。「生産性」を高めることで付加価値を増大させて「支払能力」を高め，そこから社員にどれだけ配分するかを「適正人件費」という観点から決めていくからです。また，社員への配分をどうするかに関しては，「労働組合の交渉力」も関わってきます。

(3)　人的資源管理思想の表れ

第3に，賃金は企業のもつ人的資源管理思想の表れという側面があります。例えば，終身雇用を前提としていれば，長期的に貢献と報酬が一致するような賃金の支払方法がとられ，短期的な雇用関係を前提としていれば，短期間で貢献と報酬を清算するような賃金の支払方法がとられたりします。

後ほど賃金体系のところで見るように，賃金算定の根拠を，勤続年数，職務遂行能力，業績などのどこに求めるかを示すことによって，「わが社では，こういう人を高く評価します」ということをお金の支払い方を通じて表明することとなります。すなわち，それは社員にどういう行動を求めるのかを伝えるメッセージになります。図11-1では，「人的資源管理思想」「賃金体系」の部分と関わっています。

2-3　社会レベルからの接近

(1)　労働力の需給関係

最後に，社会レベルでは賃金がどういう意味をもつか見ていきましょう。

会社は，社会の中の1つの組織体として，環境ともののやりとりをしながら存在・成長していく**オープン・システム**です。それゆえ，社会におけるいろいろなものと互いに関係しあっています。また，このことは，会社が市場においてさまざまな交換活動を行っている（☞第1章，14ページ）ととらえることもできます。

この点から賃金に着目すると，第1に，労働力の需給関係が賃金に影響を与えます。労働力の需要があるのに（会社で人を必要とするのに），供給が少ない（人がいなくて雇うことができない）状況では，賃金は高くなる傾向にあります。逆に，いくらでも供給がある場合は，賃金はなかなか上がりません。かつてバブル景気の頃には，人不足のために新卒採用者の初任給も高くなったこともあ

■ 図 11-2　賃金の改定の決定にあたり最も重視した要素別企業割合の推移

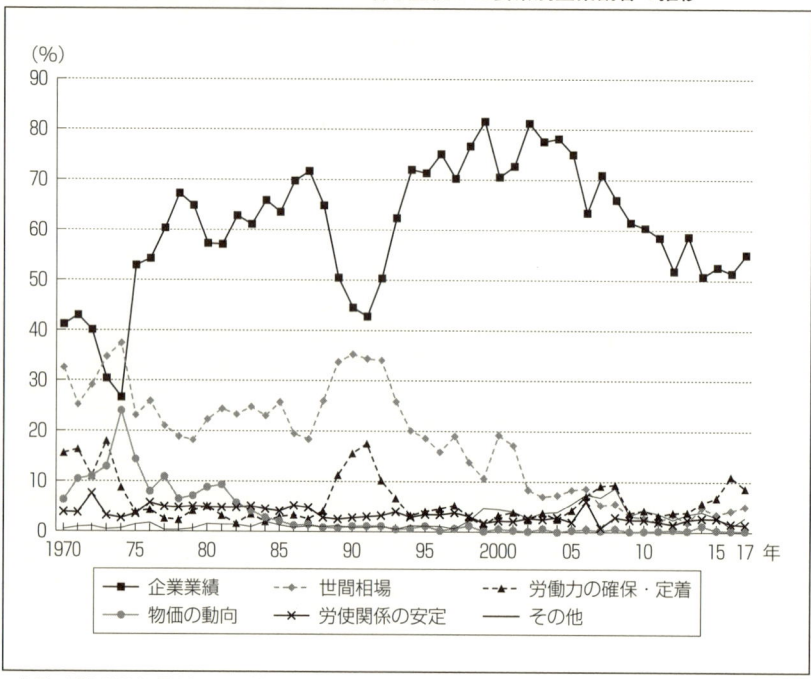

出所：厚生労働省「賃金引上げ等の実態に関する調査」（各年版）より，主要要素のみを用いて筆者作成。

りました。図 11-1 では，このことを「労働力需給」で示しています。

(2)　他社との相互影響

　次に，会社の賃金は他の会社の賃金と相互に影響しあったものである点が挙げられます。例えば，「世間相場」とか「横並び」という言葉を聞いたことがあるでしょう。いずれも，自社を取り巻く社会の中に存在する他社の動向を気にしながらものごとを決定する際に使われる言葉です。

　図 11-2 は会社が賃金の改定を行う際に，何を最も重視したかの推移を示したものです。バブル経済が崩壊した 1990 年代半ば以降は「世間相場」を重視する比率が下がり，今ではその比率は 10 ％をも割り込むほどになっていますが，それまでは 20〜30 ％台を推移していました。「企業業績」が最も重視されるのは当然ですが，1973, 74 年に至っては「企業業績」よりも「世間相場」が重視されていました。また，図 11-2 では「最も重視する要素」を見ています

が，「重視する要素」を複数回答で見てみると，現在でも約4割の企業は「世間相場」も重視しており，賃金改定にあたっては「世間相場」は依然として無視できないものとなっています。図11-1では，この点を「社会的水準」と表現しています。

(3) 文化的特性

　第3に，賃金はその社会の文化的な影響を強く受けているという点です。「賃金をどのような原理で従業員に配分するかのルールは，常識が予測する以上にはるかに国民的特性を帯びている」（石田［1990］，10ページ）と指摘されています。「賃金を支払う」という行為も社会の中の1つの事象であると考えれば，そこにはその社会独自のさまざまな要因が複雑に関連しあっていることは理解してもらえることでしょう。

　ただし，社会の文化的な影響を強く受けているということが，日本固有の賃金のあり方を変えることはできないということを意味している，ととらえるのはあまり良い考え方とは思えません。それよりも，外国で成功している賃金のあり方を日本にも導入しようとするときには，文化的な背景を考慮に入れながら取り入れるようにするべきであることを示唆していると考える方が有益です。図11-1では，賃金決定の諸要因の背後にある「社会的背景」によって，このことが示されています。

> ⌐┙ キーポイント
> 　賃金にはさまざまな側面があり，そこにはいろいろな意味を見出せる。「賃金とは○○である」というように，1つの見方だけにとらわれすぎないように気をつけよう！

3 賃金形態と賃金体系

3-1 賃 金 形 態

(1) 出来高賃金

賃金にはいろいろな面があり，さまざまな意味をもつことを見てきました。それでは次に，どのようにして賃金が決められるのかについて見ていくことにしましょう。

まず，**賃金形態**とは何なのかを確認しておきます。賃金が，労働時間を単位にしているか，あるいは生産量を単位にしているかというように，賃金がどのような計算単位で定められているかを賃金形態と呼びます。賃金形態には大きく分けて出来高賃金と定額賃金の2つがあります。

出来高賃金は，一定生産量に対して賃金を支払う形態です。受け取る賃金額を W_p，出来高賃率（1個あたり賃金）を R_p，出来高数を N_p とすると，

$$賃金額（W_p）＝出来高賃率（R_p）×出来高数（N_p）$$

という式で表されます。この形態のもとでは，がんばればがんばるほど賃金額が上がっていくことになります。出来高給が適しているのは，生産量の単位がはっきりしていて，その測定が可能であり，かつ仕事の質のバラツキが少なく質の重要性がさほど問われないものを生産している場合です。また，そこには「がんばれば成果が上がる」という，投入努力と生産量との間に明確な因果関係が存在することが求められます。

ただし，出来高給には賃金がゼロになる可能性があります。賃金が生計費であることを考えると，それがゼロになってしまえば働く人は生活をしていけません。そのため，賃金の全額を出来高払いとすることは労働基準法第27条で禁止されています。

(2) 定 額 賃 金

一方，定額賃金は，一定時間に対して賃金を支払う形態です。アルバイトで働く人のほとんどは「時給○円」で仕事をしているでしょうが，これは1時間

という一定時間に対して賃金が支払われているものです。したがって，週給，月給，さらには年俸もそれぞれ一週，ひと月，一年という一定時間に対して賃金を払う形態ですから，定額賃金となります。受け取る賃金額を W_h，時間賃率（一定時間あたり賃金）を R_h，労働時間を H_a とすると，

$$賃金額（W_h）= 時間賃率（R_h）× 労働時間（H_a）$$

という式で表すことができます。この形態のもとでは，時間あたりの賃金が決まっていますから，極端な表現をすれば，働いても働かなくても時間が経てば約束した賃金はもらえることになります。そのため，一定時間内により多くの生産をさせるために，仕事の進め方を工夫したりモチベーションを高めることに努めたりして，より効率的な管理が行われることになります。出来高賃金とは逆に，定額賃金は，生産量の単位がはっきりしておらず，したがってその測定が難しく，仕事の質が重要な場合に適していることになります。

　ここまで読んで，昨今よくいわれている成果主義は「がんばって結果を出せばその分給料をもらえるのだから（この考え方については，後でもう一度検討しますが）出来高賃金なのか」と思った人もいるでしょう。しかし，わが国の賃金形態を見ると，定額制が全体の 99.2 ％と圧倒的に多くなっています（厚生労働省「平成 26 年就労条件総合調査」。ただし，複数回答）。成果主義の名のもとに給料をもらっている人も月給や年俸として支払われている限り定額制に分類されることになります。そこで問題となるのが，次に見る，賃金体系です。

3-2　賃金体系

⑴　賃金体系とは

　賃金体系とは，「賃金が，いかなる要素から構成され，それらがいかに組み合わされ，また各構成要素はいかなる基準で決定されるか，ということを意味」しています（白井［1992］，192 ページ）。定額賃金としての月給はひと月についていくらという形で支払われますが，その中身はいくつかの要素に分けられます。同じ月給 30 万円でも，年齢や勤続年数に対して支払われる部分が 60 ％を占める 30 万円もあれば，その割合が 10 ％の 30 万円もあるわけです。さらに残りの部分も何に対して支払われるかの組み合わせは多様であって，同

■ 表 11-1　賃金体系別長所と短所

	人件費の合理性・刺激性	組織の柔軟性・安定性
能率給	強	低
職務給	↑	↓
職能給		
年功給	弱	高

出所：楠田　丘［1993］『賃金テキスト——労使のための賃金入門（改訂第7版）』経営書院，118ページをもとに加筆修正。

額の月給30万円でもその賃金体系までを見てみると非常に多岐にわたる月給30万円が存在するのです。

　では，賃金体系の構成要素としてどのようなお金の支払い方があるのでしょうか。お金の支払い方は，主として仕事を対象にお金を支払う仕事基準型賃金と人を対象にお金を支払う人基準型賃金に大きく二分されます。仕事基準型賃金として能率給と職務給が，一方，人基準型賃金として職能給と年功給が挙げられます。それぞれについて，表11-1とともに見ていくことにしましょう。

(2)　仕事基準型賃金

▶▶ **能率給**　能率給とは仕事を達成する度合いが高ければ高いほど賃金が多く支払われるものです。先ほど見た賃金形態では，出来高給と呼ばれていたものと同じと考えてよいでしょう。社員は，たくさん生産すればするほど，多くの賃金がもらえることになりますから，能率給の刺激性は強いものとなります。また，生産に応じて賃金が支払われますから，結果を出していないのに賃金を支払わなければならないということがなく，合理的なお金の支払い方にもなります。

　ただし，社員が自分の結果を出すことばかりを気にしてしまい，社員同士が協力しあったり助けあったりすることが少なくなって，組織の安定性や柔軟性が低くなってしまう危険があります。

▶▶ **職務給**　職務給は，その職務を担当することに対して支払われるものです。職務の価値があらかじめ決められており，その職務を誰が担当しようとも，担当する人には同じ額が支払われることになります。欧米の特に生産労働者では，職務給は一般的な賃金の支払い方となっています。どの職務にどれだけの賃金

を支払うかを決定するために，客観的に職務を評価する職務分析を行い，その難しさや責任の度合いなどを考慮しながらそれぞれの職務の賃金額が決定されます。ただし，新しい仕事が増えたり，旧来の仕事がなくなったりすると職務分析を再度行って新しい賃金額を決める必要があり，そのための手間とコストがかかることになります。

　能率給も職務給も賃金額は担当する仕事と強く結びついています。その仕事を担当する人によって賃金額が変わるということがないので，会社側の恣意性は排除されますが，社員とすれば，担当する仕事が変われば賃金額も変わってしまい安定性に欠けると感じることがあります。また，社員の異動を行う際にも，仕事が変わることによってこれまでよりも職務の価値が低い（賃金額も低い）仕事に異動させられる社員からの抵抗もあり，組織の柔軟性が低くなってしまいます。

(3)　人基準型賃金

▶▶ **職能給**　　次に，人基準型賃金について見てみましょう。わが国では，**職能給**と呼ばれる職務遂行能力（職能）に対して支払われる賃金が発達してきました。職務遂行能力は，社員が潜在的にもっている仕事を行うために必要な能力であり，それが必ずしも仕事を通じて発揮されていることは求められません。社員全員が自分の得意な能力を発揮できる仕事に就ければそれに越したことはありませんが，会社にはさまざまな仕事や事情があり，そういうわけにはなかなかいきません。けれども，職能給のもとでは今仕事で結果を出しているという事実にではなく，社員がもっている能力に対してお金が支払われることになります。能率給や職務給と違って，人に対してお金が支払われるのです。

　職能給は**職能資格制度**と一体となり機能しています。職能資格制度は，職務遂行能力に応じて社員を序列付けする資格制度と職制上の役割である役職（課長や部長など）とを切り離しているところと，給料などの処遇は資格に対応して決められるところに特徴があります。課長や部長などのポストが少なくなり昇進が難しくなっても，能力を高めて資格を上げること（昇格）によって社員の処遇を高めることができるため，役職ポストが少なくなる中でも社員のモチベーションの維持が可能になります。このように，職務遂行能力を高めれば賃金も上がるという仕組みになっていますから，社員は自分の能力を高めること

に積極的に取り組むことになります。職能給の背後には，社員は学習し成長するものであり，能力を高めることができるという考え方が存在しています。

▶▶ **年功給**　　最後に，**年功給**について見ておきましょう。年功給は，年齢や勤続年数といった時間と強く結びついていて，本人の努力で高めることはできないものに対して支払われる賃金です。形の上では，年齢や勤続年数に対して支払うことになっていますが，一般に，勤続年数の高まりとともに社内での熟練の度合いも高まっていくので，年齢や勤続年数という指標を用いながら熟練の度合いに対して賃金を支払っていると考えられます。熟練の度合いが高いということは，それだけ生産性も高いと考えられるので，このお金の支払い方は合理的であると考えられます。

　年齢も勤続年数も自分がどれだけがんばっても人を追い抜くことができないものですから，がんばれば賃金が上がるという期待がもたらす刺激性は乏しいものとならざるを得ません。しかし，安定的に賃金の上昇が約束されるという面では，社員が安心して仕事に取り組めるという点があったことも事実です。一般に**年功賃金**と呼ばれるものは，年功給の占める割合が大きい賃金体系のことです。

　職能給も年功給も人基準型の賃金なので，現在担当している仕事が変わっても賃金額が変動しないため，人の異動は行いやすく組織の柔軟性を高めることに役立ちます。

　このように，何に対してお金を支払うかについてはそれぞれ長所や短所があり，ある会社において最も有効な賃金体系は，会社が置かれた状況やどういった考え方で社員に働いてもらいたいかによって決めるしかないといえるでしょう。その意味では賃金体系はまさに無限に存在することになります。逆に，唯一最善のどこにでも通用する賃金体系は存在せず，自社にあった賃金体系は自社で考え出さなければならないともいえることになります。

> ☞ キーポイント
>
> 賃金の支払い方にはそれぞれ長所と短所がある。社員にどのよう
> な行動を求め，評価するのかに応じて，最も適切な賃金体系を構
> 成することが重要である！

4　賃金体系の変遷と成果主義

　先に少し触れましたが，1990 年代半ば頃から成果主義という考え方が広が
りました。皆さんも新聞やテレビを通じて，目にしたり，聞いたりしたことが
あると思います。ただし，成果主義とは単に賃金制度のあり方だけを意味する
のではなく，会社の経営戦略や人事戦略のあり方をも意味するものであり，賃
金制度はその中の 1 つのシステムとしてとらえることが必要でしょう。

　その上で賃金のあり方について見てみると，**成果主義**のもとでは，年功に対
して支払われる部分が縮小（削減）され，成果に対して支払われる部分が増大
した賃金体系となっている点が特徴的です。本節では，図 11-3 を参考に，「年
功に対して支払われる部分と成果に対して支払われる部分」の変化に着目しな
がら，わが国における賃金制度の大きな流れを見ていくことにしましょう。

4-1　年功重視の時代

(1)　電産型賃金体系

　戦後の混乱期においては，労働者が求めたものは「喰えるだけの賃金」でし
た。1946 年秋に，日本電気産業労働組合協議会は労使交渉の末，「**電産型賃金
体系**」と呼ばれる賃金体系の導入を決めることができました。電産型賃金体系
は，基本給のうち本人給と家族給からなる生活保障給と勤続給を合わせた額が
8 割近くを占めているところが特徴的でした。まさに，年功が重視され，社員
の生活を成り立たせることを第 1 に考えた賃金体系でした。

　しかし，電産型賃金体系のもとでは，同じ仕事をしていても年齢や家族構成

■ 図 11-3　日本の賃金制度の大きな流れ

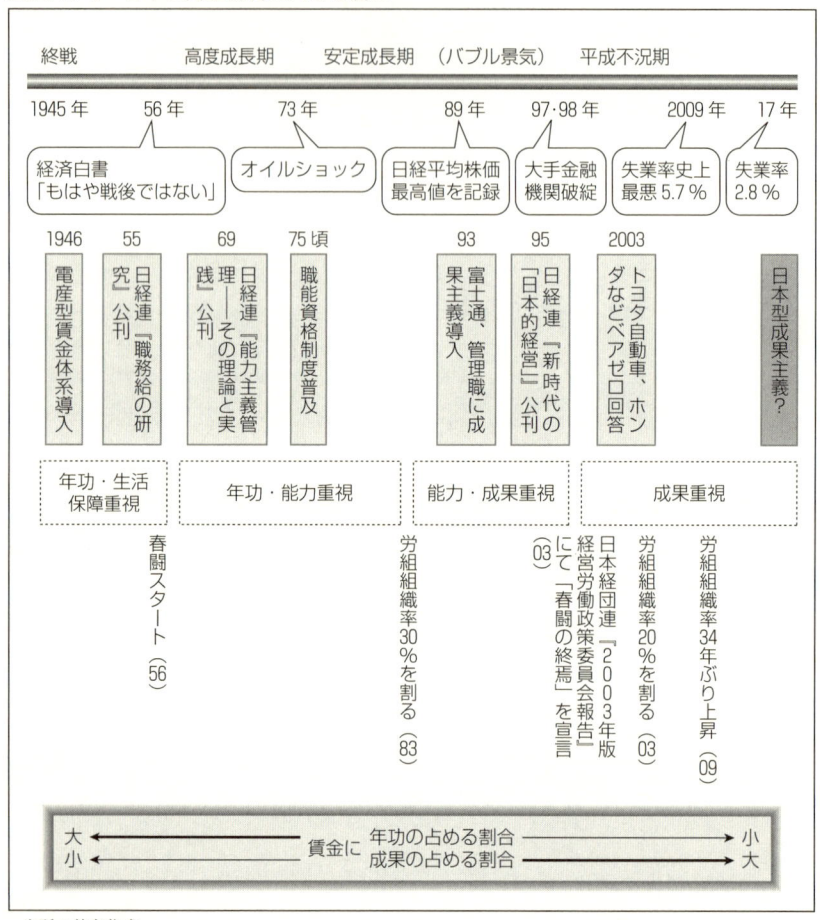

出所：筆者作成。

が異なれば賃金が異なりました。また，仕事の結果も含めた働きぶり（当時は，成果という言葉は用いられていませんでしたが）に対する割合が少なく，モラール（士気）を高める賃金のもつ刺激性に乏しいという点もありました。戦後のインフレが次第に収まり，賃金水準も向上してくると，こうした生活給的な賃金体系に対する批判が労使双方から出てくるようになりました。

⑵　職務給導入の試み

　そこで，1950年代半ばには，アメリカで普及していた職務給が注目され，日経連を中心としてその導入が試みられるようになりました。生活給的な賃金体系では公平な刺激に欠けるが，職務給は公平に対する心理的な欲求を満たし，モラールを高めることができると考えられたのです。電産型賃金体系を導入していた電気会社各社や鉄鋼会社などの大企業も，1950年代後半から60年代前半にかけて職務給を導入していきました。

　しかし，わが国に導入された職務給は，基本給すべてを職務給とするようなものではなく，基本給の一部を職務給とするもので，「3割職務給」などと呼ばれることとなりました。先に見たように，職務給が機能するためには，職務を明確にして職務分析を行うことが必要です。ところが，わが国ではどの仕事をすると決めて会社に就職するのではなく，まずは社員として会社に入るという形で就職していることからもわかるように，職務という概念が以前から決して明確ではありません。また，当時は高度成長期であり，仕事がどんどん増えていくような状況でした。そのような中で，職務ごとの賃率を決めるために頻繁に職務分析を行い続けることは現実的ではありませんでした。

　さらに，職務給のもとで昇給するためにはより高い職務に仕事を変わらなければならず，同じ仕事に就いていては賃金が頭打ち（これ以上賃金が上がらなくなること）になってしまいます。これまで生活給的な賃金体系のもとで，賃金は年々上がっていくものと考えていた社員にとっては，賃金が頭打ちになることへの抵抗感も強かったのです。当然のことながら，現状より低い職務に異動して賃金が下がるなどということは到底受け入れられないものでした。こうしたことから，職務給の導入は進まず，一部に変化はあったものの依然として年功的要素を重視する賃金体系が維持されていきました。

4-2　年功と能力が重視された時代

⑴　職務遂行能力への着目

　1960年代後半になると，社員の職務遂行能力に着目して賃金を支払おうとする動きが活発になりました。ここでも日経連は『能力主義管理──その理論と実践』を公刊するなどして，職能給の導入の牽引役を果たしました。

　職能資格制度と一体となって運用される職能給は，先に見た通り，今やっている仕事と切り離して職能に対して賃金を支払うことや，資格と管理職などのポストを切り離すことによって，能力の向上があれば賃金が上昇するという特徴をもっていました。これは，職能給が，職務概念が曖昧で柔軟な人の配置を特徴とするわが国の職場に適した賃金体系として構築された結果でした。職務遂行能力に対して賃金を支払うということは，能力を重視していることの表れではありましたが，それが年功重視に取って代わったかというと決してそうではありませんでした。

　職能資格制度では，一度身につけた職務遂行能力は低下することはないとの考え方から，昇格した資格から降格させられることは原則としてありませんでした。資格とポストを切り離すことによりポスト不足への対応はなされましたが，賃金の支払いなどの処遇は資格に対応して行われたので，役職には就けないが高資格に就き，昇給する人たちが出てくることになりました。これは，一面では，能力の向上を昇給に結びつけることで社員の能力開発意欲を刺激するという職能資格制度のねらい通りの結果です。しかし，職務遂行能力というはっきりと目には見えない基準であるがゆえに，ともすれば年功的な運用がなされてしまい，年齢や勤続年数の高まりとともに昇格する人が出るということも問題視されていました。

(2)　難しかった年功重視からの脱却

　高度成長期から安定成長期へと経済発展を重ねる中で，私たちの生活水準もどんどん高くなり，何よりもまず喰えるだけの生活保障をという考えは弱まっていきました。賃金体系も年功重視型から能力重視型へと変化してきたものの，その運用実態を見ると能力重視が主張されながらもまだまだ年功も重視されているのが現実であるという状況でした。

　安定成長期を経てバブル景気を迎える頃でも，賃金の支払い方に年功的な要素が残されていることはやはり問題視されてはいました。しかし，そうした賃金を支払うだけの余力が企業にはまだ残されていたので，賃金体系から年功的要素を大幅に取り除き，それを徹底した運用を行うという抜本的な変革には至りませんでした。バブル景気がしぼみ，平成不況期が訪れるまで，実際には能力も年功も重視された時代が続いていたのです。

4-3　成果が重視されだした時代

⑴　成果主義の始まり

　いわゆるバブル景気が終わりを迎え始めた 1990 年代初頭頃から，年功的な労務管理体制の象徴でもあった終身雇用を改めようとする企業が現れてきました。大手電機会社が管理職の指名解雇に踏み切ったのを皮切りに，リストラという言葉が盛んに使われるようになり，定年を待たずに退職を余儀なくさせられる人が増えてきました。時を同じくして，賃金制度においても，年功の占める割合を著しく下げると同時に，成果の占める部分を大きくした賃金体系が広がってきました。言われるところの，成果主義の始まりです。

　それまでも仕事の成果である業績と連動した部分は，月々の給与の中ではなく主に賞与（ボーナス）の中に存在していました。成果主義の名のもとに広がった変化の特徴は次のようなものでした。月例給与の基本給を構成する賃金体系の中から年功の占める部分や職能給に見られたような潜在能力に対して支払う部分を減らし，代わりに発揮された能力である顕在能力や仕事の成果に対して支払われる部分が増やされました。さらに，ボーナスにおいても部門業績と連動する部分や個人査定によって決められる部分を増やしたりすることで，顕在能力や成果に対しての支払いが重視されるようになりました。

⑵　『新時代の「日本的経営」』と成果主義の広がり

　日経連は 1995 年に『新時代の「日本的経営」』を公刊し，「賃金決定システムの見直しと職能・業績にもとづく人事・賃金管理の方向」を提示しました。そこでは，職能給を主体としつつも一定資格以上は業績による格差を設けることや，賞与はこれまで以上に業績反映型に切り替え，年間賃金に占める賞与の割合も高める方向で検討する必要性を訴えました。

　世紀の変わり目を挟んだ平成不況期に，企業の多くは終身雇用と年功賃金をベースとした年功的労務管理と事実上決別しました。賃金に占める年功部分はほとんど捨て去られ，代わりに会社や個人の業績が占める部分が多くなりました。「平成 16 年度企業行動に関するアンケート調査」（内閣府）によると，成果主義的な賃金制度を「導入している」か「導入を検討している」企業の割合は約9 割に達していて，ほとんどすべての企業が成果主義にシフトしたといえる状況になっていました。しかし，その後は成果主義が完全に根づいたというより

は，成果主義への批判（高橋［2004］，立道・守島［2006］，中村［2006］）もあり，過度に業績を重視しない成果主義に落ち着きつつあります。図11-3では，これを日本型成果主義と表記しています。このことは，管理職以外の基本給の決定要素別企業割合を見ても，「職務・職種など仕事の内容」74.1％，「学歴，年齢・勤続年数など」69.0％，「職務遂行能力」62.8％，「業績・成果」39.0％（複数回答）となっているところからもうかがえます（「平成29年就労条件総合調査」）。

(3) 成果をどう測定するか

ただし，成果をどう測定するのかという大きな問題は残されたままだといえるでしょう。多くの企業は，成果主義にシフトする中で**目標管理**も導入してきました。それは，期の初めに上司との話し合いのもとで今期の目標を設定し，期の終わりに目標達成の度合いを見ることによって成果の測定に役立てようとするものです。目標管理の導入など成果を測定するための努力はたくさんなされているものの，どこからどこまでが自分の仕事の結果ということがわかりにくいホワイトカラーの仕事の場合，仕事の成果を測定することは非常に難しいことです。

こういうと，「けれども，営業職なら，結果がはっきりわかるじゃないか」という声が聞こえてきそうです。しかし，考えてみてください。新入社員が100万円分商品を売ったことと，入社10年目の社員が同額売ったことは同じ成果でしょうか。あるいは，以前から取引のある顧客相手にこれまでと同じ100万円の商品を売ったことと，まったく新規の顧客相手に100万円の商品を売ったことと，競争相手の会社と取引していた会社から競争相手を抑えて100万円の商品を売ることに成功したことは，金額は同額ですが同じ成果といえるでしょうか。難しい問題です。しかし，現在，賃金に占める年功部分はますます少なくなるとともに成果と呼ばれるものが占める割合がどんどん高まってきており，年功や能力よりも成果を重視する時代にあるということは間違いのない事実です。

上で見てきたような大きな流れは，会社が置かれた状況下で最も適切な賃金制度を追求してきた結果であるといえます。しかし，この流れの中で見てみると，こうした変化はますます会社主導で行われるようになってきています。図

11-3 にも示してあるように，労働組合の組織率は 20 ％を切り，賃金決定に関わる交渉力や発言力も弱まってきているといわざるを得ません。これも賃金をめぐる歴史的な流れの中で確認される特徴の 1 つです。

> **◔┙ キーポイント**
> *賃金制度の変遷は，会社がその時々の状況に応じて，何を重視して最適な賃金制度を追求してきたかの表れと見ることができる！*

5　お金だけが仕事の報酬だろうか

本章の最後に，人はどこまでお金で動くのかを考えながら，これからの報酬管理のあり方について見ていくことにしましょう。

5-1　宝くじの当選と仕事の継続

「どうして会社で働くのですか」と社員に問えば，「仕事をしないと生活をしていけない」という最も現実的で，簡単な理由を挙げる人が多いことでしょう。お金を稼ぐために働いているというわけです。しかし，「お金があれば仕事をしないのか」と問われれば，「そんなことはない」と答える人はわが国ではまだまだ多いと考えられます。「宝くじがあたったり多額の財産を相続したりして，働かなくても暮らしていけるようになったらどうしますか」という質問に対して，日本人は「仕事を辞める」と答える人の割合は一番低く，「同じ仕事で働き続ける」と答える人の割合は一番高いという国際比較の結果も出ています（三隅［1987］）。「お金があっても仕事を続ける」という人は，仕事をすることによってお金以外の何かを得られると信じているからそう答えるのだと考えられます。

かつて，**ハーズバーグ**は**動機づけ・衛生理論**において，給与は衛生要因であり動機づけ要因ではないとしました。お金は不満足の度合いを低下させる機能はあるが，人を動機づけて仕事に駆り立てるのは達成感や責任，あるいは仕事

自体のおもしろさといった要因であり，こうしたことがらをいかにして社員に与えるかが経営上大切になることを示しました（☞第9章，211ページ）。

　成果主義の広がりとともに，お金こそが仕事の報酬であるという考えの人が増えてきているようです。しかし，金銭的な報酬だけで会社のために社員に働いてもらうことは，決して簡単なことではありません。仕事の報酬はお金以外にもいろいろとあることに加えて，お金ほど他社との違いを出しにくいものはないからです。もう少しわかりやすく表現すると，お金で他社との違いを出せるのは金額だけしかありません。当たり前のことですが，A社で支払われる30万円とB社で支払われる30万円には質的な違いは何もありません。ということは，お金で人を動かそうとすると，より高い金額を出す会社が出てくれば，すぐにその人を奪われてしまう危険性が非常に高くなってしまいます。

5-2　社員は何を求めているか

　一方，仕事自体のおもしろさやそれに伴う責任や達成感というものは，仕事の与え方や管理の仕方を工夫することで，他社とは質的に異なるわが社独自の内的報酬として社員に与えることができます。また，コーヒーブレイクでも触れているように，自分にあった働き方ができることを重視している社員にとっては，そうした働き方が保障されていることやそのための時間が与えられていることが報酬となります。検索エンジンで世界的に有名な企業となったグーグルでは，お金よりもユーザーから喜ばれたり誉められたりすることこそが報酬だと考えられています（ヴァイス・マルシード［2006］）。

　第2節「賃金のさまざまな側面」で見たように，賃金は必要生計費を支えているわけですから，お金は仕事の報酬としてきわめて重要なものであることは間違いありません。しかし，それだけではゴーイング・コンサーンとしての会社（☞第1章，15ページ）で，長期にわたって社員に働き続けてもらうことは難しくなりそうです。社員がこの会社でこれからも働いていこうと思えるためには，会社はどのような報酬を提供していけばいいのかということは，絶えず考えられるべき問題です。社員の年齢，雇用形態，私生活のあり方，考え方などがますます多様化していく中で，個々の社員が求める報酬を会社が提供していく方法は今まで以上に複雑になってきています。仕事の報酬にはいろいろなも

☕ コーヒーブレイク　報酬としての時間

　ワーク・ライフ・バランス（Work Life Balance）という言葉を耳にしたことがある人は多いでしょう。仕事と生活の調和という訳語があてられたりすることもあることからわかるように，仕事と生活とのあり方を見直そうという考え方です。これまで日本では，少子化問題や女性の働き方との関連で取り上げられることが多かったものです。そのことは大変重要なことですが，本来は性別に関係なく，働く人すべてを対象として考えられるべきことです。

　経営学の中では，1970年代以降に盛り上がりを見せた労働の人間化あるいはQWL（Quality of Working Life，労働生活の質）と呼ばれる，仕事そのもののあり方や生活全体の中での仕事の位置づけを考えようという一連の動きの中で，ワーク・ライフ・バランスも議論されていました。残念ながら，当時は多くの人の関心をひくことがなく，仕事と生活とのあり方についてはあまり考えられずに今日に至りました。しかし，過労死という言葉がそのまま karoshi として海外に知られるようになるほど，わが国ではあまりにも仕事に重心を置きすぎた働き方が広がっているといわざるを得ません。近年，政府が「働き方改革」を推進しているのも，こうした背景があるからです。

　日本経済新聞社が行っている「働きやすい会社 2006」調査結果によると，ビジネスマンが「非常に重視する」と回答した項目の上位は，1位「年次有給休暇の取りやすさ」，2位「実労働時間の適正さ」，3位「リフレッシュ休暇制度の充実」，4位「仕事と家庭に配慮した柔軟な働き方のできる勤務制度の有無」とすべて時間に関することがらばかりでした（『日経産業新聞』2006年8月1日）。ここからも，働く人たちは仕事に追われ，自分の時間をなかなか確保できていなかったことが推測されます。

　日本生産性本部が新入社員を対象に毎年行っている「新入社員意識調査」の2017年度版（「2017年度 新入社員春の意識調査」）では，「『働き方改革』であなたが重要であると思うテーマは何か」（12項目より3項目を選択）が尋ねられています。結果は，「長時間労働の是正」23.9％，「有給休暇取得の促進」17.8％，「子育てや介護と仕事の両立」15.2％と，上位3項目はすべて自分の時間確保に関することがらでした。

　会社によっては，優秀な人材を確保するための人的資源管理戦略の一環として，ワーク・ライフ・バランスに配慮したさまざまな制度を設けることに取り組んでい

るところもあります。こうした会社を選ぶ社員にとっては，自分の時間を確保し仕
事と生活の調和が図れることが1つの報酬になっているともいえるでしょう。時間
が仕事の報酬になるとは，これまであまり考えられてきませんでした。しかし，ワー
ク・ライフ・バランスに対する意識が高まれば，時間を重要な報酬の1つと考え
る人や会社が増えてくるかもしれません。

のがあることを理解し，対象とする社員，社員や会社が置かれた状況，報酬の
種類などを適切に組み合わせて，効果的な報酬管理を行うことが今後さらに必
要となっていくはずです。

> ⌒ キーポイント
> 仕事の報酬としてのお金はとても大切です。しかし，お金以外の
> 報酬も求める人たちのためにも，報酬の種類や組み合わせ方を考
> えることは重要です！

■ 演習問題
① アルバイトをしている人は，自分は何のために働いているのか，会社からの報酬と
いう視点から考えてみてください。
② 家族や知り合いの人に給与明細書を見せてもらいましょう。給与の賃金体系がどの
ように構成されているのかを調べ，そこから会社が発するメッセージについて考えて
みてください。
③ 成果主義が広がってきていますが，自分はどのような賃金制度のもとで働きたいか，
さらにはどんな報酬を会社からもらいたいかを考えてみてください。

■ さらに進んだ学修のために
〔1〕 楠田　丘 著，石田光男 監修・解題［2004］『〈楠田丘オーラルヒストリー〉賃金
とは何か──戦後日本の人事・賃金制度史』中央経済社。
〔2〕 玄田有史 編［2017］『人手不足なのになぜ賃金が上がらないのか』慶應義塾大学
出版会。
〔3〕 佐藤博樹・武石恵美子［2010］『職場のワーク・ライフ・バランス』日本経済新
聞出版社。

〔4〕　高橋伸夫［2004］『虚妄の成果主義——日本型年功制復活のススメ』日経 BP 社。

〔5〕　中村圭介［2006］『成果主義の真実』東洋経済新報社。

第12章
社員はどのようにして育てられるのか
人材育成制度

◆この章のねらい

　学校卒業者の新規採用に関連して「7・5・3」という言葉があります。中卒採用者の7割，高卒採用者の5割，そして大卒採用者の3割が入社後3年以内に会社を辞めていることを表した言葉です。せっかく入った会社を辞めるのにはいろいろな理由が考えられますが，多数の人は「仕事が面白くない」「やりたいことができない」といった理由で職場を去っています。こうした不満は，第10章で学んだ，職務と人のマッチングがうまくいっていない場合に生まれてきます。適切なマッチングをするためには，社員の能力を高めることで社員が取り組める仕事を増やすことも必要です。社員の能力を高めるために，会社は能力開発や人材育成に取り組んでいます。その意味では，人材育成や能力開発がうまくいっていないことが，「7・5・3」に与えている影響は小さくないといえるでしょう。

　この章では，人材育成や能力開発がなぜ必要なのかを理解するために，なぜ人を育てることができるのか，どのように育てるのか，という問題からまず考えていきます。さらに，新しい人材育成の考え方や制度を見ながら，キャリア・デザインと人材育成との関係や人材育成が直面している課題は何かを考えていきます。

　なお，以下では能力開発と人材育成という言葉を特に使い分けることなく，主として人材育成という言葉を用いて進めていくことにします。

1 なぜ，人材は育成できるのか

1-1 労働力という商品

「一般教育訓練給付制度最大 10 万円支給されます」という専門学校の広告を目にしたり，就職が決まった大学の先輩が「卒業式が終わったら，すぐに研修に行かなければならないんだ」というのを聞いたことがあると思います。

「**教育訓練**」も「**研修**」も，この章で見ていく人材育成に関わる言葉です。当たり前のことですが，人材育成に取り組むということは，人材は育てることができるという前提があるからです。では，どうしてそんな前提に立って人という経営資源を扱うことができるのでしょうか。説明が少し長くなりますが，人という経営資源に対する大切な考え方ですので，丁寧に見ておくことにします。

第 1 章で見たように，企業はさまざまな市場とモノのやりとりを行いながら存在しています。人を雇うということは，原材料市場から原料を購入して調達するように，労働力市場から労働力を必要なときに買ってくるものと考えられます。お金を出して市場から買ってくるという意味で，労働力も商品として考えることができます。しかし，労働力は，同じようにお金を払って購入された商品ではあるものの，機械や部品などのモノとは少し違った特徴をもっています。では，商品としての労働力はどのような特徴をもっているのでしょうか。

1-2 4つの特徴

▶**持ち主から切り離せない**　　第 1 に，労働力を買ってくると表現しましたが，労働力そのものだけを取り出すことは不可能ですから，労働力はその持ち主である人間と切り離すことができないという特徴があります。自分の経験を振り

返ってみてください。疲れてアルバイトに行きたくないときに，「私は家で休んでいるから，私の労働力だけアルバイトに行ってきてくれ」なんていうことはできないでしょう。労働力はその持ち主を通じてしか発揮させることはできないのです。

好き勝手には使えない　　第2に，使用者と労働者は対等な人間ですから，その持ち主である労働者を通じてしか発揮されない労働力を好き勝手に使うというわけにはいきません。例えば，労働基準法で，週40時間，1日8時間を超えて労働させてはならないと定められているように，会社のためだからといって，無理矢理1日に16時間も働かせたり，いやがる人を力ずくで働かせたりすることはできないのです。

持ち主の意思に左右される　　そして，第3に，労働力が十分に発揮されるかどうかはその持ち主の意思によって左右されます。例えば，時給900円でアルバイトを雇うとき，会社は「この人は時給900円分は働いてくれるだろう」と判断した人を雇うことになります。しかし，実際には，その人が時給900円分に見合うだけ働いてくれないときもあれば，逆に，時給1000円払ってもおしくないほど，よく働いてくれるときもあるはずです。人間は機械ではないので，いつも決められた通りに働き続けることはほとんど不可能です。その最大の理由は，労働力がどれだけ発揮されるかはその人の意思によって左右されるからなのです。

　ここでもまた，自分の経験を思い出してみてください。好きなメンバーと一緒に仕事ができるときや給料日には，いつもより気分よく働き，仕事がはかどることがあるでしょう。逆に，嫌いな上司と仕事をするときや体調がすぐれないときなど，一生懸命働く気持ちになれないこともあるでしょう。まさに，あなたのやる気次第で，発揮される力は変わってくるのです。

学習し成長する　　最後に，第4の特徴は，労働力の持ち主である人間は**学習し成長する**ことができるので，労働力という商品の質は，買ったときよりもどんどん高まる可能性をもっていることです。学習し成長するのは労働力の持ち主である人間ですが，第2の特徴のように労働力とその持ち主である人間は切り離すことができませんから，以下では「労働力は学習し成長する」と表現していくことにします。一般に，課長や部長と呼ばれる人たちは，ある程度年

齢が高く，経験を積んだ人たちがその職に就いています。新入社員の課長や部長というのは聞いたことがありません。「当たり前じゃないか」という声が聞こえてきそうですが，ここに第4の特徴があることを見落としてはなりません。新入社員のときよりも仕事の経験を積んで，いろいろなことを学習し成長したからこそ，課長や部長という職に就けるようになるのです。単に歳をとっているから役職に就いているわけではないのです。

　市場から購入された商品でも機械などは，人間が手を加えることによって「改良」されなければ，その機能を高めることはできません。しかし，労働力という商品は，商品そのものが学習し成長する力を備えているのです。そして，その成長を促す役割を果たすのが人材育成ということになります。

　学習し成長することができるものに，その機会を与えないことはもったいないことです。だから，会社は労働力の持ち主である社員にその機会を与えるようにさまざまな教育訓練を行っていくのです。

> **⊶ キーポイント**
> *会社が人材育成に取り組むのは，人という資源は学習し成長することができるからである！*

2　人材育成の基本的枠組み

　本節においては，人材育成の基本的な枠組みを確認することにします。ここで基本的枠組みとは，人材育成が何をめざして行われるのか，どのような仕組みで行われるのかということを意味しています。それでは，それらについて見ていきましょう。

2-1　人材育成がめざす2つのもの

　まず，人材育成とは何をめざすものかということを確認しておくことにしましょう。人材育成も社内における他の管理活動と同様，最終目標は会社の業績

向上に貢献することです。では，会社の業績向上に貢献するために人材育成が
めざしているものは何でしょうか。ここまでの章で，会社とは人々が働いて何
かを成し遂げる場であること（☞第 1 章，3 ページ）や分業による協業によって
仕事が行われていること（☞同，5 ページ）を学んできましたが，これらの点を
もう一度思い出してみてください。

　第 1 に，人材育成では社員個々人の能力を高めることによって，会社の力を
高めることがめざされます。会社の力を高めることを強い会社を作るというよ
うに表現されることもあります。人の集まりでもある会社の力を高めるために
は，一人ひとりの社員の能力を高めることが必要となります。それによって，
会社を取り巻く環境が激変する中でも存続，成長していける強い会社が作られ
ます。そして，その結果，会社の業績向上に貢献することになります。

　もうひとつは，分業による協業をまとめていく力をもった人を育て上げるこ
とです。個々人の能力が高められても，それが 1 つの方向にまとめられないと，
会社としての分業による協業は成り立ちません。そのためには，人々の能力や
気持ちを 1 つにまとめて，会社が求める方向に引っ張っていく力をもった人物
が必要となります。そうした人たちは，一般には，リーダーと呼ばれる人たち
であったり，会社の経営の中枢を担っていくことが期待される**コア人材**と呼ば
れる人たちであったりします。

　このように一人ひとりの能力を高めることと，リーダーとなるような人材を
育て上げることをめざして会社は人材育成に取り組みます。では，人材育成を
行うための仕組みはどのようなものなのかを次項で見ていくことにしましょう。

2-2　OJT と OFF-JT

　人材育成のための仕組みは，日常の仕事とは別に教育するものと日常の仕事
を通じて教育するものとに大別されます。日常の仕事とは別に行われるものを
OFF-JT（オフ・ジェー・ティー）と呼びます。一方，日常の仕事を通じての教
育を **OJT**（オー・ジェー・ティー）と呼びます。それぞれ，仕事を離れて（off）
の Job Training と仕事をしながら（on）の Job Training を表す英語の略称です。
OJT の方は ON-JT と呼んでもよさそうですが，慣例的に OJT と呼ぶことにな
っています。

276

OFF-JT は，日常の仕事を離れて，ある場所に受講者が集まって必要な教育を受けるもので，一般的に研修と呼ばれるものが中心となります。新入社員研修や新任管理者研修など会社が節目ごとに行う階層型の集合研修や，「マーケティング企画担当者研修」などのように，希望者や選ばれた特定の人たちがある目的のために受ける研修などがあります。また，自己啓発と呼ばれることもありますが，会社の援助を受けながら，語学やコンピュータを学びに行くことも広い意味で OFF-JT に含まれます。

　一方，OJT は，日々の業務を行いながら，上司や先輩をはじめとする社内の人々すべてから仕事のやり方を学んでいくものです。したがって，OJT は OFF-JT のように教えることが完全に体系立てられているわけではありません。何年かの長いスパンで見ると，まず「この仕事」を覚えて，次に「あの仕事」を経験してというように，計画的に OJT を行うこともあります。しかし，「この仕事」や「あの仕事」を教えるときに，教える側となる上司や先輩が，きちんと定式化された形で誰に対しても必ず同じことを教えるというよりは，仕事を進める過程で自らやってみせたり，アドバイスをしたりすることで折に触れ仕事のやり方を教えていくという形になります。

　OFF-JT の場合，「教えること」の始まりと終わりが，研修の開始と終了という形ではっきりしています。しかし，OJT の場合は，仕事を行いながら教えていくことになりますから，始まりと終わりがはっきりと区切られているわけでもありません。それゆえ，OJT は非常に広い範囲を含むことになり，「現場が主体となり，現場で実施される，人材育成に関わる出来事すべて」（『Works』第11巻第3号，7ページ）と表現することができるでしょう。

　OFF-JT と計画的な OJT の実施事業所の割合は図12-1に見られる通りです。OFF-JT も計画的な OJT も，正社員に対して行っている事業所の方が正社員以外に行っている事業所よりも多くなっています。また，正社員について職層別に見たものが図12-2です。計画的な OJT は，新入社員，中堅社員，管理職層と職層が高くなるほど実施事業所の割合が下がっていきますが，OFF-JT はすべての職層において，ほぼ同等の割合となっています。会社は，社員が働き続ける限り，能力開発の機会を与えていこうとしていることが，ここからうかがえます。

■ 図 12-1　計画的な OJT と OFF-JT 実施事業所割合（正社員・正社員以外別）

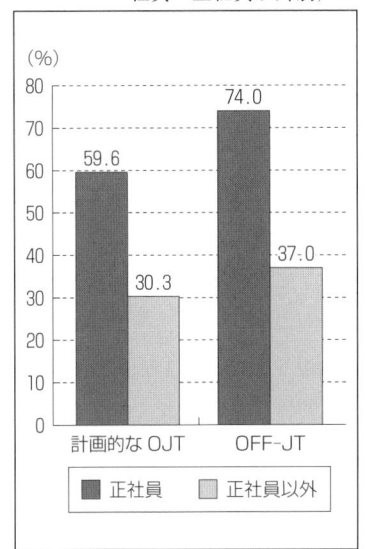

注：「正社員以外」は，常用労働者のうち，「嘱託」「契約社員」「パートタイム労働者」またはそれに近い名称で呼ばれている人などを指す。なお，派遣労働者および請負労働者は含まない。
出所：厚生労働省「平成 28 年度 能力開発基本調査」より筆者作成。

■ 図 12-2　計画的な OJT と OFF-JT 実施事業所割合（正社員，職層別）

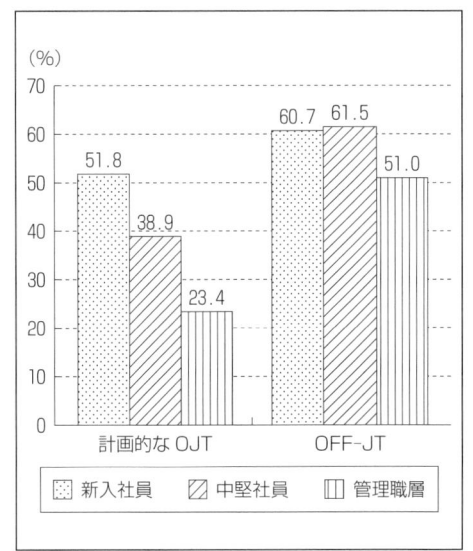

出所：図 12-1 に同じ。

2-3　「教育訓練―能力向上―業績向上」のサイクル

　OFF-JT や OJT を行いながら社員を育成していくのは，それが企業目的の貢献のためであることは先に確認しました。そのためには，「教育訓練―能力向上―業績向上」のサイクルをいかにうまく回転させていくかが重要になります（今野 [1995]）。このサイクルについて，「教育訓練―能力向上」という前半の部分と「能力向上―業績向上」という後半の部分に分けて見てみることにします。

(1)　基本的技能と実践適応技能

　「教育訓練―能力向上」というサイクルが意味するところは簡単に理解して

もらえるでしょう。能力向上のために行われている教育訓練ですから，個人差はあるにしても訓練を受ければ，めざす能力レベルにまで達することができると考えます。こうして身につく能力を，仕事をするために必要な基本的な能力という意味で，ここでは「**基本的技能**」と呼ぶことにします。したがって，「教育訓練―能力向上―基本的技能の獲得」という関係が成り立ちます。

　一方，後半部分の「能力向上―業績向上」のサイクルは，「能力向上―基本的技能の獲得―業績向上」ということになります。このサイクルをうまく回転させるためには，「基本的技能」を用いて実際に仕事を行うことによって，仕事の成果を上げていくことが必要となってきます。このとき，仕事の経験を積むことによって，「基本的技能」は仕事の成果を獲得するために不可欠な能力へと高められることになります。この，仕事の経験を通じて高められた能力を「**実践適応技能**」と呼ぶことにします。これらの関係は，少し長くなってしまいますが，「能力向上―基本的技能の獲得―仕事の経験―実践適応技能の獲得―業績向上」ということになります。

　例えば，英語が得意でTOEICで高得点を記録している入社間もない社員が，そうした語学力をもっているからといって，すぐに海外との取引業務に携われるわけではない，ということは実務の世界ではよくいわれます。TOEICで高得点をとるという能力は，試験のための勉強という訓練を行った結果，獲得することが可能なものであり，これは「基本的技能」と考えることができます。一方，その「基本的技能」である語学力を業績向上につなげるためには，仕事を通じて獲得される，仕事に必要なその他のスキルも織り交ぜた単なる語学力以上の能力が必要となってきます。これが「実践適応技能」とここで呼んでいるものです。

　もちろん，「実践適応技能」の獲得と業績向上の間には，市場の動向など不確定な要因がたくさんあり，「実践適応技能」を身につけたからといって必ず業績向上につながる保証はありません。この点については，ここではこれ以上触れませんが，この関係が簡単にはつながるわけではないということだけは覚えておきましょう。

(2)　**仕事の経験**

　「基本的技能」と「実践適応技能」の違いは，仕事の経験を積むかどうかと

いうところにあります。したがって，「Aができるようになれば，実践適応技能と認められる」というようにはっきりしたものではありません。仕事の経験を重ねることで，「基本的技能」が「実践適応技能」に徐々に高められていくのです。

研修や単純作業の繰り返しで身につけた「基本的技能」は，予期せぬことが次々と起こる実際の仕事の場を経験することによって，はじめて"使い物になる"のであり，「実践適応技能」へと高められていきます。そして，当然のことながら，技能の向上レベルやスピードには個人差が生じてきます。そのために，昇進にも個人差がつくことになります。

能力開発，教育訓練という一連の人材育成施策のもとでは，「基本的技能」の獲得は当然のことですが，いかにして「実践適応技能」をもつ人材を育て上げるかが重要です。それでは，その教育訓練は現在どのような状況にあるのかを節を改めて見ていくことにしましょう。

> ☞ キーポイント
> *OJT と OFF-JT を組み合わせながら，社員が基本的技能や実践適応技能を身につけられるように，会社は人材を育成していく！*

3　教育訓練の変化と責任の移り変わり

3-1　教育訓練の変化傾向

わが国では，これまで学校を出たばかりの人材を**新規学卒一括採用**という形で採用して，社内での教育訓練を通じて自社が求める人材に育てる形をとってきました。次ページのコーヒーブレイクで触れられているような「**即戦力**」としての何かを期待されるのではなく，入社後の社内教育を受け，仕事を経験することによって，会社が求める人材に成長していけるだけの素地をもっていると判断されれば，採用の対象とされてきました。

そこで行われてきた基本的な人材育成のあり方は，会社が主導権を握り，社

☕ コーヒーブレイク　　新卒採用者は "即戦力" となれるか

"即戦力"。広辞苑によると「準備の期間を経ず，すぐに戦えるだけの力があること。また，その人」とあります。プロ野球などのスポーツの世界では，高校や大学を出たばかりの新人選手の入団にあたって，「新人だけれど即戦力として期待している」というコメントがよく聞かれます。そして，最近では一般的な就職においても，「即戦力求む」といった声が聞かれるようになってきました。

しかし，本当に高校や大学を出たばかりの人が会社に入って，「すぐに戦える（仕事ができる）だけの力」をもっているのでしょうか。「仕事ができる」という状態をどの程度のものととらえるかにもよるのでしょうが，おそらくほとんどすべての人は即戦力として活躍するのは無理だと思われます。本文で見てきたように，何ももたない新規学卒者を採用し，そうした社員を「仕事ができる」ようにするために会社は人材の育成を行っているのです。

「即戦力志向とは，つまるところ，育成軽視の別表現にすぎない」（玄田［2005］，9ページ）という指摘もあります。会社が即戦力を求めている状態とは，会社に今いる人材だけでは社内の仕事を進めていけない状態を意味しています。これは，同時に，社内の仕事を進めることができる人材を会社が育成できていない状態ともいえます。もちろん，会社としては，社外から即戦力の人材を雇うのは，事業の急拡大や新分野への進出といった特別な事情があるからだといいたいはずです。あるいは，時間やお金をかけて人を育てるより，必要なときに必要な人材を労働市場から調達する方が安くつくし，多様な人材を雇える可能性が高まるから会社にとって都合が良い，という考え方も理にかなっているのかもしれません。

とはいえ，新卒採用者にまで即戦力としての働きを求めるのは，現時点ではやはり無理があるように思われます。しかし，メルカリやサイバーエージェントなど，能力に応じて初任給に差をつける会社も出てきました（『日本経済新聞』2018年2月28日）。こうした動きがどこまで広がるかは未知数ですが，新規学卒者は何ももたないから横並びの処遇からスタートという慣行が，この先，崩されるかもしれません。

「即戦力求む」という会社と「人材育成に力を入れています」という会社。あなたが新卒者なら，どちらを選びますか。

■ 表 12-1　教育訓練の今後の変化傾向（2000 年頃）

基本方針	底上げ教育から選抜教育へ
教育訓練費の配分	社員一律型研修から個別ニーズ対応型研修へ
教育主導主体	本社から事業部・事業所へ
実施方法	社内実施から外部委託・アウトソーシングへ
能力開発責任主体	会社から個人へ

出所：労働省［2000］『『業績主義時代の人事管理と教育訓練投資に関する調査』結果報告』より筆者作成。

員全員の底上げをめざす一律的な教育訓練でした。そうした教育訓練が行われてきたのは，第 11 章で見てきた「年功や能力が重視されてきた時代」にあたる，いわゆる年功的な労務管理がなされていた時代です。当時は，同期入社した社員の昇進に大きな差が出るのは，入社後 15 年から 20 年くらい経ってからでした。それほど長い間，大きな差がつかない仕組みでしたから，社員は良くも悪くも「まだ自分にもチャンスがある」と信じて，自分の能力を高めることに努めてきました。また，能力を高めることが賃金向上につながる職能給制度（☞ 257 ページ）であったことも，こうした社員の行動を制度的に支援してきました。

しかし，バブル経済が崩壊し，日経連（当時）が『新時代の「日本的経営」』（新・日本的経営システム等研究プロジェクト［1995］）を公刊した頃——年功的労務管理の終焉がいわれ，成果主義への関心が高まり始めた頃——から，教育訓練のあり方も変化の兆しを見せました。それは，表 12-1 に示されているように，基本方針は底上げ教育から選抜教育へ，能力開発主体は会社から個人へといった変化です。

表 12-1 にまとめられた調査結果をもう少し詳しく見てみましょう。まず，教育訓練の基本方針の「現在」と「今後」（いずれも 2000 年頃の調査当時）を比較すると，「底上げ教育重視」が現在の 74.8 ％から今後は 31.5 ％に，「選抜教育重視」は現在 22.7 ％から今後 66.0 ％に変化しています。能力開発の責任主体も，現在 81.9 ％の会社が，教育訓練は「会社の責任」と考えていましたが，今後も「会社の責任」と考えている割合は 42.5 ％となっています。逆に「個人の責任」と考える会社の割合は，現在 15.4 ％から今後 54.8 ％へと大きく変

化しています。

　もちろん，このことは，これまでのあり方をすっかりやめてしまい，底上げ教育を選抜教育に完全に置き換えるというような，新しいあり方に完全にシフトしてしまうことを意味していたのではありません。新入社員研修や管理者研修といった節目における階層型研修のように，一律型で底上げ教育をめざす研修の重要性は依然として残っていました。また，「今後どうするか」を尋ねたものであり，それは当時の考え方の変化を示していたものであって，現実にそのように変化していたわけではありません。

　実際，厚生労働省「能力開発基本調査」を見ると，正社員の能力開発の責任主体は企業であるとする事業所の割合は 2006 年以降，現在まで 7 割程度で推移し続けています。「平成 28 年度 能力開発基本調査」の結果を見ると，労働者の能力開発方針は，「企業主体で決定する」24.4 ％，「企業主体で決定に近い」51.7 ％となっており，全体の 4 分の 3 が正社員の能力開発の責任主体は企業であるとしています。正社員以外についても，同じ項目を合わせた割合は約 65 ％となっています。教育訓練・能力開発は会社が社員に対して行うものである以上，会社が責任主体であると考えることは，ある意味当然かもしれません。しかし，年功的労務管理が行われていた頃のような，全員一律で，社員には選択の余地がほとんどないような教育訓練ではなくなってきています。後述するように，自律的な社員を求めるようになってきており，その意味でも能力開発の責任主体は会社から個人へと移ってきているということができます。

3-2　教育訓練の責任

　では，能力開発の責任主体が会社から個人へ変わるということはどういうことなのか，についてもう少し詳しく見ることにします。先ほど「教育訓練－能力向上－業績向上」のサイクルについて見ましたが，このサイクルと関連させながら教育訓練に関する責任について考えてみることにします。

⑴　これまでの責任

　まず，「教育訓練－能力向上」の連鎖の部分には訓練機会の提供責任が関わってきます。これまでは社内で教育訓練が行われていた以上，訓練機会の提供責任は会社が担うものと考えられました。次に「能力向上－業績向上」の部分

では,「基本的技能」を「実践適応技能」に高めるために仕事の経験が必要でした。仕事を経験するためには,いうまでもなく,仕事の場を提供する責任が会社にありました。誰がどの職務に就くかを決める配置や異動を決定する権利は,社員ではなく会社にあったからです。

　さらに,このサイクル全体と関連して,育成結果に対する責任についても考えておきましょう。育成結果に対する責任とは,「実践適応技能」を身につけた社員ならば,その技能を活かしながら定年まで働き続けられるくらいにまで教育することです。ただし,実際には,「実践適応技能」をどの程度身につけられるかは社員によって差が出てきます。したがって,「実践適応技能」を十分に身につけられなかった社員を会社が雇い続けることも,育成結果に対する責任を企業が果たしていたと考えられます。

　このように段階ごとに,訓練機会を提供する責任,仕事の場を提供する責任,育成結果に対する責任という 3 つの責任が認められましたが,能力開発責任主体が会社から個人へと変化することによりこれら 3 つの責任はどうなるのでしょうか。

⑵　これからの責任

　まず,訓練機会の提供責任を会社が担う割合は相対的に減少すると考えられます。なぜなら,社員が「基本的技能」を獲得するために,例えば,語学教室や大学院,特に MBA 取得をめざしたビジネス・スクール（☞補章,373 ページ）に通ったりしながら,社外で教育訓練を受ける機会が増大してきているからです。もちろん,これまでのように OJT や OFF-JT による教育訓練がなくなるわけではありませんから,その意味では,会社は依然として訓練機会の提供責任を担ってはいるわけです。しかし,社外にもその機会が増加しており,後述するようにキャリアへの意識が高まる中で,社員も自分が考えるキャリアを描くために必要な能力を自分で身につけようと考え出しました。その結果,社員が選べる教育訓練機会に占める,会社による訓練機会の比率が低下しつつあるのです。

　次に,仕事の場の提供責任です。繰り返し述べてきたように,「実践適応技能」は仕事の経験を通じてしか得られないものであることを考えると,仕事の場の提供責任は依然として会社が負うものと考えられます。

　最後に，育成結果に対する責任です。「能力向上―業績向上」のサイクルを達成するためには「実践適応技能」を身につけた人材が必要となる以上，会社はこの責任を全うすることに努めるはずです。ただし，上で見たように，育成結果に対する責任が最後は雇用責任につながるとすると，終身雇用が暗黙の前提とされていた頃と同等の積極性をもはや会社はもたなくなっているでしょう。長期雇用の是非については第10章でも考えましたが，すべての会社がそれを標榜しているわけではないですし，後ほど見る通り，社員も自律意識を高めて会社に頼らないキャリアのデザインを志向するようになってきています。すると，この責任を社員が負う比率は高くなってくるはずです。

　このように，訓練機会の提供責任と育成結果に対する責任主体が会社から社員へと移ることを指して，能力開発責任主体が会社から社員へと変化しているといわれているのです。

> **⌁ キーポイント**
> *会社任せの教育訓練から，社員も自分の能力開発に責任をもつことが求められるように変化してきている！*

4 自律型人材の育成とキャリア支援

4-1 キャリア・デザインへの関心の高まり

　第3節で見たような教育訓練の変化は，キャリアに対する関心の高まりと大いに関係しています。第9章でも触れたように，これまでは，キャリアという言葉には組織内部における昇進といったニュアンスがかなり強くありました。そこには，決められた経路をいかに早く昇っていくかという強い上昇志向が意識され，そのことをよしとする価値観が共有されていました。全員一律で同じ方向に向かって進むような教育訓練が大きな効果を発揮し得たのは，社員も会社もそのようなキャリア意識をもっていたからです。

　しかし，今日キャリア・デザインという考え方とともにキャリアという言葉

■ 表 12-2　キャリア開発支援の実際：サントリーホールディングスの事例概要

考え方・制度など	概　要
支援体制の構築	2003 年にキャリア開発部を創設。2007 年，より個の視点に立脚した「キャリアサポート室」をキャリア開発部内に設置
フロンティア体系	"キャリアは自分が主体的に切り開いていく" という考えのもと，キャリア支援策全体を「フロンティア体系」として整理。「Growing」「Self-Reliance」「Stretching」の 3 つの軸で一人ひとりのキャリア形成を支援
Growing：サントリアンとしての成長	成長・育成の体系を，「フロンティアステップ」として段階ごとに整理。「若手」「中堅（4 年次〜）」「プロフェッショナル（課長の一歩手前の層）」「マネジャー（課長）」の 4 つのステップに区切り，それぞれの段階ごとに「求められる姿（MUST）」「発揮してほしい力（CAN）」「サントリー VALUE（VALUE）」を定める
Self-Reliance：キャリア自立・自己啓発	約 520 種の自己啓発プログラム（SDP：Suntory Self-Development Program），上司との「キャリアビジョン面談」のほか，キャリアサポート室が「キャリアワークショップ」「個別面談」を実施。キャリアビジョン面談と連動しながら，いろいろな経験を積みつつ視野を広げていき，自分でキャリアを切り開いていくという意識を育み，それを異動や仕事内容にもつなげていく
Stretching：経営戦略とリンクしたキャリアストレッチ	社員の海外派遣を行う「トレーニー制度」では，海外志向の若手を対象に，グローバルでの就業機会を与えて，OJT を通じながら困難を乗り越える経験をさせる。グローバルでも活躍できる将来のコア人材を育てる「キャリアチャレンジ制度」は，現部署での業務を継続しながら，平日の夜間や休日を活用して個人の将来キャリアに応じた鍛錬メニュー（約 1 年）に取り組む

出所：労務行政研究所 編［2014］「特集 先進 3 社に学ぶ "キャリア支援" の実際」『労政時報』第 3869 号（2014 年 6 月 27 日），19 ページより筆者作成。

が用いられる際には，自分が望む働き方を追求することとか，人生の中で仕事をどのように位置づけていくかを考えることのように，ヨリ広い意味で自分と仕事との関係をとらえるようになってきました。個人が自分の進みたい方向を認識し，それに合わせて自分と仕事との関係をデザインしていこうという考え方です。

　具体的な教育訓練の変化としては，多くの企業が選択型・選抜型の教育研修制度とともに従業員のキャリア形成を支援するプログラムを導入するという形で進んでいます。そこで前提とされている社員像は，組織の指示に従う社員ではなく，自分の進みたい方向を自ら決定できる自律的な人材です。また，社員[1]

の能力や意識も多様であり，誰でもが同じ職種や役割に向いているとは考えられないようになってきました。そのため，社員のキャリアに対する意識を考慮しながら，適材適所の人材配置を進めるように変わってきました。ある役割を担うのにふさわしいと考えられる人たちを会社が選んで行う選抜型の研修や，自分のキャリア形成に必要と考える研修を従業員が自主的に受講する選択型の研修が広がってきています。

　表12-2は，サントリーホールディングスのキャリア開発支援の事例です。概要から，キャリアを切り開くのは社員自身であり，会社はそれを支援するという姿勢が伝わってきます。

4-2　エンプロイヤビリティという考え方

(1)　アメリカにおけるエンプロイヤビリティ

　このような教育訓練制度の変化は，**エンプロイヤビリティ**（employability）という考え方が求める方向とも一致しています。エンプロイヤビリティとは，1980年代後半のアメリカで広がった考え方で，会社による雇用保障がなされないのであれば，どこか他の会社で雇用される能力を社員がもてるようになることを会社が保障しなければならないというものです。「雇用される能力」とか「就業能力」などと訳されることもあります。

　ただし，"雇用される能力"を保障することは，"雇用されること"を必ず約束するものではありません。当然のことですが，雇用される能力があっても，雇ってくれる会社が見つからなければ雇用されることにはならないからです。だから，働く個人はその能力を発揮できる会社を自分で探さなければならないこととなり，必然的に，キャリアに対する意識も高めなければならなくなります。エンプロイヤビリティを高めておけば，現在働いている会社をたとえ解雇されても，すぐに別の会社で仕事を得ることができるという意味で，「失敗無き退職」ができると考えられてきました。

(2)　日本型エンプロイヤビリティ

　このようなアメリカでのエンプロイヤビリティの広がりに対して，わが国では日経連（当時）が日本型エンプロイヤビリティとも呼べる NED（Nikkeiren Employability Development）モデルを提唱しました（図12-3）。それは，従業員の

■ 図 12-3　NED モデル

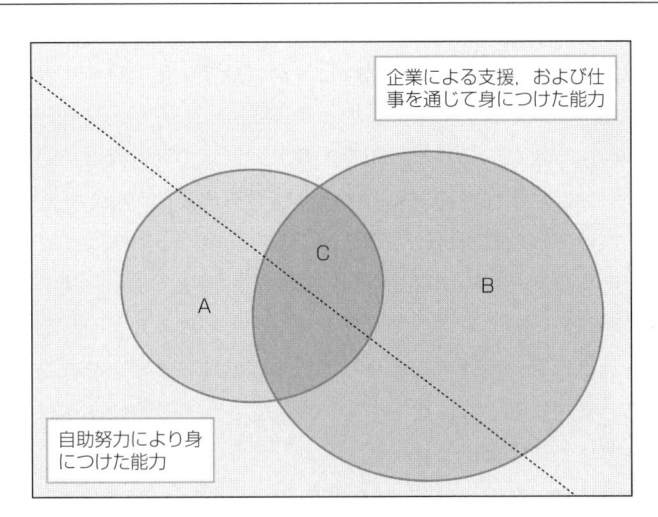

企業による支援，および仕事を通じて身につけた能力

C

A

B

自助努力により身につけた能力

エンプロイヤビリティ＝A＋B（雇用されうる能力）
A＝労働移動を可能にする能力
B＝当該企業の中で発揮され，継続的に雇用されることを可能にする能力
C＝当該企業の中と外の両方で発揮される能力
A－C＝当該企業の中では発揮することができない能力
B－C＝当該企業の中だけで発揮することができる能力

出所：日本経営者団体連盟教育特別委員会 編［1999］『エンプロイヤビリティの確立をめざして──
　　　「従業員自律・企業支援型」の人材育成を』日本経営者団体連盟教育研修部，13ページ，一部省略。

雇用確保を最優先しながらも，従業員に労働移動を可能にする能力の獲得も求めるもので，アメリカでのエンプロイヤビリティとは考え方が少し異なります。

　日本型エンプロイヤビリティでは，アメリカでのエンプロイヤビリティのように，自社がダメでも他社でというように，会社を変わることを前面には押し出していないところが特徴的です。ただし，日本型エンプロイヤビリティで前提とされている会社と社員の関係は「**従業員自律・企業支援**」であり，これまでのような企業に依存する社員像は否定されています。「従業員自律・企業支援」とは，キャリア・デザインにもとづいて，自分がめざす働き方を追求する社員を会社が支援していこうという関係です。

　エンプロイヤビリティという考え方に否定的な人たちは，経営者がこの考え

方を雇用と教育訓練の責任を放棄するための道具として利用することを心配しています。一方，終身雇用とともに，会社が育成結果に責任をもってくれていた従来の教育訓練のもとでは，社員は自分が望むキャリアのあり方を自律的に決定する自由は制限されていたともいえます。

雇用を保障する代わりに，社員のキャリア・デザインの自由が阻害されていたとするならば，雇用保障に消極的となりつつある会社が増えてきている今，教育訓練制度の中に社員が自律性を発揮できる仕組みを取り入れていくことは必要なことです。もちろん，会社がエンプロイヤビリティを意識することによって，社員が組織内外で自律的に教育訓練を受けられるようになることが，結果として，社員任せの人材育成となってしまってはいけません。こうした自律性が社員に与えられるようになっても，会社はこれまでとは違う形で人材育成に力を入れていくことはやはり重要です。

2010 年代も終わりに近づいている現在，エンプロイヤビリティという用語が実務の世界で一般化しているとは言い難いかもしれません。しかし，この考え方は，従業員の自律的なキャリア・デザインやそれを支援する教育訓練のあり方と合致するものだといえます。

> **o━┛ キーポイント**
> *社員は自分のキャリアをデザインし，会社は「従業員自律・企業支援」を前提として社員をバックアップするように変わってきている！*

5 人材育成の課題

最後に，本節では人材育成の課題を確認しておくことにしましょう。

5-1 経験を積む機会の充実

先に見たように，「実践適応技能」を獲得するためには，仕事の経験を積むことが必要でした。これまでの研究でも，特に経営を担うリーダーとなるよう

な人たちは，節目で困難を伴う仕事を経験したことが，「ひと皮むけた経験」として今の自分にとても役立っていると考えていることが明らかにされています（金井［2002］）。したがって，「実践適応技能」を身につけるために，仕事を経験できる経路づくりを意識的に行い，それらを社員が自分で選ぶことができるようにすることが求められます。

これは，経験を積む機会の提供を充実させることを意味しています。おそらく，どんな組織でも「Aという仕事に就くためには，これは経験しておかなくてはならない」という部署や役割はあるはずです。それは，Aのために不可欠な「実践適応技能」を身につけるためには，その部署や役割を経験することが必要だからです。多くの組織では，経験的にそれを知っており，**ジョブ・ローテーション**の際に何らかの考慮はしているはずです。しかし，意識的に体系化している会社は，まだまだ少ないといわざるをえません。それを意識的に体系化することが，仕事を経験できる経路づくりであり，仕事の経験を積む機会の充実につながります。

「あの経験があったから，今の自分がある」というのは，ある程度の就業年数を経た人なら，おそらく誰もがもっているはずです。ただし，それを部下や周りの人たちに話している人は意外に少ないかもしれません。ですから，組織に埋まっているそうした経験を集め出し，体系化することによって，仕事を経験できる経路を意識的に作り上げることが必要です。そうして作り出された仕事を経験できる経路を社員が自律的に選択できるように，制度的に保障していくことが，重要となります。具体的な制度として，「こういうキャリアを描いているから，こんな仕事を経験したい」と会社に伝える自己申告制度や，「この仕事に空席ができたので，条件を満たす人でこの仕事に就きたい人は意思表示をしてください」と希望者を募る公募制度が挙げられます。

5-2　非正社員の教育訓練

本章では，主に正社員として働く人材を念頭に置いて進めてきました。しかし，第10章3-1項でも見たように，非正社員として雇用されている人たちは年々増加し，今では約2080万人となり雇用者の4割弱を占めるようになってきています。彼（女）らに対する，人材育成の状況は図12-1で見てきた通り，

正社員に比べて劣っていました。

　非正社員の教育訓練の充実度が低い理由の1つは，簡単な作業や低い「基本的技能」しか必要としない仕事を担当する場合が多いからです。また，長期間働く可能性が低い人たちにお金と時間をかけて教育訓練を施しても，かけた労力やお金を辞めるまでに回収できる可能性が低いからです。こうした会社側の考え方は合理的でもっともなものではあります。しかし，非正社員とすれば，教育訓練を受けたり難しい仕事を経験したりすることで自分の能力を高めていかないと，いつまでたっても簡単な仕事しかすることができず，やる気もなくなってしまうかもしれません。そうなると，会社にとっても損失です。

　流通・小売業など非正社員比率の高い会社では，非正社員でも昇進できる制度を整えることで，彼（女）らの戦力化を進めています。その結果，OJT の機会が増え，「実践適応技能」の獲得につながる仕事の経験の機会も増えてきてはいます。第 10 章 3-2 項 (2) で見たように，非正社員の正社員化も行われるようになってきています。学習し成長する労働力という点では，正社員も非正社員も同じですから，非正社員に簡単な仕事しか任せないのは人的資源の無駄づかいともいえるわけです。ただし，就労意識や基本的な能力において，正社員よりも多様な社員で構成される非正社員に対しては，どういう人材に教育訓練や仕事の経験の機会を提供するかという見極めが重要となってきます。

5-3　短期と長期のバランス

⑴　"早さ"追求の是非

　会社が，非正社員として必要なときに必要な人材を雇うのは，コストの面でも柔軟性の面でも企業にとって望ましいからです。簡単な作業や低い「基本的技能」が求められるような仕事の場合は特にそうです。また，ある程度高度な技能が求められる仕事でも，即戦力の名のもと，「実践適応技能」を身につけた人材を中途採用する方が"早い"ことも一面では真実でしょう。

　ここで，「一面では」と表現したのは，そういう対応ばかりが続いてしまうことが，長期的に見て本当に会社にとって良い方法なのかという疑問が残るからです。即戦力と呼ばれる人材もどこかの企業で仕事の場を与えられて経験を積んできたからこそ，「実践適応技能」を身につけることができて，即戦力と

評価されるようになったことを見落としてはいけません。また，第 10 章のコーヒーブレイクに取り上げた GE 社でも，トップは生え抜き社員が選ばれていました（☞ 242 ページ）。コストやすぐに使えるという“早さ”を重視した短期的な対応ばかりをとっていると，人材育成の方法が組織内部に蓄積されなかったり，「実践適応技能」をもつ生え抜きの人材が不足してしまったりして，長期的には企業の競争力を低下させることになるかもしれません。

　かつて，フィデリティ証券人事部ジェネラリストの吉岡圭介氏は，「新卒採用される若者が減れば，一人前に育つはずの人材も減る」として，「採用と育成は企業の使命」であると主張していました（『朝日新聞』2004 年 7 月 10 日）。これは現在でもあてはまることでしょう。会社が短期的な視点で「実践適応技能」をもつ人材を使うことだけに精を出し，そうした人材を育てることをなおざりにすれば，近い将来「実践適応技能」をもつ“使える人材”が枯渇してしまう危険がないとはいえません。

(2)　短期と長期の業績

　会社経営の難しさの 1 つは，会社を長期的に存続，成長させていかなければなりませんが，短期的には目の前の課題を解決していかなければならない点です。目の前の課題の 1 つは，半期や 1 年の業績であり，金銭的尺度で目に見えやすいものです。この短期的な課題をコスト面から解決するために，社外から人材を調達しようとすることは先ほど見ましたが，本当にそれが業績向上に役立っているかどうかは判断の難しいところです。

　やや古いデータになりますが，図 12-4 は採用方針・人材育成と会社の業績との関係を見たものです。新規学卒者の採用を重視している会社の方が，そうでない会社よりも一人あたり経常利益は高くなっています。新卒重視の会社と中途採用重視の会社それぞれの中でも，社内での人材育成を重視している会社の方がそうでない会社よりも一人あたり経常利益は高くなっています。

　つまり，人材育成という長期的な課題に取り組んでいる会社の方が良い業績を上げていることが示されています。能力開発や新しいキャリアを築くための機会を継続的に社員に提供している会社の方が，業績が良いことは他の研究でも指摘されています（オライリー・フェファー［2002］，佐藤・玄田［2003］）。社外から人材を調達して対応することが，短期的なコスト削減に貢献することは間

■ 図 12-4　採用方針・人材育成と企業業績

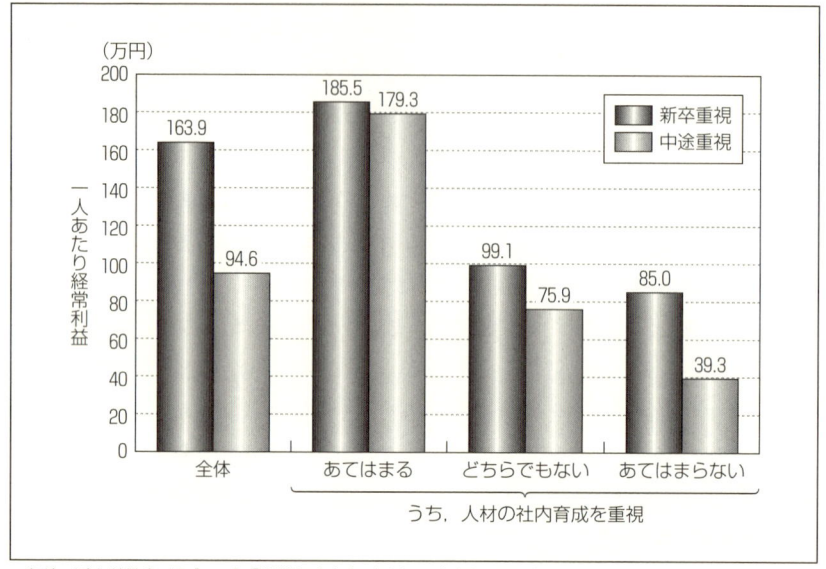

出所：厚生労働省 編 [2004]『労働経済白書（平成 16 年版）』ぎょうせい，144 ページ，第 2-(2)-8 図より筆者作成。

違いありません。しかし，その方法に頼りすぎて社内の人材育成を怠るようなことがあると，長期的な業績に悪影響を与える可能性は高そうです。

⑶　トップ・マネジメントの関与

　とはいうものの，目の前の課題に惑わされることなく長期的な業績向上のために短期と長期のバランスをとっていくことは，人事部門だけが取り組んでもなかなか実行できません。なぜなら，人材育成の結果はすぐには出ないし，目に見えにくいために，その継続を主張するのが難しいからです。それでもやり続けるためには，トップ・マネジメントの積極的な関与が必要となってきます。会社としての"ぶれない軸"を示して，支え続ける力はトップ・マネジメントでないと出せないからです。ローソン社長（当時）の新浪剛史氏も，「人材の良しあしはバランスシート（貸借対照表）にあらわれず，育成費用は短期で利益を圧迫する。短期での利益もしっかりと出さなくてはならないが，それを過度に重視し，人材に対する長期の投資をおろそかにしてはいけない」と述べています（『日本経済新聞』2013 年 1 月 29 日）。

　「景気が悪くなると教育費は削られる」とはよくいわれますが，結果が出るのに長い時間が必要な人材育成への投資は，短期的な業績の変化にかかわらず継続されることが望ましいことです。そのためにも，長期的な会社の動向に責任をもてるトップ・マネジメントの関与が求められるのです。第 10 章のコーヒーブレイクで触れた GE 社の前 CEO，ジャック・ウェルチ氏も教育に熱心であったことはよく知られるところです。トヨタ自動車の豊田章男社長は，2017 年の新年祝賀会の席上，同年のキーワードに「人材育成」を挙げ，「変化が多い時代こそ人が大切」と語っています（『日本経済新聞』2017 年 1 月 6 日）。このように，人材育成に力を入れている会社では，トップ・マネジメントがその先導役となっていることが多く見られます。

　人材の活用と育成に関して短期と長期のバランスをとることは，決して新しい問題ではありませんが，ことさらに“早さ”が求められる現在においてその重要性がますます高まっています。その解決のためには，トップ・マネジメントが関与し，“ぶれない軸”を提示することが重要です。

> **◦┅ キーポイント**
> *人材育成は結果が出るまで時間がかかる。どれだけじっくり取り組めるかが重要で，そのためにはトップ・マネジメントの関与が求められる！*

■ 注

1)　各社の状況を見てみると，「自律」を用いる会社も，表 12-2 のサントリーホールディングスのように「自立」を用いる会社も両方あります。そもそも管理の学問である経営学では，決められたことを決められた通りに行うという他律の世界を前提としてきました。しかし，その中で，自分の行動は自分で決めていくという人間のもつ自律性をどこまで認めていくかを考えることも経営学の課題の 1 つとして検討され続けています。そうした点も考えて，本章では「自律」という言葉を用います。

■ 演習問題

①　労働力の特徴と関連させて，会社がなぜ，人材を育成するのかを考えてください。

②　全員一律型の研修ではなく，選抜型や選択型の研修を行うことの長所と短所を考え

てください。

③ 結果が目に見えにくい人材育成を，短期的な業績変動にかかわらず，長期的に継続させる方法を考えてください。

■ さらに進んだ学修のために

〔1〕 金井壽宏［2002］『仕事で「一皮むける」——関経連「一皮むけた経験」に学ぶ』光文社。

〔2〕 高橋伸夫［2005］『〈育てる経営〉の戦略——ポスト成果主義への道』講談社。

〔3〕 武石恵美子［2016］『キャリア開発論——自律性と多様性に向き合う』中央経済社。

〔4〕 中原　淳 編著，荒木淳子・北村士朗・長岡　健・橋本　諭 著［2006］『企業内人材育成入門——人を育てる心理・教育学の基本理論を学ぶ』ダイヤモンド社。

〔5〕 山本　寛［2014］『働く人のためのエンプロイアビリティ』創成社。

第13章
会社はどのようにして商品を提供するのか

マーケティング

◆この章のねらい

　ショッピングに出たとき選ぶのに困るほど多くの商品が並んでいることを体験したことがあると思います。例えば，鞄を購入しようと考えたとき，さまざまな店で多くの形や色，価格の鞄を見ることができます。鞄の本来の機能はモノを入れて持ち運ぶことですから，その機能を果たせばどのような鞄であっても良いはずですが，中にはどこにモノを入れるのか考えないといけないようなデザインの商品さえも目にします。

　皆さんはその中から特定の商品を選択し購入を決めていますが，本当に自分の意思で選択し購入しているのでしょうか。実は会社（商品）に購入させられているのかもしれません。

　会社は皆さんの購買意欲を高めるために，自社は市場に何を提供すべきかということを考えています。その結果多様な商品が市場に出回るのです。

　会社は市場や消費者の心理や行動パターンなどを研究し，消費者に働きかけ，市場を創出し，取引につなげていきます。こうした活動をマーケティングと呼びます。

　本章では，会社が市場に対してどのような活動を行っているのかを見ていくことにします。

◆この章で学ぶキーワード
◎マーケティング ◎マーケティング・コンセプト ◎顧客価値 ◎STP 戦略
◎4P ◎マーケティング・ミックス戦略 ◎ブランド

1 マーケティングとは

1-1 マーケティングの意味

「**マーケティングとは**」と聞かれて，多く使われる定義の 1 つとして，1985年にアメリカマーケティング協会（AMA）が策定したものがあります。そこでは，「マーケティング（marketing）とは，個人と組織の目的を満足させる交換を創り出すために，アイデア，商品，サービスの概念（コンセプト）形成，価格，販売促進（プロモーション），および流通を計画し，実行する過程である」と述べられています。また，1990 年，日本マーケティング協会が「マーケティングとは，企業及び他の組織がグローバルな視点に立ち，顧客との相互理解を得ながら，公正な競争を通じておこなう市場創造のための総合的活動である」と定義しています。この定義は AMA の定義に比べて，会社以外の組織をも想定し，企業の社会的な存在を意識している点が特徴的です。

さらに，コトラーは「マーケティングとは製品と価値を生み出して，他者と交換することによって，個人や組織のニーズ（必要とされるもの）やウォンツ（欲しがるもの）を手にいれるために利用する社会上・経営上のプロセスであり，市場を操作することである」と定義しています。

このように，さまざまな定義がありますが，そこで共通していることは，営利を目的とした会社以外の組織も含めて，国内外において，その組織を必要とする人たちを作り出す（**需要創造**）とともに自社の**競争優位**を創り出す活動といえます。

1-2 マーケティングの種類

ひとくちにマーケティングといっても，市場をどのようにとらえるかによっ

て考え方が違ってきます。それを簡単に紹介しておきます。

(1)　マクロ・マーケティング

マーケティングを個々の会社の活動としてとらえるのではなく，社会的・経済的な立場から大きくとらえた考え方であり，国や地域レベルでの商品の流れをとらえようとするものです。つまり，その国や地域における，生産者―卸売業者―小売業者―最終消費者までの流れを解明するもので，「流通」や「ロジスティック」などがこれにあたります。

(2)　ミクロ・マーケティング

個々の会社のマネジメントの観点からマーケティングをとらえる考え方です。次項で説明する**マーケティング・コンセプト**を基礎として考えられます。会社が提供する商品をいかに消費者に受け入れてもらうかが課題であり，会社の市場に対する活動を指します。この章はこの考え方に基づいています。

(3)　マネジリアル・マーケティング

経営者の立場から，マーケティングをあらゆる会社の活動と結びつけて管理するという考え方です。マーケティングを経営者のもつ広い視点から考えようとするものです。

(4)　ソーシャル・マーケティング

会社の社会的責任や消費者の利益保護を視野に入れ，会社と消費者，社会との調和を図りながら行われるマーケティングです。社会的貢献と利潤の双方を満たそうとする考え方であり，今日いっそう重視されてきています。

1-3　販売コンセプトからマーケティング・コンセプトへ

現在においてマーケティングは，市場や社会の視点から会社の活動を見る，市場を創造する活動，というのが基本的な考え方です。しかし，こうした市場と商品提供に関する考え方は，社会構造や環境の変化とともに変わってきました。

「良いモノさえ作れば売れる」「高品質であればよい」といった考え方（生産志向）や「いかに売るか，売り方が大事である」（販売志向）とする考え方から，「市場の視点から見る，消費者の立場から商品を考える」（消費者志向），さらには「社会全体の視点から商品を見る」（社会志向）へと変化してきました。単な

▨ 図 13-1　マーケティング・コンセプトと販売コンセプト

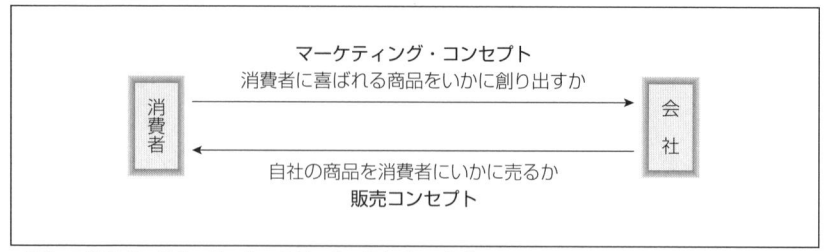

出所：石井淳蔵・栗木　契・嶋口充輝・余田拓郎［2004］『ゼミナール　マーケティング入門』日本経済新聞社，202 ページより筆者作成。

る「売る」活動から「市場を創る」へとコンセプトが変化してきたのです（図 13-1）。

⑴　生産志向

　需要が供給を上回っている市場における考え方です。需要＞供給では，市場に十分商品がいきわたらず，消費者は品薄感をもちます。そこで，「消費者は入手しやすい，手ごろな商品を好む」との立場からマーケティングが行われるようになります。すなわち，生産性や流通コストの削減により低コスト・低価格をめざす方向になります。

⑵　販売志向

　供給が需要を上回る市場における考え方です。供給＞需要のもとでは，消費者は商品選択の余地が広くなります。その結果，市場競争は激しくなり「会社がかなり販売努力をし，消費者を説得しなければ商品は売れないであろう」と考え，営業活動，販売活動を中心としたマーケティングが行われるようになります。

⑶　消費者志向

　消費者の立場に立って，市場をとらえようとする考え方です。供給が需要を上回っている場合でも，販売志向のように「いかに自社製品を販売するか」ではなく，自社の市場を正しく把握し，顧客ニーズをいち早くとらえ，**顧客価値**を高めるとともに顧客満足（CS）を他社に先駆けて築こうとする活動です。顧客が抱えている課題・問題に対して解決策を提供できる商品を探索する活動ともいえます。

(4)　社会志向

市場問題だけでなく広く社会環境（会社の社会的責任，社会貢献など）への対応も含めてマーケティング活動を行うという考え方です。より長期的な立場にたって，顧客および社会の利益と会社の利益のバランスを図ったマーケティング活動となります。

> ☞ **キーポイント**
> *自社の商品を必要とする顧客を作り出すのがマーケティングである！*

2 市場環境と自社状況についての分析

今日では，会社は自社製品を消費者に売るという会社本位的な発想ではありません。商品を販売するということは，まず，どのような人が市場に存在し，どのようなニーズ（需要）やウォンツ（欲求）があるかを理解することが大切なことと考えられているのです。そのためには，まず現在の市場の状況を知ることが大前提となります。このため，まず会社は市場分析を行い，市場を理解しようと試みます。次に自社の内部の状況を分析していきます。

これらの分析はそれぞれ「外部環境分析」と「内部環境分析」と呼ばれます。これらの分析に基づき，会社の課題を明らかにする代表的な手法に，**SWOT分析**があります。

2-1　外部環境分析

外部環境とは会社を取り巻くさまざまな環境を意味します。その環境が会社にとってチャンスをもたらすのか逆に脅威を与えるものかを分析します。

外部環境分析では主に次の3点がなされます。

(1)　マクロ環境分析

人口構成や人口移動，政治・法律環境，経済情勢，社会・文化環境といった，その国や地域，地方の全般的情況を分析します。例えば，高齢者が増加傾向に

(2) ミクロ環境分析

市場の規模や市場構造，消費者の好みといったマーケットの状況を分析します。例えば，市場は1億円規模で推移しており，消費者は価格よりも品質志向が高く，消費者の購買意欲も堅調であるといったようなことを分析します。

(3) 業界分析

業界内での競争状態（ライバルとの関係），新規参入業者の脅威，代替品の脅威，供給業者の交渉力，買い手の交渉力が分析されます。ライバルとの関係は友好的か敵対的か，新規参入は容易な市場か，自社が扱っている商品が別の種類の商品に取って代わられる心配はないか，原材料などの仕入れ先の交渉力は強いのか弱いのか，自社の商品を買ってくれる顧客の交渉力は強いのか，弱いのかといったことを分析します。

2-2 内部環境分析

内部環境分析とは自社の経営資源や能力の状態を分析し，自社の強みと弱みを明確に描き出すことです。

例えば，自社の商品が市場全体の中でどの程度売れているか（市場占有率），売上高はどのように推移しているか（成長率），事業を進める上で，人数・質ともに十分な人的資源は確保されているか，技術力は十分であるか，品質水準は市場の評価に耐えられる水準以上であるか，生産性やコストはどのような状態になっているか，他社と比較して優位性があるか，商品力やブランド力，販売力はどのようになっているか，などが分析されます。

2-3 SWOT分析

SWOT分析は会社の課題や方向性，機会（チャンス）を認識するための方法です。内部環境分析から自社のもつ「強み」（Strength）と「弱み」（Weakness）を明らかにします。外部環境分析から会社は，外部環境がもたらす「ビジネスの機会」（Opportunity）と「脅威」（Threat）を明らかにします。

そしてこれら4つの組み合わせにより，戦略課題とその方向性を見出します。

■ 表 13-1　SWOT 分析による戦略課題と方向性

	自社の強み	自社の弱み
脅威	自社の強みでいかに脅威を乗り越えるか	最悪の事態をどのように回避するべきか
機会	自社の強みを活用できる事業は何か	自社の弱みを改善し，機会を活用するにはどのようにすればよいのか

出所：筆者作成。

　例えば，自社の強みを活用したビジネスは何か。環境に機会があるのに，自社の弱みがネックになっている場合，いかに弱みを克服し，環境の機会を活用するか。脅威に対して自社の強みをどのように活用するか，などを考えます（表 13-1）。

> ○━ キーポイント
> 　マーケティングは，*消費者や社会の目から市場や自社の経営活動を見たとき，それらがどのように映っているかを知ることで，顧客価値を生み出すことである！*

3　事業領域の確立と市場の選択

　環境分析と SWOT 分析で，市場環境と自社の立場が明確になれば，自社が戦うべき土俵を見極める必要があります。勝ち目のない土俵で戦ってもあまり意味はありません。勝つ可能性の高い土俵を見つけなければなりません。つまり，自社の市場を明確にするということです。

3-1　事業領域（事業ドメイン）の決定

　経営戦略（☞第 4 章）でも見た通り，会社の行方を決める中心的活動は「自社の生存領域を定義」することです。つまり，事業展開していく範囲や領域（**事業ドメイン**）を定めることです。この定義が曖昧であったり定義の方向性を間違えると，経営資源の無意味な分散を招いたり，市場の可能性を見落とし事

業成長の機会を喪失したりします。特に事業ドメインを物理的にとらえ狭く定義してしまうような状況を，レビット（T. Levitt）は「**近視眼的マーケティング**」として批判的に論じています。

事業ドメインは通常，顧客はどのような人たちか（顧客層），商品に対して顧客はどのような利便性や満足を感じるか（顧客機能），顧客のニーズやウォンツをどのように満足させられるか（代替技術），によって決められます。

以下では，こうしたドメインをもとにどのように市場が選択されるのかを説明します。

3-2 市場範囲の決定（セグメンテーション）

市場には多くの消費者が存在しますが，そこにはさまざまなニーズや特性をもった人たちがいます。

例えば音楽を例にとると，2006年頃から多くの人たちがCD購入よりも手軽で安い携帯端末へのダウンロードで音楽を購入するようになりました。しかしパナソニックでは，2014年から「テクニクス」ブランドで100万円超の高価なオーディオ・セットや10万円，20万円代のコンパクト・オーディオを新たに発売し，好評を得ています（写真13-1, 13-2）。音楽を自宅で楽しむといっても異なった特性をもつ市場が含まれていることがわかります。自宅をコンサート・ホールと同様に考えて楽しみたい人，音楽の質はライブに求め機器はライブを楽しむためのツールと考える人などさまざまです。

商品を的確に提供するには市場の中身を検討する必要があります。つまり，市場を特性ごとに分けて考えていくことが必要となります。市場を細分化することを「**セグメンテーション**」（S）といいます。

セグメンテーションの基準（「細分化の軸」といいます）には，例えば，性別，年代別，所得別，などがあります。表13-2はその代表的なものを示しています。

セグメンテーションを行うことによりマーケティング活動は焦点を絞った有効なものとなります。また，細分化された市場がその後，拡大し新たな市場を作り出す可能性もあります。しかし，セグメンテーションを進めることで，市場調査の回数が増えたり，会社が扱う商品の数や種類が増えたりします。その

■ 写真 13-1　高価なオーディオ・セット

（写真提供：パナソニック株式会社）

■ 写真 13-2　コンパクト・オーディオ

（写真提供：パナソニック株式会社）

■ 表 13-2　セグメンテーションの例

- ・人口統計的変数（消費者の年齢や世代，性別，家族構成など）
- ・社会経済的変数（消費者の所得，資産，職業，教育水準，社会階層など）
- ・地理的変数（消費者の居住地域，気候帯，都市圏と地方圏，人口密度など）
- ・心理的変数（消費者のライフスタイル，性格）
- ・生活行動上の変数（消費者の商品の使用経験の有無，使用の頻度，使用時間帯，メディアとの接触頻度〔テレビなどをよく見るか〕，インターネットの使用頻度など）
- ・商品の属性変数（商品の質，性能，サイズ，スタイルなど）

出所：石井淳蔵・栗木　契・嶋口充輝・余田拓郎，前掲書，225 ページより筆者作成。

結果，生産ライン投資や管理コストがかかり，会社の負担は増加します。

　セグメンテーションをうまく行うには，独自性（その市場独特の動きがある），十分な規模（十分な売上と利益の確保ができる規模である），確実性（確実に商品を市場に提供できるものである），という 3 つの条件を満たしておく必要があるといわれています。また，セグメントを絞り込みすぎると前述の近視眼的マーケティングに陥るリスクがあることにも注意を払う必要があります。

3-3　目標の設定（ターゲティング）

　セグメントが定められると，そのセグメントの規模や成長性の見込み，予想される利益や必要とされる経営資源を基準に，細分化された市場を評価し，自社が標的とする市場を選択します。市場選択の意思決定を「**ターゲティング**」（T）といいます。

　ターゲティングには，無差別型マーケティング，差別型マーケティング，集中型マーケティング，の 3 つの考え方があります。

(1) 無差別型マーケティング

これは市場セグメントの違いを無視して，全セグメント（市場全体）に共通の商品を提供していこうとする考え方です。各セグメントのニーズの違いに着目するのではなく，ニーズの共通性に注目したものといえます。しかし，すべての人に支持される商品を創り出すことは非常に困難なことですから，今日では，この方法が有効に機能することは少ないといわれています。

(2) 差別型マーケティング

これは複数のセグメントを選択し，それぞれに対して，異なった商品を提供していこうとする考え方です。今日，よく採られている方法で，有効であるとされています。ただし，個々のセグメントに対して個別の計画が必要となるので，コストがかさむなど効率性の問題をクリアする必要があります。パナソニックでは，上述の「テクニクス」ブランドによる上級者市場から「おうちクラウドディーガ」のような手軽に楽しむための商品まで，複数のターゲットを選択し商品を投入しています。他の会社でも基本的には同じ機能・便益であるにもかかわらず，商品名やブランド名を変えて市場提供している例はたくさん見られます。この場合，後述するように自社の商品同士が競合しないよう，商品ごとにポジショニングを明確にしておく必要があります（「商品ポジショニング」）。

(3) 集中型マーケティング

これは1つまたはごく少数のセグメントのみに注目して，そこに経営資源を集中させる考え方です。第4章の経営戦略で述べた「集中化戦略」です。多数の顧客の満足を満たすことは不可能ですが，限られた市場で効率の良いマーケティング活動が可能になります。特定の顧客の好みや特性を十分に把握することができるので，その市場からは高い評価が得られ，高い市場占有率を実現しやすくなります。ただし，当該市場が縮小したり，強力なライバルが現れたりしたときには窮地に陥ることもあります。多くの会社が複数のセグメントで事業を展開しているのはこの理由からです。

3-4　自社ポジションの決定（ポジショニング）

自社の市場（顧客層）が決定したならば，今度は，市場における自社の競争

上の位置づけをしていくことになります。これは，自社の商品の差別性と競争優位性を明確にするということです。こうした位置づけをすることを「**ポジショニング**」（P）といいます。

言い換えると，商品を実際に提供した際に，顧客となると思われる人（将来の顧客）の意識に対して，自社の商品・ブランドをどのように位置づけるかということになります。

会社が積極的に商品のコンセプトを顧客に働きかけなかった場合，商品コンセプトは顧客の思いで位置づけられてしまいます。

例えば，顧客がウォシュレット（® TOTO）を単に「水で洗ってくれるトイレ」と単純に考えていたとしましょう。そこには，綺麗で清潔で，おしゃれな洗面室のイメージはありません。しかし，会社が商品を提供する際に，「生活快適空間をつくる」とイメージづけるとどうでしょうか。あるいは，商品に何らかのストーリーを加えるとどうでしょうか。商品イメージは広がり，商品価値を高めることになります。このように，会社側が商品のイメージづけやストーリーを語ることはポジションを決める上で非常に重要なことです。

ポジショニングの方法には大きく 2 つあります。

1 つは，上述の例のように自社の商品のユニークさを簡単に認識してもらえる表現を考えることです。

2 つ目は，自社の他の製品との違いやライバル会社の製品との違いを比較し，優位性を訴える方法です。

シャンプーやリンス，台所洗剤，化粧品などは同じ会社から複数の商品が出ていますが，それぞれ異なったポジショニングをしています。もし，同じであれば，あれほど多くの商品は必要ないわけです。自社の商品の中で，各商品の違いを際立たせることにより，異なったセグメントにおける自社製品の優位性を示しているのです。

また，ポジショニングの決定においては多くの顧客にその商品の重要性を感じてもらえるようにするという「重要性」，自社のユニークさを追求した「独自性」，競合商品が出てきた場合，その商品と比べて自社商品の優越性を訴求する「優越性」の 3 つの要件を満たすことが必要であるといわれています。

ポジショニングが他社と異なっていることは競合相手が少ないことを意味し

■ 図13-2　ポジショニング・マップ（自社商品間）の例

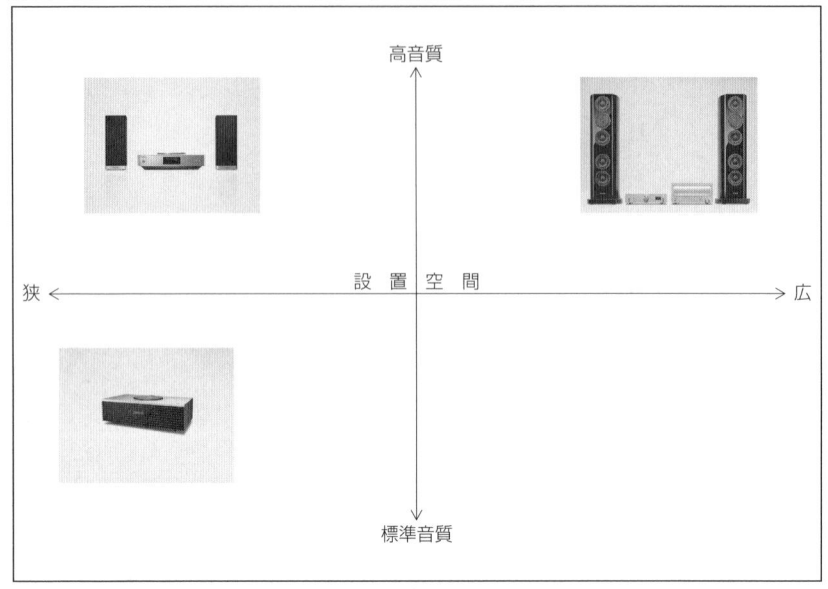

出所：筆者作成（写真提供：パナソニック株式会社）。

ます。したがって，いかにポジショニングを策定するかは特に重要であると考えられます。自社と他社のポジションや自社商品間の違いを明確にするために，しばしばポジショニング・マップが用いられます（図13-2）。

　これまで見てきた一連の活動はそれぞれの頭文字をとって**STP戦略**と呼ばれ，マーケティングにとって大変重要な戦略となっています。

> **○━ キーポイント**
> *会社は，STP戦略により，自社のターゲットとする市場を明確にし，自社の競争上の優位性を明確にしていく！*

4 マーケティング・ミックス戦略

　ターゲットにする市場と自社のポジショニングが決定すれば，実際にどのような商品をどのように提供するかを決めなければなりません（販売戦略）。これには商品そのものやその売り方，価格などが含まれます。つまり，会社がコントロール可能なマーケティング要素を適切に組み合わせることで，ターゲットとした市場の目標達成，成果獲得を実現しようとするものです。コントロール可能なマーケティング要素は一般にマッカーシー（E. J. McCarthy）という研究者が唱えた**4P**：製品（Product），価格（Price），流通（Place），プロモーション（Promotion）としてとらえられています。

　この4Pをどのように組み合わせるかを**マーケティング・ミックス戦略**（MM戦略）と呼びます。

4-1 製　　品
　製品は「便益の束」と呼ばれ，商品の中心的機能（便益），製品の実体（デザイン，品質，ブランド名，パッケージなど），製品の付属機能（アフターサービス，保証，納品および設置など）から構成されています。ポジショニングに合わせて，これらの中からどのような製品を作り上げるかが検討されます。

　また，既存製品の場合，どのように改良・改善を加えればよいのか，売れなくなった（顧客から支持されなくなった）商品をいつ廃棄・廃番にすればよいのかについても検討されます。

4-2 価　　格
　提供するあるいは提供している商品の価格設定に関連した事柄が検討されます。コストや競争状態，需給関係，消費者の心理状態をどのように考慮して価格を決めるかが課題となります。

　価格は，消費者にとって重要な商品選択基準の1つであるとともに，会社の利益を左右するので，マーケティング活動において大変重要な要素といえます。

基本的に価格設定は，顧客が受け入れる（その商品の対価として妥当と考える）額であり，かつ，**損益分岐点分析**により会社が必要なコストを回収し，適切な利益を得られる価格に設定されます。

4-3　流　　通

商品を顧客の手元にどのようにして届けるのがよいかを検討します。商品のイメージはどのような流通業者を使うかによっても左右されます。そこでは，流通間で生じるギャップや，商品販売のための原材料がタイミングよく入ってくるかどうかなどが課題となります。

顧客が商品を必要としており，購入価格も妥当であると感じても，店に行く時間がなかったり店が遠かったりした場合，購入できないということが考えられます。いかにニーズの高い商品でも流通していなければ意味がないのです。

皆さんの購買行動を考えてみてください。日常的な購買活動を行う範囲や時間は限られているのではないでしょうか。その中で，手に入れることのできる商品を比較，検討して購入していると思います。また，欲しい商品が行動範囲になかった場合は代わりになる商品の購入で済ませることも多いと思います。

あるいは，「この商品はこの店でないとダメ」という人もいるでしょう。単に商品を店頭に届けるのではなく，どのような店で売るのかも購買意欲と関係してきます。

こう考えると，会社は商品を提供するのに地理的範囲や販売拠点の設置がどの程度必要か望ましい水準を検討し，商品をそこまで到達させるためには流通業者とどのように取引するかを決めなければなりません。つまりこれらは，流通業者とどのような関係を構築するか，どのような流通業者を通して販売するかという課題を意味します。

4-4　プロモーション

プロモーション（販売促進活動）も消費者がその商品を選択するかどうかをきめる大きな要因です。プロモーションとは，商品に関する情報を人々に向けて的確に伝達することであり，自社製品の優位性を訴えることです。

伝達の代表的な手段には，広告活動，PR（パブリック・リレーションズ），人

的販売，セールス・プロモーションがあり，これらの組み合わせをプロモーション・ミックスと呼びます。中でも，広告が代表的な手段です。広告の媒体は，テレビをはじめ，ラジオ，新聞，雑誌，インターネット，看板，交通機関の中吊り，チラシなど実にたくさんあります。広告の主な役割は，商品の知名度アップやイメージ形成です。広告により，商品と顧客との間の心理的距離が短くなり，製品イメージやブランド価値の形成が図られています。どのような媒体に広告を掲載すれば最も効果的か（広告効果）を考慮して，媒体を決定していきます。

　また，PR 活動は会社の活動の中でニュース性の高いものをマスメディアなどに取り上げてもらえるように情報発信をすることであり，広告活動と異なって直接的なコストがかからない上に，通常，会社の信頼性アップにつながります。

　人的販売は，営業担当者などの人を介し，消費者との直接的対話を通じて情報を提供する活動です。商品と顧客の物理的距離を縮めることにより，購買価値を形成します。皆さんは店員さんとの対話によって，その商品が今すぐに必要でなくてもとても良い商品に思えてきて，思わず購入してしまうようなことはないでしょうか。人的販売には商品の良さを消費者に直接説得することができるという特長があります。

　セールス・プロモーションは商品に関する情報を伝えるための活動で，広告活動，PR 活動，人的販売に入らない活動の総称です。例えばオーディオ視聴会や車の体験試乗会などがあります。

　こうしたプロモーションの方法をどのように選択し組み合わせるか（プロモーション・ミックス戦略）により，情報が伝達する内容や情報の到達時間，到達距離が変わってきます。

　これら 4P はそれぞれ単独に考えるものではなく，相互に組み合わせて考えていくものです。

　この 4P という考え方はもっぱら，会社側から見た考え方です。今日ではより消費者に沿った見方をした方がよいとの考えもあり，4C として表されることもあります。それぞれは表 13-3 のように対応します。

■ 表 13-3　4P と 4C

会社側から見たマーケティング・ミックス	顧客側から見たマーケティング・ミックス
製品（Products）	顧客価値（Customer solution）
価格（Price）	コスト（Customer cost）
流通（Place）	利便性（Convenience）
プロモーション（Promotion）	コミュニケーション（Communication）

出所：石井淳蔵・栗木　契・嶋口充輝・余田拓郎，前掲書，35 ページより筆者作成。

> **☛ キーポイント**
> *市場において自社の商品を消費者に購買してもらうためには，マーケティング要素を上手く組み合わせた戦略を立てる必要がある！*

5 ブランドの役割

　第 4 節までで，いかに市場を見つけ，いかなる商品を提供し，いかに顧客に提供していくかについて説明してきました。そうした活動の中で，現在重視されているのは，見えない価値を会社が創ったり，所有したりすることです。いわゆる「ブランド価値」「ブランドイメージ」の創出です。

5-1　ブランドの重要性

　「ブランド」はそもそも，カウボーイが自分の牛と一緒に放牧している他人の牛とを区別できるよう，牛のわき腹に押した焼印のことです。現在のブランドの歴史の起源は，中世ヨーロッパの時代にギルドの陶工が陶器の底に入れた独自のサインやマーク，さらに古代の陶工や石工の刻印といわれています。

　ブランドが普及したのは，商品の選択肢が増え，消費者にとって選択の幅が広がりすぎたため，商品選択そのものが困難になってきたからです。

　消費者にとって，自分の好みの商品と，他の多くの商品とを識別するわかりやすい基準が必要になってきました。逆に，企業も競争に勝つために，自社と

他社の製品に違いをつける必要が出てきました。製品の規格やデザイン，販売網の拡大，広報活動などで差別化をめざしたのです。具体的には，特徴あるロゴを作り，商品にラベルを貼り，覚えやすいネーミングをつけてプロモーション活動を行うといったことです。

　このプロセスが，製品にブランドを付与する過程です。これにより企業は自社製品と競合他社の製品との間に「違い」を作ることができます。

　現代的な意味でのブランドは，AMA の定義によると，「個別の売り手もしくは売り手集団の商品やサービスを識別させ，競合他社の商品やサービスと差別化するためのネーム，言葉，記号，シンボル，デザイン，あるいはそれらを組み合わせたもの」です。また，実務家は単にそれだけではなく，市場において確固たる地位（高い評判，存在感，消費者による一定の認知）を得たものをブランドと呼んでいます。

　こうしたブランドを創造する鍵を，AMA は「ブランド創造の鍵は，製品を識別させ他と区別するネーム，ロゴ，シンボル，パッケージ，デザイン，その他の特性を選ぶことである」と示しています。こうしたブランドを特定化し差別化するさまざまな構成要素を**ブランド要素**といいます。

　またブランディング（ブランドを確立する活動）とは，「競合商品に対して，自社商品の優位性を与えるような，長期的な商品イメージの創造活動」を意味します。自社の経営理念や価値に共感してもらい，自社商品が提供する価値に対して消費者が賛同して，自社商品を選択してもらえるようにし，ブランドそのものに価値をもたせる活動といえます。

　近年，商品の**コモディティ化**（競合他社が同じような機能の商品を打ち出して，各社間に大きな差がない状態）が進み，どの商品でも有形価値はほぼ同等になっています。そのためブランドで差別化を図る必要が高まっています。

5-2　シンボルマークの役割

　デザイナーのトミー・ヒルフィガーは「ロゴマークなしではシャツを売れない」といいます。彼は「もし，売り場でロゴのついたシャツの横に，ロゴのついていない，同じ色の，同じシャツを置けば，ロゴのついたシャツは，ロゴなしのシャツを吹き飛ばしてしまうでしょう。それは，ロゴなしのシャツの 10

倍は売れるでしょう」と述べています。ポジティブなブランドイメージをもつとブランドそのものに経済的価値がついてきます。これを**ブランド・エクィティ**と呼びます。

ブランド・エクィティを形成するものとして，このような「ロゴ」や「商標」「ネーミング」などを挙げることができます。簡単に見てみましょう。

(1) **商　　標**

人はほとんどの情報を目で認識するといわれます。**ロゴ**や**商標**は，消費者が数多くの商品の中から好みのものを識別する上での大きな目印となっています。ロゴと商標は混同されて使われがちですが，ロゴは文字をデザインしたもの全般を指します。ロゴのうち商業的に使われているものを商標といいます。

> [ロゴ]……天皇家の象徴「菊の紋」，赤十字社の「レッドクロス」，学校の校章，県旗のシンボルマークなどです。
>
> [商標]……Panasonic（パナソニック）といった文字商標，ヤマト運輸における黒猫のマークのといった図形商標などです。

どちらも象徴的マークには変わりなく，ロゴという広い範囲の中に商標は含まれています。

会社以外も使用するのがロゴ，会社が商品やサービスを提供する際に使用するのが商標といえます。

商標の機能は大きく分けて，出所表示，品質保証，宣伝広告（象徴），の3つとされます。

①出所表示：商品やサービスの提供者を消費者に提示する機能です。同時に特定のメーカーの商品と，他の多くの商品を区別するための識別機能も兼ねています。

②品質保証：これは同じ商標がついた商品は同一品質であること，もし商品に何か問題があれば，製造者が責任をもつという，保証の表示です。

③宣伝広告（象徴）：商品やサービスに特定の意味やイメージを与え購買意欲を刺激する役目をしています。何らかのロゴや文字，カラーを見ると，自然とそれらが示す商品や会社が頭に浮かぶことがあると思います。パナソニックもブランドが訴求するコンセプトの変化とともにブランド・ロゴを変更してきています（図13-3）。

■ 図13-3　パナソニックにおけるロゴの変遷

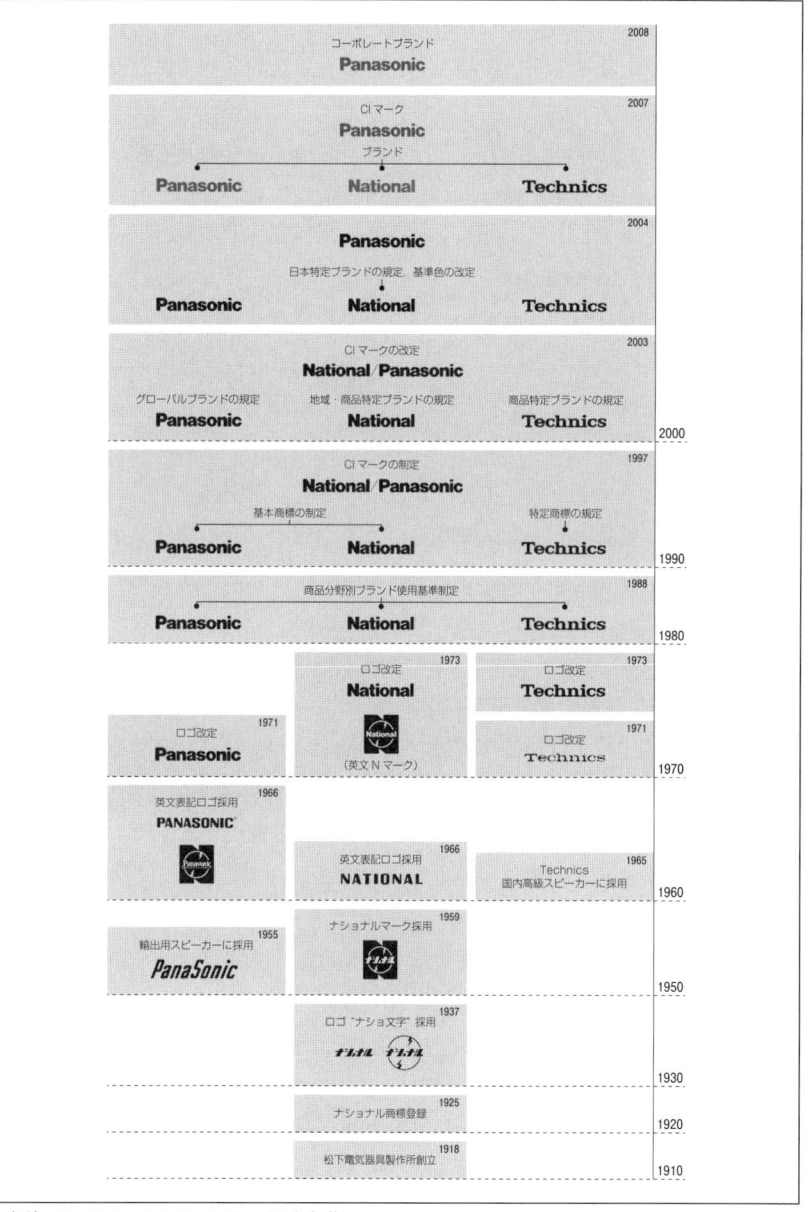

出所：パナソニックのホームページより転載。

(2) ネーミング

ネーミングとは，商品やサービスに用いる名称のことです。条件を満たせば商標登録が可能になります。商品の売れ行きも，良いネーミングが影響するといわれています。

一般的には，①創造語であること，②記憶しやすいもの，③呼びやすいもの，④印象深いもの，⑤商品に似合ったものの5条件に当てはまるものが良いネーミングとされます。

(3) その他のシンボル構成要素

①カラー：コカ・コーラの赤，吉野家のオレンジなどです。

②キャラクター：ケンタッキーフライドチキンのカーネル・サンダースなどがこれにあたります。

③ジングル（サウンド・ロゴ）：テレビやラジオの広告で主に使われる短い音楽を指します。インテルの「インテル入ってる」などがあります。

④スタイル：製品やサービスを特徴づけるデザインや雰囲気を意味します。ルイ・ヴィトンの内装は黒を基調とし，落ち着いた色の照明を用いて店舗に高級感を演出しているといったことが挙げられます。

5-3 ブランド価値の構成要素

ブランド価値は，「**ブランド認知**」（brand visibility），「知覚品質」（trust and perceived quality），「ブランド・ロイヤリティ」（brand loyalty），「**ブランド連想**」（brand associations），「その他のブランド資産」から構成されます。ここではブランド認知とブランド連想について取り上げます。

(1) ブランド認知

消費者がブランドの名前を覚えていて，類似品から当該ブランドを正しく識別できる記憶の状態を意味します。

「ブランドの名前を知っている」という状態には大きく2つのレベルがあります。

①ブランド再生：ブランド名が自発的に思い出される状態。あるカテゴリーの製品やサービスを何の糸口・手がかりもなく思い出せる状態。

②ブランド再認：あるカテゴリーの製品やサービスをリストなどの糸口を与

■ 表 13-4　ブランドから連想されるイメージ

①製品カテゴリー	②製品属性・使用状況
「この製品といえば〇〇（商標）」または，「〇〇（商標）＝製品カテゴリー」	「この商品はこの状況で使う」
コーラ……コカ・コーラ ハンバーガー……マクドナルド リーバイス……ジーンズ バンドエイド（J&J 社の商標）……救急絆創膏 ポストイット（3M 社の商標）……付箋紙	ポカリスエット……スポーツの後 リポビタン……疲労 ニベア……冬・乾燥
③国家と文化	④使用者のライフスタイル
「古着，着くずした感　≒　古きよきアメリカ」	「このブランドを使う人は〇〇な人」
イギリス……バーバリー（保守性，伝統） フランス……シャネル，ディオール（華やかさ） イタリア……ベネトン，フェラーリ（個性的，鮮やか） 日本……パナソニック，トヨタ（ていねい，細やか）	ティファニー……上品な女性 エルメス……裕福な人 ダンヒル……大人の男性

出所：小川孔輔［2001］『よくわかるブランド戦略』日本実業出版社，68-89 ページより筆者加筆作成。

えられることによってそのブランド名が思い出される状態。

　例えば，「化粧品のブランドを思いつくまま言ってください」という問いに対する答えは「再生」されたブランド名となります。一方，「このリストの中で知っている化粧品ブランドにすべて印をつけてください」，または「今から読み上げる化粧品ブランド名で知っているものがあれば，随時手を上げてください」といった場合，そのブランド名は「再認」されたものだといえます。

　再生と再認のどちらが重要かは，消費者が購買意思決定をどのように行っているかにより異なってきます。もし消費者の購買意思決定が店頭に出向き実際の商品パッケージや店頭 POP を見た時点で買うブランドを決めているということならば，ブランド再認が重要となります。逆に，消費者が何も見ずにあるいは経験を頼りに購買意思決定する場合は，ブランド再生が重要となります。また，多数のブランドで溢れかえっているような市場でも，ブランド再生がより大きな意味をもってきます。

⑵　ブランド連想

　ブランドイメージとは，ブランド名や商標などを中心として広がる連想の世界といえます。ブランドから何が連想されるのでしょうか。ここでは，ブランドから連想されるものを大きく 4 つにまとめてみました（表 13-4）。

☕ コーヒーブレイク ブランドの資産価値

　ブランドが消費者の心をつかみブランドそのものが経済的価値を有することが端的に表れたケースとして，三陽商会の例を挙げることができるでしょう。

　同社は吉原信之が，戦時下の 1943 年に電気関係各種工業用品および繊維製品の製造販売を目的として設立した会社です。1965 年からバーバリー社製のコートの販売を行い，70 年には日本国内においてバーバリー・ブランドのアパレル商品の企画・製造・販売についてのライセンス供与を受けました。その後 50 年間にわたりバーバリーの販売を続けてきたことで順調に業績を伸ばしました。

　ところが，三陽商会が販売していた「バーバリー・ブルーレーベル」などの製品は，正統派バーバリーに比べるとリーゾナブルであり高校生でも手に入れ身に着けているようなブランドとなり，世界的な高級路線を志向したバーバリー社との方向性が異なってきました。そのため，バーバリー社はライセンス更新を行わず，日本では直営店を展開することでグローバル規模でのブランド・アイデンティティを保つように経営の舵を切りました。

　この結果，同社は 2015 年 6 月にバーバリー・ブランドを失いました。しかし，これまでのデザイン・パターンの利用は認められたため，契約終了後もバーバリーのロゴや商標が使えないことを除いては製品の品質やデザイン自体に大きな変化はありませんでした。にもかかわらず，三陽商会の 2016 年 12 月の売上高は前年比 30.6 ％減，84 億の営業赤字を出し，2017 年 1 〜 6 月期の連結決算は，売上高が前年同期比 6.6 ％減の 318 億円，営業損益は 16 億円の赤字（前年同期は 58 億円の赤字），最終損益は 2 億円の赤字（同 84 億円の赤字）となりました。

　消費者は商品そのものよりもバーバリーであるということで商品を選択していたと考えられます。三陽商会にしてみれば同じ製品なのにブラントが変わるだけでこれだけの損失につながったともいえます。赤字の要因はバーバリー・ブランド喪失以外にもあるという指摘はありますが，バーバリーがもっていたブランド価値がいかほどか推測できる事例といえるでしょう。

　ブランド連想・ブランドイメージは，ブランドの長期的な成長において非常に重要な要素です。ブランドイメージには慣性があり，一度定着したイメージに変更を加えることは難しくなります。ブランドを拡張させていこうとしたとき，ブランドイメージをあまりに急激に変更すると市場に受け入れられなくなります。

　ブランドが強力であればあるほど，こういった事態は起こりやすくなります。消費者の頭の中でイメージが完全に固定化されているためです。

　ブランドイメージの慣性を断ちつつもそのイメージを崩さず，ブランドの拡張を図るには，徐々に段階を踏んでブランドイメージに変更を加えていくことが必要となります。

> **⚷ キーポイント**
>
> *ブランドは，自社の商品を消費者に認識してもらうための重要な手段となる！*

■ 演習問題 ■

① 　さまざまな会社の広告を調べて，顧客にどのようなことを訴えているのか考えてみましょう。

② 　同じ会社の同種の商品同士を比較して，ポジショニングにどのような違いをつけているのか調べてみましょう。また，ポジショニング・マップを作成してみましょう。

③ 　いろいろな会社のブランドとブランドイメージを整理してみましょう。

■ さらに進んだ学修のために ■

〔1〕　石井淳蔵・栗木　契・嶋口充輝・余田拓郎［2013］『ゼミナール　マーケティング入門（第 2 版）』日本経済新聞出版社。

〔2〕　恩蔵直人［2004］『マーケティング』日経文庫。

〔3〕　久保田進彦・澁谷　覚・須永　努［2013］『はじめてのマーケティング』有斐閣。

〔4〕　K. L. ケラー　著，恩藏直人　監訳［2010］『戦略的ブランド・マネジメント（第 3 版）』東急エージェンシー。

〔5〕　P. コトラー・G. アームストロング　著，恩藏直人　監修，月谷真紀　訳［2014］『コトラーのマーケティング入門（第 4 版）』丸善出版。

第14章
会社は海外でどのように経営しているのか
国際経営

◆この章のねらい

　世界の市場で活躍している日本企業は，海外においてどのような経営を行っているかを明らかにします。言葉も文化も異なる海外において，しかも多数の国で生産や販売活動を行っている日本企業は，日本国内での経営のやり方と同じやり方でうまくいくのでしょうか。

　そこでまず，現実の日本企業はどの程度海外で経営を行っているかを明らかにします。その上で，では，なぜ，日本の企業は海外まで生産拠点を拡大するのか。何を求めて海外に進出するのか。どのようなプロセスを経て，海外で日本的な経営を定着させられるのか。海外で活躍している日系企業のどのような点が現地の人たちに評価されているのか。日本的経営の柱といわれた終身雇用制，年功賃金，企業別組合は果たして海外でも行っているのか。このような疑問を考えてみます。

　さらに，外国の企業も日本に多く進出している現実を見ると，日本企業の海外進出はそれらに比べて，進んでいるのか，遅れているのか。世界的な視野で見れば，日本企業の国際化の程度はどのような段階にあるのか。日本企業が海外に進出している場合の経営の特徴は国際的視点で見た場合にどのようなものか。21世紀において，日本企業の国際的経営はどのような方向に進むのか。日本企業が世界の企業として活躍し，どのような経営を行っているかを明らかにしてみましょう。

◈この章で学ぶキーワード
　◎海外直接投資　◎プロダクト・サイクル論　◎本国志向型
　◎ハイブリッド工場　◎世界同時販売・垂直立ち上げ
　◎トランスナショナル企業

1 グローバル企業の経営課題

1-1 グローバル企業の意味するもの

　グローバル（global）とは，文字通り訳せば，「地球全体の」という意味です。グローバル企業は，したがって，地球規模で活動している企業を意味します。

　他方，同じような意味で，**多国籍企業**（Multi-National Company）という言葉も使われています。多国籍企業（MNC）は，海外子会社や現地法人のように，多数の国において法人をもって活動している点に注目した名称です。グローバル企業も多国籍企業も海外において工場や営業所をもち，多数の国で事業を展開している会社である点では同じです。

　このグローバル企業における経営は**グローバル経営**あるいは**国際経営**と呼ばれ，一般の経営と区別されています。海外の工場や営業所を含めて経営を行おうとすると，国内のやり方とは違ったところがあるはずだという考え方に基づいているのです。

1-2 グローバル経営の課題

　グローバル経営において，果たして，国内と同じ経営のやり方が海外でも通じるのでしょうか。日本企業が海外に進出し始めた 1970 年代にはこの問題が経営者の大きな課題でした。当時は日本的経営の三種の神器として，終身雇用制，年功賃金，企業別組合が国際的にも評価されていました。しかし，言葉も文化も歴史も違う外国において，果たしてこの三種の神器が受け入れられるか否かが大きな問題でした。

　さらに，会社は組織体であり，組織としての個性，**アイデンティティ**（identity）を確立する必要があります。例えば，アメリカにあるパナソニックの工場

においては，アメリカの他の家電メーカーと異なる特徴を明確にしなければ，他の会社と差別化されにくくなります。文化や価値観が異なる諸外国も含めて，組織の求心力を形成しなければ，そこで働く人たちも働く目標を見失う危険があります。組織の中では，第4章の経営理念において説明したように，共有できる価値観やビジョンが常に必要になります。

　グローバルな市場においては，そこで働く人々のみならず，顧客も経営環境も多様です。したがって，経営効率を達成するためには，多様性を意味する**ダイバーシティー**（diversity）の中でいかにして組織としての統一性・求心力を維持するかが基本的な経営課題になってきます。国際経営において本社と現地子会社の関係がよく問題にされるのも，基本的には，グローバルに活動する会社の組織力・組織の求心力をいかに形成するかが大きな問題であるからです。

> ⚬━ キーポイント
> 　*グローバル経営では，文化や価値観の異なるダイバーシティーの*
> 　*中で，組織としてのアイデンティティをいかに維持するかが基本*
> 　*的な課題となる！*

2 海外直接投資の動向

2-1 海外直接投資の推移

　まず，日本企業がどのように海外に進出しているかを，その投資額から見てみましょう。図14-1は1983年以降の**海外直接投資**の推移を示しています。直接投資は，輸出による製品の海外移転ではなく，工場や営業所を現地に建設することによる製品やサービスの海外移転を意味しています。

　1983～85年当時の海外直接投資の金額を見ると，36億～65億ドルほどでした。しかし，1986～90年には，いわゆる「**円高**」と海外における日本的経営ブームにより，急速に海外直接投資が伸びています。1980年代には多くの日本企業が海外に工場や営業所を建設し，日本企業の拠点が確立された時期でも

■ 図 14-1　対外直接投資の推移

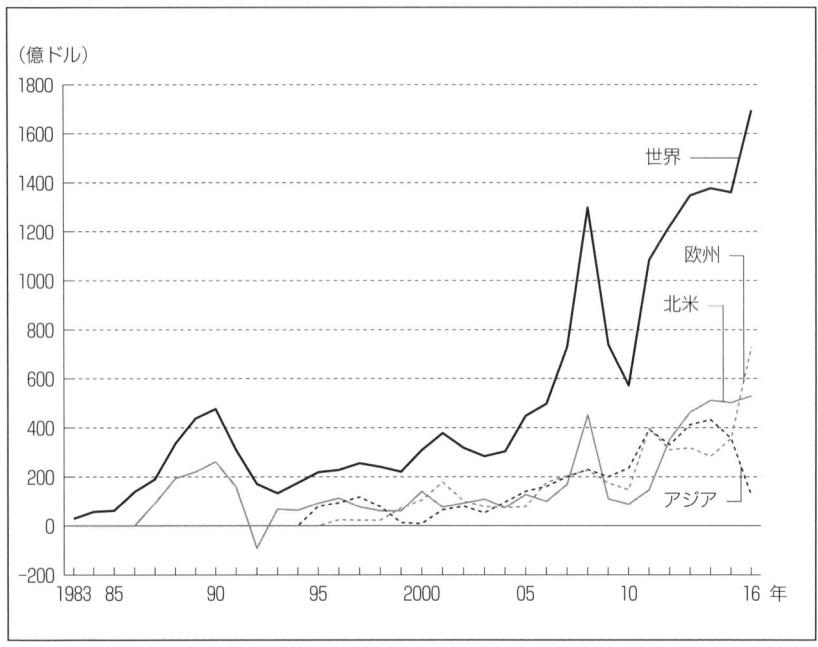

（億ドル）

出所：https://www.jetro.go.jp/world/japan/stats/fdi.html に掲載されている「国際収支状況」（財務省），
　　　「外国為替相場」（日本銀行）をもとにジェトロが作成した資料（2017 年）より筆者作成。

あります。その後，海外への直接投資は，1990 年代の金融を中心とした不況
にもかかわらず，高い水準で維持されています。90 年代以降は，日本企業の
発展は海外市場によって支えられていたということもできます。「失われた 10
年」といわれる 90 年代においても成長している日本企業は，むしろ海外市場
の開拓により成長しています。

　2000 年代以降も順調に海外直接投資は伸び続け，2006 年から 08 年にかけて
急激に増加しましたが，リーマン・ショックによる景気後退により 09 年から
は急激に減少したこともわかります。このように日本企業の海外直接投資は
時々の世界経済の動向から強く影響を受けていることも読み取れます。

　表 14-1 は地域別に見た現地法人の推移を示しています。2007 年以前はアジ
アで約 1 万 2000，北米で 3000 弱，ヨーロッパで 3000 弱の現地法人が存在し
ていました。しかし，2008 年以降はアジアの現地法人が急速に増加しており，

■ 表 14-1　**地域別に見た現地法人数**（進出年次別，全産業）

地　域	合　計	2007 年以前	08 年	09 年	10 年	11 年	12 年	13 年	14 年	15 年	16 年
全世界	29,899	19,243	846	663	829	1,287	1,458	1,241	938	674	375
アジア	18,716	11,844	568	453	600	995	1,081	915	623	433	237
中近東	225	113	16	8	10	10	10	19	7	9	2
ヨーロッパ	4,377	2,929	110	85	78	97	124	100	94	84	50
北　米	4,158	2,984	78	58	69	92	120	98	92	81	48
中南米	1,488	776	56	28	44	58	97	87	96	51	29
アフリカ	198	108	6	11	7	9	9	9	10	1	3
オセアニア	737	489	12	20	21	26	17	13	16	15	6

出所：『海外進出企業総覧（国別編）2017 年版』東洋経済新報社。

■ 表 14-2　**日本企業の現地法人数ランキング**（製造業，2016 年 3 月時点）

順位	会社名	業　種	現地法人数	上位進出国（現地法人数）					
				1 位		2 位		3 位	
1	パナソニック	電気機器	255	中　国	(71)	タ　イ	(22)	マレーシア	(19)
2	ダイキン工業	機　械	177	中　国	(36)	アメリカ	(29)	マレーシア	(10)
3	ホンダ	輸送機器	127	アメリカ	(23)	中　国	(13)	タ　イ	(13)
4	デンソー	輸送機器	123	中　国	(25)	アメリカ	(17)	タ　イ	(9)
5	住友電装	電気機器	103	中　国	(26)	フィリピン	(8)	ベトナム	(6)
6	三菱電機	電気機器	101	中　国	(22)	タ　イ	(12)	アメリカ	(8)
7	コニカミノルタ	電気機器	100	中　国	(13)	アメリカ	(11)	イギリス, ドイツ	(7)
8	住友電気工業	非鉄金属	97	中　国	(22)	アメリカ	(14)	タイ, ドイツ	(8)
9	日立製作所	電気機器	92	中　国	(24)	アメリカ	(13)	シンガポール	(8)
10	矢崎総業	電気機器	91	中　国	(13)	メキシコ	(10)	アメリカ	(8)
10	日産自動車	輸送機器	91	中　国	(8)	インド	(7)	イギリス	(5)

出所：表 14-1 に同じ。

　北米やヨーロッパの新規現地法人数はアジア地域に比べると緩やかな増加にとどまっています。2000 年以降顕著になった，いわゆる海外進出地域の**アジア・シフト**が継続していることが鮮明になっています。

　より具体的に，どのような企業が現地法人をどのような地域にどの程度設立しているかを示したのが表 14-2 です。

　表 14-2 は製造業における海外現地法人の多い上位 10 社を示しています。例えば，パナソニックは，電気・電子機器産業ですが，現地子会社を 255 社もっています。現地子会社の数では最も多い多国籍企業です。そのうち，中国には 71 社，タイには 22 社，マレーシアには 19 社です。中国に子会社の多くが集

中していることや ASEAN 諸国に多いことがわかります。

　この表からわかることは，海外で多くの現地子会社を設立している企業は，電気・電子機器産業，自動車・部品産業であることです。電機や自動車産業は，**加工組立型産業**といわれ，日本企業が世界の中でも得意としてきた産業です。このような得意分野で日本的経営の強みを発揮しているわけです。

　さらに，進出先の国を見ると，1 位はほとんど中国，2 位は過半数がアメリカ，残りをアジアの国が占めています。特に中国での現地法人の数は，ホンダを別にすれば，いずれも第 1 位となっています。日本企業にとって中国の市場がいかに重視されているかがわかります。一方，アメリカでの現地法人の数は，中国を除くアジア（タイ，マレーシア，インドなど）に急激に追い上げられています。日本企業の海外進出先が，よりアジア中心となっていることが読み取れます。

2-2　海外生産比率の推移

　グローバル経営において問題になるのは製造業における海外進出です。図14-2 は，製造業において日本企業の生産総量のうちどの程度が海外で生産されているかを示したものです。**海外生産比率**＝現地法人（製造業）売上高÷（現地法人売上高＋国内法人売上高）で示されています。

　この図によれば，2006 年から 15 年にかけて，ほぼ順調に海外の生産比率が増加しています。しかも製造業全体では海外での生産が 25 ％強に達しています。海外に進出している企業のみを集計すれば，40 ％弱の製品が海外で造られていることになります。もちろんこれは海外進出企業の平均ですが，会社によっては海外の生産比率が国内を追い抜いている場合もあります。例えば，トヨタ自動車は 2007 年には海外生産比率が国内を上回りました。日本企業のグローバル化に伴い，海外での生産は今後ますます増加すると予測されます。1950・60 年代が高度成長の時代，1970・80 年代が安定成長の時代とすれば，1990 年代以降は，21 世紀も含め，**グローバル成長の時代**といえます。

■ 図 14-2　海外生産比率の推移（製造業）

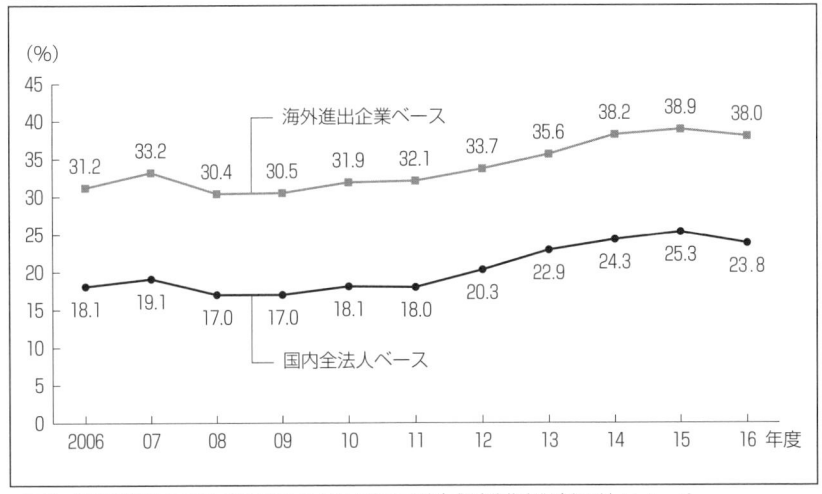

出所：経済産業省［2018］「第 47 回 我が国企業の海外事業活動基本調査概要」14 ページ。

> ☛ キーポイント
> *1970 年代以降，日本企業は海外での生産量を増やしてきており，*
> *グローバルな視点でモノを生産する時代に入ってきている！*

3 海外生産の理由

3-1　プロダクト・サイクル論

　では，企業はなぜ，製品の輸出ではなく，現地で同じものを生産しようと
するのでしょうか。この問題に対して，1960 年代におけるアメリカの多国
籍企業の行動を調査し，理論化したのが，アメリカの経営学者**バーノン**（R.
Vernon）です。彼は，製品の開発・成熟・現地生産・逆輸入という製品のライ
フ・サイクルから多国籍企業の行動を説明し，彼の理論は**プロダクト・サイク
ル論**と呼ばれています。

■表 14-3　地域別に見た投資目的（全産業，2016 年時点）

地 域	資源・素材の確保，利用	労働力の確保，利用	現地政府の優遇	海外生産ネットワーク構築	海外流通ネットワーク構築	現地市場の開拓
全世界	316 (1.6)	1,433 (7.2)	246 (1.2)	3,746 (19.0)	2,133 (10.8)	6,028 (30.5)
アジア	214 (1.5)	1,276 (8.7)	198 (1.3)	2,995 (20.4)	1,484 (10.1)	4,342 (29.6)
中近東	3 (4.8)	8 (12.9)	3 (4.8)	5 (8.1)	6 (9.7)	22 (35.5)
ヨーロッパ	19 (1.0)	39 (2.2)	7 (0.4)	254 (14.0)	243 (13.4)	638 (35.2)
北 米	28 (1.2)	61 (2.7)	9 (0.4)	328 (14.5)	297 (13.1)	723 (31.9)
中南米	16 (2.5)	39 (6.1)	27 (4.2)	136 (21.2)	75 (11.7)	204 (31.8)
アフリカ	3 (6.0)	2 (4.0)	1 (2.0)	6 (12.0)	4 (8.0)	18 (36.0)
オセアニア	33 (13.4)	8 (3.3)	1 (0.4)	22 (8.9)	24 (9.8)	81 (32.9)

出所：表 14-1 に同じ。

　企業は，まず国内で新製品を開発し，国内市場をめざして販売し，開発者の利潤を得ようとします。新製品が売れ始めると，国内市場が飽和状態になるまで市場を開発し，同時に海外にも輸出を始めます。輸出が拡大すると，それぞれの国にその製品の国内市場が形成されます。輸入国の国内市場が拡大し始めると，その国の企業も生産に乗り出し，外国製品の輸入制限を強化し始めます。すでにその製品の国内市場が確立しているため，多国籍企業は，その技術力や経営資源で優位に立つので，輸入国の国内市場で同じ製品を生産し，現地の企業と競争しようとします。それに伴って，関連企業も現地法人を設立し，一連の企業が現地に進出することになります。そこでその製品に関して生産が定着し，製品価格が安くなります。そうすると，同じ製品を，逆に，本国に**逆輸入**し始めます。このような製品のライフ・サイクルの論理に対応して企業は海外に進出するというのです。この理論は 1960 年代におけるアメリカの多国籍企業の行動をうまく説明できました。

（複数回答。件，%）

第三国への 輸出	日本への 逆輸入	関連企業の 進出に随伴	資金調達・ 為替リスク 対策	情報収集	商品などの 企画開発・ 研究	新規事業 への進出	地域統括 機能の強化
803 (4.1)	661 (3.3)	689 (3.5)	122 (0.6)	1,565 (7.9)	739 (3.7)	485 (2.5)	440 (2.2)
623 (4.2)	602 (4.1)	562 (3.8)	89 (0.6)	1,025 (7.0)	449 (3.1)	384 (2.6)	232 (1.6)
4 (6.5)	— (—)	— (—)	— (—)	5 (8.1)	2 (3.2)	1 (1.6)	— (—)
81 (4.5)	27 (1.5)	25 (1.4)	9 (0.5)	190 (10.5)	116 (6.4)	31 (1.7)	89 (4.9)
65 (2.9)	25 (1.1)	69 (3.0)	24 (1.1)	280 (12.4)	143 (6.3)	57 (2.5)	98 (4.3)
25 (3.9)	2 (0.3)	30 (4.7)	— (—)	37 (5.8)	7 (1.1)	8 (1.2)	12 (1.9)
— (—)	1 (2.0)	1 (2.0)	— (—)	3 (6.0)	2 (4.0)	— (—)	2 (4.0)
5 (2.0)	4 (1.6)	2 (0.8)	— (—)	25 (10.2)	20 (8.1)	4 (1.6)	7 (2.8)

3-2　日本企業の海外進出目的

　しかし，21 世紀初頭のわが国におけるグローバル企業はこのような状況とかなり異なった条件のもとに置かれています。表 14-3 は，2016 年時点における日本企業の**投資目的**を示しています。「全世界」の欄で見ると，投資目的の第 1 は現地市場の開拓（30.5 %，複数回答）です。第 2 位は国際的な生産ネットワーク構築（19.0 %），第 3 位は海外流通ネットワーク構築（10.8 %）であり，これらが直接投資の主要な目的です。もちろん，地域による目的の比重に多少の相違はありますが，この傾向は基本的に変わっていません。

　労働力の確保・利用（7.2 %），日本への逆輸入（3.3 %），第三国への輸出（4.1 %）は直接投資の理由としては少なくなっています。安い賃金を求めて工場を海外へ移すことは，21 世紀初頭から現代に至る日本では主要な理由とはなっていません。むしろ，現地市場の開拓や生産物流網の構築など，企業の活動基盤そのものの確立をめざして海外に直接投資しています。まさにグローバ

ルな企業活動の時代になったことを示しています。

> 🔑 キーポイント
>
> *海外進出の初期の段階では，プロダクト・サイクル論に見られる
> ような企業行動であった。21世紀初頭では，企業活動の基盤確保
> をめざして日本企業は海外への直接投資を行っている！*

4 グローバル企業の類型とその発展段階

　グローバルに活動している企業は，**現地子会社**をどのような方針に基づいて
経営しているのでしょうか。本国の本社と現地の子会社はどのような関係に置
かれているのでしょうか。グローバル経営の基本問題の1つが，組織の求心力
の形成，ダイバーシティーのもとにおける企業アイデンティティの確立にある
とすれば，それらをどのようにして確保しようとしているのでしょうか。

　1970年代のアメリカの多国籍企業を対象に実態調査を行った**ヒーナン＝パ
ールミュッター**（D. Heenan and H. Perlmutter）の理論を見てみましょう。彼らは，
本社の役員が現地子会社に対してどのような態度で経営しているかという基準
によって，グローバル企業を次の4つの類型に分類しました。

　(1)　**本国志向型**（Ethnocentric）

　海外子会社の意思決定は本国主導で行われます。本国の経営のやり方，管理
基準を海外子会社にも適用します。海外子会社の主要ポストは本国からの派遣
社員によって占められます。したがって，海外子会社の固有の裁量余地はあま
りなく，本国志向で経営が行われます。

　(2)　**現地志向型**（Polycentric）

　海外子会社の意思決定は現地に任せる方針です。現地の具体的な活動の決定
は現地の判断に任されます。海外子会社の主要なポストは現地の役員によって
行われます。したがって，現地の経営は現地志向です。ただ，財務や研究開発
などの主要な政策決定は本社主導で行われます。

⑶　**地域志向型**（Regiocentric）

経営に関する主要な決定は，現地と本国の中間にある地域（region）に任されます。北米，南米，ヨーロッパ，中東，アジアなど地域によって文化や慣行が異なりますので，それぞれの地域ごとに統一した経営をめざします。いわゆる地域統括本部を作り，そこに経営の主要な意思決定を任すタイプです。

⑷　**世界志向型**（Geocentric）

本国と現地の子会社は一方的な関係ではなく，相互に依存し，協力していく関係です。現地子会社同士も相互に協力しあい，本国の本社に関係なく，多国籍企業として，組織それ自体の発展をめざしています。人材の登用にしても，本国人優先ではなく，世界各地から最適な人材を選択します。経営の意思決定基準にしても，本国の基準を優先するのではなく，世界的視野から最も合理的なものを選択します。真にグローバルな経営といえます。

これら 4 つの類型は，単に類型として分類されるのではなく，グローバル経営は⑴から⑷へと発展すると考えられています。したがって，それぞれの段階の頭文字をとって **EPRG プロファイル**と呼ぶ場合もあります。グローバル企業は，この類型を基準にして自分の位置を確認し，次のステップをめざした戦略を選んでいくのです。

> 🔑 **キーポイント**
> *グローバル企業の経営方針は，4つの類型に分けられ，それぞれ*
> *の段階を経ながらグローバル化していく！*

5　海外日系企業の日本的経営

5-1　日本的経営の要素

日本企業も，1970・80 年代にアジアのみならずアメリカやヨーロッパなどの先進工業国に工場や営業所を持ち始めました。しかし，欧米から見れば，当時の日本はまだ戦争の廃墟からようやく立ち直った国であり，欧米の文化から遥

か離れた極東の国でした。そのような国から小型ラジオ，電卓，テレビ，ビデオ，ステレオ，テープレコーダーなどの先進的な電気製品を造り，また，オートバイではイギリスの製品を，クウォーツの時計では伝統的なスイス時計を，カメラではドイツのカメラを，市場から駆逐してしまう技術力を世界にアピールしました。その日本企業が工場を建設し始めたのです。欧米の目から見れば，単なるエキゾチズム（異国趣味）を越えた脅威の対象であったのです。

　高品質で繊細な技術を駆使する日本企業の経営には実務家のみならず多くの研究者が注目しました。イギリスに進出した日本企業を研究し，当時停滞していたイギリスの企業が日本の経営手法を取り入れているのを見て，イギリス産業の「ジャパナイゼーション」（Japanization）という言葉を作ったほどです。1980 年代は日本的経営にとっては「黄金の 80 年代」であったといえます。

　第二次世界大戦後の「奇跡の復興」を成し遂げた経済成長の秘密が，日本的経営においては，終身雇用制，年功賃金，企業別組合という 3 つの要素に求められました。それを**日本的経営の三種の神器**と呼んでいます。高品質で低価格の日本製品を生む日本的経営の秘密も一部ではそこに求められました。しかし，海外に進出した日本企業は，これらの経営手法を現地法人にはほとんど適用できなかったのです。

　欧米の産業界において高く評価された日本的経営の要素は次のような点でした。

(1) **シングル・ステータス**

　シングル（single）は，文字通り理解すれば，「単一の」という意味であり，ステータス（status）は「地位，身分」のことです。すなわち「単一の身分」を意味します。具体的には，欧米の社会に見られる職員・工員，ブルーカラーとホワイトカラーの身分的差別をやめて，平等に取り扱うことを意味しています。

　1970 年代の欧米では，ホワイトカラーとブルーカラーは服装のみならず食堂やトイレ，駐車スペースなどで区別されていました。それに対し，日系企業では，工業長も現場作業者と同じ作業服を着ており，食堂でも作業者と同じテーブルで食事をしています。駐車場でも，来客用は別としても，どこに駐車しても構いません。このように，職員と工員，管理者と平社員を区別するな

く平等に取り扱ったのは，欧米の階級意識の残る社会においては，特にブルーカラーからは好意的に受け止められたのです。

⑵ 大部屋主義

欧米では，特にホワイトカラーの場合には，個室で仕事をすることはステータス・シンボルの1つです。一般の職員でも個室で仕事をしている場合もありますが，課長や部長クラスになれば，個室を与えられることが普通の取り扱いです。

それに対し，日系企業の場合には，課長も部長も，時には工場長さえ同じ大きな部屋で仕事をしました。大きな部屋で職員が机を並べて仕事をするのであり，管理者と職員の間に心理的な壁もなくなり，コミュニケーションも非常にオープンになります。ブルーカラーにおけるシングル・ステータスのように，大部屋主義は欧米の職員からは日本的経営のメリットと受け止められたのです。

⑶ 5S

5Sとは，整理，整頓，清掃，清潔，躾の頭文字のSをとり，5つ集めて簡便に表現した言葉です。日系企業では，この5Sの言葉が工場内の標語としてよく見えるところに掲げてあります。そのような工場の中は，外国であっても，日本の工場と同じように清潔です。作業者の身だしなみもよく，工場訪問の際に挨拶をされることもあります。現地の他の工場と比べると，その違いがよくわかります。

日本的経営では製品の品質が重視されており，よい品質は清潔な職場から生まれると考えられています。この考えが現地の工場にも普及しており，QCサークル活動を導入する第1段階として5Sの定着が図られています。しかし，このように **5S運動** が展開された職場でも，日本人の監督者がいなくなると元の職場に戻ってしまうともいわれています。ダイバーシティーの中で日本人の職場慣行を現地に定着させることは容易ではないことを示しています。

5-2 ハイブリッド工場

上述の日本的経営の要素は，日系企業を訪問すれば一目瞭然で目に入ってきます。しかし，雇用制度や賃金制度など日本的経営の諸制度については，聞き取りによる厳密な調査が必要です。

■ 図 14-3　23 項目適用・適応ハイブリッドの世界比較

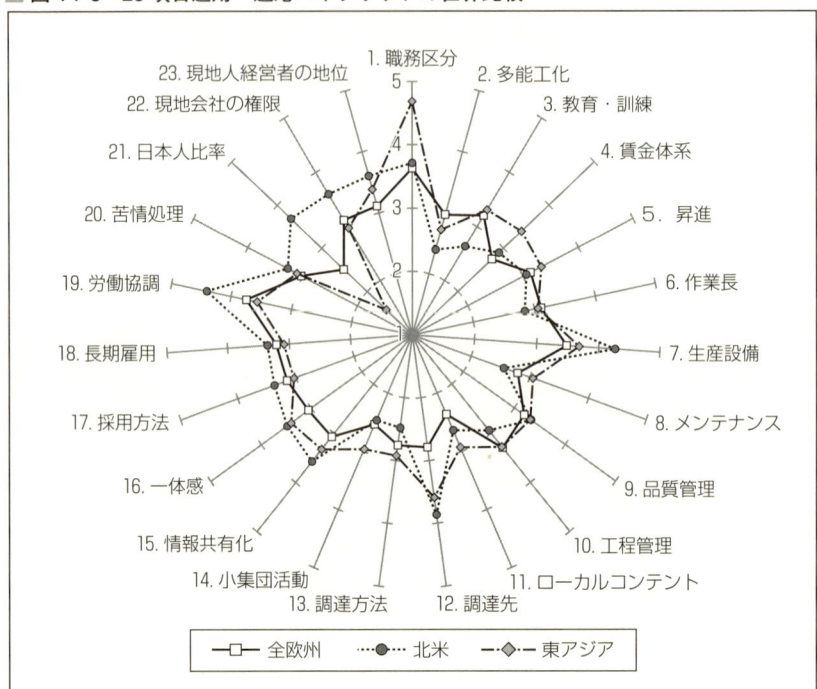

出所：公文　溥・安保哲夫 編著［2005］『日本型経営・生産システムと EU ——ハイブリッド工場の比
　　　較分析』ミネルヴァ書房，131 ページ。

　日本的経営の制度や管理方式などについて，地域や産業を含め世界的規模で
定量的・定性的な調査を実施したのが安保哲夫教授らを中心とする多国籍企業
研究会のメンバーです。

　図 14-3 は，このグループが最初に行った研究成果をレーダーチャートに見
やすくまとめたものです。

　日本的経営を示す指標として 23 項目を選び，それぞれの項目について，日
本本社と同じように現地法人が行っていれば 5 点，受入国のやり方をそのまま
利用していれば 1 点を与え，それぞれの指標で点数化し，評価しています。

　23 の評価項目を見ても，1. 職務区分が多いか少ないかから始まり，2. 多能
工化の程度，4. 賃金体系，9. 品質管理，さらには 23. 現地人経営者の地位まで

日本的経営の多様な要素が整理され，測定されています。グローバル経営の研究において世界的に類を見ない大規模かつ長期にわたる研究です。

　その結果，海外における日系企業の経営は日本的要素と現地の要素の混合・ハイブリッド（hybrid）であることが明らかにされました。その意味するところは，グローバル経営は，単に国内の経営のやり方の延長上に考えられないことです。グローバル経営として新しい次元で経営のやり方を整理する必要があることを示唆しています。そこにグローバル経営の難しさと奥深さが感じられます。

> **🗝 キーポイント**
> *海外における日系企業の経営では，三種の神器ではない日本的経営の要素が評価されており，グローバル経営は新しい次元の経営になっている！*

6　パナソニックグループにおけるグローバル経営

6-1　海外経営の実情

　グローバル経営の現実を具体的に理解するため，パナソニックのグローバル経営の実情について見てみましょう。表 14-4 はパナソニックの海外生産拠点および研究開発（R&D）拠点の数を示しています。**海外生産拠点**は 140 拠点，そのうち中国および北東アジアでの拠点が 61，アジア・オセアニア地域が 41拠点であり，アジア全体では 102 拠点になっています。生産拠点の多くがアジアに集中しています。また，**研究開発拠点**は全世界で 20 拠点，そのうち 12 拠点がアジアに集中しています。アジアに重点を置いた研究開発と生産体制になっていることを示しています。

　既述の表 14-2 ではパナソニックの現地法人の数を示しています。海外現地法人 255 社の中で，1 位の中国で 71 社，タイで 22 社，マレーシアで 19 社であり，現地法人の数からしても，アジアに生産の中心があることがわかります。

■ 表 14-4　パナソニックにおける海外生産拠点と海外 R & D 拠点（2016 年度）

	北米	中南米	欧州	ロシア・東欧	アジア・オセアニア	中国・北東アジア	アフリカ	合計
海外生産拠点	7	12	0	6	41	61	3	40
海外 R&D 拠点	1	0	7	0	6	6	0	20
計	8	12	17	6	47	67	3	160

出所：『海外進出企業総覧（会社別編）2017 年版』東洋経済新報社およびパナソニック・ホームページ
より筆者作成。

■ 表 14-5　パナソニックにおける地域別売上高（2016 年度）

（単位：億円）

	2012 年度	2013 年度	2014 年度	2015 年度	2016 年度
国内売上高	41,620	37,904	38,979	36,920	36,018
海外売上高	36,842	35,126	38,386	40,230	39,519
米　州	9,665	10,223	11,346	12,180	12,414
欧　州	7,436	6,658	7,403	7,294	7,019
アジア	9,311	8,837	9,688	10,408	10,460
中　国	10,430	9,408	9,949	10,348	9,626
合　計	78,462	73,030	77,365	77,150	75,537

出所：パナソニック株式会社『アニュアルレポート 2016』より筆者作成。

とはいえ，アジアでも社会制度や文化を異にする国が多くあります。世界の市場を相手に生産拠点を展開するにはまさに多様な経営条件を考慮しなければなりません。

　表 14-5 はパナソニックの 2016 年度のアニュアルレポートに基づき，**地域別の売上高**を整理したものです。連結の売上高（パナソニックグループ全体の売上高）は 2016 年 3 月で 7 兆 5537 億円に達しています。2012 年に比べて 2925 億円の減少となっています。国内売上高の減少を主に米州での売上高の増加（2749 億円）によって埋めきれていないことがわかります。また，中国を除くアジアがこの間に 1149 億円増加する一方で，2000 年以降急激に増加していた中国は微増減を繰り返しながら，2016 年には 9626 億円とその他アジアと同じ規模の売上高となっています。グローバル企業は中国における売上増加とともにその他アジアの売上高増加により着実に成長していることがわかります。

　表 14-6 は同じくアニュアルレポートから見た**利益の地域別分布**を示してい

■ 表 14-6　パナソニック（松下電器産業）における地域別利益（2006 年度）

（単位：百万円）

地　域	所在地別利益		
	2006 年度	2005 年度	2004 年度
日　本	374,129	262,063	131,796
米　州	16,773	20,834	23,258
欧　州	4,511	7,393	16,325
アジア・中国ほか	81,337	75,324	89,706
連結計	414,273	308,494	195,492

出所：松下電器産業株式会社『アニュアルレポート 2006』。

　ます。連結の総計が，2006 年度では 4142 億円であるのに対し，2004 年には 1954 億円であり，急速に利益を増大させていることがわかります。中村社長（当時）に交代してからの経営改革により利益が V 字回復したことを示しています。

　2006 年時点において，連結利益総額 4142 億円のうち日本での利益が 3741 億円，すなわち利益の 90 ％が国内の利益です。利益の点からすれば国内の比重が大きくなっています。

　もちろん将来の利益を予測してのアジア・中国地域への進出ですので，短期的に利益を判断することは難しいといえます。しかし，海外への直接投資が必ずしもそれに比例した収益の増加につながらないことも現実です。

　図 14-4 はパナソニックの**地域別営業利益率**を示しています。日本国内においては 1996 年の 5.9 ％から 99 年の 2.9 ％に低下した後，2001 年には −3.4 ％に落ち込み，2002 年には 1.7 ％に **V 字回復**しています。同時に，2005 年時点では日本国内の営業利益率が 5.4 ％に回復し，アジア・中国地域の営業利益率よりも高くなっています。

　米州の営業利益率を見ても 1 ％を中心に変動しており，欧州の場合を見てもその変動の幅は米州よりも大きく揺れながら，1 ％前後で推移しています。アジア・中国地域を見ても，販売高や利益の絶対額は多いのですが，その利益率は 3〜5 ％の間を変動しています。別の見方をすれば，アジア・中国への投資額や販売量は多くなっていますが，その利益率は必ずしも高くありません。図に示した以降の時期にも，2008 年に起こったリーマン・ショックにより営業

■ 図 14-4　パナソニック（松下電器産業）の地域別営業利益率の推移

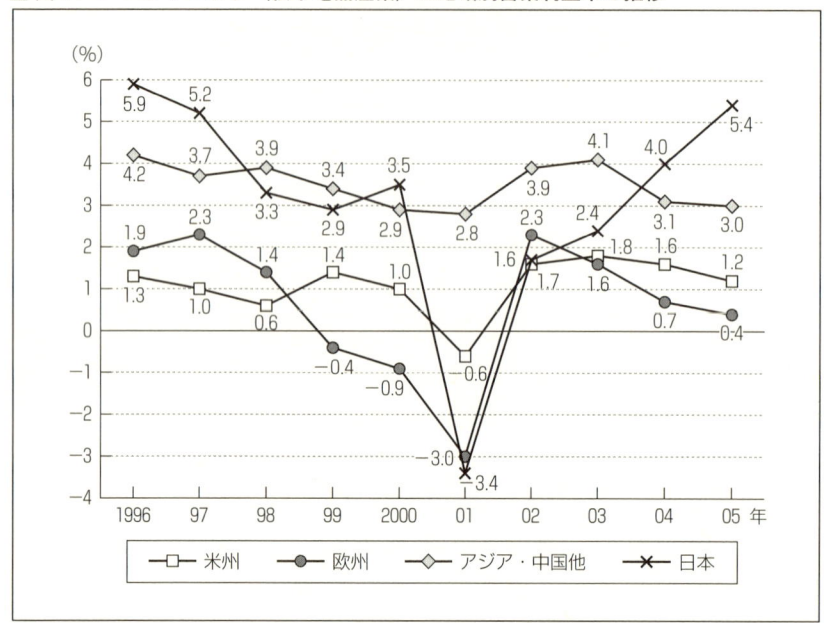

出所：安積敏政［2006］「岐路に立つ松下電器のグローバル経営」『国際ビジネス研究学会年報』第 12 号，6 ページ。

利益率が再び低下したことや，その後の構造改革によって回復したことなどでの変動が見られます。こうしたところにグローバル経営の大きなリスクが存在します。また，グローバル経営の難しさが存在しているといえます。

6-2　世界同時発売・垂直立ち上げ

　グローバル経営では世界の市場を相手に製品の開発や販売を考えることになります。しかし，生産拠点や開発拠点で示したように，生産は文化や社会制度を異にする多様な国々で行われています。パナソニックグループとしての組織的統一性とアイデンティティを世界的規模で達成しなければなりません。いわば，グローバル市場への統一的な戦略に基づき，同じ製品を世界各国で生産・販売することになります。言葉でいうのは簡単ですが，現実にそれを達成するのは至難の技です。それをパナソニックは DVD レコーダーの**世界同時発売・**

垂直立ち上げにより達成しました。

パナソニックは，2004 年までに門真工場と並び，ドイツ東部，チェコ，マレーシア，シンガポールにおいて **DVD レコーダー**を生産するようになっていました。世界同時発売・垂直立ち上げのためには，発売の期日を設定し，そこから逆算して，各国の生産状況を準備しなければなりません。いわゆる「**逆算によるマーケティング計画**」です。

これを実現するためには，製品の生産面からすると，世界の工場で門真工場と同じ品質を維持できるように生産条件を統一しなければなりません。そのために，DVD レコーダーの標準的なコア（中心）となる工法の確立と作業マニュアルの数値化を行い，グローバルな品質維持のためのネットワークを構築し，品質を世界的に維持するための検査設備の開発を行いました。**作業マニュアル**を統一することにより，どこでも同じような作業を行えるようにしたのです。また，製品の品質を維持するために門真工場を**コントロール・センター**にして，世界の工場における製品の品質をリアルタイムで監視できるようにしました。

地域により製品の仕様が異なるので，それに対応できるように，世界共通に対応できる 8 割のコア部分を設計し，残りの 2 割を各地域の違いに対応できるソフトを組み込むようにしました。このような製品設計の改革や世界を結ぶネットワークの構築，されには門真工場での各国人材の統一的な訓練などにより，世界共通で，最高品質の製品を世界各地で生産できる仕組みを作りました。まさにダイバーシティーの中で世界標準を統一的に作り，同時に各地域への対応も行えるようにしたのです。これを，**ベスト・プラクティス**（best practice，最良の作業方法）の世界適用と呼ぶ人もいます。

DVD レコーダーにおける，2004 年 4 月から 2005 年 1 月までのパナソニックの世界シェアは 39 ％（日本 52 ％，北米 40 ％，欧州 18 ％）であり，パナソニックに大きな利益をもたらしました。

2005 年から世界同時立ち上げを開始した**プラズマ・テレビ**では，米国市場でのシェアが 2004 年前半の 10 ％台から 2005 年後半には 40 ％台に急上昇しました。イギリスでのシェアもトップの 25 ％に達しました。このように，世界同時立ち上げにより，多くの地域においてトップのシェアを占める商品が次々と開発されることになり，いわゆる **V 商品**（勝ち組の商品）を市場に出すこと

に成功しています。世界市場におけるベスト・プラクティスの適用により，世界で1位のシェアを占める製品を製造・販売できるようになったのです。また，世界市場における勝者が国内でも業界をリードできる時代になったのです。

> **o━ キーポイント**
> *パナソニックはグローバル企業として，アジアを中心に世界各地に生産拠点を展開し，世界同時販売・垂直立ち上げにより，業界における指導的な地位を確立した！*

7 グローバル統合とローカル適応

　グローバル経営の基本問題は世界規模でのダイバーシティーの中で，組織としての統一性をいかに維持するかであると述べました。その**組織の求心力**と同時に多様な国々における経営環境にいかに適応するかが大きな問題です。世界レベルで組織としての統一性を維持しながら，それぞれの国にいかに適応するかという一見矛盾する課題を，グローバル経営では同時に解決しなければならないのです。

　1980年代において，グローバル企業9社を対象に，この問題を調査したのがバートレット＝ゴシャール（C. Bartlett and S. Ghoshal）です。図14-5に示されるように，**グローバル統合の程度**（I）を縦軸にとり，**ローカル適応**（R）を横軸にとり，グローバル企業を4つの類型に分類しています。

　グローバル企業は，表14-7に示されるように，マルチナショナル企業（multi-national），「グローバル」企業（global），インターナショナル企業（international），トランスナショナル企業（trans-national）と名づけられています。

　マルチナショナル企業は，組織とすれば分散型であり，海外子会社は自律的に経営を行っています。現地子会社は，その地域の市場チャンスを活用し，成長していくことが求められています。

　「グローバル」企業は，組織とすれば本社集中型であり，本社によるグロー

■ 図 14-5　I-R 上の類型論

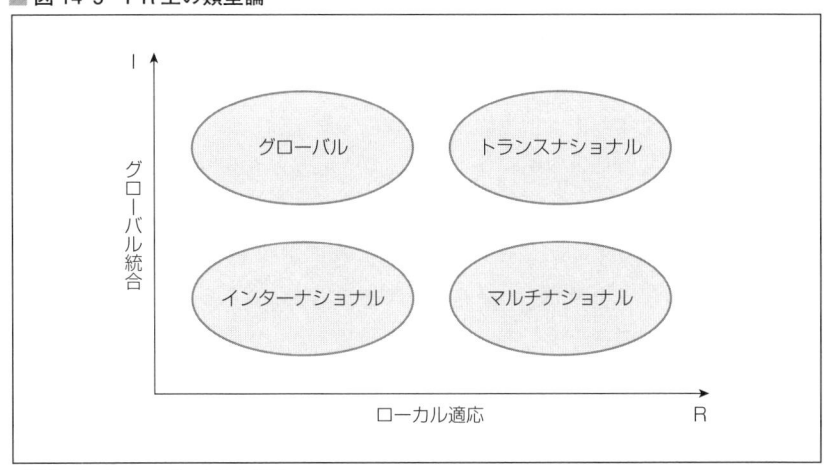

資料：Bartlett and Ghoshal［1989］。
出所：淺川和宏［2003］『グローバル経営入門』日本経済新聞社，134 ページ。

■ 表 14-7　マルチナショナル企業，グローバル企業，インターナショナル企業，トランスナショナル企業の組織の特徴

組織の特徴	マルチナショナル企業	グローバル企業	インターナショナル企業	トランスナショナル企業
能力と組織力の構成	分散型海外子会社は自律している	中央集中型グローバル規模	能力の中核部は中央に集中させ他は分散させる	分散，相互依存，専門化
海外事業が果たす役割	現地の好機を感じとって利用する	親会社の戦略を実行する	親会社の能力を適応させ活用する	海外の組織単位ごとに役割を分けて世界的経営を統合する
知識の開発と普及	各組織単位内で知識を開発して保有する	中央で知識を開発して保有する	中央で知識を開発し海外の組織単位に移転する	共同で知識を開発し，世界中で分かち合う

資料：Bartlett and Ghoshal，前掲書より抜粋。
出所：淺川和宏，前掲書，135 ページ。

バルな統制が強い企業です。現地子会社は本社の戦略を実行することが主要な課題になります。

　　インターナショナル企業は，組織とすれば組織力の中心部分は本社に集中しますが，他の部分は現地に任せる方針です。現地子会社は，本社の能力を活用

しながら，それぞれの地域で発展することをめざしています。

　トランスナショナル企業は，組織とすれば相互に分散すると同時に相互に依存する関係にあります。現地子会社で，それぞれの専門的能力をもっているところがグループ全体の中で指導的な立場に立ちます。それぞれの現地子会社に専門的な能力に基づく課題を与え，相互に協力しながら，グローバルな課題を達成することをめざしています。

　これらの類型のうち組織に注目して整理したのが図14-6です。本国の本社と現地子会社の関係が図形で示されています。黒く示されている箱に能力や知識が存在していることを示しています。

　特に，総合ネットワークとしてモデル化されている組織モデルは，トランスナショナル企業の組織と現地子会社相互の関係を示しています。そこでは，本社と現地子会社は対等な相互関係になり，現地子会社が相互にネットワークで結びつけられています。したがって，資源と能力はそれぞれの現地子会社に分散され，人や情報，部品や製品もネットワークの上を相互に行き来する関係になります。

　これらの類型は典型的な特徴を集めた理念型であり，現実の個々の企業はいくつかの特徴を重複してもっている場合もあります。現実に調査した9社のうち，マルチナショナル企業に分類されたのは，ユニリーバ，フィリップス，ITTです。「グローバル」企業に分類されたのは日本の花王，パナソニック，NECです。インターナショナル企業に分類されたのは，プロクター・アンド・ギャンブル（P&G），ゼネラル・エレクトリック（GE），エリクソンです。

　一般に，日本企業は，グローバル統合が高くローカル適応が低くなっています。他方，ヨーロッパ企業はグローバル統合が低くローカル適応が高くなっています。アメリカはその中間といわれています。

　トランスナショナル企業はバートレット＝ゴシャールが調査した9社の中に見出されていません。この調査は1980年代に行われたものであり，当時としてはトランスナショナル企業はグローバル企業がめざすべき方向であり，現実に存在するものとは考えられなかったのです。しかし，2018年の今日では，このような特徴をもつ企業も現れています。例えば，医薬品産業では，市場はまさに世界市場となり，新薬の開発をめぐり各社はしのぎを削っており，世界

■ 図14-6　バートレットとゴシャールの組織モデル

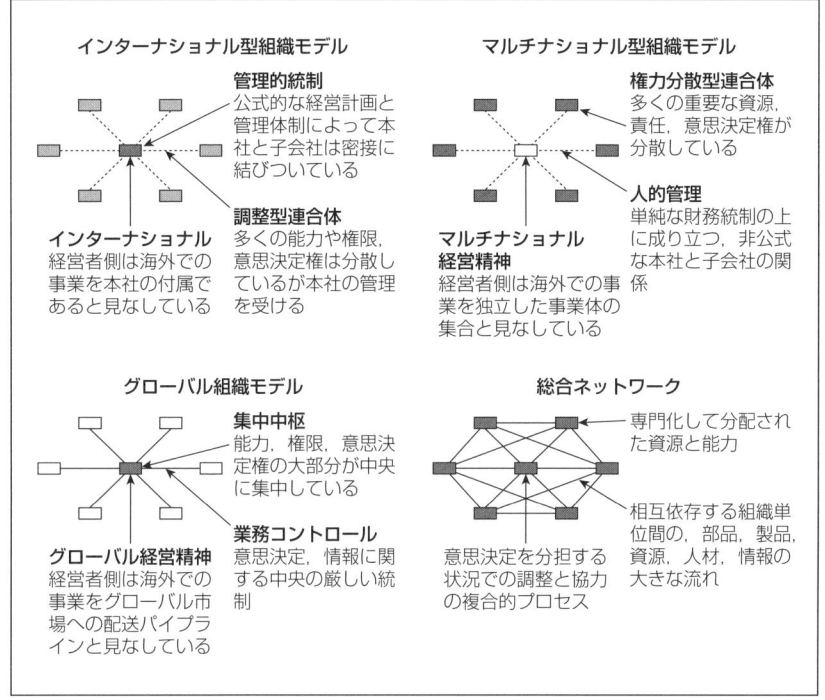

資料：C. A. バートレット・S. ゴシャール 著，吉原英樹 監訳［1990］『地球市場時代の企業戦略——ト
　　　ランスナショナル・マネジメントの構築』日本経済新聞社，より図を抜粋。
出所：淺川和宏，前掲書，137ページ。

最適な新薬開発体制を整えています。

　表14-8は，世界的製薬会社（メガファーマー）3社の日本研究所に2002年に
インタビューを行い，その特徴をまとめたものです。日本の研究所であっても
新薬の開発においてグローバルな戦略の上にミッション（使命）が与えられて
おり，そのミッションに専念することが求められています。日本の研究所も各
国の研究所とリンクし，研究上の情報や素材を共有しています。必要な研究者
は，必要なときに外部から調達され，ヒトとモノがネットワーク上で自由に行
き来できるようになっています。研究者は，互いにその研究成果と努力を認め
合い，相互信頼が形成されています。研究成果や業績もその評価の妥当性，公
平性，透明性が重視され，グローバルな基準で評価されています。まさに，ト

342

■ 表 14-8　メガファーマー 3 社に共通して見出された特徴

項　目	特　徴
日本研究所の ミッション・位置づけ	• グローバルで研究戦略と研究領域が決められる • 研究所はグローバル戦略に沿って開発候補化合物を創製し，グローバル開発に上げることがミッション • 研究手法は研究所の裁量であり，研究成果だけが求められる
グローバルでの 研究組織運営	• 各国のローカル研究所がリンクされ，グローバルに一体化した組織設計 • 研究プロジェクトの運営はボーダーレス • 研究リソースを共有（化合物・評価系・試験データなどの研究情報）
日本人との関係	• 研究運営はグローバル研究戦略に直結 • 研究費はグローバルが負担，日本法人の権限は限定的
研究マネジメント 意思決定プロセス	• プロジェクトの go/no-go の判断基準や開発候補化合物の選択クライテリアはグローバル共通 • クライテリアに関する情報は研究者間で共有される
研究者の人事制度 キャリア・パス	• 必要な研究者を必要な時に外部から採用，社内育成は特に重視されない • 専門職とマネジメント職のデュアル・ラダー制度を採用 • 研究職としてキャリア・パスのみを提供し，研究部門外への異動は原則なし
研究の自由度	• 研究所のミッションの範囲であれば自由，ただし研究効率を最重視 • 潤沢な研究サポート体制 • 興味本位の研究は不可
研究成果に対する リコグニション	• 互いの研究成果と努力を認め，たたえ合う
その他	• 評価の妥当性，公平性，透明性を相互信頼の基本として重視 • 研究者の異質性を許容しうる研究組織の構築が課題

出所：奥林康司・平野光俊 編著 [2004]『キャリア開発と人事戦略』中央経済社，123ページ。

ランスナショナル企業の特徴が現れています。

　21 世紀においては，先進的な日本企業がトランスナショナル企業になることが予測されます。あるいは少なくともその方向性が期待されています。

> 🔑 キーポイント
>
> *グローバルに活躍する企業には，グローバル統合とローカル適応のバランスの違いによって，マルチナショナル企業，「グローバル」企業，インターナショナル企業，トランスナショナル企業がある。21 世紀においてはトランスナショナル企業が増加することが予測される！*

▓ 演習問題 ▓

1　海外でも製品を製造・販売している会社を選び，いつごろ，どのような地域に，なぜ進出したかを調べてみましょう。特にその製品に注目し，プロダクト・サイクルの過程をたどってみましょう。

2　中国，アメリカ，ヨーロッパなど，自分の関心のある地域を選び，その地域で古くから活躍している日系企業の日本的経営を調べてみましょう。その地域で日本的経営がどのように受け入れられ，変化しているかを調べてみましょう。

3　日本に進出している外資系企業，例えば，マクドナルド，KFC などが，本国のどのようなベスト・プラクティスを日本において実行しているかを調べてみましょう。また，日本の社会に合うように，どのような工夫をしているかを調べてみましょう。

▓ さらに進んだ学修のために ▓

〔1〕　淺川和宏［2003］『グローバル経営入門』日本経済新聞社。

〔2〕　公文　溥・安保哲夫 編著［2005］『日本型経営システムと EU ——ハイブリッド工場の比較分析』ミネルヴァ書房。

〔3〕　中川功一・林　正・多田和美・大木清弘［2015］『はじめての国際経営』有斐閣。

〔4〕　山崎　清・竹田志郎 編［1993］『テキストブック国際経営（新版）』有斐閣。

〔5〕　吉原英樹［2015］『国際経営（第 4 版）』有斐閣。

第15章
会社の利益はどのようにして測定するのか

会 計 制 度

◆この章のねらい

　会社を経営する上で大切な資源の１つにカネがあります。カネをいかに調達・運用し，いかなる成果が得られたかを正確に知ることは，会社経営にとって大変重要な課題の１つです。

　会社はできるだけ低コストで資金を調達し，それらを効率よく運用（原材料購入，設備購入，生産，投資など）することにより利益を上げています。カネの多くは財やサービスの生産のために使われ，会社は生産された財やサービスを販売することにより利益を得ようとします。この場合，どの程度のコストをかけて生産するか，販売するのにどの程度のコストをかけられるかを考えます。また，どの程度の価格で何個売れば利益が出るかなどをマネジメントします。

　利益は基本的に「売上－原価」で算定されますが，原価には生産・販売に直接必要なコスト以外にも，管理部門などで必要な間接的なコストもあります。

　こうした日々発生する諸コストも含めて会社全体としての利益を算定する必要があります。さらに会社が継続的に活動するためには一時的な利益計算だけでなく継続可能な財務状態になっているかをも含めて考える必要があります。

　このため会社は営業活動を始めとした日々の諸活動を金銭単位に換算して記録し，その結果を財務諸表などの決算書類にまとめています。

　決算書類にどのような情報を含めるかは，「経営意思決定のため」「投資家保護のため」「株主保護のため」など，目的や用途により異なります。

　この章では財務諸表の基本的な読み方を理解し，会社の利益や財政状態を読

み取るために必要となる基本的な知識を学びます。

◉この章で学ぶキーワード
　◎財務諸表　◎損益計算書　◎貸借対照表　◎資産　◎負債　◎資本

1　カネに関する会社の活動

1-1　財務活動と会計活動

　会社では，「カネ」に関して，2つの異なった仕事があることを簡単に理解しましょう。

　第1は，カネの「調達や運用」に関する仕事です。会社は，銀行借入や債券（社債など）発行，株式発行などさまざまな方法でカネを調達し，それらを効率よく使うことによって利益を上げる活動をしています。こうした活動は**財務**や**ファイナンス**と呼ばれます。

　まず資金の調達には，銀行借入や社債などの債券発行といった会社外の人々からの借入による調達（他人資本）と，株式発行と内部留保（利益の蓄えなど）からなる自己資金による調達（自己資本）があります。

　株式会社では，より多くの自己資本を集めるために，市場を通して誰もが株を購入し会社のオーナーになれる仕組みがあります。株式の市場取引にはさまざまなものがありますが，**証券取引所**（株などの売買を行う施設，企業）を通したものがよく知られています。証券取引所で株式売買を始めることを上場といい，会社が多大な投資を必要とするときには大きな資金調達の方法となっています。

　ところで，資金の調達には多くの場合コストがかかります。他人資本では利子，株式発行では配当や発行手数料がかかります。いかに低コストで資金を調達するかを考えなければなりません。

　次にカネの運用としては，新規事業の立ち上げや既存事業の拡大，金融商品への投資などが考えられます。投資に対して将来どの程度の便益が得られそうかを検討して運用方法を決めていきます。例えば，1億円の運用を考えたとき，

新規工場建設に使うのと株式や金融商品の運用をするのとでは，どちらが，何年後に，どのくらい利益を生むかなどを比較検討します。これは，将来得られる金額は現在の金額に換算するといくらになるか（〔正味〕**現在価値**といいます）を計算することで判断できます。

　第2は，この章の主題である，「日々の経営活動を金銭的に記録し，結果を示す」ことです。

　ビジネス目標達成のために，どの程度のカネを使い，その結果どの程度の利益（損失）を会社にもたらしたかを記録し，今後使えるカネや必要となるカネがいくらになるかといった情報を得る活動です。

　会社は日々の営業活動を始めとした，さまざまな経営活動を金銭的価値に換算して，その都度，活動の種類ごとに分類・整理して，帳簿に記録していきます。こうした帳簿への記録活動のことを**簿記**といいます。そして，その記録を一定期間（1年，6ヵ月，四半期など）に区切って整理します。その結果は**財務諸表**と呼ばれる決算書類としてまとめられます。このように，会社の活動を金銭的価値で記録していくことを**会計**とか**アカウンティング**と呼びます。会計はさらに，その情報をどのように使うかといった使用目的により異なった処理がなされます。また，会社が社会に及ぼす影響は大きいため，会計には正確性が求められます。このため会計活動には一定の法的規制がかけられています。規制のもとで行われる会計は制度会計と呼ばれます。

1-2　会計活動の種類

　会計活動はその目的によって次の3つに分けることができます。

(1)　企業外部の利害関係者に会社の状態を示すため：財務会計

　現在の会社は多くのステイクホルダーとの間で活動を行っています。株主・投資家や納入業者，顧客など，その会社と利害関係のある人たちは，会社の経営状況に強い関心を寄せています。特に会社活動の原資を提供している出資者や銀行といった債権者は会社にとっても重要な存在であり，こうした人々へ情報開示することを主たる目的とした会計報告書類が作成されます。報告書は主に，貸借対照表（国際的な会計基準に従った場合は「財政状態計算書」と呼ばれます），損益計算書（国際的な会計基準に従った場合は「包括利益計算書」と呼ばれま

す），キャッシュ・フロー計算書により構成されています。

株式公開会社の場合は，会社外に実に多数の利害関係者がいます。株主・投資家が世界中に存在しているので，会社の公共性は非公開会社に比べてかなり高くなります（☞第3章）。このため，株式公開会社は株主保護の視点から，財務諸表などを新聞などで公告することが義務づけられています。また投資家保護の視点からは，金融商品取引法によって財務諸表のほかに経営に関わる重要事項を記載した「有価証券報告書」の提出・公開が義務づけられています。

(2) **企業の経済活動を測定し，経営者に伝達するため：管理会計**

経営者は日々の活動が効率よくなされているか，戦略を立てて実施するためには何か問題や改善点がないかを知らなければなりません。例えば，1つの製品を新たに作る場合，予算がどの程度になるか，予算と商品価格の関係は正しいか，お客さんが買う値段で作るにはどのような予算を立てなければならないかなどを考えなければなりません。このために会計情報を利用します。管理会計の具体的な内容は企業の戦略等により異なるため，多様なものとなります。

こうした，マネジメントをコントロールするための会計を管理会計と呼びます。

(3) **納税のために利益を確定するため：税務会計**

会社は社会の公器ですから，個人と同じように，国や地方自治体から事業年度ごとに算出される課税所得により税金が課せられます。税金の金額の算定は法律により厳密にかつ細部にわたって決められていますから，それ専用の会計処理が必要になります。こうした納税のための会計を税務会計と呼びます。

1-3　記帳と集計手続き

会社の活動結果を表すための書類は実にさまざまなものがあります。ごく簡単に紹介することにしましょう。

図 15-1 に示されるように，会社は取引などの活動があるたびに，その取引の種類ごとに仕訳帳に記入・記録していきます。次に，仕分けされた記録を総勘定元帳に転記します。定められた期間が来ると残高試算表というものを作成し，決算整理を行った後，財務諸表を作成します。このとき，正しく記録がなされていることが必要です。会計情報作成は**企業会計原則**で定められた原則で

■ 図 15-1　会計処理の流れ

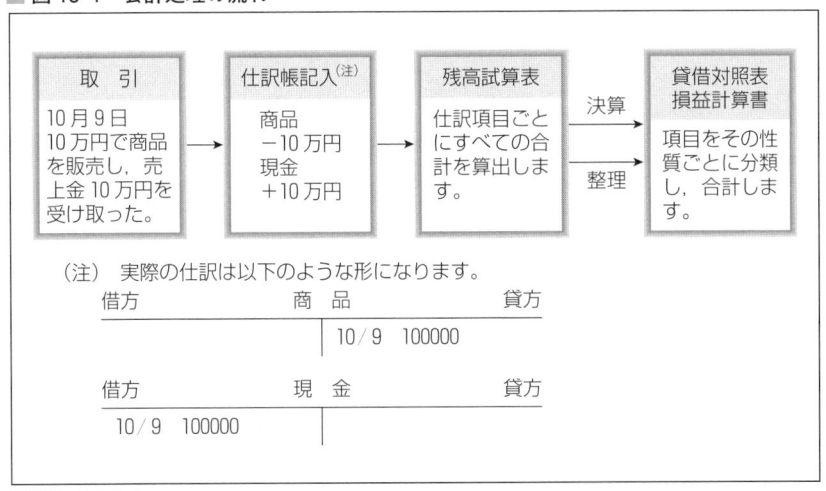

取　引	仕訳帳記入^(注)	残高試算表		貸借対照表 損益計算書

10月9日
10万円で商品
を販売し，売
上金10万円を
受け取った。　商品
－10万円
現金
＋10万円　　仕訳項目ごと
にすべての合
計を算出しま
す。　決算

整理　項目をその性
質ごとに分類
し，合計しま
す。

（注）　実際の仕訳は以下のような形になります。

借方　　　　　　　　商　品　　　　　　　　貸方

　　　　　　　　　　　　　　10／9　100000

借方　　　　　　　　現　金　　　　　　　　貸方

10／9　100000

出所：筆者作成。

行わなければなりません。近年は会社の国際化に伴い**国際会計基準**が用いられることも多くなりました。

　財務諸表には，貸借対照表，損益計算書，キャッシュ・フロー計算書のほか利益処分計算書，附属明細書などが含まれています。

　財務諸表を分析することによって，会社の「収益性」「安全性」「生産性」「不確実性」「成長性」などを読み取ることができます。

　ところで，会計の表では両角に「借方」「貸方」というのが目に付きますが，これは会計制度の歴史的変化の名残です。今日では，その項目に「借りる」や「貸す」の意味はないので，単なる記号と考えてください。

🔑 **キーポイント**

会社の経済状態はさまざまな利害関係者にとって重要な情報となるので，会社は日々の経済活動をルールに従って正しく記録しておかなければならない！

■ 表 15-1　損益計算書の区分

営業損益	Ⅰ．売上高 Ⅱ．売上原価 　　　　　売上総利益（A）＝Ⅰ－Ⅱ Ⅲ．販売および一般管理費 　　　　　営業利益（B）＝（A）－Ⅲ
経常損益	Ⅳ．営業外収益 Ⅴ．営業外費用 　　　　　経常利益（C）＝（B）＋Ⅳ－Ⅴ
純 損 益	Ⅵ．特別利益 Ⅶ．特別損失 　　　　　税引き前当期純利益（D）＝（C）＋Ⅵ－Ⅶ Ⅷ．租税公課（各種の税金の納付額） 　　　　　当期純利益（E）＝（D）－Ⅷ

出所：筆者作成。

2　利益を算定する：損益計算書

2-1　損益計算書の構造

損益計算書（P/L）は会社の営業活動や営業外活動でどの程度の利益が会社
にもたらされたかを示すものです（表 15-1）。

損益計算書は会社の利益だけでなく，その利益がどのようにして生まれてき
たかのプロセスも示しています。会社ではしばしば売上が減ったのに利益が上
がったり（減収増益），売上が上がったのに利益が減ったり（増収減益）します。
その原因は，収益と費用がどこから生じたかを見ることにより判断できます。
損益計算書では，収益と費用をその発生源ごとに示しています。また，それら
が日常の営業活動から生じた恒常的なものなのか，営業外による一時的なもの
なのかについても区別して考えます。

後述する貸借対照表の剰余金がこれまでの会社の利益の蓄積を示しているの
に対して，損益計算書は一定期間における利益の経緯を示した書類といえます。

表 15-2 は，パナソニックグループにおける連結損益計算書（2016 年度）を
示したものです。

■ 表 15-2　パナソニックグループの連結損益計算書と連結包括利益計算書（2016 年度）

連結損益計算書

	2016 年度 (2016 年 4 月 1 日から 2017 年 3 月 31 日まで)		2015 年度 (2015 年 4 月 1 日から 2016 年 3 月 31 日まで)		前年比 (%)
	金額（百万円）	百分比（%）	金額（百万円）	百分比（%）	
売上高	7,343,707	100.0	7,626,306	100.0	96
売上原価	△5,157,163	△70.2	△5,367,667	△70.4	
売上総利益	**2,186,544**	**29.8**	**2,258,639**	**29.6**	**97**
販売費及び一般管理費	△1,842,928	△25.1	△1,845,393	△24.2	
持分法による投資損益	8,378	0.1	8,445	0.1	
その他の損益	△75,210	△1.0	△191,392	△2.5	
営業利益	**276,784**	**3.8**	**230,299**	**3.0**	**120**
金融収益	21,832	0.3	23,618	0.3	
金融費用	△23,550	△0.4	△26,388	△0.3	
税引前利益	**275,066**	**3.7**	**227,529**	**3.0**	**121**
法人所得税費用	△102,624	△1.4	△36,296	△0.5	
当期純利益	**172,442**	**2.3**	**191,233**	**2.5**	**90**
当期純利益の帰属					
親会社の所有者	**149,360**	**2.0**	**165,212**	**2.2**	**90**
非支配持分	23,082	0.3	26,021	0.3	89

連結包括利益計算書

	2016 年度 (2016 年 4 月 1 日から 2017 年 3 月 31 日まで)	2015 年度 (2015 年 4 月 1 日から 2016 年 3 月 31 日まで)	前年比
	百万円	百万円	%
当期純利益	**172,442**	**191,233**	**90**
その他の包括利益			
（純損益に振り替えられることのない項目）			
確定給付制度の再測定	73,513	△79,205	
その他の包括利益を通じて公正価値で測定する金融資産	4,260	—	
計	77,773	△79,205	
（純損益に振り替えられる可能性のある項目）			
在外営業活動体の換算差額	△61,304	△164,668	
キャッシュ・フロー・ヘッジの公正価値の純変動	964	△2,588	
有価証券未実現損益	—	7,069	
計	△60,340	△160,187	
その他の包括利益 合計	17,433	△239,392	
当期包括利益	**189,875**	**△48,159**	**—**
当期包括利益の帰属			
親会社の所有者	**174,892**	**△54,617**	**—**
非支配持分	14,983	6,458	232

注：△はマイナス。
出所：パナソニックのホームページ（ニュース）より。

2-2 損益計算書の内容

表 15-1 に従って各項目を簡単に説明していきます。

Ⅰ．売上高：製品やサービスなどの商品を販売した金額の合計です。

Ⅱ．売上原価：製品やサービスを作るのにかかった費用で，一般にこうした費用は原価と呼ばれます。具体的には，原材料費，機械の利用などの原価を計算して産出された販売原価を意味します。

　　売上総利益（A）：ⅠからⅡを引いたもので，「粗利」と呼ばれます。ある製品を売った場合に得られる最も単純で直接的な収益を表します。

Ⅲ．販売および一般管理費：製品やサービスなどの商品を販売するために使ったカネと会社を管理するために使ったカネです。例えば，広告宣伝費や人件費，光熱費などがあります。

　　営業利益（B）：（A）からⅢを引いたものです。会社の通常の営業でどれだけ儲けたかを表しています。

Ⅳ．営業外収益：会社の本業以外の儲けを示します。例えば，受取利息や配当などがこれに当たります。

Ⅴ．営業外費用：会社の本業以外の費用です。支払利息などがあります。

　　経 常 利 益（C）：（B）＋Ⅳ－Ⅴによる金額です。この利益は正常な会社活動の中で，反復的に生じる利益であり，会社が通常の経営状態の中で順調に利益を出しているか否かを示します。

Ⅵ．特別利益：通常の会社活動の中では発生しない特別な利益です。例えば，自社ビルの売却，事業部の譲渡，株式の売却など臨時的な活動による利益です。

Ⅶ．特別損失：Ⅵと同様に臨時的に発生する損失です。例えば，1億で買った土地や株を5000万円で売却する，店舗を閉鎖するなどによる損失があります。

　　税引き前当期純利益（D）：（C）＋Ⅵ－Ⅶにより算出されます。会社のその期全体の純粋な利益を表します。

Ⅷ．法人税，事業税，法人市民税など税金の納付額です。

　　当期純利益（E）：その会社の最終的な儲けを表します。

損益計算書を見れば利益の源泉がわかります。売上に対して原価が安ければ

儲けは高くなります。つまり，コスト削減が利益に役立ったことがわかります
し，売上規模が大きいので儲かっていれば，営業努力が報われたと考えること
ができます。逆に，儲からないときは，原材料の仕入れが高すぎないか，一般
管理費がかかりすぎていないかなどを過去のデータや同業他社のデータと比べ
て問題点を見つけることができます。

> ⚷ キーポイント
> *損益計算書は，一定期間事業を行った結果を表し，どのようにし*
> *て収益や損失が出たのかを示している！*

3　会社の財産を見る：貸借対照表

3-1　貸借対照表の構造

貸借対照表（バランスシート，B/S）は簡単にいえば，決算時点での，企業
の財政状態を表したものです。

貸借対照表は表 15-3 のように，基本的な 3 つの項目からできています。各
項目は，それぞれ，流動性（キャッシュとの交換の容易性）の高い順に，さらに
細かな項目から作られています。

また，表 15-4 はパナソニックグループの 2016 年度の貸借対照表（財政状態
計算書）を示したものです。

次項以下，表 15-3 に従って貸借対照表の内容を説明していきます。

3-2　資産・負債・資本に含まれるもの

(1)　資　　産

日常でも，「あの家は資産家」だとか「固定資産税が高い」や「資産公開」
などといった表現で使われています。**資産**とは会社が所有するあらゆる財物を
金銭単位で表したものを意味します。言い換えれば，これまでの経営活動で獲
得してきた価値全体を示します。

354

■ 表15-3 貸借対照表の区分

借方	貸借対照表	貸方
(1) 資　産 　　会社が所有するすべての財産 ①　流動資産（現金，預金，受取手形，売掛金，棚卸資産，有価証券，短期貸付金など） ②　固定資産（建物，機械，土地，投資有価証券，長期貸付金など） ③　繰延資産（創立費，開業費，研究開発費など）		(2) 負　債 　　他人のカネ ④　流動負債（支払い手形，買掛金，短期借入金など） ⑤　固定負債（社債，長期借入金など） (3) 資　本 　　自分のカネ ⑥　出資金 ⑦　資本準備金 ⑧　剰余金

出所：筆者作成。

　資産には現預金，受取手形のようにすぐにキャッシュ（現金）として取引手段に活用できるものと，そうでないものがあります。ですから，資産が多いから会社の経営が上手くいっているとは限りません。

　土地・建物のようにすぐにキャッシュにはなりにくい資産だけでは支払いに困ったりすることも生じます。

　資産はさらに，流動資産，固定資産，繰延資産に分類されます。

①　**流動資産**は1年以内にキャッシュ化できるものです。皆さんの生活の中では，現金，預貯金，株式などがこれにあたります。会社では，現金，有価証券（株券など），受取手形，売掛金，棚卸資産（在庫商品など）などです。株は売却すればすぐに現金になります。受取手形は支払期日に取引相手が現金を支払ってくれる金額ですし，売掛金はいわゆる「ツケ」ですから集金期日になるとキャッシュになります。このように短期のうちにキャッシュにできるものを流動資産といいます。

　　流動資産は会社の基本的な業務である仕入れ→生産→販売→代金回収を日常的に支えている資産を意味します。流動資産が多いということは自由になるキャッシュが多いということですから，そうした会社はフットワークが軽い会社といえるでしょう。

②　**固定資産**は土地・建物のように長期間にわたり所有し続け，生産や経営をするために活用されます。すぐにキャッシュに変えることが難しいもの

■ 表 15-4　パナソニックグループの連結財政状態計算書（2016 年度）

（単位：百万円）

	2016 年度末 （2017年3月31日現在）	2015 年度末 （2016年3月31日現在）	増　減	移行日 （2015年4月1日現在）
流動資産	3,204,819	2,893,762	311,057	3,349,665
現金及び現金同等物	1,270,787	1,012,666	258,121	1,279,943
営業債権	847,003	835,456	11,547	1,006,002
その他の金融資産	143,519	165,496	△21,977	165,648
棚卸資産	806,309	769,650	36,659	776,965
その他の流動資産	137,201	110,494	26,707	121,107
非流動資産	2,778,142	2,594,262	183,880	2,471,124
持分法で会計処理されている投資	155,987	160,667	△4,680	138,266
その他の金融資産	161,986	149,422	12,564	137,552
有形固定資産	1,323,282	1,288,234	35,048	1,361,738
その他の非流動資産	1,136,887	995,939	140,948	833,568
資産合計	5,982,961	5,488,024	494,937	5,820,789
流動負債	2,712,063	2,483,340	228,723	2,834,513
短期負債及び一年以内返済長期負債	177,038	21,728	155,310	260,435
営業債務	955,965	894,927	61,038	943,836
その他の金融負債	329,625	276,810	52,815	273,663
その他の流動負債	1,249,435	1,289,875	△40,440	1,356,579
非流動負債	1,510,963	1,357,451	153,512	1,226,830
長期負債	946,966	703,113	243,853	711,043
その他の非流動負債	563,997	654,338	△90,341	515,787
負債合計	4,223,026	3,840,791	382,235	4,061,343
親会社の所有者に帰属する持分	1,571,889	1,444,442	127,447	1,535,518
資本金	258,740	258,740	—	258,740
資本剰余金	636,905	645,949	△9,044	653,101
利益剰余金	1,051,445	878,208	173,237	833,991
その他の資本の構成要素	△164,632	△107,922	△56,710	37,234
自己株式	△210,569	△230,533	19,964	△247,548
非支配持分	188,046	202,791	△14,745	223,928
資本・合計	1,759,935	1,647,233	112,702	1,759,446
負債及び資本合計	5,982,961	5,488,024	494,937	5,820,789

注：△はマイナス。
出所：表 15-2 に同じ。

　ですが，最終的にキャッシュにしたとするといくらになるかで表します。
固定資産には土地・建物のように形で見える**有形固定資産**と特許やデザイ
ン，商標や営業権といった目には見えないものの将来売ればカネに変える
ことのできる**無形固定資産**があります。

　有形固定資産の場合，建物のように年が経つにつれ取得したときより価値が減少するものや，有価証券のように時価が変化するものがあります。それらは，減価償却や減損処理という方法で，実際の資産が帳簿上で過大にならないようにすることが決められています。

　また，キャッシュ化することが非常に困難であり，取得金額より実際の価格が著しく下落した資産はしばしば不良資産と呼ばれます。したがって，資産は金額が多いかどうかだけでなく，その質も見ておく必要があります。

③　**繰延資産**（くりのべしさん）は研究費や創業費など本来は費用として勘定すべきものを，その使用期間が長期にわたるため，一時的に資産に繰り入れることが認められたものです。

(2)　**負　　債**

　負債は資本とともに資金の出所を示します。資本が自分で調達した資金を表すのに対して，負債は借入金のように他人から調達した資金を表します。期限がくれば債権者に返済しなければならないものです。

④　**流動負債**は 1 年以内に支払わなければならない短期の負債です。皆さんの生活でいえば「クレジットカードでものを買う」「ツケで飲食する」などがこれにあたります。

　会社では支払手形，買掛金（かいかけきん）（ツケで買う），短期借入金などが主な流動負債となります。支払手形は受取手形とは反対に「期日がきたら現金を払います」ということを約束した金額を意味し 1 年内に支払うべき現金を意味します。買掛金もまた売掛金と逆で「ツケ」で買うことを意味しますから，期日になればキャッシュを支払わなければならない金額となります。短期借入金は借入の中でも 1 年以内に返済しなければならない額を表しています。

　流動負債が多いということは，金利負担は短期で済むものの，返済のためのキャッシュを期日までに用意する必要があり，多くの現金を保有するか，支払期日までに資産を相応のキャッシュに変換しなければならないことを意味します。つまり，キャッシュを得やすい売上（現金売り，掛け売りなど）を多く獲得しなければならないことを意味します。

⑤　**固定負債**は 5 年・10 年などと長期にわたって返済していく負債です。

家計に当てはめれば「自動車ローン」や「住宅ローン」などが固定負債といえます。会社の場合では，長期借入金，社債，長期未払金，1 年以上にわたる引当金などがこれに当たります（「引当金」とは将来，資産が減少されることが見込まれるとき，その額を負債として計上するものです。例えば，「売掛金」回収の見込みが低い場合は「貸倒引当金」を計上し，将来の資産の減少を見越しておきます）。

固定負債は金利負担が将来にわたってかかってきますが，返済期間が長いので，剰余金を債務の返済以外のために使えるというメリットがあります。

負債は会社経営ではなかなか避けて通ることができません。単に金額の多寡だけでなく，どのようなバランスで負債を抱えているかに注意する必要があります。

⑶　**資　　本**

資本は，負債が他人からの資金により事業を運営してきた金額を示すのに対して，会社自身のカネで事業を進めてきた部分を表します。つまり，会社のオーナーの拠出金額のことです。

株式会社であれば，株主が払い込む金額が資本金となります。

また，個人商店の場合，自己資金や他者からの出資金がこれにあたります。そのほか，事業を行った結果得られた利益から，配当や税金などを支払った後に残る最終的な利益，正確には利益剰余金もまた資本金に加えられます。

⑥　**出資金**とは，会社を立ち上げる際，最初に参加した人たちや，会社ができた後から参加した人たちが出したカネです。借入金とは異なり，会社の参加者自身のカネですから，自己資金ともいいます。個人商店の場合，自分の貯金 100 万円と親類からの出資金 50 万円で起業すれば，出資金は 150 万円ということになります。株式会社であれば，株主が払い込む金額が出資金となります。例えば 1 株 500 円の株式を 1 万株発行して株主に買ってもらったとすれば，出資金は 500 万円となります。このように出資者が会社に拠出したカネを**資本金**といいます。

⑦　**資本準備金**は，株式会社が株式を発行したとき，株主からその払い込みを受けます。これらの金額のうち一部を資本金に繰り入れないことがあり

☕ **コーヒーブレイク** 　決算をごまかすと……

　決算をごまかすことは企業が社会的責任を果たしていないことを意味します。しかし，なかには，株主からの経営責任の追及を免れるために自社を実体よりよく見せて投資家を集めたり，銀行融資を引き出したりするために本当は利益が出ていないのに出ていたように見せかけた虚偽の決算（「粉飾決算」）や税金をごまかすために利益を過少に計算する（「逆粉飾決算」）経営者がいます。

　（逆）粉飾の方法には，架空の売上・経費の計上，子会社や海外への債務・債権の付け替えなどがあり，複数の方法を組み合わせてごまかしています。

　通常，（逆）粉飾は当該企業だけで行うことは困難なため，（逆）粉飾に加担する（架空取引の相手となる）企業が存在します。多くの場合，これに子会社や関連会社が使われてきました。そこで，改正商法は子会社や関連会社の決算と親会社の決算を合算した「**連結決算**」を求めるようなりましたが，それに合わせて，（逆）粉飾の手口も巧妙になってきました。

　2015年2月の証券取引等監視委員会の検査により，東芝に不正会計が発覚し，証券市場を揺るがす大きな問題となりました。海外でのM&Aの失敗による巨額損失の隠蔽や，パソコン事業における無謀な収益改善計画と目標達成への圧力から生じた組織ぐるみの不正会計などが明るみに出ました。その後も，複数のグループ会社が粉飾していることが次々と明らかになりました。この結果，東芝グループの存亡がささやかれるような状況に陥っています。

　粉飾決算・逆粉飾決算の帳簿や取引からはいつか必ず不自然な点が出てきます。最後には虚偽が明らかになります。その結果，企業グループの解体や倒産に至った例は少なくありません。

　（逆）粉飾は，株主，投資家や社会の信頼を裏切る行動（背信行為，背任行為）であり，社会的影響が大きいため，経営者には会社法，金融商品取引法，各種税法などにより刑事罰が科せられます。また，会社に損害を与えたとして，株主から多額の損害賠償を請求されたり訴訟を起こされたりすることもあります。

■表　主な粉飾決算事件

日本長期信用銀行	3100億円
山一證券	2700億円
東　芝	1500億円以上
カネボウ	800億円

ます。この場合，これらの額は資本準備金として計上することが法律により求められています。資本準備金を取り崩して経営にあてるためには，株主総会の普通決議が必要とされています。このため，この項目は，債権者保護のために設けられているといえます。

⑧　剰余金には主に「資本剰余金」と「利益剰余金」があります。いずれも，会社法の規定に従って，事業を行った結果得られた利益から配当や税金などを支払った後に残る最終的な利益や株式発行により得られた資金の一部から算出されます。

資本金が多いということは，一般的には事業にかけることのできるカネが多いので，安定した会社経営が可能と考えられますが，資本が多くても不良資産も同時に多ければ身動きのとりにくい会社ということになります。

資本金と同時にどのような資産・負債を所有しているかも見ておかなければなりません。

> ⊶ キーポイント
>
> *貸借対照表は，会社がこれまで「何にお金を使ってきたのか」ということと「お金をどのように調達してきたのか」ということを表している！*

4 　手元現金の重要性：資金繰りとキャッシュ・フロー

損益計算書を見れば当期の利益はよくわかります。しかし，ここで黒字が出ている会社は，本当にその利益を得ているといっていいのでしょうか。

帳簿の上では利益が出ているのに，手元にキャッシュなどの流動資産が少ないとどうなるでしょうか。キャッシュがすぐに必要となったときに支払能力がない状態に陥る可能性が高くなります。そうした状態が長く続けば「黒字倒産」となります。なぜ，利益があるにもかかわらず倒産するのでしょうか。

今一度，貸借対照表を思い出してください。資産には流動資産がありますが，

■ 表15-5　資金繰りの例

10/ 8	仕入れ	100	買掛金　100（10/20 支払期日）

10/ 9	現金	50	売上　　150
	売掛金	100（10/20 回収期日）	この時点で粗利は50，キャッシュは50のプラスです。

10/20	買掛金の支払い	100
◆	このとき，100のキャッシュが必要です。	
	もし，10/9の売掛金が回収できなければ，キャッシュは50のマイナスとなり，キャッシュ不足の状態に陥ってしまいます。	

出所：筆者作成。

　その中でもすぐにキャッシュとなる現金以外に，キャッシュになるまである程度の時間がかかる受取手形や売掛金がありました。

　受取手形や売掛金はキャッシュになるのが遅いだけでなく，相手の倒産など場合によっては不渡りや貸し倒れ（キャッシュにならない状態）となります。こうした信用取引で商品を販売している一方で，仕入れをキャッシュでしていたらどうなるでしょう，やがて仕入れ資金が枯渇するかもしれません。あるいは，手形の支払期日にキャッシュが調達できていなければ，不渡りを出すことになります。

　つまり，利益が出ていてもキャッシュが手元になければ倒産するのです。このように考えると会社が倒産するのは，「赤字」が出たときでなく「支払いができなくなったとき（債務不履行）」といえます。また，利益＝キャッシュでもないのです。

　キャッシュが足りなくなる原因は主に負債，商品在庫，売掛金です。

　負債が多ければキャッシュは支払いのために右から左に流れてしまい，他に使えなくなります。いわゆる自転車操業状態になり，最後は金利がかさんで倒産への道を歩むケースが多く見られます。商品在庫は売れなければキャッシュになりませんが，仕入れ代金は売れなくても支払わなければなりません。売掛金はキャッシュになるまでに時間がかかりますからこの間にキャッシュが必要になった場合，困ったことになります（表15-5）。

　このことを考えると会社は常にキャッシュを動かしておく必要があります。このキャッシュの日々の動きを管理するために作成されるのが「資金繰り表」です。これを作成しておくことで，必要なキャッシュ量に対して手元キャッシ

■ 表 15-6　パナソニックグループの連結キャッシュ・フロー計算書（2016 年度）

（単位：百万円）

	2016 年度 （2016 年 4 月 1 日から 2017 年 3 月 31 日まで）	2015 年度 （2015 年 4 月 1 日から 2016 年 3 月 31 日まで）
Ⅰ　営業活動によるキャッシュ・フロー		
1.　当期純利益	172,442	191,233
2.　営業活動によるキャッシュ・フローへの調整		
(1)　減価償却費及び償却費	270,767	278,391
(2)　営業債権の増減額（△は増加）	△7,983	125,036
(3)　棚卸資産の増減額（△は増加）	△36,612	△29,644
(4)　営業債務の増減額（△は減少）	64,044	△18,900
(5)　その他	△77,248	△126,761
計	385,410	419,355
Ⅱ　投資活動によるキャッシュ・フロー		
1.　有形固定資産の取得	△278,594	△245,269
2.　有形固定資産の売却	51,155	27,560
3.　持分法投資及びその他の金融資産の取得	△29,119	△58,369
4.　持分法投資及びその他の金融資産の売却及び償還	31,163	53,950
5.　その他	△194,761	△71,676
計	△420,156	△293,804
Ⅲ　財務活動によるキャッシュ・フロー		
1.　短期債務の増減額（△は減少）	6,261	3,391
2.　長期債務の増減額（△は減少）	349,649	△251,572
3.　親会社の所有者への配当金の支払額	△58,025	△46,322
4.　非支配持分への配当金の支払額	△17,648	△19,611
5.　自己株式の増減額（△は増加）	△97	△107
6.　その他	14,458	4,656
計	294,598	△309,565
Ⅳ　現金及び現金同等物に係る換算差額	△1,731	△83,263
Ⅴ　現金及び現金同等物の増減額（△は減少）	258,121	△267,277
Ⅵ　現金及び現金同等物の期首残高	1,012,666	1,279,943
Ⅶ　現金及び現金同等物の期末残高	1,270,787	1,012,666

出所：表 15-2 に同じ。

ュが十分か否か管理することができます。

　また，事業期間全体を通してキャッシュがどのような状態であったかを示すのがキャッシュ・フロー（CF）計算書です。表 15-6 は 2016 年度のパナソニックグループの連結キャッシュ・フロー計算書です。

キャッシュ・フロー計算書は損益計算書と貸借対照表から作成することができ，営業 CF，投資 CF，財務 CF の 3 点でキャッシュの増減を考えます。

経営が失敗する原因の 1 つはこのキャッシュ・フローに関する管理ができていないためだといわれます。

キャッシュが円滑に流れているかどうかということは，会社の現在の真の経営状態を示しているといえるのです。キャッシュが潤沢でない会社にとっては，キャッシュの状態はことさら重要な意味をもちます。

> ☞ キーポイント
> 会社経営では，キャッシュの円滑な流れを作っておくことが大切である！

■ 演習問題

① インターネット（EDINET：https://info.edinet.go.jp）を利用し，自分が知っている会社を複数選んで財務諸表を比べ，それぞれの経営状況の特徴を考えてみましょう。

② 社会で注目を浴びている会社の財務諸表を調べ，1 株あたりどのくらいの配当があるのかを調べてみましょう。自分はその会社の株に投資するか否かを検討してみましょう。

③ 自分が知っている会社の損益計算書を調べ，税金としてどれほど支払っているかを調べてみましょう。また，企業市民として責任を果たすことの意味を考えてみましょう。

■ さらに進んだ学修のために

〔1〕 伊藤邦雄 ［2012］『ゼミナール現代会計入門（第 9 版）』日本経済新聞出版社。

〔2〕 神戸大学会計学研究室 編 ［2016］『会計学基礎論（第 5 版補訂版）』同文舘出版。

〔3〕 桜井久勝・須田一幸 ［2018］『財務会計・入門——企業活動を描き出す会計情報とその活用法（第 12 版）』有斐閣。

〔4〕 内藤文雄 ［2005］『財務諸表論ミドルクラス』税務経理協会。

〔5〕 日本経済新聞社 編 ［2016］『財務諸表の見方（第 12 版）』日本経済新聞出版社。

補　章
経営学とはどんな学問か

学　問　論

◆この章のねらい

　これまで，このテキストの各章では経営学の主要な領域ごとに，それぞれの概要を説明してきました。会社を経営するとはどんなことなのかの説明から入り，社会全体における会社経営のあり方や意味づけ，会社の戦略，会社内部の構造，生産・販売，人事や会計の仕組みまで，会社経営の一連のプロセスについて学修してきました。皆さんは，これで会社の経営について一通りの知識を得ることができたはずです。

　このテキストの最後にあたる補章では，これまでの各章で展開された各論を再統合する意味で，大学で学ぶ学問の体系として，「経営学」とはどのような学問であり，他の諸学問，とりわけ経済学とはどのように異なるのかについて考えてみることにしましょう。また，経営学と商学はどう違うのか見てみることにしましょう。そして最後に，経営学を大学という場で学修することにはいったいどういう意味があるのかについて，考えてみることにしましょう。

◆この章で学ぶキーワード
◎社会科学　◎経済学　◎経営学　◎商学　◎意思決定　◎取引　◎概念レンズ

1 学問の成り立ち：2つの系列

　これまで皆さんが高等学校で学習してきた授業科目は，国語，数学，社会，理科，英語といった名称のものが中心だったはずです。皆さんは，これらの授業科目を中心にこれまでは勉強してきたため，大学に入学して，人文社会科学と自然科学という呼び方の学問系列があるということを初めて耳にした人も多いだろうと思います。いわゆる文科系と理科系です（後述するように，人文社会科学は人文科学と社会科学に分けて呼ばれる場合もあります）。これまで学習してきた高等学校での分類に敢えて当てはめれば，人文社会科学は国語と社会，英語が，自然科学には数学と理科がそれぞれ該当します。

　この2つの学問系列は，それぞれの特徴を概ね以下のように規定することができます。

1-1　自然科学とは

　まず，説明が比較的容易な自然科学の方から見てみることにしましょう。**自然科学**（natural sciences）とは，文字通り自然現象を対象とする学問の総称です。ここに自然現象とは，人間の意思や行為がまったく及び得ない，自然界の法則によって支配されている世界のことを指します。この自然界の法則性（ルール）について明らかにしようとするのが自然科学です。

　例えば，ボールを握っている手を離せば，ボールは地面に落下します。それがなぜ落ちるのか，どういったスピードで落ちるのか，ほかのボール以外のものでも同じように落ちるのか，などという疑問を解明するのが自然科学なのです。この「手を離せばボールが落下する」という現象には，人間の意思が介入する余地はまったくありません。手を離したあとにボールを上の方向へ動かしたければ，そのボールを上方に放り投げるしかありません。何の力も加えずに手を離した場合には，必ず地面に落下するという自然界の法則があるわけで，例えばこういった自然現象の法則性を科学的に解明しようとするのが自然科学なのです。

　この自然科学には，基礎科学として数学や物理学，天文学，化学，生物学，地学などがあり，またそれらの基礎を実際に利用して役立てようとする応用科学として工学や農学，医学，薬学などの領域が存在します。

1-2　人文社会科学とは

　これに対し，人文社会科学の方は説明がより困難です。自然科学との対比で定義すれば，**人文社会科学**とは，人間の意思・行為によって生み出されたさまざまな社会現象を記述したり，あるいはそれらを支配している社会の法則性を解明したりする学問の総称であるといえるはずです。歴史や文化，政治，経済，法律，社会などを分析の対象とします。自然科学よりも人文社会科学の説明がより難しいのは，社会現象を規定している"法則性"が，自然科学ほど明快には観察することができないからです。

　例えば，高校のときに学んだ日本史や世界史の授業を少し思い返してもらえればわかりますが，「戦争が起きるときはどういうときであるのか」という問いに対し，論理明快な解答を与えることは不可能です。その時代や社会のさまざまな状況に応じて，戦争になるときもあれば戦争が回避されるときもあります。せいぜい，「だいたいこういう状況になれば戦争が起こりやすい」ということくらいしかいえません。「こうなれば必ず戦争が起こる」という初期条件について厳密に規定することができないのです。

　あるいは，法律学でも同様です。同じ法律違反でも，時と場合によってさまざまな状況判断がなされ，Ａという罪を犯した場合にはＢという判決が下る，という絶対的な規則が定まっているわけではありません。その都度，裁判官がその犯罪の周辺状況について調査し，場合によっては情状酌量がなされることもままあります。

　このように，人文社会科学が対象とする人間社会の世界で完全な法則性が観察されないのは，ひとえに人間社会の決まりごとを作ったのもまた人間であり，その規則性の程度が自然現象を貫徹する法則性に比べるとはるかに緩いためです。ですから，人文社会科学を学修する場合には，自然科学の"完全な世界"とは違って，いくら一生懸命勉強しても，わかったようでいて曖昧で漠然としていて，どこかしっくりこないなという印象をもった人も多いと思います。そ

れは，何もその人の勉強が足りないからではなく，人文社会科学とはそもそもそういう性質をもった学問であるから，という理由が大きいのです。

　この人文社会科学をより細分化して区分する場合には，歴史や文化，文芸などの**人文学**（humanities）と，それ以外の法律学，政治学，社会学，経済学等の**社会科学**（social sciences）とに分割して議論する場合もあります。前者の人文学では，人間が織りなしてきた歴史や文化について，その法則性の探求というよりはむしろそれらがどのような内容をもつものであるかについて詳しく記述しようとするという志向性をもつのに対し，後者の社会科学においては，人間社会の諸現象を支配する"緩い法則性"について解明しようとするという志向性を有しているといえます。このテキストの各章でこれまで学修してきた経営学は社会科学を構成する一学問領域です。

　では，社会科学にはどのような学問領域があり，このテキストで学修してきた経営学は社会科学の中でいかなる位置を占めているのでしょうか。そもそも社会科学が対象とする"社会"とはいったい何を指しているのでしょうか。以下で詳しく見てみることにしましょう。

> ⚷ キーポイント
> *明瞭な法則性が観察しにくい人文社会科学の学修は難しい！*

2 　社会科学とは何か

2-1　社会とは

「社会とはいったい何ですか？　社会をあなたなりに定義してみてください」というふうに問われると，多くの皆さんは戸惑ってしまうことでしょう。"社会"という語は日常あまりにも普通に用いられる言葉だからです。ただ，"社会"の正確な定義は難しいと思いますが，おおよそのイメージは思い浮かべることができるのではないでしょうか。例えば，人間ひとりだけの場合には"社会"という言葉は用いません。つまり，社会という言葉は，少なくとも2人以

上の人間の集団を想起させる語です。

　社会とは，簡単にいってしまえば，人間個々人のことではなく，人間と人間の間に織りなされる関係のことを指します。ですから，社会科学というのは，ごくごくシンプルな形で定義すれば，人間と人間の間の関係について研究する学問である，ということができるはずです。この「人間と人間の間の関係」ですが，ひとくちに関係といっても，この社会には実に多種多様な関係を見出すことができます。

　例えば，1つには，人間と人間の間の関係を，おカネを介した関係としてとらえることができます。あるいは，地位や権力を介した関係としてとらえることも可能です。社会科学の学問体系でいうと，おカネを介した関係として人間と人間の間をとらえるのが経済学です。地位や権力を介した関係としてとらえるのは，例えば政治学が挙げられるでしょう。あるいは，法律学のように，人間社会において何が正義であり，どうすれば社会秩序が維持されるのかという観点から，人間と人間の間の関係を捕捉することもできるわけです。

2-2　法律学，政治学，経済学とはどんな学問か

　このように，社会科学における研究対象は「人間と人間の関係」である社会であるわけなのですが，よりわかりやすく象徴的に表現するならば，図補-1のような形でまとめることができます。[1]

　この図補-1のカッコの中に当てはまる適切な用語を入れてください，と問われれば，皆さんならどういう用語を入れるでしょうか。つまり，社会科学の各学問領域の研究対象を，単純化のために敢えてすべて「○○の行動を研究する学問」という形にしてまとめるならば，このカッコの中にはどういう用語が入るべきでしょうか，というのがここでの問いです。ヒントをいうと，3つのカッコにはすべて社会を構成するある機関の名称が入ります。

■ **図補-1　社会科学の研究対象**

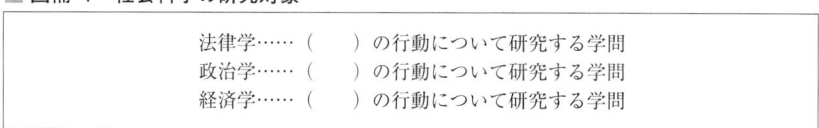

　　　　　　法律学……（　　　）の行動について研究する学問
　　　　　　政治学……（　　　）の行動について研究する学問
　　　　　　経済学……（　　　）の行動について研究する学問

　出所：筆者作成。

　正解をいいましょう。まず，**法律学**（法学ともいいます）は裁判所の行動について研究する学問であるといえます。裁判所は，人々が罪を犯した場合に，法律に基づいて判決を下すところです。人々は，社会生活を営む上でどういう行動をとれば法律に触れて罰せられることになるかを意識せざるを得ないわけで，そういう認識のもと，法律を念頭に置いた上で各自の行動を適宜コントロールしているわけです。簡単にいえば，人々がこういった法体系を意識し秩序を保っている社会の仕組みについて学ぶのが法律学であるといえるわけです。

　では次に，**政治学**とは何の行動について研究する学問なのでしょうか。正解は政府の行動です。政府はどういった活動をしているでしょうか。外交や軍事といった活動もしますが，政府が行う活動の中で最も重要なのは行政活動です（行政とは，文字通り「政治を行う」ことです）。政府には行政活動をするための役人（官僚）がいます。役人を支えるのが市民です。市民が，選挙で役人を選んだり世論を発信したりすることを通じて役人の行動をコントロールし，政治を動かしています。こういったメカニズムを研究するのが政治学です。

　経済学についてはどうでしょうか？　**経済学**は，いろいろな機関の行動を研究しますが，中でもいちばんのメインは，会社の行動です。会社はいろいろなモノやサービスを作り出し，それらを売ったり買ったりする経済活動をしています（すでに第1章で学修したように，会社が経済活動をするという側面に注目した場合には企業という名前で呼ぶことが一般的です。☞2ページ）。もちろん，会社以外でも例えば政府も経済活動をしますし，あるいは皆さんのような消費者も経済活動をするのですが（個々の家庭の経済のことは「家計」といいます。家計簿の家計です），市場での経済活動のメインプレイヤーは会社です。ですから，経済学の研究対象は，会社を中心に，政府や家計などが売買行為をする場である市場での金銭的なつながりであるということになります。

　ここまで説明を聞いた賢明な皆さんは「あれっ？」と疑問に感じることが出てきたでしょう。会社を研究対象にするのは，経済学じゃなくて経営学じゃなかったのか，と。第1章の冒頭に「経営学という授業科目では，会社を経営することについて学ぶ」と書いてあるじゃないか，と（☞1ページ）。同じ会社という対象を研究するのに，どうして2つの別個の学問体系が必要なのだろう？……ここまでの説明を聞いてこういう素朴な疑問をもった皆さんは，論理的思

考のできる人たちです。

　そうです。確かに，経営学は経済学と同じく会社を研究対象にします。でも，経営学と経済学とでは，会社を対象にするといっても，会社を見る見方，会社を観察する位置・視点が大きく異なるのです（このような会社に対するものの見方のことを，ちょっと小難しくいうと，会社の「分析視点」という言葉で呼びます）。

2-3　経済学と経営学はどこが違うか

　筆者はいつも授業で，学生の皆さんに「経営学は経済学と視点がどのように違うと思いますか？」と尋ねることにしているのですが，学生の皆さんのほとんどは「経済学は理論的，経営学はより実践的だと思います」とか，せいぜい「経済学は広く国の経済について，経営学は経済学よりは狭く，会社の経営について学びます」といった程度の解答しかしてくれません。このような解答も，イメージや印象論としてはあながち間違いであるとは決めつけられないのですが，実は，経営学と経済学はそれぞれの分析視点に関してもっと大きな違いがあるのです。

(1)　会社を眺める位置

　経済学では，会社を，地上から遠く離れた大空のある一点から眺めてみようとする，というように類推してみてください。空から会社を眺めると，どの会社も同じ形に見えます。会社の中で何をやっているのか，誰がどんな顔をして働いていて，いま会社の各部門がどんな状態になっているのかは，直接観察することはできません。会社は，市場という大海に浮かぶ小さな島々のようにイメージできるでしょう（図補-2）。このように，経済学では通常，会社の中身までは詳細に踏み込んで検討されることはありません。会社は生産が行われる場であり，生産物を交換する場である**市場**において会社がどういった役割を果たすかを追求する……これが経済学における会社像です。つまり，「市場メカニズムにおける会社」というのが，経済学での会社の取り扱いであるといえます。

　これに対し，経営学では，会社を，会社の建物からそう遠く離れていない位置，例えば建物の天井のあたりから眺めてみる，と想像してみてください。天井付近から建物の中をのぞくと，具体的にどんな製品をどんな仕組みで作っていて，誰がどんな活動をしているのか，また，いま会社がどんな状態なのか，

■ 図補-2　経済学における企業

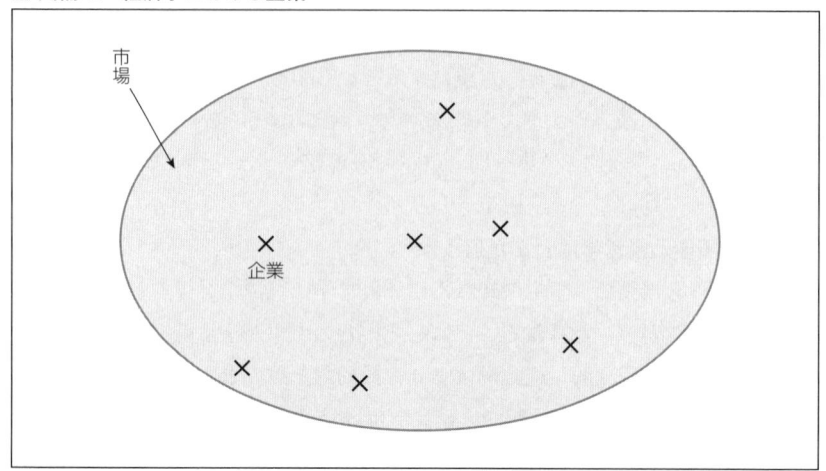

出所：筆者作成。

他の会社と比べてどの会社に元気があるのか，等々の情報をより具体的に知ることができます。会社の中で，ある人は，顕微鏡をのぞいて何やら研究開発をしている，またある人は生産ラインに張り付いて仕事をしている，また別のある人のところではパソコンの前に数人集まって報告書を作成している，などなど，会社の具体的活動のかなり詳細な状態を知ることができるわけです（図補-3）。

　このように，会社内部におけるヒト・モノ・カネ・情報等の経営資源が具体的に結びついて生産をしていく仕組み，あるいはそこから具体的にモノやサービスが消費されていく仕組みなどについて科学的に学ぶのが（広義の）経営学なのです（経営学の規定に関する広義・狭義については，後の3-1項〔☞ 374 ページ〕で触れます）。

(2)　会社以外の組織も対象

　経営学は「会社」について学ぶ学問だといいましたが，もっと正確にいうと，会社をはじめとするさまざまな「組織」について学ぶ学問が経営学であるといえます。このテキストの第8章で組織とは何か，その定義について学修しました。会社は，経営学で最も重要な研究対象の1つですが，会社以外にもたくさん組織があるということも学修しました。例えば病院，役所，大学，各種の

■ **図補-3　経営学における企業**

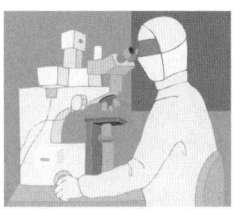

出所：筆者作成。

NPO（☞第2章4-1項），あるいは皆さんのごく身近にあるクラブ活動やアルバイト先の職場なども立派な「組織」です。これらのさまざまな組織において，どのように事業が運営されているか（これを「経営」と呼びます）を学ぶのが**経営学**であるといえます。したがって，経営学では，会社以外のこれらの各種組織も立派な研究対象になりえます。

　例えば，クラブ活動でどういったリーダー行動をとれば部員がついてきて，クラブ組織全体が活性化するか，などといったことも経営学の重要な研究テーマの1つとなるのです。皆さんの所属している大学の学部の名称は"経営学部"であって，"会社学部"や"企業学部"ではないはずです。

⑶　**マネジメントという語の意味**

　よく勉強している皆さんは，経営学のことを，英語では Business Administration と呼ぶ，ということを知っているでしょう。確かにそうです。ただ最近では，特に欧米の大学では，経営学のことを Management Studies と呼ぶことの方が多くなってきています。

　大学に入学した多くの皆さんは，受験英語で，この Management（マネジメント）という語の動詞形は manage で，後ろに to 不定詞を伴って「どうにかこうにか○○する」「うまくやりくりする」「首尾よく○○をやり遂げる」というような意味になる，と学んだのを覚えているでしょう。Management の学である「経営学」を学ぶことによって，皆さんは，これから人生のいろいろな局面において，いい意味で，いろいろうまく「やりくり」のできる人間になることができます。これからの皆さんの人生は山あり谷ありで，いろんな苦労や障壁の連続ですが，そういったさまざまな苦労・障壁の中で，どうにかこうにか首尾よく「やりくり」をしながら，主体的に意思決定をし，自分の頭で考えて行動できるような人間に成長することが，経営学を学ぶことによって可能となるのです。つまり，経営学を学ぶということは，これからの皆さんの一生を，主体性・責任感をもってうまく乗り切っていくことができる，その方法を身につけることなのです。したがって，経営学は会社でバリバリ働くビジネスパーソンになる人にとってだけではなく，それ以外の多様なコースをめざす人たちにとってもきわめて有用な「実学」であるといえるのです。

⑷　経営学は学問か

　ここまでの説明を聞いて，皆さんの中にはまた 1 つ大きな疑問が湧き起こってきた人もいるだろうと思います。社会科学のそれぞれの領域は，人と人との間の関係である社会を，ある固有の関係でとらえてきたのではなかったか，と。経済学では貨幣的関係，政治学では権力関係，法律学では秩序関係によってそれぞれ社会を捕捉するとすれば，経営学ではいったい何の関係において社会をとらえているのか，と。とてもいい疑問です。

　実は経営学は「人と人との間の関係を○○によってとらえている」というような形でシンプルに要約することはできません。このテキストでも学修してきたように，人は組織の中で働きながら多種多様な人間関係をもっています。上司に命令されて働く場合には，上司と部下との間には権限の関係が成立していますし，会社から給料を受け取る際には経済的関係で捕捉されていることになります。第 9 章で学んだように，経営学には人間をどういった存在として捕捉するかについての人間モデルもいくつも出てきます（☞ 212 ページ）。ファイナンスの領域を学ぶときには経済学の基礎知識が必要ですし，組織論やマーケテ

ィング，消費者行動について学ぶ際には社会学や心理学の知識も必要になってくるでしょう。つまり，経営学では，他の社会科学の領域とは違って，明確に「○○の関係」というようには明瞭に断言することができないのです。このため，かつては「経営学とは経営に関する諸学である」という定義づけをした研究者もいたくらいです。

　実は，このことは，経営学が学問・科学として未成熟であり，その科学性・学問的基軸が不明確であることを意味しています。どのような学問領域であれ，およそ学問である以上，その学問固有の問題の構造やアプローチ，方法論が存在しているはずだからです。先ほど，人文社会科学は自然科学よりも曖昧模糊（あいまいもこ）としていて，一生懸命勉強してもしっくりと腑に落ちる形で理解できたという感覚を得にくいという説明をしましたが，その曖昧模糊とした人文社会科学の中でも，ひときわ漠然としていて曖昧なのが経営学であるといわざるを得ません。

　これには，経営学がまだできてから100年あまりしか経っていないという事情も関係していますし，「空高くからではなく建物の天井あたりから下を眺めた」というアナロジーで説明したような，経営学の「現場に近い」という特性も関係しているでしょう。いずれにしても，経営学は他の学問領域と比べてあまりにも曖昧なので，一見，現実に近いことを扱っていて取っつきやすいのですが，深く学ぼうとすれば学問的基軸が不明で非常に厄介なのです。皆さんの中には，経営学の授業を聞いて，「経済学や法律学といった社会科学の他領域に比べて，経営学はふにゃふにゃで何をどう勉強したらいいのかよくわからない」という漠然とした印象をもった人も多いと思いますが，それは至極まっとうで正しい感覚なのです。まじめに勉強しようとしたからこそ出てきた感想といっていいでしょう。

　なお，この「経営学は学問か？」という論点に関連して，経営学の発祥の地・アメリカでの事情に一言だけ触れておきますと，プラグマティズム（実用主義，道具主義）の伝統があり，社会の実践に役立てるということが高く評価される傾向の強いアメリカにおいては，経営学が社会科学の一領域であり，学問・科学である，という認識は低いのが実情です。**ビジネス・スクール**では会社の実践に役立つビジネスのあり方について学び，それを実地に活かせるよう

にする……これがアメリカ流の発想法です。第 12 章でも学修しましたが，最近は日本においても，とりわけ 1990 年代以降，いわゆる専門職志向の強まりを受け，アメリカのビジネス・スクールをモデルにした日本型ビジネス・スクールが多く開設され，多くの社会人が大学に回帰し，ビジネス・スクールで学修するようになってきています（☞第 12 章 3-2 項，283 ページ）。

キーポイント
曖昧な社会科学の中でも経営学は特に曖昧で，学問的基軸が明確ではない！

3　経営学と商学はどう違うか

経営学と非常によく似た学問領域に，**商学**と呼ばれる領域があります。日本の大学の中にも，経営学部という名称の学部と商学部という名称の学部との双方が混在しています。皆さんの中にも，経営学部と商学部とはどこがどう違うのかと思って，開講されている授業科目を調べてみたけれど，いずれの学部でも経営管理論やマーケティング論など，基礎的な授業科目名は共通していて違いがよくわからない，という経験をした人も多いことでしょう。ではこの 2 つの学問領域はまったく同じなのでしょうか。

3-1　経営学と商学は対象が異なる

実は，経営学と商学とは類似している部分もありますが，異なっている部分もあります。最も広義に経営学という領域を説明する際には，商学は経営学の一部として含めてしまうことも特に最近ではよく見られますが，厳密にいうとこの両者は区別されます。この（狭義の）経営学と商学の相違を説明するために，第 1 章で出てきた「会社のシステム」の概念図（☞図 1-1，13 ページ）をもう一度ここでおさらいしてみることにしましょう[2]。

第 1 章でも少し触れましたが，経営学の研究対象は，この図の破線で示され

■ 図補-4　経営学と商学の研究対象

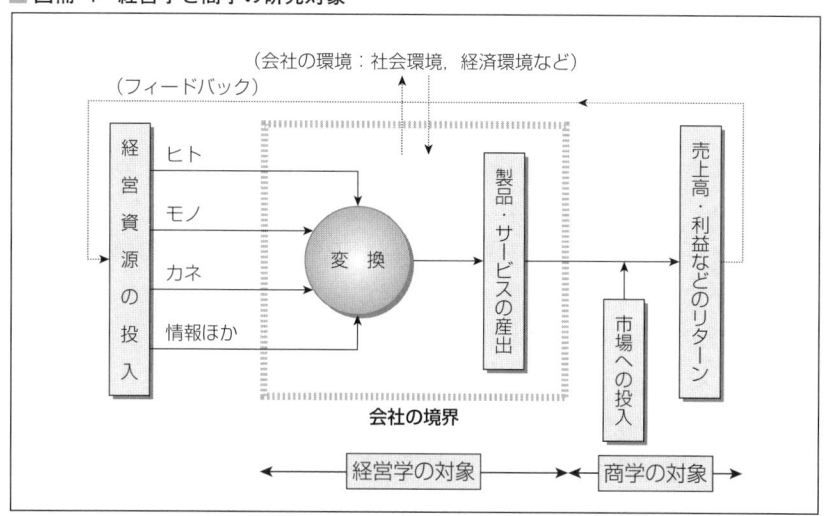

出所：斎藤毅憲 編著［2012］『経営学を楽しく学ぶ（第3版）』中央経済社，24ページより（一部変更）。

ている「会社の境界」の内部の部分です。前節で，経営学とは「会社内部にお
けるヒト・モノ・カネ・情報等の経営資源が具体的に結びついて生産をしてい
く仕組み，あるいはそこから具体的にモノやサービスが消費されていく仕組み
などについて科学的に学ぶのが経営学です」と説明したことからもわかると思
いますが，この破線で囲まれた内部の部分は，ヒト・モノ・カネ・情報等の各
種経営資源が具体的に結びつけられて変換され，製品やサービスという形で産
出されるまでを示しており，ここまでが経営学の対象範囲です。簡単にいって
しまえば，経営学とは，製品やサービスが産み出されるまでが研究の対象にな
るといえるでしょう。

　それに対して，商学という学問領域では，この製品・サービスが産み出され
た後，それが最終消費者にまで届けられるまでの過程を対象にしているといえ
ます（ここでいう最終消費者とは，皆さんのような一般の個人消費者はもちろんですが，
それ以外に他の会社や役所，政府等の組織体も含まれます）。単純化すれば，製品が
できあがるまでのプロセスについて学修するのが経営学，そのあとのプロセス
について学ぶのが商学，といってもいいでしょう。

3-2　商学の成り立ち

　会社が作った製品を消費者の手元にまで届けようとすれば，会社はどのようなことを考えないといけないでしょうか。まずは，どのような製品をいかにして誰に対して売り込むかを考えないといけません。第13章で学修したように，これがマーケティングと呼ばれる活動であるわけです（図補-4でいうと「市場への投入」というところです）。そして，製品が消費者のもとまで届くための流通経路を考えないといけません。作った製品を実際に消費者のもとにまで運ぶためには，例えばトラックで運ぶのか飛行機で運ぶのかといったような交通の仕組みについても考える必要があるでしょう。あるいは，外国にいる消費者に届けるためには，貿易や為替の仕組みを知らないといけません。

　こうして流通の仕組みを整えたり，製品の運賃を支払ったりするには，銀行や証券市場を通じて当面のおカネを調達することも必要でしょう。また，製品を運搬している途中に，例えばトラックが交通事故に巻き込まれたり船が沈んだりというような万一の事故が発生すれば，会社は大きな損失を被ってしまいますから，そのためには保険をかけておく必要があるでしょう。商学系列の授業科目の中に，マーケティング論や流通論，交通論，貿易論，外国為替論，金融論（銀行論や証券論），保険論などの諸科目が含まれているのはこのためです。

　実は，商学という学問は経営学よりも古い歴史をもっています。経営学が20世紀初頭にテイラーの科学的管理法（☞第7章，150ページ）によって成立したとされるのに対し，商学はそれよりも以前，19世紀にはすでに発祥し確立していたといわれています。商学の「商」の字は，その原義的には会社が作ったモノやサービスを貨幣と交換する行為のことを指します。会社をはじめとするあらゆる経済主体はこの「商行為」を経ないことには現実的にはいっさい利益を実現することができませんから，この商行為を担うすべての経済主体の運営に関わる実践的学問として，商学は早くに成立することになったのです。いってみれば，商売をするときに必要な知識の集大成が商学だった，というわけです。日本の大学でも，歴史の比較的古い伝統的な大学においては，どちらかというと経営学部という名称よりも商学部という名称の学部名の方がメジャーになっています。

　商学は，このように商人の実践と直接的に結びついた学問領域として発展を

☕ コーヒーブレイク	経営学と商学の最重要キーワード

　経営学が会社内部で製品ができあがるまで，商学が製品のできあがった後，消費者に届くまでをそれぞれ研究対象とすると述べましたが，経営学と商学とでそれぞれ最も重要なキーワードを1つずつ挙げてみましょう。

　実は，経営学で最も重要なキーワードは，**意思決定**（decision-making）です。意思決定とは，いくつかの考えられる代替案・手段の中から1つを選択する行為のことを指しています。会社がとるべき戦略や具体的な方向性は，すべてこの意思決定によって決まってきます。会社の社長を中心に意思が決定される仕組みを学ぶのが経営学で，したがって「見える手」（☞14ページ）のあり方について学修するのが経営学です。

　これに対し，商学では最も重要なキーワードは**取引**（transaction）であるといっていいでしょう。会社は，自らが作った製品やサービスを流通経路の中で他の会社や消費者へと引き渡していきます。会社はこの引き渡しの対価として貨幣を受け取るわけで，このような商人と商人，ないし商人と消費者の間に交わされる売買行為が取引なのです。

　会社はその方向性を決めるために「意思決定」をしますが，決まった意思決定を市場という交換の場で実現させ，会社を他社や消費者と実際に結びつけようとするのが「取引」です。ですから，経営学と商学の双方を学ぶことにより，何もないゼロの状態から製品がどのようにしてできあがり，消費者のもとにまで届けられるかについての一連のプロセスを知ることができる，ということになります。

遂げてきたという歴史的経緯がありますから，学問・科学として厳格な体系性があるわけではありません。同じ商学領域でも，マーケティングを学ぶときには社会学や組織論系の基礎知識が，またファイナンスを学ぶ際には経済学の基礎知識が必要となります。したがって，多くの皆さんは，商学を学んだ場合にも，経営学を学んだときと同じような曖昧な印象——「あれもあり，これもありで，商学全体として中心となるべき学問的基軸が不明瞭だ」——という印象をもつことでしょう。

> ◗━ キーポイント
> 経営学は会社内部の意思決定の仕組みについて，商学は会社が作
> った製品が消費者のもとに届くまでの取引の仕組みについて研究
> する！

4 体系・概念を学ぶことの意義

4-1 現象の世界，概念の世界

　これまで，この補章では経営学とはどのような学問なのかについて，その体系や位置づけについて説明してきました。他の学問領域と比較し，経営学がどのような特性をもっている学問なのかについて検討を加えてきました。あるいは，このテキストのこれまでの各章では，随所で経営"現象"を説明するための"概念"に関する説明をしてきました。"体系"について学ぶということは，この章で述べてきた学問や科学の体系についての学修ももちろんですが，例えば「この書物はこういう流れで書かれている」というような構成や形式，枠組みについて学ぶことも含まれます。"概念"について学ぶということは，例えば第8章を例に挙げていうなら，そこで出てきた「組織構造」とか「分業」「調整」といった用語が表現しようとしている意味・意義について学ぶ，ということです。皆さんの中には，こういった体系や概念についての説明は抽象的でわかりにくいと感じた人もいるかもしれません。あるいは，このような学問の体系や概念など知ってどうなるんだ，体系とか概念とかを知ったところで現実には何の役にも立たないじゃないか，と懐疑的に感じる人も少なくないでしょう。

　その通りです。学問体系を知ったところで現実社会に出て何か直接的に「役に立つ」ことはまずあり得ません。概念について学んだところで，皆さんが少なくとも物質的な次元において何らトクをすることはありません。では，何のためにわざわざこのような何のトクもない体系や概念の勉強をする必要があっ

たのでしょうか。概念について学んだり，学問の体系を知ったりすることはまったく無意味なのでしょうか。

4-2　原理原則を知ること

　多くの皆さんは，会社経営や社会の現実がどうなっているのかを知ることの方が，体系や概念について学ぶより，はるかに楽しいし刺激的であると感じることでしょう。この会社の給料は高い，あの会社はこういうヒット商品を作って成功している，……どうしてこういったおもしろい会社経営の生々しい実態の方を，このテキストでは詳しく取り上げて説明してくれないんだ，と不満に思っている皆さんも中にはいることでしょう。

　確かに，日々変わる現実社会の動態を知ることは皆さんにとって刺激的ですし，楽しいことであるに違いありません。ただし，現実の世界は日々刻々と変わっていきます。パナソニックという会社でどういう新製品が発売されたか，トヨタ自動車ではどんな新しい自動運転車を開発しているか，……こういったことを知ることは確かに皆さんの知識を増やしてくれますが，こういった個々の事実は，それらの事実単体としては「知ってしまえばそれでおしまい」です。また明日になれば別の新しい事実が出てきます。そして昨日知った事実の多くは，古びた知識として皆さんの脳裏に定着することなく忘却されてしまうことになります。現実のみを追いかけていると，この繰り返しになりがちで，皆さんの頭の中には何も定着しません。無秩序の混沌とした世界です。

　例えば，皆さんがインターネットでニュース記事を読むという行為を想定してみてください。ネットニュースには，日々発生した事件や現象の概要について書かれています。ネットニュースを読むことで，それを読まないときよりは明らかに知識が増え，世の中でいまどんな事件が起こり，どのような事態になっているのかを大まかに摑むことができます。物知りになれます。でも，それだけです。ネットニュースを毎日読んでいる人にはわかると思いますが，ネットニュースをいくら毎日，隅から隅までくまなく目を通したところで，それらは日々起こった事件や現象の羅列に過ぎませんから，それらの事象が生じた背景についての知識や，現時点はこの事件の全体像の中でどのような位置を占めているのか，といったようなことについては，単に日々ネットニュースを読ん

■ 図補-5　現実の世界と概念・体系の世界

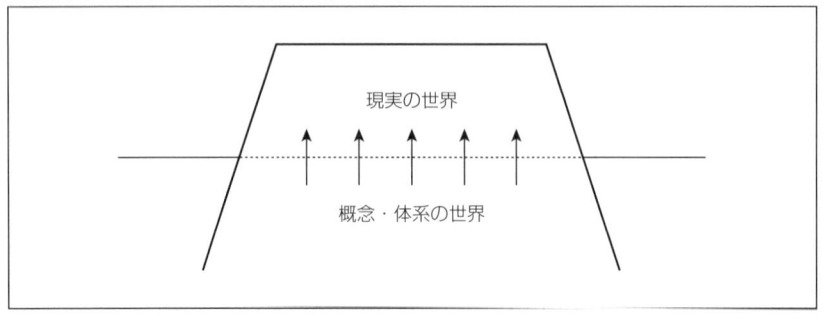

出所：筆者作成。

でいるだけではほとんど知ることができません。

　現実を知るために日々ニュースに目を通すことは楽しいことです。社会現象に対する自分の知識を豊かにしてくれます。しかし，そこでふと立ち止まり考えてみてほしいのです。なぜパナソニックではこんな新製品が開発されたのか，なぜトヨタは新しい自動運転車を売り出したのか。つまり，単に現実を知り知識を増やすだけではなく，それを一歩超えて，その現実が何ゆえにそのようになっているのか，ということを深いレベルで考えてほしい，ということです。このように「なぜ」を考えることは，実は現象の奥底に潜むメカニズムについて知ること，換言すれば原理原則を知ることにほかなりません。

　このことを図解したのが図補-5 です。この図は，海に浮かぶ大きな氷山だと思ってください。皆さんは，日常的には海水面から上に出ている部分しか観察することはできません。これが現象の世界です。ニュースを読むことで知ることができる世界です。しかし，その下には，目には見えないけれど，現実の現象世界を規定している隠れた重要な部分が存在します。これが概念や体系の世界です。現実を下部から支えている理屈の世界，原理原則の世界です。概念が現象の世界を捕捉し表現しようとした装置である以上，概念・体系の世界もまた現象の変動に応じて変わっていくことはあります。ただ，概念・体系の世界の変化のスピードは現象の世界の変化のそれよりも緩やかです。

4-3　客観的に論理で考えること

　また，このように原理原則について考えようとすれば，皆さん自身という
"個人"を超越したところで，皆さんの主観やフィーリング（おもしろいとか楽
しいとか，あるいは苦しいとか悲しいとか）を超えたところで，現象を理解しよう
とする方向に，皆さんの思考様式が自ずと変わっていくはずです。裏を返して
いえば，この「なぜか」の理由を考える際に，「私自身が○○だから」とか
「僕は○○のように思います」とかいうように "私" や "僕" を介在させてい
るような状態だと，それではまだダメだということです。私や僕がどうこうだ
からという私的な理由を超えて，他者や他の世界が，なぜそういうように動き，
なぜそのような結果が生まれるのかについて，ひとまずは自分という主体を介
在させないで考察すること……実は，大学で勉強するとき，とりわけ社会科学
を勉強するときに最も重要な点は，このように「客観的に論理で考察してみる
こと」なのです。大げさにいうと，これができるかできないかで，その人の今
後の伸びは大きく変わってきます。社会科学を学ぶにあたってのいろいろな情
報への接し方が変わってきます。

　そして，このように「現象を規定しているメカニズムを知ること」「己を超
えたところで原理原則について考察すること」は，単に日々移ろいゆく現実社
会の動向を知ることよりも，実ははるかに "楽しい" ことなのです。確かに，
原理原則を知ったところで自分自身が直接的にどうこう影響を受けるというこ
とはありませんから，刺激としては少ないでしょう。また，そのような原理原
則を知るには深く思索しないといけませんから，派手さがなく，時にはつまら
なく感じたり，あるいは苦痛に感じたりする人もいることでしょう。

　しかし，こういう原理原則は，日々移ろってゆく現実世界とは違い，そうた
びたび変わるものではありません。学ぶのには骨が折れますが，いったん学ん
でしまえば，いつでも応用が可能な代物です。原理原則は，頭にいったん定着
しさえすれば，すぐに忘れ去られてしまうこともありません。自分自身のフィ
ーリングを超えたところで，すなわち "論理" を通じて事象や世界を理解する
ことができ，その原理原則を介して現実社会を鋭く観察することができるよう
になります。原理原則を知ることで，単に個々の現象のみを追いかけているよ
りもはるかに多くのことを，その根本から深く体系的に整理し理解することが

できるようになるのです。

4-4 概念レンズを通して現象を観察すること

この補章で説明してきた学問の体系や，これまでこのテキストで説明してきたたくさんの概念は，種々雑多の現実世界を整理し理解するための，いわば"レンズ"の役割を果たす装置のようなものです。この**概念レンズ**を通せば，現実世界をよく理解できるようになり，未来を予測する洞察力すら体得できるようになります。経営学とは何か，経済学とはどう違うか，商学とはどう違うか，なぜそういった違いがあるのか……こういった体系についての説明は，皆さんの生活それ自体にダイレクトに役立つものではありませんが，皆さんが今後社会に出て，いろいろな局面に遭遇し，経験を蓄積していった場合に，「あ，この自分が遭遇している現象の背後にはこういうメカニズムが作用しているんだ」「これは経営学の授業で学んだあの概念なんだ」ということを理解し，より広い視野に立って考察・理解することを可能にするはずです。

実は，大学というところは本来，種々雑多な知識を単に授業で教えてもらって増やすための場ではなく，増えた知識を整理し，世界を理解するための概念や体系について学ぶための場なのです。知識の内容そのものを知る場ではなく，知識を得るための方法を学び，増えた知識を整理することを通じ，その世界の全体構造を理解するための方法を学修する場が大学なのです。「大学は知識を得るところではなく，（知識を得るための）方法を学修するための場だ」という言い回しを耳にしたことがある皆さんも多いと思いますが，この言い回しはまさにこういうことを表現しようとしたものなのです。

この章の第2節で説明したように，経営学は，経済学をはじめとする他の社会科学の学問領域と比べ，より「現実に近い」ところから社会を観察し捕捉しようとしています。ですから，経営学の学修においては，その個々の現象を整理し理解するための"概念"や"体系"についての学修が，ややもすると疎かになってしまいがちです。下手をすると，闇雲に経営現象についての実態や新奇な知識ばかりを追いかけてしまうことになってしまいがちなので，注意が必要です。

このテキストでは，そうはならないように，経営現象を理解するための概念

や体系についての説明を，難しくなりすぎないように配慮しながら，他の類書よりもやや詳しくしてきたつもりです。このテキストで「経営学」を学修し，最後までついてきてくれた皆さんは，大学を卒業してから，自分が働く会社の仕組みを，あるいは会社を超えた社会の全体構造を，さまざまな概念レンズを通じて体系的に捕捉するための芽が育っているはずです。

> ⚿ キーポイント
> *知識は増やすだけではダメ。増えた知識を整理・理解するのに概念や体系が役立つ！*

■ 注 ■

1) この部分の記述は，橋爪大三郎「社会学はどういう学問なのか」（別冊宝島編集室［1993］，8-26 ページ）を参考にしています。

2) なお，経営学からいわゆる「会計学」の領域（☞第 15 章）を独立させ，会計学を経営学・商学と同列に付して議論することもありますが，本書では，会計学を「企業内部の経営状態を客観的に数値化してユーザー（外部投資家や内部管理者）に提示するための知識や方法の体系」として捕捉する立場から，経営学の一領域に含めて理解しています。

■ 演習問題 ■

[1] あなたが経営学の授業を受講した感想を，とりわけ経済学の授業を受講した場合と比較しながらいくつか挙げ，箇条書きにしてみましょう。そして，なぜそのような感想が出てきたのか，その理由について，本章で学修した経営学の学問的特性と結びつけながら考えてみましょう。

[2] 経営学を学修すると，「将来，会社に入ってから役立つ」というように考える皆さんは多いでしょう。では，この "役立つ" というのはどういう意味なのか，具体的にどうなれば「役立った」ことになるのか，考えてみましょう。また，経営学を学修することで，「会社に入ってから役立ちそうだ」という以外の意義は何かないか，考えてみましょう。

[3] あなたの大学で開講されている経営学系列の授業科目を，375 ページの図補-4 を参照しながら，この図のどの部分について学修したのか，考えてみましょう。また，それぞれの授業で学修した最も重要な概念を 1 つずつ選び出し，それらの概念を学修す

ることは経営学の学問体系にとってなぜ必要なのか，なぜ重要であるのかについて，考えてみましょう。

■ さらに進んだ学修のために ■■■■■■■■■■■■■■■■■■■■■■■

〔1〕 I. ウォーラーステイン 著，本多健吉・高橋　章 監訳［1993］『脱＝社会科学——19 世紀パラダイムの限界』藤原書店。

〔2〕 大塚久雄［1966］『社会科学の方法——ヴェーバーとマルクス』（岩波新書 B62），岩波書店。

〔3〕 神戸大学経済経営学会 編［2016］『ハンドブック経営学（改訂版）』ミネルヴァ書房。

〔4〕 藤本隆宏・高橋伸夫・新宅純二郎・阿部　誠・粕谷　誠［2005］『リサーチ・マインド 経営学研究法』有斐閣。

〔5〕 別冊宝島編集室 編［1993］『社会学入門』宝島社。

引用・参考文献一覧

（各章を執筆するにあたって引用したり参考にしたりした文献を五十音順で掲載しています。外国語文献については翻訳書のみを，また執筆にあたり参考にした URL については末尾にまとめて掲載しています。）

【 あ　行 】

AERA MOOK 編集室　編［2005］『経営学がわかる。（新版）』朝日新聞社。

青木昌彦・ドーア，R. 編著［1995］『システムとしての日本企業』NTT 出版。

青島矢一・加藤俊彦［2003］『競争戦略論』東洋経済新報社。

アーカー，D. A. 著，陶山計介・中田善啓・尾崎久仁博・小林　哲　訳［1994］『ブランド・エクイティ戦略──競争優位をつくりだす名前，シンボル，スローガン』ダイヤモンド社。

赤岡　功［1989］『作業組織再編成の新理論』千倉書房。

安積敏政［2006］「岐路に立つ松下電器のグローバル経営」『国際ビジネス研究学会年報』第12 号。

淺川和宏［2003］『グローバル経営入門』日本経済新聞社。

アベグレン，J. 著，占部都美 監訳［1958］『日本の経営』ダイヤモンド社。

アベグレン，J. 著，山岡洋一 訳［2004］『新・日本の経営』日本経済新聞社。

網倉久永・新宅純二郎［2011］『経営戦略入門』日本経済新聞出版社。

雨宮寛二［2015］『アップル，アマゾン，グーグルのイノベーション戦略』NTT 出版。

石井淳蔵［1984］『日本企業のマーケティング行動』日本経済新聞社。

石井淳蔵［1999］『ブランド──価値の創造』岩波書店。

石井淳蔵・栗木　契・嶋口充輝・余田拓郎［2004］『ゼミナール　マーケティング入門』日本経済新聞社。

石井淳蔵・栗木　契・嶋口充輝・余田拓郎［2013］『ゼミナール　マーケティング入門（第 2版）』日本経済新聞出版社。

石田光男［1990］『賃金の社会科学──日本とイギリス』中央経済社。

伊丹敬之［2000］『経営の未来を見誤るな──デジタル人本主義への道』日本経済新聞社。

伊丹敬之・加護野忠男［1993］『ゼミナール経営学入門（第 2 版）』日本経済新聞社。

伊丹敬之・加護野忠男［2003］『ゼミナール経営学入門（第 3 版）』日本経済新聞社。

伊藤邦雄［1999］『グループ連結経営──新世紀の行動原理』日本経済新聞社。

伊藤邦雄［2012］『ゼミナール現代会計入門（第 9 版）』日本経済新聞出版社。

今西宏次［2006］『株式会社の権力とコーポレート・ガバナンス』文眞堂。

今野浩一郎［1995］「新しい人事管理の潮流──『能力開発主義』の再編」『日本労働研究雑誌』第 426 号。

386

今野浩一郎・佐藤博樹［2008］『人事管理入門（第2版）』日本経済新聞出版社。

岩井克人［2003］『会社はこれからどうなるのか』平凡社（平凡社ライブラリー版，2009年）。

ヴァイス，D.・マルシード，M. 著，田村理香 訳［2006］『Google 誕生——ガレージで生まれたサーチ・モンスター』イースト・プレス。

上野恭裕・馬場大治 編著［2016］『経営管理論』中央経済社。

ウェーバー，M. 著，世良晃志郎 訳［1970］『支配の諸類型』創文社。

ウェルチ，J. 著，宮本喜一 訳［2001］『ジャック・ウェルチ わが経営』上・下，日本経済新聞社（日経ビジネス人文庫版，2005年）。

ウォーラーステイン，I. 著，本多健吉・高橋　章 監訳［1993］『脱＝社会科学——19 世紀パラダイムの限界』藤原書店。

内田義彦［1992］『作品としての社会科学』（同時代ライブラリー 95），岩波書店。

エドモンソン，A. C. 著，野津智子 訳［2014］『チームが機能するとはどういうことか——「学習力」と「実行力」を高める実践アプローチ』英治出版。

大内伸哉［2013］『解雇改革——日本型雇用の未来を考える』中央経済社。

大木裕子［2004］『オーケストラのマネジメント——芸術組織における共創環境』文眞堂。

大久保幸夫［2006］『正社員時代の終焉——多様な働き手のマネジメント手法を求めて』日経BP社。

大沢真知子・ハウスマン，S. 編［2003］『働き方の未来——非典型労働の日米欧比較』日本労働研究機構。

大滝精一・金井一頼・山田英夫・岩田　智［2016］『経営戦略——論理性・創造性・社会性の追求（第3版）』有斐閣。

大塚章男・高野一郎［2002］『平成 14 年度商法改正のすべて』中央経済社。

大塚久雄［1966］『社会科学の方法——ヴェーバーとマルクス』（岩波新書 B62），岩波書店。

大月博司・藤田　誠・奥村哲史［2001］『組織のイメージと理論』創成社。

大坪　稔［2005］『日本企業のリストラクチャリング——純粋持株会社・分社化・カンパニー制と多角化』中央経済社。

岡本康雄 編著［2000］『現代経営学への招待——21 世紀の展望』中央経済社。

小川孔輔［1994］『ブランド戦略の実際』日本経済新聞社。

小川孔輔［2011］『ブランド戦略の実際（第2版）』日本経済新聞出版社。

奥林康司［1991］『労働の人間化——その世界的動向（増補版）』有斐閣。

奥林康司［2002］『働きやすい組織』日本労働研究機構。

奥林康司・稲葉元吉・貫　隆夫 編著［2002］『NPO と経営学』中央経済社。

奥林康司・上林憲雄・平野光俊 編著［2010］『入門人的資源管理（第2版）』中央経済社。

奥林康司・庄村　長・竹林　明・森田雅也・上林憲雄［1994］『柔構造組織パラダイム序説——新世代の日本的経営』文眞堂。

奥林康司・平野光俊［2004a］『フラット型組織の人事制度』中央経済社。

奥林康司・平野光俊 編著［2004b］『キャリア開発と人事戦略』中央経済社。

小倉一哉［2013］『「正社員」の研究』日本経済新聞出版社。

小樽商科大学高大連携チーム 編［2005］『わかる経営学——15歳からの大学入門』日本経済評論社。

オライリー，C.・フェッファー，C. 著，長谷川喜一郎 監修・解説，廣田里子・有賀裕子 訳［2002］『隠れた人材価値——高業績を続ける組織の秘密』翔泳社。

恩蔵直人［2004］『マーケティング』日本経済新聞社。

【 か 行 】

海道ノブチカ［2005］『ドイツの企業体制——ドイツのコーポレート・ガバナンス』森山書店。

加護野忠男［1997］『日本的経営の復権——「ものづくり」の精神がアジアを変える』PHP研究所。

加護野忠男・吉村典久 編著［2012］『1からの経営学（第2版）』碩学社。

片岡信之・齋藤毅憲・佐々木恒男・高橋由明・渡辺　峻［2015］『はじめて学ぶ人のための経営学（ver. 3）』文眞堂。

片山又一郎［2003］『マーケティングを学ぶ人のためのコトラー入門』日本実業出版社。

勝部伸夫［2004］『コーポレート・ガバナンス論序説——会社支配からコーポレート・ガバナンス論へ』文眞堂。

加藤俊彦［2014］『競争戦略』日本経済新聞出版社。

金井壽宏［2002］『仕事で「一皮むける」——関経連「一皮むけた経験」に学ぶ』光文社。

金井壽宏［2005］『リーダーシップ入門』日本経済新聞社。

ガルブレイス，J. K. 著，都留重人 監訳［1972］『新しい産業国家（第2版）』河出書房新社。

ガルブレイス，J. R.・ネサンソン，D. A. 著，岸田民樹 訳［1989］『経営戦略と組織デザイン』白桃書房。

川村哲二 編著［2005］『グローバル経済下のアメリカ日系工場』東洋経済新報社。

上林憲雄［2001］『異文化の情報技術システム——技術の組織的利用パターンに関する日英比較』千倉書房。

神林　龍［2017］『正規の世界・非正規の世界——現代日本労働経済学の基本問題』慶應義塾大学出版会。

菊池敏夫・平田光弘 編著［2000］『企業統治の国際比較』文眞堂。

菊地浩之［2005］『企業集団の形成と解体——社長会の研究』日本経済評論社。

菊地浩之［2017］『三井・三菱・住友・芙蓉・三和・一勧——日本の六大企業集団』KADOKAWA。

岸田雅雄［2012］『ゼミナール会社法入門（第7版）』日本経済新聞出版社。

388

北野利信 編著［1977］『経営学説入門』有斐閣。

キャンター，R. M. 著，三原淳雄・土屋安衛 訳［1991］『巨大企業は復活できるか──企業オリンピック「勝者の条件」』ダイヤモンド社。

楠田 丘［1993］『加点主義人事考課──その理念とシステム（第6版）』経営書院。

楠田 丘 著，石田光男 監修・解題［2004］『〈楠田丘オーラルヒストリー〉賃金とは何か──戦後日本の人事・賃金制度史』中央経済社。

公文 溥・安保哲夫 編著［2005］『日本型経営システムと EU──ハイブリッド工場の比較分析』ミネルヴァ書房。

経営学史学会 編［2004］『経営学を創り上げた思想』文眞堂。

ケラー，K. L. 著，恩藏直人 監訳［2010］『戦略的ブランド・マネジメント（第3版）』東急エージェンシー。

玄田有史［2005］『働く過剰──大人のための若者読本』NTT 出版。

玄田有史 編［2017］『人手不足なのになぜ賃金が上がらないのか』慶應義塾大学出版会。

現代企業研究会 編［1994］『日本の企業間関係──その理論と実態』中央経済社。

小池和男［2015］『なぜ日本企業は強みを捨てるのか──長期の競争 vs. 短期の競争』日本経済新聞出版社。

小池和男・猪木武徳 編著［2002］『ホワイトカラーの人材形成──日米英独の比較』東洋経済新報社。

小池和男・中馬宏之・太田聰一［2001］『もの造りの技能──自動車産業の職場で』東洋経済新報社。

高 巖・辻 義信・デイヴィス，S. T.・瀬尾隆史・久保田政一［2003］『企業の社会的責任──求められる新たな経営観』日本規格協会。

厚生労働省 編［2004］『労働経済白書（平成 16 年版）』ぎょうせい。

厚生労働省 編［2006］『労働経済白書（平成 18 年版）』国立印刷局。

河野豊弘・クレッグ，S. 著，吉村典久 監訳［2002］『日本的経営の変革──持続する強みと問題点』有斐閣。

神戸大学経営学部会計学研究室 編［2016］『会計学基礎論（第5版補訂版）』同文舘出版。

神戸大学経済経営学会 編［2016］『ハンドブック経営学（改訂版）』ミネルヴァ書房。

小島廣光［1998］『非営利組織の経営──日本のボランティア』北海道大学図書出版会。

小杉礼子 編著［2005］『フリーターとニート』勁草書房。

コトラー，P. 著，恩藏直人 監訳，大川修二 訳［2003］『コトラーのマーケティング・コンセプト』東洋経済新報社。

小松 章［2016］『基礎コース 経営学（第3版）』新世社。

これからの賃金制度のあり方に関する研究会 編［2005］『企業における多様な働き方と賃金制度──ワークライフバランスへの対応』雇用情報センター。

【 さ 行 】

齋藤毅憲 編著［2012］『経営学を楽しく学ぶ（第3版）』中央経済社。

坂下昭宣［1985］『組織行動研究』白桃書房。

坂下昭宣［2014］『経営学への招待（新装版）』白桃書房。

坂本　清［2017］『熟練・分業と生産システムの進化』文眞堂。

坂本恒夫・佐久間信夫 編［1996］『企業集団研究の方法』文眞堂。

佐久間信夫・芦澤成光 編著［2004］『経営戦略論』創成社。

桜井久勝［2015］『会計学入門（第5版）』日本経済新聞出版社。

桜井久勝［2017］『財務諸表分析（第7版）』中央経済社。

桜井久勝［2018］『財務会計講義（第19版）』中央経済社。

桜井久勝・須田一幸［2018］『財務会計・入門——企業活動を描き出す会計情報とその活用法（第12版）』有斐閣。

佐護　譽・渡辺　峻 編著［2004］『経営学総論』文眞堂。

佐々木　直［1999］『企業発展の礎となる経営理念の研究』産業能率大学出版部。

佐々木　弘・奥林康司 編著［2003］『経営学（新訂版）』放送大学教育振興会。

佐々木　弘・奥林康司・原田順子 編著［2007］『経営学入門』放送大学教育振興会。

佐藤博樹・玄田有史 編著［2003］『成長と人材——伸びる企業の人材戦略』勁草書房。

佐藤博樹・武石恵美子［2010］『職場のワーク・ライフ・バランス』日本経済新聞出版社。

佐藤博樹・武石恵美子 編［2017］『ダイバーシティ経営と人材活用——多様な働き方を支援する企業の取り組み』東京大学出版会。

佐藤裕一［2012］『経営分析の基本（第5版）』日本経済新聞出版社。

塩次喜代明・高橋伸夫・小林敏男［2009］『経営管理（新版）』有斐閣。

信夫千佳子［2017］『セル生産システムの自律化と統合化——トヨタの開発試作工場の試み』文眞堂。

嶋口充輝［1986］『統合マーケティング——豊饒時代の市場志向経営』日本経済新聞社。

嶋口充輝・石井淳蔵［1995］『現代マーケティング（新版）』有斐閣。

島本慈子［2003］『ルポ解雇——この国で今起きていること』岩波書店。

下谷政弘［1993］『日本の系列と企業グループ——その歴史と理論』有斐閣。

下谷政弘［2006］『持株会社の時代——日本の企業結合』有斐閣。

シャイン，E. H. 著，二村敏子・三善勝代 訳［1991］『キャリア・ダイナミクス——キャリアとは，生涯を通しての人間の生き方・表現である。』白桃書房。

社会経済生産性本部［2005］『企業の社会的責任（CSR）指標化に関する調査報告書』社会経済生産性本部。

週刊東洋経済編集部 編［2017］『海外進出企業総覧 2017 年版』会社別編・国別編，東洋経済新報社。

390

城　繁幸［2006］『若者はなぜ3年で辞めるのか？──年功序列が奪う日本の未来』光文社。

白井泰四郎［1992］『現代日本の労務管理（第2版）』東洋経済新報社。

新・日本的経営システム等研究プロジェクト　編著［1995］『新時代の「日本的経営」──挑戦すべき方向とその具体策』日本経営者団体連盟。

スミス，A. 著，水田　洋　監訳，杉山忠平　訳［2000］『国富論』1～4，岩波書店。

関　満博・範　建亭　編著［2003］『現地化する中国進出日本企業』新評論。

摂南大学経営情報学部　編［2004］『経営学ガイダンス』中央経済社。

十川廣國［2005］『CSR の本質──企業と市場・社会』中央経済社。

園田智昭　編著［2017］『企業グループの管理会計』中央経済社。

【た　行】

田尾雅夫・佐々木利廣・若林直樹　編著［2005］『はじめて経営学を学ぶ』ナカニシヤ出版。

高橋俊夫　編著［2006］『コーポレート・ガバナンスの国際比較──米，英，独，仏，日の企業と経営』中央経済社。

高橋伸夫［2004］『虚妄の成果主義──日本型年功制復活のススメ』日経 BP 社（ちくま文庫版，2010 年刊）。

高橋伸夫［2005］『〈育てる経営〉の戦略──ポスト成果主義への道』講談社。

高橋宏幸・丹沢安治・花枝英樹・三浦俊彦［2011］『現代経営入門』有斐閣。

高橋由明［2006］『基礎と応用で学ぶ経営学──ひとつの国際比較』文眞堂。

武石恵美子［2016］『キャリア開発論──自律性と多様性に向き合う』中央経済社。

竹内　裕［1986］『新しい賃金制度──その考え方と作り方（4訂版）』同文舘出版。

竹林　明［2013］「観光地ブランドの2側面──地理的ブランドとテーマ的ブランド」大橋昭一　編著『現代の観光とブランド』同文舘出版，所収。

立道信吾・守島基博［2006］「働く人からみた成果主義」『日本労働研究雑誌』第554号。

谷本寛治［2006］『CSR──企業と社会を考える』NTT 出版。

ダフト，R.L. 著，髙木晴夫　訳［2002］『組織の経営学──戦略と意思決定を支える』ダイヤモンド社。

田村正紀［1989］『現代の市場戦略──マーケティング・イノベーションへの挑戦』日本経済新聞社。

田村正紀［1998］『マーケティングの知識』日本経済新聞社。

チャンドラー，A.D., Jr. 著，三菱経済研究所　訳［1967］『経営戦略と組織──米国企業の事業部制成立史』実業之日本社。

チャンドラー，A.D., Jr. 著，鳥羽欽一郎・小林袈裟治　訳［1979］『経営者の時代──アメリカ産業における近代企業の成立』上・下，東洋経済新報社。

チャンドラー，A.D., Jr. 著，有賀裕子　訳［2004］『組織は戦略に従う』ダイヤモンド社。

中條　毅・菊野一雄　編著［1988］『日本労務管理史1——雇用制』中央経済社。

朝陽会　編『有価証券報告書総覧（松下電器産業株式会社）1998年』朝陽会。

津田達男［2001］『ケースに学ぶ組織とリーダーシップ——30冊の名著からの考察』社会経済生産性本部生産性労働情報センター。

テーラー，F. W. 著，上野陽一　訳編［1969］『科学的管理法（新版）』産業能率短期大学出版部。

寺澤直樹［2000］『グループ経営の実際』日本経済新聞社。

寺本義也　編著［1996］『日本型グループの戦略と手法(2)——製造業編』中央経済社。

照屋華子・岡田恵子［2001］『ロジカル・シンキング——論理的な思考と構成のスキル』東洋経済新報社。

ドーア，R. 著，藤井真人　訳［2001］『日本型資本主義と市場主義との衝突——日・独対アングロサクソン』東洋経済新報社。

東北大学経営学グループ［2008］『ケースに学ぶ経営学（新版）』有斐閣。

遠山正朗　編著［2003］『ケースに学ぶ企業の文化』白桃書房。

徳田昭雄［2000］『グローバル企業の戦略的提携』ミネルヴァ書房。

トヨタ自動車株式会社『トヨタの会社概要2006』。

鳥邊晋司・東原英子［2003］『連結会計情報と企業分析』中央経済社。

【　な　行　】

内藤文雄［2005］『財務諸表論ミドルクラス』税務経理協会。

仲田正機　編著［2005］『比較コーポレート・ガバナンス研究——日本・英国・中国の分析』中央経済社。

中原　淳　編，荒木淳子・北村士朗・長岡　健・橋本　諭　著［2006］『企業内人材育成入門』ダイヤモンド社。

中村圭介［2006］『成果主義の真実』東洋経済新報社。

中山　健［2001］『中小企業のネットワーク戦略』同友館。

日経連能力主義管理研究会　編［2001］『能力主義管理——その理論と実際（新装版）』日経連出版部。

日本科学技術連盟『QCサークル——職場とQC』各月号，日本科学技術連盟。

日本経営学会　編［2004］『グローバリゼーションと現代企業経営』千倉書房。

日本経営学会　編［2006］『日本型経営の動向と課題』千倉書房。

日本経営者団体連盟教育特別委員会　編［1999］『エンプロイヤビリティの確立をめざして——「従業員自律・企業支援型」の人材育成を』日本経営者団体連盟教育研修部。

日本経営者団体連盟弘報部　編［1955］『職務給の研究』日本経営者団体連盟弘報部。

沼上　幹［2004］『組織デザイン』日本経済新聞社。

延岡健太郎［1996］『マルチプロジェクト戦略——ポストリーンの製品開発マネジメント』有斐閣。

【 は 行 】

橋爪大三郎［1988］『はじめての構造主義』講談社。

ハーズバーグ，F. 著，北野利信 訳［1968］『仕事と人間性——動機づけ−衛生理論の新展開』東洋経済新報社。

パナソニック（松下電器産業）株式会社『アニュアルレポート』各年版。

バーナード，C.I. 著，山本安次郎・田杉　競・飯野春樹 訳［1968］『経営者の役割（新訳版)』ダイヤモンド社。

バーニー，J.B. 著，岡田正大 訳［2003］『企業戦略論——競争優位の構築と持続（下）全社戦略編』ダイヤモンド社。

濱口桂一郎［2014］『日本の雇用と中高年』筑摩書房。

林　昴一・浅田孝幸 編著［2001］『グループ経営戦略——理論と実際』東京経済情報出版。

林　伸二［1985］『仕事の価値——新しいモチベーション研究』白桃書房。

原　拓志・宮尾　学 編著［2017］『技術経営』中央経済社。

バーリー，A.A.・ミーンズ，G.C. 著，北島忠男 訳［1958］『近代株式会社と私有財産』文雅堂書店。

ピコー，A.・ディートル，H.・フランク，E. 著，丹沢安治 ほか訳［2007］『新制度派経済学による組織入門——市場・組織・組織間関係へのアプローチ（第4版)』白桃書房。

ピュー，D.S.・ヒクソン，D.J. 著，北野利信 訳［2003］『現代組織学説の偉人たち——組織パラダイムの生成と発展の軌跡』有斐閣。

開本浩矢［2006］『研究開発の組織行動——研究開発技術者の業績をいかに向上させるか』中央経済社。

平野光俊［2006］『日本型人事管理——進化型の発生プロセスと機能性』中央経済社。

ファヨール，H. 著，佐々木恒男 訳［1972］『産業ならびに一般の管理』未来社。

フィードラー，F.E. 著，山田雄一 監訳［1970］『新しい管理者像の探究』産業能率短期大学出版部。

藤井　耐・松崎和久 編著［2004］『日本企業のグループ経営と学習』同文舘出版。

藤田　誠［2015］『経営学入門』中央経済社。

藤野直明［1999］『サプライチェーン経営入門』日本経済新聞社。

藤本隆宏［2001］『生産マネジメント入門（I)』日本経済新聞社。

藤本隆宏・高橋伸夫・新宅純二郎・阿部　誠・粕谷　誠［2005］『リサーチ・マインド 経営学研究法』有斐閣。

藤本隆宏・西口敏宏・伊藤秀史 編著［1998］『リーディングス サプライヤー・システム——

新しい企業間関係を創る』有斐閣。

二神枝保・村木厚子 編著 ［2017］『キャリア・マネジメントの未来図——ダイバーシティとインクルージョンの視点からの展望』八千代出版。

ブーフフォルツ，A.・ボルデマン，B. 著，井上浩嗣・松野隆一 訳 ［2002］『あのブランドばかり，なぜ選んでしまうのか——購買心理のエッセンス』東洋経済新報社。

別冊宝島編集室 編 ［1993］『社会学入門』（別冊宝島 176），宝島社。

ポーター，M. E. 著，土岐　坤・中辻萬治・小野寺武夫 訳 ［1985］『競争優位の戦略——いかに高業績を持続させるか』ダイヤモンド社。

【 ま　行 】

マズロー，A. H. 著，金井壽宏 監訳，大川修二 訳 ［2001］『完全なる経営』日本経済新聞社。

松崎和久 編著 ［2006］『戦略提携——グループ経営と連携戦略』学文社。

松行彬子 ［2000］『国際戦略的提携——組織間関係と企業変革を中心として』中央経済社。

マルクス，K. 著，マルクス＝エンゲルス全集刊行委員会 訳 ［1968］『資本論』大月書店。

三重野研一・矢野弘樹 ［2005］『誰でもわかる企業会計の基礎基本』エクスメディア。

水町勇一郎 ［2018］『「同一労働同一賃金」のすべて』有斐閣。

三隅二不二 編著 ［1987］『働くことの意味：Meaning of Working Life——MOW の国際比較研究』有斐閣。

三戸　浩・池内秀己・勝部伸夫 ［2018］『企業論（第 4 版）』有斐閣。

村杉　健 ［1994］『モラール・サーベイ——作業組織管理論』税務経理協会。

村田和彦 ［2011］『経営学原理（改訂版）』中央経済社。

守島基博 編著 ［2002］『21 世紀の“戦略型”人事部』日本労働研究機構。

森田雅也 ［2008］『チーム作業方式の展開』千倉書房。

森田道也 ［2004］『サプライチェーンの原理と経営』新世社。

【 や　行 】

安田洋史 ［2006］『競争環境における戦略的提携——その理論と実践』NTT 出版。

安田洋史 ［2016］『アライアンス戦略論（新版）』NTT 出版。

安本雅典・真鍋誠司 編 ［2017］『オープン化戦略——境界を越えるイノベーション』有斐閣。

矢野眞和 ［2011］「日本の新人——日本的家族と日本的雇用の殉教者」『日本労働研究雑誌』第 606 号。

山口大学経済学部経営学科 編 ［2005］『経営学をやさしく学ぶ』中央経済社。

山口裕幸・髙橋　潔・芳賀　繁・竹村和久 ［2006］『経営とワークライフに生かそう！ 産業・組織心理学』有斐閣。

山崎　清・竹田志郎 編 ［1993］『テキストブック国際経営（新版）』有斐閣。

394

山田耕嗣・佐藤秀典［2014］『コア・テキスト マクロ組織論』新世社。

山本　寛［2009］『人材定着のマネジメント――経営組織のリテンション研究』中央経済社。

山本　寛［2014］『働く人のためのエンプロイアビリティ』創成社。

吉原英樹 編［2002］『国際経営論への招待』有斐閣。

【 ら 　行 】

レビット，T. 著，有賀裕子・DIAMOND ハーバード・ビジネス・レビュー編集部 訳［2007］『T. レビット マーケティング論』ダイヤモンド社。

労働政策研究・研修機構 編［2017］『非正規雇用の待遇差解消に向けて』労働政策研究・研修機構。

労務行政研究所 編［2014］「特集 先進 3 社に学ぶ“キャリア支援”の実際」『労政時報』第 3869 号（2014 年 6 月 27 日）。

ロビンス，S. P. 著，髙木晴夫 訳［2009］『(新版) 組織行動のマネジメント――入門から実践へ』ダイヤモンド社。

ロビンス，S. P.・ディチェンゾ，D. A.・コールター，M. 著，髙木晴夫 監訳［2014］『マネジメント入門――グローバル経営のための理論と実践』ダイヤモンド社。

【 わ 　行 】

若林直樹［2006］『日本企業のネットワークと信頼――企業間関係の新しい経済社会学的分析』有斐閣。

ワークス編集部 編［2005］「特集 1：OJT の再創造」『Works』第 71 号。

和田充夫・日本マーケティング協会 編［2005］『マーケティング用語辞典』日本経済新聞社。

渡辺 深［2007］『組織社会学』ミネルヴァ書房。

渡辺　峻［2000］『やさしく学ぶ経営学入門――現代の経営と社会と労働の諸問題』八千代出版。

渡辺　峻［2000］『人的資源の組織と管理――新しい働き方・働かせ方』中央経済社。

■ 参考 URL

EDINET のホームページ　https://disclosure.edinet-fsa.go.jp/，2018 年 7 月 27 日，閲覧。

NCI 公開アーカイブ「ブランドとは？ 有形価値と無形価値で定義する方法」：http://www.nci-j.com/jyouhou/brand1.htm，2006 年 11 月 2 日，閲覧。

金融庁のホームページ　http://www.fsa.go.jp/index.html，2006 年 10 月 3 日，閲覧。

講座会計学　http://homepage2.nifty.com/NODE/accounting/kouza/kouza.html，2006 年 10 月 30 日，閲覧。

厚生労働省のホームページ「賃金引上げ等の実態に関する調査」：

http://www.mhlw.go.jp/toukei/list/12-23.html，2018 年 1 月 27 日，閲覧。

JNEWS「売上高推移と価格設定に影響を与える商品価値」：

　　http://www.jnews.com/kigyoka/2002/kigyo0207.html，2006 年 10 月 31 日，閲覧。

内閣官房広報室［1974］『勤労意識に関する世論調査』：

　　http://www8.cao.go.jp/survey/s49/S49-09-49-07.html，2006 年 10 月 26 日，閲覧。

パナソニックのホームページ（会社概要）：

　　https://www.panasonic.com/jp/corporate/profile/overview.html，2018 年 2 月 20 日，閲覧。

パナソニックのホームページ（ニュース）：

　　https://news.panasonic.com/jp/，2018 年 7 月 27 日，閲覧。

労働省［2000］「『業績主義時代の人事管理と教育訓練投資に関する調査』結果報告」，2000 年
8 月 8 日発表：

　　http://www2.mhlw.go.jp/kisya/daijin/20000808_02_d/20000808_02_d.html，2006 年 10 月 30
日，閲覧。

労働政策研究・研修機構［2005］「『多様化する就業形態の下での人事戦略と労働者の意識に関
する調査』（事業所調査及び従業員調査）結果」：

　　http://www.jil.go.jp/press/documents/20060714.pdf，2006 年 10 月 25 日，閲覧。

労働政策研究・研修機構［2016］「『第 7 回勤労生活に関する調査』結果」：

　　http://www.jil.go.jp/press/documents/20160923.pdf，2018 年 2 月 26 日，閲覧。

索　引

（太字は，そのページにおいて当該の用語がゴチック体表記になっていることを示しています。）

◉ 事 項 索 引 ◉

◉ 人名・企業名等索引 ◉

経験から学ぶ経営学入門〔第2版〕
An Introduction to Business Administration:
Business Knowledge Based on the Real World, 2nd ed.

〈有斐閣ブックス〉

2007年4月30日　初　版第1刷発行
2018年9月30日　第2版第1刷発行
2019年6月10日　第2版第2刷発行

	上	林	憲	雄
	奥	林	康	司
著　者	團		泰	雄
	開	本	浩	矢
	森	田	雅	也
	竹	林		明

発　行　者　　江　草　貞　治

発　行　所　　株式会社　有　斐　閣

郵便番号 101-0051
東京都千代田区神田神保町 2-17
電話(03)3264-1315〔編集〕
　　(03)3265-6811〔営業〕
http://www.yuhikaku.co.jp/

印刷　大日本法令印刷株式会社／製本　牧製本印刷株式会社
© 2018, N. Kambayashi, K. Okubayashi, Y. Dan, H. Hirakimoto, M. Morita, H. Takebayashi.
Printed in Japan
落丁・乱丁本はお取替えいたします。

★定価はカバーに表示してあります。

ISBN 978-4-641-18443-5